权威 · 前沿 · 原创

皮书系列为

“十二五”“十三五”“十四五”时期国家重点出版物出版专项规划项目

智库成果出版与传播平台

贵州青年发展报告（2022）

ANNUAL REPORT ON DEVELOPMENT OF YOUTH IN GUIZHOU (2022)

主　　编／吴大华　史麒麟
执行主编／黄　勇
副 主 编／杨　星　罗　凡　刘　琳　罗以洪　陈　讯

社会科学文献出版社
SOCIAL SCIENCES ACADEMIC PRESS (CHINA)

图书在版编目(CIP)数据

贵州青年发展报告.2022/吴大华，史麒麟主编.一北京：社会科学文献出版社，2022.5(2022.7重印)
(青年发展蓝皮书)
ISBN 978-7-5228-0048-6

Ⅰ.①贵… Ⅱ.①吴… ②史… Ⅲ.①青年工作-研究报告-贵州-2022 Ⅳ.①D432.6

中国版本图书馆CIP数据核字(2022)第066033号

青年发展蓝皮书
贵州青年发展报告(2022)

主　　编/吴大华　史麒麟
执行主编/黄　勇
副 主 编/杨　星　罗　凡　刘　琳　罗以洪　陈　讯

出 版 人/王利民
责任编辑/陈　颖　桂　芳
责任印制/王京美

出　　版/社会科学文献出版社·皮书出版分社(010)59367127
地址：北京市北三环中路甲29号院华龙大厦　邮编：100029
网址：www.ssap.com.cn
发　　行/社会科学文献出版社(010)59367028
印　　装/天津千鹤文化传播有限公司

规　　格/开 本：787mm×1092mm　1/16
印 张：27.25　字 数：410千字
版　　次/2022年5月第1版　2022年7月第2次印刷
书　　号/ISBN 978-7-5228-0048-6
定　　价/158.00元

读者服务电话：4008918866

青年发展蓝皮书·贵州
编　委　会

主要编撰者简介

吴大华 侗族，湖南新晃人。法学博士后，经济学博士后。贵州省社会科学院党委书记。兼任中国法学会常务理事、中国法学会民族法学研究会常务副会长、中国人类学民族学研究会原副会长暨法律人类学专业委员会主任委员、中华民族共同体研究会副会长、国家民委决策专家咨询委员会委员，贵州省人民政府法律顾问室法律顾问、贵州省人大常委会咨询专家、贵州省高级人民法院咨询专家，贵州省人民检察院咨询专家、贵州省法学会副会长暨学术委员会主任等，云南大学等高校博士生导师，中国社会科学院法学研究所、西南政法大学等博士后合作导师。主要研究方向：刑法学、民族法学、循环经济等。先后出版《中国少数民族犯罪及其对策研究》《依法治省方略研究》等个人专著 13 部，合著《法治中国视野下的政法工作研究》《侗族习惯法研究》等 35 部，主编 23 部；发表法学论（译）文 300 余篇；主持国家社科基金重大项目“建设社会主义民族法治体系、维护民族大团结研究”、国家社科基金重点项目“中国共产党民族法制思想研究”等国家级科研课题 6 项，“中国少数民族传统法律文化及其现代转型研究”等省部级科研课题 10 余项。

史麒麟 布依族，贵州安龙人。中国共产主义青年团贵州省委员会书记，三级高级法官。贵州省政协立法协商专家。主要研究方向：宪法、行政法，社会治理、青年研究等。参与国家社会科学基金课题《农民工的职业病防治问题研究》，全国司法调研重大课题《关于深入推进司法公开、促进司法公正公信问题的调研》，主持贵州法院重点调研课题《关于大数据产业链运行过程中相关民事权利属性和权利保护的法律问题分析》等课题10余项；参编《裁判文书如何说理》等专著；在省级以上刊物发表论文《和谐社会与软法之治——以司法的能动参与为视角》等20余篇。

黄　勇　贵州省社会科学院党委常委、副院长，研究员，经济学博士，贵州省省管专家、政府特殊津贴专家，省宣传文化系统“四个一批”人才。先后挂职担任过乡长助理，贵州省铜仁市万山区委常委、副区长，中国社会科学院农村发展研究所研究室主任；曾在国家发展和改革委员会宏观经济研究院做访问学者，在荷兰乌得勒支大学做访问学者。主要研究方向：区域经济、产业经济、发展经济学。先后主持国家社会科学基金项目1项、其他各类项目50余项，参与各级各类课题60余项，独立、合作出版专著10余部，公开发表学术论文50余篇。

摘 要

《贵州青年发展报告（2022）》由总报告、分报告、专题报告、地区发展报告、典型案例报告和附录六个部分组成。总报告概要回顾了党的十八大以来贵州青年工作的发展历程，总结了贵州青年发展取得的成效，在探讨贵州青年发展机遇与挑战的基础上，提出了促进贵州青年更好发展的对策建议。分报告围绕《贵州省中长期青年发展规划（2019—2025年）》，从思想道德、教育、健康、婚恋、就业创业、公共文化事业、社会融入与社会参与、维护青少年合法权益、预防青少年违法犯罪、社会保障等十大领域开展实证调研，以政治学、教育学、心理学、社会学、人口学、管理学、社会工作、犯罪学等多学科视角，深入分析贵州青年的思想观念、价值追求、成长成才的特点和规律，剖析贵州青年发展存在的问题，提出了相关对策建议，并探索高质量发展背景下贵州青年发展的趋势。专题报告围绕“深入推进青年友好型成长型省份建设”，聚焦各行各业青年人才在贵州的创新创业和奉献“四新四化”建设，对贵州青年发展情况进行系统分析和理论总结。地区发展报告反映了贵州各市州青年发展的进展和成效，并提出今后发展的对策建议。典型案例报告主要列举贵州青年劳动模范和先进工作者、青年发展示范创建的相关情况。附录部分为2012~2021年贵州青年工作大事记。

报告指出，新时代的贵州青年对党和国家具有高度的认同感和发展信心，具有强烈的爱国主义精神；青年教育普及程度显著提升，青年教育质量实现稳步提高；青年体质水平全面提升，心理调适能力不断增强；全面实现婚恋自由，婚姻责任担当意识持续加强；青年就业形势平稳，创新创业意愿较强；公共文化氛围浓厚，青年题材文艺精品数量不断攀升；社会融入总体较好，社会参与行为合理有序；司法保护体制不断完善，青少年合法权益得以有效保护；合力预防青少年违法犯罪，青少年法治观念明显增强；社会保障体系制度更加完善，社会保障状况日益向好。

总体来看，贵州青年正站在迈向全面建成社会主义现代化征程的新起点，其发展也迎来了新的历史机遇与挑战。今后一个时期，贵州青年的发展应从思想理念、政策措施、人才队伍建设等层面着手，打造最佳的引才、聚才、用才环境，构建青年高质量发展的工作新格局，促进贵州青年全面发展，在奋力谱写多彩贵州现代化建设精彩篇章中放飞青春梦想，实现人生出彩。

Abstract

Annual Report on Development of Youth In Guizhou (*2022*) consists of six parts: general report, classification report, special report, regional report, typical case report and appendix. The general report briefly reviewed the development of youth work in Guizhou since the 18th CPC National Congress, summarized the achievements of youth development in Guizhou, and proposed countermeasures and suggestions for promoting better development of Guizhou youth in the discussion of the opportunities and challenges of Guizhou youth development. The classification reports focused on the Medium and Long-term Youth Development Plan of Guizhou Province (2019-2025), carried out empirical research from ten areas, including ideology and morality, education, health, love and marriage, employment and entrepreneurship, culture, social integration and participation, legitimate interests of adolescent, prevention of adolescent delinquency and social security. Analysed the characteristics and laws of Guizhou youth's ideology, value pursuit and growth from multidisciplinary perspectives in political science, pedagogy, psychology, sociology, demography, management, social work and criminology, etc. Furthermore, dissected the problems of Guizhou youth development, and put forward relevant countermeasures and suggestions to explore the direction of Guizhou youth development under the background of high-quality development. The special reports revolved around 'Deepen Construction of Youth-friendly and Growth-oriented Province', focused on the innovation, entrepreneurship and dedication to the construction of 'four new and four modernizations' of young talents from all walks of life in Guizhou, and made a systematic analysis and theoretical summary of Guizhou youth development. Regional reports reflected the progress and effectiveness of youth development in cities and prefectures of Guizhou, and raised countermeasures and suggestions for future development. Typical case reports mainly enumerated relevant situations of Guizhou young model worker, advanced worker, and the demonstration establishment of youth development. Finally, the appendix was the chronicle of Guizhou youth work from 2012 to 2021.

The report pointed out that Guizhou youth in the new era have a high sense of identity and confidence in the development of the Party and the country, and have a strong patriotism. The frequency of youth education had significantly improved, and the quality of youth education had steadily improved. The physical fitness level of young people had been improved, and their psychological adjustment ability had been enhanced. Freedom in love and marriage had been fully realized, and the responsibility for marriage had been strengthened. The youth employment remained stable, and their willingness to innovate and start businesses was strong. The public cultural atmosphere was Strong, and the high-quality literary works created by young people kept increasing. In general, social integration was good, and social participation was orderly. The judicial protection system continued to be improved, and effectively protected the legitimate interests of adolescent. Joint efforts had been taken to prevent adolescent delinquency, and adolescent concept of law had enhanced markedly. The social security system became more perfect, and the social security situation was getting better.

On the whole, the Guizhou youth are standing at a new starting point of a new journey to complete the socialist modernization in all respects, and their development also faces new historical opportunities and challenges. In the next period, the youth development in Guizhou should start with the construction of thinking idea, policy, talent team, etc. Build the best environment for talent attracting, gathering and using. Explore a new work pattern for youth high-quality development, and promote the comprehensive development of Guizhou youth. Let them realize the dream and the wonderful life through the composing of the new chapter for the colorful Guizhou modernization.

目 录

I 总报告

II 分报告

Ⅲ　专题报告

Ⅳ　地区发展报告

Ⅴ 典型案例报告

Ⅵ 附录

CONTENTS

I General Report

II Sub-reports

Ⅲ Special Topic Reports

Ⅳ Regional Reports

Ⅴ Typical Case Reports

Ⅵ Appendices

总报告

General Report

B.1

十八大以来贵州青年发展报告

"贵州青年发展报告"课题组*

摘　要： 党的十八大以来，贵州青年牢记嘱托感恩奋进，用青春谱写多彩贵州高质量发展新篇章，在以习近平同志为核心的党中央的亲切关怀下快速成长：对党和国家具有高度的认同感和发展信心，具有强烈的爱国主义精神；青年教育普及程度显著提升，青年教育

* 课题组组长：吴大华，贵州省社会科学院党委书记、二级研究员，省核心专家，法学博士后，经济学博士后，博士生导师，研究方向：刑法学、民族法学、循环经济；副组长：史麒麟，中国共产主义青年团贵州省委员会书记、三级高级法官，研究方向：社会治理，宪法、行政法研究、青年研究等；执行副组长：黄勇，贵州省社会科学院党委常委、副院长，研究员，经济学博士，贵州省省管专家，研究方向：区域经济、产业经济、发展经济学；课题组主要成员：杨星，贵州省社会科学院青年工作委员会主任、助理研究员，研究方向：马克思主义中国化、青年发展；罗凡，贵州省社会科学院青年工作委员会委员、民族研究所助理研究员，研究方向：民族研究；罗以洪，贵州省社会科学院区域经济研究所副所长、研究员，管理学博士，硕士生导师，研究方向：区域经济、青年教育；陈讯，贵州省社会科学院社会研究所副所长、研究员，社会学博士，硕士生导师，研究方向：农村社会学、政治社会学；秦选涵，贵州省社会科学院民族研究所助理研究员，研究方向：青年文化；张松，贵州省社会科学院科研处职评科科长、助理研究员，研究方向：刑法学、行政法；李超，海南师范大学博士，研究方向：思想政治教育、青年教育。

质量实现稳步提高；青年体质水平全面提升，心理调适能力不断增强；全面实现婚恋自由，婚姻责任担当意识持续加强；青年就业形势平稳，创新创业意愿较强；公共文化氛围浓厚，青年题材文艺精品数量不断攀升；社会融入总体较好，社会参与行为合理有序；司法保护体制不断完善，青少年合法权益得以有效维护；合力预防青少年违法犯罪，青少年法治观念明显增强；社会保障体系制度更加完善，社会保障状况日益向好。2021 年是中国共产党成立 100 周年，也是我国继全面建成小康社会和完成脱贫攻坚任务之后迈向全面建成社会主义现代化征程的新起点，贵州青年发展呈现出机遇与挑战并存的复杂态势，建议从思想理念、政策措施、人才队伍建设等多层面构建促进和支持青年高质量发展的工作新格局，让贵州对青年更友好，擦亮贵州“青年友好型成长型省份”名片。

关键词： 高质量发展　改革创新　贵州青年

青年的命运和祖国的命运是紧密联系在一起的。时代的变革，常以青年为先锋；社会的前进，必以青年为主力。[①] 就社会和青年的关系而言，青年是社会的重要组成部分，是整个社会中最积极、最有生气的力量，是推动整个社会前进和历史发展最强劲的动力。同时，青年的发展和社会的发展之间相互影响、相互促进。青年的成长关乎党的事业，事关国家的发展。习近平总书记 2013 年 3 月 23 日在莫斯科国际关系学院的演讲中明确指出，青年是国家的未来，是世界的未来。因此，青年的高质量发展不仅关系青年群体的生活质量和精神面貌，更关乎党和国家事业的发展。贵州省委省政府一直以来高度重视和关心青年工作，特别是在党的十八大以来，从有利于国家稳

① 习近平：《知之深 爱之切》，河北人民出版社，2015。

定、各民族人民团结、社会经济持续稳定的大局出发，全面加强党对青年工作的领导，精准施策，激发广大青年激情干事、激情创业、苦干实干的精气神，为贵州经济社会跨越式发展贡献了青春力量。

一 十八大以来贵州青年工作的发展历程

党的十八大以来，以习近平同志为核心的党中央高度重视青年的发展，关怀青年成长成才，从传承马克思主义思想火炬和探寻民族复兴的战略高度，为新时代青年发展指明了前进的方向。习近平总书记多次通过讲话、座谈、回信等方式，为当代青年的历史使命和成长道路指明了方向，对新形势下青年工作的重大理论和实践问题进行了深入阐释，对准确把握青年工作的基本要求和重点任务作了一系列重要指示。

早在2011年，习近平总书记在贵州大学中国文化书院参加以“我读《大学》——以‘五四’精神解读‘修齐治平’的当代价值”为主题的“溪山论道”2011年第三期读书会活动时，就明确指出“我们的一切学习都是为了学以致用”“在报效祖国、服务人民的过程中，实现自己的人生价值。希望大学生们自强不息，做中华民族的脊梁”①，并殷切希望大学生们要把文化知识学习和思想品德修养紧密结合起来、把创新思维和社会实践紧密结合起来、把全面发展和个性发展紧密结合起来，努力学习，立志成才，成为合格的中国特色社会主义事业的接班人和建设者。

2012年对贵州是一个特殊的年份。1月12日，《国务院关于进一步促进贵州经济社会又好又快发展的若干意见》（国发〔2012〕2号）颁布实施，明确了促进贵州经济社会又好又快发展的主要任务，提出了一系列含金量高、可操作性强的政策措施给予贵州有力支持，为贵州加快发展提供了前所未有的战略机遇。11月8日，党的十八大在北京胜利召开。大会对全面建

① 《习近平考察贵州：勉励学子立志做大事》，https：//www.chinanews.com.cn/gn/2011/05-12/3036011_2.shtml。

成小康社会做出了“五位一体”的战略部署，提出了“两个一百年”的奋斗目标，为中国特色社会主义建设指明了方向，为广大青年积极投身脱贫攻坚和全面建设小康社会的伟大实践提供了最广阔的舞台。与全国同步小康成为党的十八大后贵州人民共同的“中国梦”。

2012年以来，贵州人民牢记习近平总书记的深切关怀和殷切嘱托，贵州省委省政府提出了五个方面的奋斗目标和“三一五”核心指标，向全省各族人民发出了科学发展、后发赶超的动员令，吹响了冲出“经济洼地”、总攻“绝对贫困”、构筑“精神高地”的冲锋号。对此，共青团贵州省第十三次代表大会提出大力实施“青春向心力”工程，着力引导青年，在构筑“精神高地”中坚定信念；大力实施“青春争先力”工程，有力组织青年，在冲出“经济洼地”中建功立业；大力实施“青春攻坚力”工程，用心服务青年，在总攻“绝对贫困”中拼搏奉献；大力实施“青春感染力”工程，切实维护青少年合法权益，在创新社会管理、建设“和谐贵州”中引领风尚。通过贵州各级团组织四年不懈努力，贵州青年工作成绩凸显。

一是在青年思想道德方面，通过强化理论武装、强化主题教育、强化阵地创建、强化榜样引领，贵州青少年政治意识不断增强、信心底气不断提升、学习平台不断拓展、理想追求不断提升。

二是在决战脱贫攻坚方面，动员引领广大青年决胜脱贫攻坚、提升广大青年决战脱贫攻坚的本领、动员社会各方力量参与精准扶贫等，在贵州这个全国脱贫攻坚的重点战场，团组织充分发挥党和政府联系青年的桥梁作用，全面关心青年，让贵州青年在总攻“绝对贫困”中拼搏奉献青春力量。

三是在扶持青年创业就业方面，奋力抢抓机遇、开拓进取，以实施大学生“千校万岗”行动和“大学生创业就业扶持计划”、推进“黔青梦工场”众创空间品牌活动、建设青年创业就业示范基地、建成中国青年创业社区（贵阳站）、打造农村青年电商示范县、实施“多彩贵州·创在乡土”青春扶贫三年计划、通过银团挂职合作发放青年创业贷款、建成贵州青年大健康创业孵化园、成立“贵州创在青春创业投资基金”等十余项举措为抓手，为贵州青年创业就业建平台、找资源，通过举办贵州省创新创业投资博览会、“挑战杯”贵州省大学生课外学术科技作品竞赛、“创青春”贵州省大学生创业大赛、贵州省青年职业技能大赛、“电商云”杯首届贵州青年电商创业大赛等活动，为青年创载体、拓空间。

四是在服务青少年成长发展方面，团结青少年、关爱青少年，竭诚呵护青少年成长。大力构建政府、社会、家庭“三位一体”的关爱体系，立足留守儿童、困境儿童、闲散青少年等特殊困难群体成长需求，实施“情暖童心——圆爱工程”系列行动，建成省级留守儿童自立自强中心 117 个，精准结对帮扶 3.03 万人。深入开展“共青团与人大代表、政协委员面对面”活动，推进易地扶贫搬迁社区青年之家和志愿服务工作站建设，探索移民社区的青少年融入实验，让团组织直接牵手社区青少年。协同维护青少年合法权益，组建青少年事务司法社工队伍，强化“12355”平台建设，推进青少年法治宣传教育，服务青少年健康成长。①

五是在开展志愿者行动方面，进一步发挥好全国第三个、西部第一个青年志愿服务基金会——贵州省青年志愿服务基金会作用，制定了《贵州省青年志愿服务基金会项目评审管理办法（试行）》等规章制度，建立起严格的项目资金审批程序，从而确保资金投入取得实效，为推动贵州省青年志愿服务事业进步做出新贡献。成立贵州省志愿服务联合会、贵州省生态文明建设志愿服务总队和贵州省“青清河”保护河湖志愿服务总队，引进“志愿贵州”云服务系统，举办青年志愿者脱贫攻坚夜校和贵州省志愿服务项目孵化中心，组织贵州青年志愿者开展海外服务，具有贵州特色的志愿服务体系逐步成熟。

六是在共青团自身建设方面，共青团贵州省委以强“三性”、去“四化”为根本目标，以密切联系青年为主攻方向，以制定和落实《团省委改革方案》为统揽，突出改革主线，把握改革节奏，着力构建“凝聚青年、服务大局、当好桥梁、从严治团”四维工作格局，制定出台《从严治团十坚持》，严格执行中央八项规定和省委十项规定，认真落实“1+100”制度，

① 涂妍主编《贵州青年运动史（2010—2020）》，贵州文化音像出版社，2021。

完成了第一轮团省委机关干部下沉工作，推动团干部直接联系青年工作，录入团干部4735人，绑定微信端人数为2088人；联系青年350942人，绑定微信端人数为28278人。

在习近平总书记亲自提议和推动下，2017年4月，中共中央、国务院印发了《中长期青年发展规划（2016—2025年）》，该规划鲜明提出“坚持党管青年”重大原则，充分诠释和体现青年优先发展理念，是新中国第一个青年发展规划，也是我国青年发展事业的重要顶层设计，把青年发展摆在党和国家工作全局中更加重要的战略位置。面对这一机遇，贵州省委省政府高度重视和关心青年工作，深入学习贯彻习近平总书记关于青年工作的重要指示精神和习近平总书记关于青年工作的重要论述，2019年以省委、省政府名义出台《贵州省中长期青年发展规划（2019—2025年）》（以下简称《规划》），作为贵州省历史上第一个青年发展规划，该《规划》既贯彻落实中共中央、国务院印发的《中长期青年发展规划（2016—2025年）》的工作要求，也结合贵州地方发展实际，详细制定了2020年、2025年贵州青年工作发展目标，明确了贵州青年要不断成长为志存高远、德才并重、情理兼修、勇于开拓，堪当实现中华民族伟大复兴中国梦历史重任的有生力量的人生方向，为贵州青年工作高质量发展提供了根本遵循。共青团贵州省委紧紧围绕《规划》，认真履行《规划》实施“督促、协调”职责，持续推动《规划》落细落地落实。一是提高政治站位，不断完善《规划》实施的制度机制。始终坚持党的全面领导，自觉贯彻好党管青年原则，充分发挥省级联席会议作用，扎实推动《中长期青年发展规划（2016—2025年）》落实落地，全省9个市（州）、88个县（市、区）全部建立本级规划联席会议机制，推动贵阳出台市级青年发展规划，出台6个县级青年发展规划。出台省级青年发展政策17个、地市级青年发展政策75个、区县青年发展政策150个，将建设“青年友好型成长型城市”纳入政府工作报告，建设市级青年发展型城市4个、县级青年发展型城市3个，青年优先发展的氛围越来越浓厚。二是工作合力初步形成。以实施《规划》为统揽，建立省级层面的规划实施专家委员会，加强对贵州青年发展问题的理论研究和项目论证，各成员单位的责任意识在协同发力中得到明显增强。2021 年，聚焦解决青年在住房、教育、就业创业、健康、婚恋等方面的问题，组织有关部门开展座谈交流 12 次，共同梳理有关政策 207 条，推动解决事项 55 件次。开展贵州青少年发展状况线上调查，7 万余名青年参与，并将调查中收集的青年密切关注的前 10 个问题列入党史学习教育"我为青年办实事"工作清单。全省各级规划办联动相关职能部门，围绕青年在就业创业、社会融入、婚恋交友、老人赡养、子女教育等方面的操心事烦心事，共为青年解难题、办实事 1226 件，有效促进了《规划》落细落实。三是工作目标高质量完成。青年发展条件得到极大改善，青年思想道德和文化建设不断加强，青年身心健康水平持续改善，青年教育质量显著提升，青年就业总体稳定充分，青年社会融入更加自信主动，青年家庭和权益保障日益健全。比如：《贵州青年就业、创业发展指数报告》显示，贵州青年就业、创业发展大数据指数整体呈稳步上升的趋势，贵州省青年就业比例逐年提升，创业氛围逐渐优化。又如：截至 2020 年，贵州省义务教育巩固率达到 95%，高中阶段教育毛入学率达到 90.7%，已经达到了《规划》的既定目标。四是示范点建设成效明显。清镇市探索以"青年卡"形式推动服务青年政策集成，在一张虚拟卡上集合了购房折扣、青年活动、商家优惠、青年大学习等功能，当地青年在合作商家购物、用餐、看电影，都能享受到优惠。兴义市利用市（县）换届契机，调整由州委常委、市委书记担任联席会议第一召集人，且每季度召开一次全市规划联席会议，形成推动《规划》实施的强大合力。兴义市围绕青年健康，积极争取华大基因支持对所有适龄青年开展基因检测，完成检测样本 58.8 万份，全面掌握青年健康状况，是西部首个对适龄青年开展基因检测全覆盖的地区。

2020 年，在深入实施推动《规划》落实落地的基础上，贵州充分总结青年工作经验，以进一步深入实施青年发展规划、促进青年全面发展为导向，在全国率先提出建设"青年友好型成长型省份"，围绕"让贵州对青年更友好，青年对贵州更有为，青年在贵州更好成长"的目标，精准把握青年成长成才需求，着力在健全制度建设、完善体制机制、强化政策执行、聚焦重点领域、激发基层活力上深耕细作，让贵州青年有创新创业的舞台、成长成才的空间、发展发力的机会、融入融合的环境和配套配合的政策，充分发挥贵州省中长期青年发展规划联席会议办公室的联动协调机制作用，纵深推进《中长期青年发展规划（2016—2025年）》落地见效，让贵州青年把追求梦想和投身实践深入融合，积极营造青年优先发展的浓厚氛围，让参与到贵州经济社会发展、脱贫攻坚战役和疫情防控战役的青年充分发挥生力军和突击队的作用，在创造贵州“黄金十年”辉煌和打赢两场战役中彰显了青年担当，贵州青年用实际行动和成绩证明，他们已经成长为支撑多彩贵州高质量发展的有生力量。

二　牢记嘱托感恩奋进的贵州青年发展成效显著

党的十八大以来，贵州经济社会发展实现历史性跨越，这也是贵州青年发展的重要时期。2013年，习近平总书记在听取贵州工作汇报时，要求贵州牢牢守住发展和生态两条底线。2014年全国“两会”期间，习近平总书记参加贵州代表团审议时指出，贵州这几年的发展说明，只要指导思想搞对了，只要把两者关系把握好、处理好了，既可以加快发展，又能够守护好生态。2015年6月，习近平总书记在贵州视察指导工作，殷切希望贵州协调推进“四个全面”战略布局，积极适应经济发展新常态，守住发展和生态两条底线，培植后发优势，奋力实现后发赶超，走出一条有别于东部、不同于西部其他省份的发展新路。2017年，习近平总书记在参加党的十九大贵州省代表团讨论时，赞誉“贵州取得的成绩，是党的十八大以来党和国家事业大踏步前进的一个缩影”。2021年2月3~5日，习近平总书记到贵州视察调研，亲切看望各族干部群众，听取贵州工作情况汇报，发表了重要讲话，对贵州过去工作给予充分肯定，对贵州发展提出了“在新时代西部大开发上闯新路，在乡村振兴上开新局，在实施数字经济战略上抢新机，在生态文明建设上出新绩”的总体要求。

进入新时代，在习近平新时代中国特色社会主义思想的指引下，四千万贵州各族儿女凝聚起牢记嘱托、感恩奋进的热血真气，交出了脱贫攻坚、经济发展、交通基础设施、生态文明建设、大数据发展“五个大踏步前进”和“六个历史性”转变的精彩答卷。这个新时代，是贵州各族干部群众万众一心、奋发作为的时代，是贵州摆脱贫困、全面小康的时代，是贵州后发赶超、开创未来的时代，是贵州青年感恩奋进、青春建功的时代。今天的贵州，拥抱新时代、续写新篇章、开创新未来。今天的贵州青年，成长在新时代、奋斗在新时代、成就在新时代。根据本课题组的研究结果，贵州青年发展成效主要表现为以下方面。

（一）青年对党和国家具有高度的认同感和发展信心，具有强烈的爱国主义精神

贵州青年坚决拥护党的领导，自觉做习近平新时代中国特色社会主义思想的坚定信仰者、忠诚实践者、衷心拥护“两个确立”，忠实践行“两个维护”，支持国家、省委和省政府的政策方针，对于个人未来和国家发展信心充足，在处理个人和集体利益上有较强的奉献意识。具有坚定的政治信仰、正确的价值取向、达观的人生态度、高尚的道德情操，对未来个人发展有信心。近九成的青年具有坚定的马克思主义、共产主义信仰，熟悉了解社会主义核心价值观，深入学习习近平新时代中国特色社会主义思想，十分关注国家大事，能够自觉把个人的奋斗方向同国家和民族的前途命运紧紧联系在一起，也能做到理性爱国，展现出对党和社会主义祖国的赤诚热爱。对中华传统文化、民族传统文化、贵州红色文化有强烈的认同感，能自觉传承和弘扬长征精神、遵义会议精神，渴望成长成才，对新时代贵州精神和黄大发等优秀事迹表示了解，超过98%的青年认为贵州青年应赓续传承红色血脉。

（二）青年教育普及程度显著提升，青年教育质量实现稳步提高

贵州教育优先发展战略得到有效保障。省委、省政府把教育摆在优先发展的战略位置，作为最长远的民生和挖掉穷根的治本之策，坚持“穷省办大教育”，连续8年压缩5%~6%的行政经费支持教育事业发展，先后实施四项

教育突破工程、三期学前教育行动计划、教育“9+3”计划、中职“百校大战”、“新两基”攻坚；率先实施农村义务教育、学前教育营养改善计划。坚持以教育脱贫攻坚统揽教育发展全局，义务教育阶段失学辍学学生实现历史性常态化动态清零。贵州在西部率先实现县域义务教育基本均衡发展，提前2年实现100%全覆盖。2020年，贵州九年义务教育巩固率为95.0%，高中阶段毛入学率为90.7%，高等教育毛入学率为41.6%。贵州省各级各类学校20702所，各级各类学历教育在校生972.44万人，专任教师56.54万人。与2010年相比，2020年贵州15岁及以上人口的平均受教育年限由7.65年提高至8.75年，平均受教育年限提高了1.1年，文盲率由8.74%下降至6.68%。越来越多的青年能够享受到系统教育，通过教育成长为高素质人才。

（三）青年体质水平全面提升，心理调适能力不断增强

全省农村青少年营养健康状况显著改善，农村青少年儿童生长迟缓率、消瘦率、营养不良率、贫血率总体呈下降趋势；青少年儿童体质健康水平持续提升，身高及体重呈现增加趋势，近视率有所下降，超重率和肥胖率在全国处于低流行水平，全省学生体质健康测试合格率有所进步；青少年青春期健康安全教育取得实效，逐步养成健康的行为习惯和生活方式，青少年安全防范与避险自救能力逐步提高；青年心理健康发展得到政府、学校、家庭及社会各界的关注和重视，全省健康学校建设取得新成效，中学、中职学校、高校配备心理健康教育教师（或心理咨询师）比例持续提高，青少年儿童心理调适能力不断提升，逐步构建社会化、特色化的贵州青少年心理健康服务机制，努力营造有利于促进青少年心理和谐发展的社会环境。

（四）青年全面实现婚恋自由，婚姻责任担当意识持续加强

贵州青年婚恋长期受限于地方风俗和价值观制约，经过近年来积极倡导新时代社会主义婚恋新风尚，强制干预婚姻的现象已基本消除，贵州青年婚恋自由全面实现，新时代贵州青年全面实现了恋爱自由、结婚自由和离婚自由。婚恋观念面向良好，在择偶上随着婚姻自由度不断提升，两情相悦、自

由婚恋和优生优育主导青年人的普遍婚恋行为，大多数青年人是以个人情感为依托、以维系婚姻稳定为目标、以家庭为人生意义归属模式的。婚恋责任稳步提升和婚恋权利保障机制日益完善，贵州各市（州）在落实《规划》实践中，加强对青年婚恋责任观宣传和教育，倡导文明婚俗，引导适婚青年树立新型婚恋观念，践行新时代社会主义婚恋新风尚，旗帜鲜明地抵制“高额彩礼”、“低俗婚闹”、“婚前同居”以及“未婚先孕”等现象，通过广泛开展婚姻家庭教育公益讲座进学校、乡村、社区，引导广大青年学习家风家教、文明婚恋、优生优育、亲子亲缘、夫妻矛盾调处等相关知识，不断引导贵州青年树立正确的婚恋观和家庭观，不断增强他们的婚恋责任、家庭责任与社会责任。

（五）青年就业形式平稳，创新创业意愿较强

随着党的十八大以来贵州教育水平的提升，贵州人才数量也在逐年增加，截至2020年底，全省人才规模总量达到560万人，比2010年底增加355万人，比2015年底增加165.43万人，人才资源占人力资源总量的比重进一步提高，对经济社会发展的支撑作用明显增强，青年就业创业关乎贵州经济社会高质量发展。一方面，得益于近10年贵州高速发展，贵州就业岗位逐步增多，尤其是在大力发展十大工业产业、12个农业特色优势产业，着力推动“四新四化”、推进服务业创新发展十大工程行动方面取得较大成效，产业发展带动了更多的就业机会提供给高校毕业生，截至2021年底，全省城镇新增就业64.75万人，比上年增长5.0%，占全国比重为5.61%；年末城镇登记失业率低于全国水平约2个百分点，失业保险参保人数达253.01万人，较2018年提升24.93%。另一方面，愈加健全的青年政策体系，极大激发了青年就业活力，提升了创业热情。“十三五”期间，累计新增发放创业担保贷款155.57亿元，新增扶持创业16.08万人，带动就业44.17万人。创业扶持平台建立健全，累计搭建青年创业孵化基地145家，实现9个市（州）全覆盖。“雁归兴贵”行动计划持续推动，各类平台逐渐完善。2021年全省新增发放创业担保贷款1.42亿元、自主创业补贴6239.25万元、创业场

所租赁补贴 1.59 亿元。截至 2021 年底，全省共创建农民工创业园和创业点 332 个，创业园和创业点共入驻企业 7617 家，带动就业创业 18.49 万人。

（六）青年公共文化氛围浓厚，青年题材文艺精品数量不断攀升

贵州在青年文化建设方面，充分整合文化资源，贵州青年公共文化氛围营造在乡情文化、奉献文化和奋斗文化中取得了较好的成效，并推动青年题材文艺精品的创作、生产和推广。一是在乡情文化方面，从 2007 年开始，贵州启动“春晖行动”计划，借助中华传统美德文化的力量，充分发挥“亲情、乡情、友情”的情感纽带作用，激发赤子情怀，从感召游子返乡反哺故土和对留守儿童、打工青年的关怀两个方面入手，成效卓著。二是在奉献文化方面，得益于志愿服务一直被视作贵州精神文明建设的重要抓手和联系、服务和引领青年的重要举措。从 2010 年贵州成立西部第一个青年志愿服务基金会开始，贵州青年在围绕扶贫济困、应急救援、大型赛会、社区服务、生态保护等方面处处发光发热。而随着贵州脱贫攻坚的进展，也涌现了大批不畏艰难、努力奉献的时代青年楷模。在多层次、高频率的宣传举措下，这些榜样对贵州青年产生了深刻影响。三是在奋斗文化方面，党的十八大以前，贵州是全国贫困人口最多、贫困面最大、贫困程度最深的省份，奋力后发赶超，打赢了“脱贫攻坚”这场硬仗，展现了“团结、奋进、拼搏、创新、苦干实干、后发赶超”的新时代贵州精神，这种努力拼搏奋斗的精神也深深影响了广大贵州青年。在文艺精品打造上，2021 年，贵州青年艺术工作者参与创作了黔剧《腊梅迎香》、花灯戏《红梅赞》等作品。其中 3 部作品成功入选中宣部、文旅部、中国文联组织的“庆祝中国共产党成立 100 周年优秀舞台艺术作品展演”；5 部作品入选文旅部组织实施的“庆祝中国共产党成立 100 周年舞台艺术精品创作工程”；1 部作品入选中宣部、文旅部、国务院扶贫办举办的“全国脱贫攻坚题材优秀舞台艺术作品展演”。

（七）青年社会融入总体较好，贵州青年社会参与行为合理有序

青年的社会融入和社会参与要服从、服务于时代发展的主题，贵州在大

力帮助青年社会融入方面狠下功夫，在国家社会保障政策及其他相关部门政策以外，通过团组织牵头各职能部门，通过不断畅通和丰富青年社会参与的渠道和方式，帮助青年主动自信地适应社会、融入社会。近年来，共青团贵州省委大力实施“新市民·追梦桥”工程，开展5564场次政策宣讲、爱国教育、技能培训等活动，帮助安置区青少年更好融入城市生活。在青年社会参与方面，贵州青年社会参与的渠道仍是以党和政府提供的平台为主导。共青团组织在组织动员方面发挥了积极作用，实施“贵州省万名大学生志愿服务西部计划”，新招3993名大学生志愿者，志愿者在岗保持在10000名左右；实施共青团参与青年志愿者脱贫攻坚夜校、“爱心陪伴行动”、大学生暑期“三下乡”社会实践等项目，积极推动青年社会组织参与社会治理。在政治参与方面，贵州青年政治参与渠道多元，主流意识积极，行为趋于理性客观；在网络参与方面，贵州青年网络参与的积极性有待提升，参与行为合理有序；在参与志愿服务方面，贵州50.52%的青年志愿者参加过1~2次志愿服务，34.48%的青年志愿者参加过3~5次志愿服务，志愿者对志愿服务项目认可度较高；在青年社会组织参与方面，青年社会组织参与领域广泛、工作重心下沉，青年社会组织从业人员中男女比例趋向平衡，且普遍具有年纪较轻、文化程度较高和收入较高的特点。

（八）司法保护体制不断完善，青少年合法权益得以有效保护

青少年是一个特殊的群体。他们既是民族和国家的未来，也处于一个相对弱势的地位，在人身安全、心理健康、事业成就、物质财富等方面都处于成长上升期，需要特殊保护。党的十八大以来，贵州青少年合法权益保护取得长足进展，一是青少年合法权益保护的地方立法日益完善，通过《贵州省学校学生人身伤害事故预防与处理条例》、修订了《贵州省未成年人保护条例》、通过了《贵州省预防未成年人犯罪条例》。同时，贵州省委、省政府制定妇女、儿童发展规划，为青少年权益保护打下坚实思想基础。二是体制机制不断健全，贵州省各市州根据实际工作，以现有的“12345”市长热线、“12355”青少年服务台为基础，聚焦体制、机制建设，使之成为青少

年合法权益保护的具体抓手，各市州在成立专门机构、推行具体机制和评估标准上同工作职能紧密结合，涌现出一大批维护青少年合法权益的阵地，畅通了青少年权益诉求的反馈渠道。三是工作力量显著拓展，青少年成长的社会环境持续优化。全省各地各部门在各自职责范围内，从基础权益保障、法治宣传教育、多种环境整治、个案权益救济四层进路共同配合、共同发力，编织成青少年合法权益保护的周密之网，为保护青少年合法权益提供了安全保障。

（九）合力预防青少年违法犯罪，青少年法治观念明显增强

保障未成年人身心健康，培养未成年人良好品行，预防青少年违法犯罪，引导青少年积极向上发展，能够为贵州经济社会发展提供可靠生力军，对贵州在新时代西部大开发上闯出一条新路具有积极意义。贵州省预防青少年违法犯罪工作形成了比较完备的法律法规体系及相关体制机制。在各机关的共同努力下，贵州省预防青少年违法犯罪工作取得显著进展，通过《贵州省预防未成年人犯罪条例》《贵州省未成年人保护条例》，制定预防未成年人犯罪工作协调机制、专门矫治教育制度、监护人接受家庭教育指导制度，这些都成为有效预防青少年违法犯罪的有力抓手。

（十）社会保障制度体系更加完善，社会保障状况日益向好

党的十八大以来，贵州城镇化进程不断加快，特别是青年劳动力人口从乡村向城镇的转移，推进了新型城镇化建设中产业结构、就业方式、人居环境、公共服务、社会保障的变化。2020 年贵州省常住人口为 3856.21 万人，城镇化率为 53.15%，其中青年人口贡献率明显增大。随着城市发展加速，青年面临不少问题和挑战，社会保障工作将更为繁重。贵州省针对这一现状，着力营造有利于青年人才成长成才的良好社会环境，优化青年成长环境，先后出台了《贵州省中长期青年发展规划（2019—2025 年）》《省人民政府办公厅关于加快发展保障性租赁住房的实施意见》等专项的青年政策，为贵州青年提供了更大规模、更加全面、更高质量的发展性青年福利，

通过不断完善社会保险政策、进一步发展社会福利事业、逐步完善城乡社会救助体系和社会优抚制度体系，推动贵州青年社会保障政策体系化迈上一个新台阶。

三　贵州青年发展的机遇与挑战

2021 年，是中国共产党成立 100 周年，也是“十四五”规划开局之年，我国将继全面建成小康社会和完成脱贫攻坚任务之后迈向全面建设社会主义现代化国家新征程的新起点。2022 年初，《国务院关于支持贵州在新时代西部大开发上闯新路的意见》（国发〔2022〕2 号）印发，整个“十四五”期间，贵州经济社会发展将紧紧围绕高质量发展推进建设西部大开发综合改革示范区、巩固拓展脱贫攻坚成果样板区、建设内陆开放型经济新高地和数字经济发展创新区。深入实施数字经济战略，强化科技创新支撑，激活数据要素潜能，推动数字经济与实体经济融合发展、生态文明建设先行区建设，到 2035 年，经济社会发展迈上新台阶，与全国同步基本实现社会主义现代化。

（一）贵州青年发展的机遇

1. 政治优势——以习近平同志为核心的党中央高度重视青年和贵州的发展

党的十八大以来，习近平总书记多次参加青年活动和座谈、给青年写信和发表对青年工作的重要讲话，就青年和青年工作提出了一系列新思想新论断，为青年的成长成才指明了方向，为青年更好发展提出了新要求。党和国家为青年发展和促进青年工作召开了一系列重要会议，习近平总书记亲自接见十八届、十九届两届团中央新领导并作重要讲话，领导召开历史上第一次党的群团工作会议；出台了一系列重要政策，如《中共中央关于加强和改进党的群团工作的意见》《中长期青年发展规划（2016—2025 年）》《共青团中央改革方案》等文件。这些重要思想、重大举措、重要政策的提出和出台，为青年成才营造了良好的环境氛围，提供了有力的制度支撑和组织保障。同时，以习近平同志为核心的党中央十分关心贵州发展、十分关心贵州

人民。10 年间，习近平总书记多次亲临贵州视察，围绕贵州发展指明了方向和明确了工作要求，《国务院关于进一步促进贵州经济社会又好又快发展的若干意见》《国务院关于支持贵州在新时代西部大开发上闯新路的意见》等文件的出台为贵州的发展提供了政策支持和制度保障，为贵州青年实现个人价值搭建了更大的舞台。

2. 基础优势——贵州经济社会跨越式发展为贵州青年发展奠定了良好基础

贵州经过 10 年的努力，从曾经“三最”（贫困人口最多、贫困程度最深、贫困面积最大）到彻底撕掉贫困的标签，经济社会发展经历了“黄金十年”的快速发展。这 10 年间，贵州省连续 10 年经济增速保持全国前三，地区生产总值从 2010 年的全国第 26 位上升到 2020 年的第 20 位，经济社会进入历史上最好的黄金发展期。贵州综合实力实现历史性跨越、基础设施建设实现历史性重塑、改革开放创新实现历史性突破、生态建设实现历史性提升、人民生活实现历史性改善，群众获得感幸福感安全感不断提升。“十四五”时期，贵州将以高质量发展统揽全局，守好发展和生态两条底线，深入实施乡村振兴、大数据、大生态三大战略行动，大力推动新型工业化、新型城镇化、农业现代化、旅游产业化，在新时代西部大开发上闯新路，在乡村振兴上开新局，在实施数字经济战略上抢新机，在生态文明建设上出新绩，提出了经济发展迈上新台阶、生态建设迈上新台阶、人民生活迈上新台阶、开放水平迈上新台阶、社会文明程度迈上新台阶、社会治理能力迈上新台阶的 6 个新目标，贵州经济社会的快速发展为青年发展奠定了坚实基础，不仅有助于青年自身的发展，也能最大限度地发挥广大青年在推动贵州经济社会发展、社会进步方面的作用。

3. 政策优势——为促进贵州发展前景不断向好和贵州青年发展提供了重要保障

10 年来，贵州紧紧抓住国发〔2012〕2 号的机遇创造了赶超进位的“黄金十年”，书写了贵州发展史上最精华的历史、最辉煌的阶段、最精彩的篇章。在 2019 年《规划》实施以来，贵州青年在思想政治状况、物质生活条件、精神文化生活、健康水平等方面都有很大进步，在教育、就业、创业，政治参与、社会参与等方面获得更加便利的条件，贵州发展的巨大成就为青年的发展和成长成才奠定了坚实基础。2022 年，在习近平总书记视察贵州一周年之际，国务院印发《国务院关于支持贵州在新时代西部大开发上闯新路的意见》（国发〔2022〕2 号），赋予贵州“四区一高地”的战略定位，为推动贵州省以高质量发展统揽全局、围绕“四新”主攻“四化”提供了行动指南，教育部、国家发改委等部门制定《教育部办公厅关于贯彻落实〈国务院关于支持贵州在新时代西部大开发上闯新路的意见〉推动贵州教育高质量发展的实施意见》（教发厅函〔2022〕12 号）等具体措施支持贵州发展，贵州的高质量发展也必将为青年的成长成才提供充足的条件和基础。

4. 发展优势——产业发展为贵州青年发展提供更广阔的发展空间

近年来，我国一大批战略性新兴产业实现迅猛发展，特别是建设网络强国、数字中国，发展新能源汽车、绿色环保、大数据等产业，推动生活性服务业不断向高品质和多样化升级，生产性服务业不断向专业化和价值链高端延伸，产业发展带来发展机遇。随着第五代移动通信、工业互联网、大数据中心等基础设施的广泛建设和使用，数字经济成为拉动“十四五”时期经济增长的重要一极。在《国务院关于支持贵州在新时代西部大开发上闯新路的意见》（国发〔2022〕2 号）中明确支持贵州建设 11 个重要基地。11 个“新赛道”，11 个重要抓手，贵州产业转型的深层逻辑，预示着贵州未来将在全国产业链内嵌、价值链构造和收益分享中占据重要地位，重塑产业发展新优势。产业发展能够为青年在就业岗位和职业发展上提供更大的空间，将会向青年释放更多的社会红利，进而缓解当代青年在就业、住房、医疗、生育等方面的生存压力，使迈上新征程的广大青年能够更好地投身贵州建设。

（二）贵州青年发展面临的挑战

1. 复杂的国内外形势对贵州经济社会发展的考验

过去的 2021 年，中国发展的国际环境和国内环境都十分复杂、异常严峻。从全球范围来看，受到新冠肺炎疫情和乌克兰局势的影响，逆全球化趋势愈演愈烈，动荡不安的金融危机风险为全球经济发展和企业营商环境带来巨大冲击，国际经济合作复苏面临更多考验，要很好实现经济复苏是一项特别艰巨的时代任务。从国内范围来看，我国经济发展走势呈现多样化的特征，尽管贵州发展受国发〔2022〕2 号的支持，但面临不断加大的经济下行压力，贵州在经济社会发展中，仍充满各种交织在一起的困难和挑战。贵州经济发展较慢，这意味着在将来很长一段时间里，发展仍然是贵州的首要任务，只有推动经济和社会的全面发展，才能有效解决面临的各种问题，化解各类风险和矛盾，确保贵州经济社会高质量发展。

2. 贵州青年人口面临结构性变化的考验

与第六次人口普查时相比，第七次人口普查全省 14~35 岁常住青年人口呈上涨趋势，但在常住总人口中的比例却由 31.74%下降到 29.53%。贵州乡村青年下降近 200 万人，城镇青年增加 230 万人，贵州 0~14 岁人口的比重下降 1.29 个百分点，15~59 岁人口的比重下降 1.25 个百分点，60 岁及以上人口的比重上升 2.54 个百分点，其中 65 岁及以上人口的比重上升 2.99 个百分点。从上述青年人口结构变化来看，青年人口的减少使得解决人口老龄化缺少了根本动力，这也必然影响贵州劳动力供给和经济社会发展，一是劳动年龄人口总量下降容易导致劳动成本进一步提升，二是社会整体负担水平持续上升，三是应对老龄化的公共服务成本将不断提升，束缚地方经济发展。

3. 城镇化滞后导致贵州城市品牌对青年吸引力不强的考验

城市的高质量发展能为青年提供更多的就业岗位、更优渥的发展空间、更完善的社会保障，对青年具有更高的吸引力。党的十八大以后，尽管贵州的城市快速发展，基础设施逐步完善，城市建设成效显著，城镇化率快速提升到 53.15%，但是与 2021 年末全国常住人口城镇化率为 64.72%相比，仍存在巨大差距，城市名牌效应也未能充分发挥。贵州城镇化发展方面，城市数量少、规模等级低、产业经济发展动能不强、区域发展不平衡、地区差异较大、中心城市对周边城市的带动作用不强等都是发展中所面临的瓶颈，贵阳在与长沙、昆明、西安等中西部省会城市的竞争中处于相对劣势地位。

4. 高素质人才引进竞争的考验

地区经济社会的竞争与发展中，人才起着至关重要的作用。贵州想要闯出下一个“黄金十年”，大量的高素质人才支撑非常关键，尤其是实践与理论紧密结合的复合型人才。但2017年以来，全国各地的人才引进风起云涌，100多个城市先后出台人才新政，城市对青年人才的看重和争夺越发激烈，“抢人大战”由一、二线城市逐步向三、四线城市延伸，部分城市的人才政策正在不断加码升级，如成都“蓉漂计划”、长沙“人才新政22条”、郑州“智汇郑州人才工程‘1+N’”人才政策等措施均对高质量人才进行了大量补贴，各地的人才新政内容也日渐丰富，补贴方式趋向多元化，涵盖落户买房、租房、生活补贴、科研补贴以及就业创业诸方面，“水涨船高”的竞争压力对贵州人才引进工作提出了严峻考验。

5. 贵州青年能力与高素质岗位要求还未能完全匹配的考验

根据第七次全国人口普查，贵州大学本科以下文化程度青年人数从1030.70万人下降到983.91万人。尽管大学本科及以上文化程度青年人数从48.60万人增加到147.39万人，但随着贵州产业快速发展，就业岗位、就业方式发生深刻变化，对青年学历、技能和综合素质提出更高要求。未来贵州的数字网络、数字经济、新能源汽车、绿色环保、大数据等产业急需更多的高学历、高水平、高技能人才，迫切要求青年做出回应。但从整体来看，贵州青年人口中的文化程度与周边省份相比仍然偏低，综合素质还不够高，高学历、高水平、高技能人才与贵州高质量发展的需求未能完全匹配，制约着贵州经济社会发展速度。

四 促进贵州青年更好发展的相关建议

“十四五”将成为贵州青年迈向高质量发展的关键时期，促进青年高质量发展不仅仅只是从责任分工开展、从重点局部入手、从几项措施落实，更应当构建一个与青年友好互动、共同发展的政策、机制和工作体系。从思想理念、政策措施、队伍建设等多层面构建促进和支持青年高质量发展的工作新格局，让贵州对青年更友好。

（一）牢固树立青年优先发展理念，多层次不断完善政策体系

高质量发展，关键在人才。没有一大批高质量的人才做支撑，就很难在创新竞争、经济发展竞争的格局中保持长远发展，青年是人生中精力最旺盛最充沛的时期，青年群体也是最富想象力、创造力和拥有远大志向的群体，促进贵州青年全面高质量发展对贵州经济社会的发展具有至关重要的作用。各地区各部门在制定政策时，必须坚持党管青年的重要原则，消除“青年工作是共青团一家的事”的惯性思维，秉持“引得来、能培养、召得回、选得对、留得住、用得上、干得好、有发展”青年优先发展的理念，以提升青年群体在经济社会发展中的安全感、获得感、参与感与幸福感为目标，畅通青年参与政策制定的渠道，持续优化青年群体在贵州的工作、生活环境，在社会资源分配上注重加大对青年的倾斜力度，创造对青年成长发展更加友好的政策环境。

贵州各级政府要紧紧围绕国家和省级各类青年发展政策，在集成、优化、落地上狠抓落实，健全青年政策事前评估和事后评价制度，瞄准青年发展的突出问题，充分发挥各地中长期青年发展规划联席会议机制作用，加强会议统筹协调，靶向发力，在制定和推出一批新的含金量高的政策上下功夫。省级各部门要牵头针对青年发展开展专项调研，对本行业本领域出台政策进行系统梳理，从省内外对比的角度出发，从政策实施的经验做法入手，梳理出政策中对青年更加友好的规定，对各部门普惠性政策中涉及青年发展的政策进行收集汇总，推动形成涵盖青年思想道德、教育、健康、婚恋、就业创业、文化、社会融入与社会参与、维护合法权益、预防违法犯罪、社会保障等方方面面的政策集成，形成贵州青年友好型成长型发展政策指南、政策汇编等，集中体现贵州省委省政府对青年发展的关心重视。团青组织要持续加大对各类青年发展政策的优化完善建议力度，协助有关部门强化政策的

可操作性，探索政策宣传和政策互动耦合机制，形成政策实施可视化流程和打通政策落地“最后一公里”，让符合条件的青年都能享受到政策的红利，不断提高国内青年对贵州各类青年优惠政策的知晓率、感知度，让贵州青年发展政策成为连接贵州与青年交流的“桥梁”，共同打造青年友好型成长型省份。

（二）完善青年发展统计指标体系，构建贵州青年发展监测系统

在更加注重发展质量和成效的新时代，推动青年高质量发展，成为各地区青年工作的重中之重。在全国率先提出“建设青年友好型成长型省份”的贵州，理应在推动青年工作高质量发展方面发挥引领作用，为全国的青年工作高质量发展提供“贵州经验”。推动青年高质量发展是一项长期、系统的工程，不可能一蹴而就，需要在实践中不断摸索和改进。全面准确测度贵州青年高质量发展水平，可以为客观评价贵州青年工作和贵州青年高质量发展现状提供事实依据，及时满足青年成长性、发展性利益诉求，对于认清当前贵州青年发展过程中存在的短板和不足，进而为完善相应政策体系、更好地推动贵州青年高质量发展提供决策参考，具有重要的理论价值和实践意义。

长远发展来看，应将青年发展指标整体纳入政府统计序列，由政府统计部门统筹实施指标监测，这样有利于整合各方资源，有利于体现指标数据的整体性、权威性。贵州青年发展统计指标构建要着手以为党委政府摸清青年底数、把握青年动态、团结凝聚青年打下基础为目标，不仅要追求青年发展的过程评价，还要追求青年发展的结果评价，关注青年最普遍、最核心的发展诉求，聚焦教育质量、就业质量等关键要素，为共青团密切联系青年、精准服务青年、有效动员青年找到新的突破口，为积极整合政府和社会资源制定有针对性的政策措施提供精准依据。对青年发展状况的监测需要一套完整的指标体系和一个科学严密、稳定规范的监测系统，亟须党委政府加强对基层的指导和纵向统筹，推动有关青年发展的政策措施在市州、县区逐步深化，构建从省级到地方的完整工作体系。

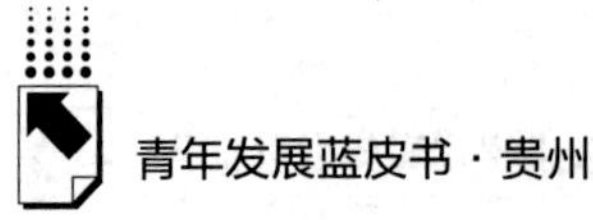

（三）打造青年人才发展友好环境，擦亮“青年友好型成长型省份”名片

做好青年工作，完善的基础设施、优质的公共服务和宽容的社会环境是促进青年成才发展的关键因素，社会环境是各种社会关系、社会风气、习惯势力、文化设施、家庭条件、亲友关系等条件的总和。打造青年人才发展友好环境，要充分结合贵州发展实际，从社会保障、社会参与和社会融入等方面为入黔留黔青年解决住房、就业、发展、交友等生活实际问题，使得青年发展政策更具体系化、更有普惠性，青年投身贵州发展的主动性和贡献度将明显提升。

推进贵州“青年友好型成长型省份”建设，要将以人为核心的新型城镇化与青年友好型成长型省份建设相结合，更加注重自然和社会人文环境的建设与优化，不断提升贵州对青年的吸引力。探索创建吸引青年聚集的青年主题社区公共空间，以“宜居+宜业+宜创+宜乐”为目标，为青年提供社会交往、思想激荡、合作共赢的系统性、协调性和衔接性的公共场域与环境设施，为激发青年创新创造活力提供条件。广泛打造青年体育文化公园，大力推广建设青年驿站，积极为青年健身、求职等提供更加良好的环境，降低青年工作生活成本。聚焦青年的“急难愁盼”，每年面向社会广泛征集并实施“青年实事”，释放青年优先发展的强烈信号。利用五四青年节等重要节假日，加大舆论宣传和氛围营造力度，鼓励青年赴黔定居就业，全方位、多层次、广覆盖宣传贵州关心青年发展、重视青年成才的青年工作导向。

（四）持续加强共青团组织队伍建设，加大青年发展制度机制建设

共青团组织是连接各部门开展青年工作的一座桥梁，让共青团组织的活力和功能得到充分调动和施展，发挥其战斗堡垒作用，才能有效提升青年工作的整体活力。要持续加强共青团组织的队伍建设，充分发挥共青团组织统筹青年的作用，进一步扩大共青团工作覆盖面，更好联系服务青年，增强共青团的吸引力和凝聚力。持续完善党委领导、政府主责、共青团协调、各方

齐抓共管青少年事务的协调机制，发挥好省、市、县三级青年工作联席会议机制作用。进一步健全“青年与人大代表、政协委员面对面”机制，充分发挥青年界别代表委员的作用，探索设立代表工作室，制度化、规范化倾听青年呼声，通过人大、政协等渠道，大力推动合理诉求转化为工作政策。为推动党管青年原则更好地落到基层，在市、县两级由党委主要负责同志担任青年发展规划联席会议第一召集人，每年聚焦解决青年1~2个方面的问题，每年至少召开1次工作会议，召开一次线上或线下青年代表座谈会，广泛听取各类青年群体代表的诉求和呼声。加大对省中长期青年发展规划实施的统筹协调力度，对省中长期青年发展规划联席会议办公室进行实体化改革，成立专门机构，充实工作力量，提高规划实施推进水平。

（五）构建配套的创新创业教育支持体系，带动青年职业能力有效提升

就业岗位是青年在城市立足、参与和贡献城市经济社会发展，以及与城市有机互动的重要平台。从目前情况看，贵州大力支持青年创新创业的工作，青年就业创业服务体系基本完善。贵州青年具备吃苦耐劳的精神，但贵州在对青年创新创业教育的引导力度方面还不够，贵州青年勇于承担风险、积极开拓创新的文化氛围和创业者集聚效应还不明显，青年创新创业教育的发展仍然任重而道远。

通过构建配套的创新创业教育支持体系，培养贵州青年树立正确的创业观，创新精神、创业意识和创新创业能力进一步增强，综合素质进一步提升，工作水平进一步提高。要健全完善创业促进政策，综合使用能力提升、创业资助、金融支持、荣誉激励、服务优化等多元化政策工具。要将职业生涯规划列入中学（中职）课程，引导广大青少年科学认识职业，有针对性地提高职业技能，为走入社会做好充分准备。对新生代农民工的就业创业要给予更多关注，这部分人群多从事保安员、服务员、保洁员、快递员、家政员、建筑工人、流动商贩等职业，由于文化程度低、缺乏专业技能，而面临更多社会融入困境，更容易遭遇边缘化风险。要多倾听和解决这部分群体的

需求，有针对性地加大对其职业技能教育培训力度，补齐能力短板，使其在就业中具备更强的竞争能力。要积极建设贯穿全程的创业扶持体系，对青年创业初创阶段、成长壮大阶段、创业成熟阶段等每个阶段制定有针对性的配套扶持、资金支持政策，特别是加大对青年创业初创阶段、成长壮大阶段的培育指导和培训力度。要强化创业孵化体制建设，积极在每个市州以及条件成熟的县（市、区）至少打造 1 个创业孵化阵地。用好全省乡村创客大赛等创新创业展示平台，鼓励有条件的市州广泛建立常态化的创新创业展示平台，营造浓厚的创新创业氛围，进一步提升“双创”对促改革、稳就业、强动能的带动作用，促进“双创”更加蓬勃发展，更大程度激发市场活力和社会创造力。

参考文献

萧鸣政、应验、张可安、孙利虎：《中国青年发展规划实施与监测指标体系研究——以〈中长期青年发展规划（2016—2025 年）〉为例》，《中国青年社会科学》2020 年第 6 期。

朱峰、单耀军：《以人为核心的新型城市化与新时代青年发展》，《青年发展论坛》2018 年第 4 期。

刘刚、李永敏：《青年发展指标体系构建及测量方法》，《当代青年研究》2011 年第 1 期。

陈丽君、金铭：《政策营销、政策获取意愿与政策有效性评价的关系研究——基于政策知晓度的中介效应检验》，《中国行政管理》2020 年第 2 期。

分 报 告

Sub-reports

B.2
贵州青年思想道德发展报告

宋鹏程　刘小龙*

摘　要： 本报告通过网络问卷调查、青年访谈、专家访谈等形式，在全省开展了青年思想道德情况调研。调查表明，新时代贵州青年思想道德呈现积极向上的态势，他们具有高尚的人生追求和积极进取的人生态度；具有坚定的信仰信念信心和强烈的爱国主义精神；自觉践行社会主义核心价值观，积极投身崇德向善的道德实践。但也存在一些不足，主要表现在部分青年的人生观需加强引导，对马克思主义的认识有待提升，对中华优秀传统文化的理解有待加强等方面。为此，要从加强思想引导、完善制度保障、聚焦青年关切、强化实践养成、增加优秀传统文化供给等方面加强引导培育和教育宣传。

关键词： 思想道德　价值观　贵州青年

---

* 宋鹏程，贵州省社会科学院机关党委副科长，研究方向：马克思主义基本原理、机关党建；刘小龙，重庆交通大学纪检监察室综合科副科长，讲师，研究方向：思想政治教育。

青年兴则国家兴，青年强则国家强。习近平总书记指出："青年是引风气之先的社会力量。一个民族的文明素养很大程度上体现在青年一代的道德水准和精神风貌上。"① 青年思想道德素质是青年的思想观念、政治立场、价值取向、道德情操和行为习惯等方面品质和能力的综合体现，反映着青年的思想境界和道德风尚，是促进青年成长、社会发展的重要保障。为落实好《贵州省中长期青年发展规划（2019—2025 年）》要求，全面掌握新时代贵州青年思想道德状况，分析其新特点、新趋势、新问题，调研采取线上线下方式同步进行，通过网络问卷调查、青年访谈、专家访谈等形式在全省开展调研，调查对象主要是在校研究生、大学生、高中生、初中生，以及党政机关青年、事业单位青年、国有或集体企业青年、自由职业青年、进城务工青年、务农青年、无业或失业青年等。从 2022 年 1 月 29 日至 3 月 21 日，共在线发放问卷 275256 份，全部收回，回收率 100%，有效率 100%。此外，本报告还运用到省直机关工委开展的推动青年工作高质量发展调研数据和贵州省青年公共文化事业发展评估调研数据。最终把问卷结果、访谈信息和搜集的其他资料综合加以分析，从人生观、理想信念、价值观、道德品格等 4 个方面对新时代贵州青年的思想道德状况进行描述分析，以求全方位呈现贵州青年思想道德状况的基本特征。

一　贵州青年思想道德的现状与特征

调研总体情况显示，贵州青年思想道德整体上呈良好态势，具有坚定的政治信仰、正确的价值取向、达观的人生态度、高尚的道德情操。贵州青年衷心拥护党的领导，拥护社会主义制度，听党话、感党恩、跟党走，不断增进对中国共产党领导和中国特色社会主义的政治认同、思想认同、理论认同、情感认同，做中国人的志气、骨气、底气不断增强，能够自觉把个人的奋斗方向同国家和民族的前途命运紧紧联系在一起，展现出对党和社会主义

① 中央文献研究室编《十八大以来重要文献选编》（上），中央文献出版社，2014，第 280 页。

祖国的赤诚热爱。贵州青年自觉传承和弘扬长征精神、遵义会议精神，渴望成长成才，积极追求进步，有朝气、有梦想，充满积极向上的正能量，正日益形成健康向上的价值观念，是乡村振兴战略、大数据战略、大生态战略的重要参与者、推进者和贡献者。

（一）贵州青年充满积极向上的正能量

1. 具有高尚的人生追求

调查数据显示，77.7%的受访者认为青年人要有积极进取的人生态度，把服务人民、奉献社会作为价值追求。如图 1 所示，在回答最崇拜的偶像时，除去其他选项，排名前 5 位的分别是：袁隆平、张富清等先进模范（38.8%）、政治领袖（13.7%）、父母（10.6%）、科技精英（7.6%）、商界精英（6.2%）。这表明贵州青年对人生价值的评价与实现有着理性客观的认识，能够自觉把自己的人生目的与国家前途、民族命运、人民幸福紧密联系起来，确立服务人民、奉献社会的人生追求。

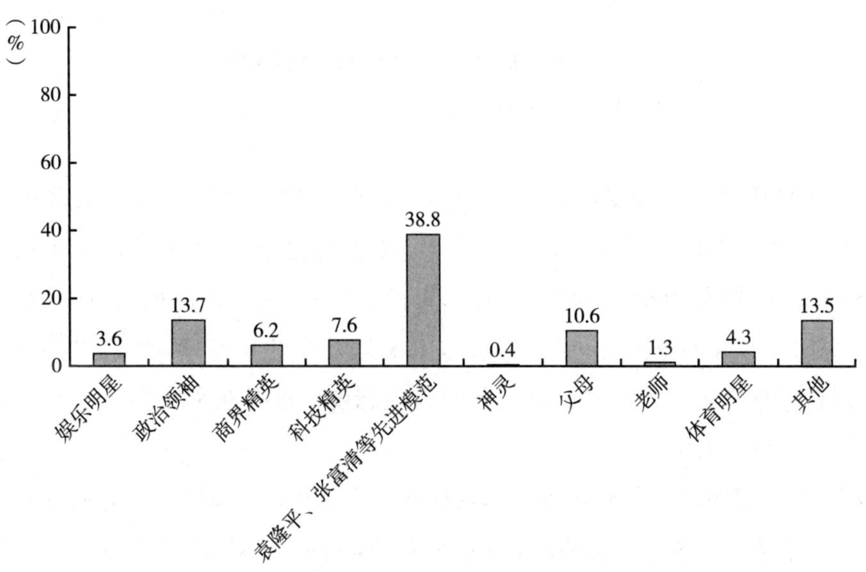

图 1　最崇拜偶像的选择情况

资料来源：根据调查数据整理而得。

2. 具有积极进取的人生态度

在回答对自己未来生活的看法时（见图 2），选择对自己未来生活“充满信心”和“较有信心”的比例分别为 42. 0%和 38. 2%。这表明贵州青年乐观向上，热爱生活，相信生活是美好的，前途是光明的，对人生充满自信。

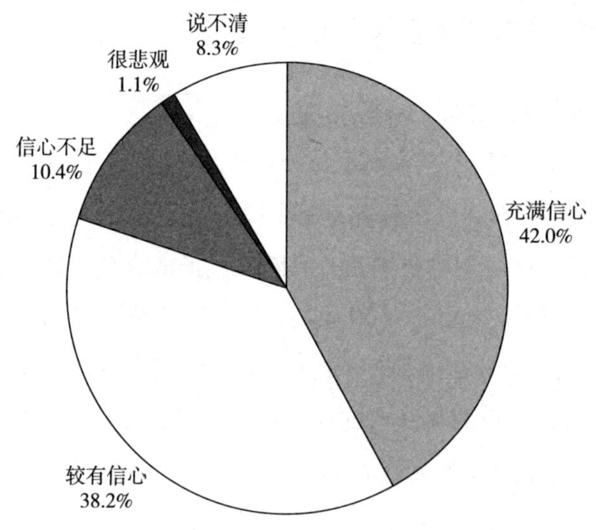

图 2　对自己未来生活的看法的选择情况

资料来源：根据调查数据整理而得。

在回答“您认为影响理想实现最重要的三项因素是什么（最多选三项）”时（见图 3），排在前三位的分别是身体健康（68. 3%）、文化水平（56. 0%）、勤奋和持续的努力（45. 9%），排在最后 3 位的分别是外貌（6. 0%）、领导的重视（7. 2%）、亲友和家庭社会背景（12. 2%）。这表明，贵州青年具有认真务实、积极进取的人生态度，选择在奋斗中实现人生理想，创造幸福人生。

同时，贵州青年能够正确处理烦恼和压力。在处理烦恼和压力的方式方法上（多选，见图 4），排在前 6 位的分别是向好朋友诉说排解（76. 1%）、看电影或听音乐（75. 0%）、上网玩游戏（36. 6%）、写信写日记（33. 7%）、向老师或家长诉说（32. 9%）、专业心理咨询与心理医生热线（15. 9%）。

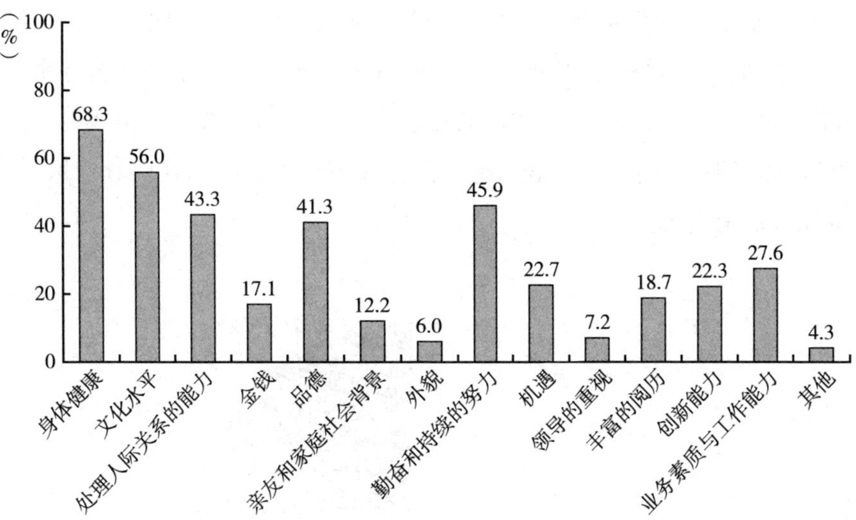

图 3　影响理想实现最重要因素的选择情况

资料来源：根据调查数据整理而得。

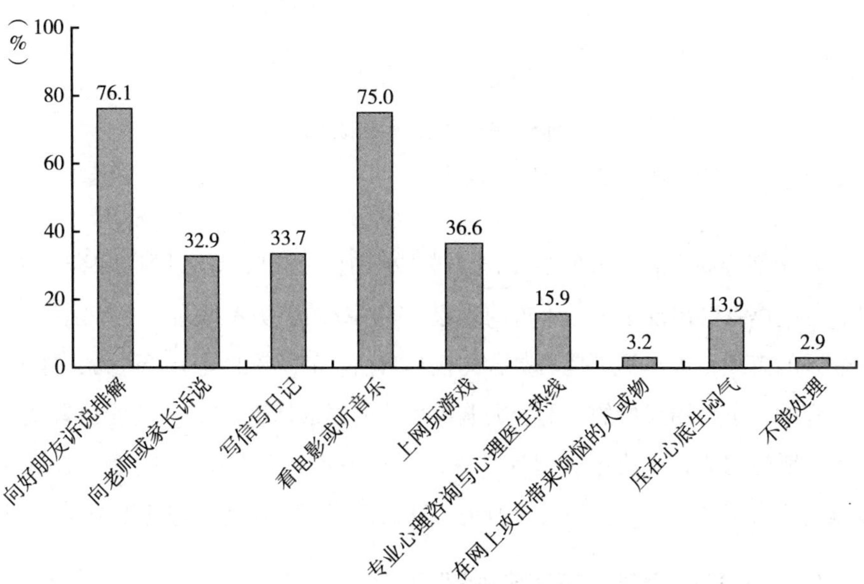

图 4　处理烦恼或压力的方式选择情况

资料来源：根据调查数据整理而得。

针对在校学生设置的问题中，当被问到“看到班上有同学穿着名牌衣物，而您却没有，您会怎样做”时（见图5），60.0%选择“虽然喜欢，但不和别人攀比”，25.7%选择“不放在心上”，11.9%选择自己赚钱买，仅有2.4%选择“要求家长买”。表明绝大部分在校学生能够明确反对享乐主义，树立正确的消费观。

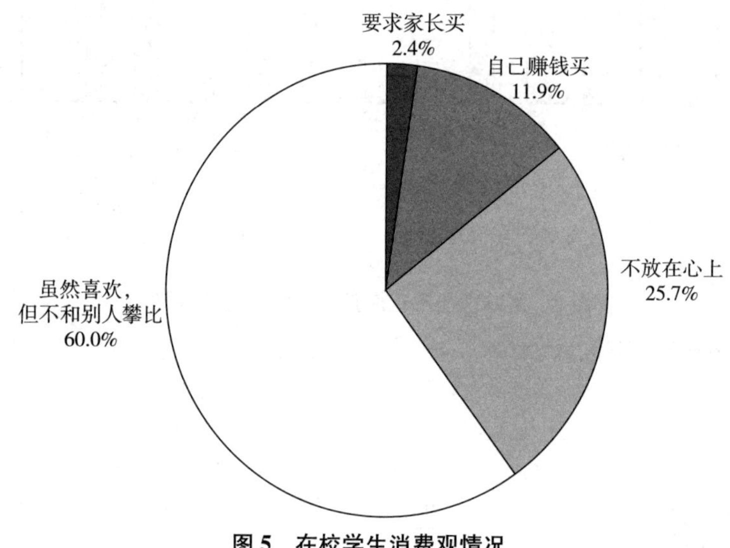

图5　在校学生消费观情况

资料来源：根据调查数据整理而得。

对于部分商家利用人们的爱国心来炒作国产球鞋，导致国产球鞋价格飙升，一些爆款鞋出现了一鞋难求的现象。90.3%的受访者认为，支持国货是一种爱国的表现，买与不买是消费者的权利自由。65.7%的受访者认为，鞋子是用来穿的，不是用来炒的，不会去购买炒作的国产球鞋。8.1%的受访者认为，为了表明爱国心，坚决不买国外品牌，只买国货。只有6.6%的受访者认为，爱国就要买国产球鞋，价格贵无所谓。这表明贵州青年能够理性爱国。

（二）贵州青年具有坚定的理想信念

1. 坚定“四个自信”，彰显青春担当

随着青年马克思主义者培养工程、“青年大学习”行动、“青春长征”

行动、“青春闪光”青年培训工程等深入开展，贵州青年的理想信念更加坚定，在“三大战略”行动中淬炼思想、升华境界，切实发挥生力军和突击队作用，在乡村振兴战略中彰显青春价值。访谈结果表明，贵州青年具有坚定的信仰、信念和信心，自觉树立共产主义远大理想和中国特色社会主义共同理想，坚持以党的旗帜为旗帜、以党的方向为方向、以党的意志为意志，对党和国家有着发自心底的认同，认为中国社会主义的发展前途光明，对此充满信心，中国特色社会主义道路自信、理论自信、制度自信、文化自信进一步坚定，对实现中华民族伟大复兴的中国梦充满信心和期待。

2. 具有坚定的马克思主义、共产主义信仰

马克思主义为人类社会发展进步指明了方向，是我们认识世界、把握规律、追求真理、改造世界的强大思想武器。“对马克思主义的信仰，对社会主义和共产主义的信念，是共产党人的政治灵魂，是共产党人经受住任何考验的精神支柱。”① 在对马克思主义的认识上（见图6），选择马克思主义“是

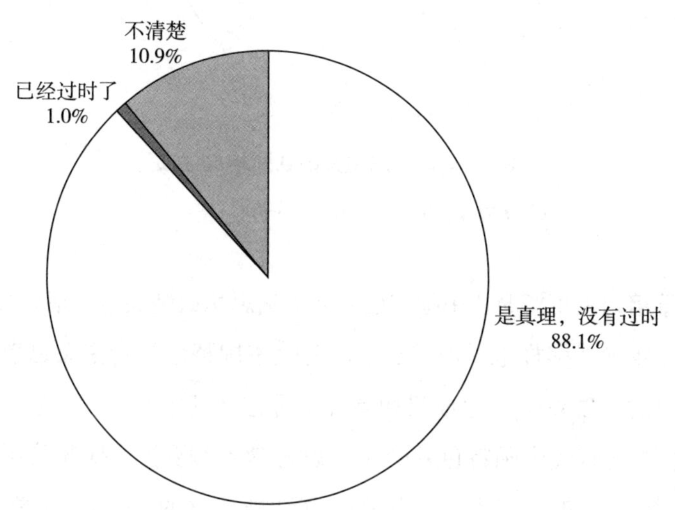

图 6 对马克思主义的认知情况之一

资料来源：根据调查数据整理而得。

① 《习近平谈治国理政》（第一卷），外文出版社，2018，第 15 页。

真理，没有过时”的比例达88.1%，选择“已经过时了”的仅有1.0%，另有10.9%表示“不清楚”。在问及对于“有人认为西方科技发达，所以应该用西方学说和理论来取代马克思主义的指导地位”的看法时（见图7），有86.0%的青年做出否定回答，有4.7%的青年做出肯定回答，另有9.3%的表示“不清楚”。

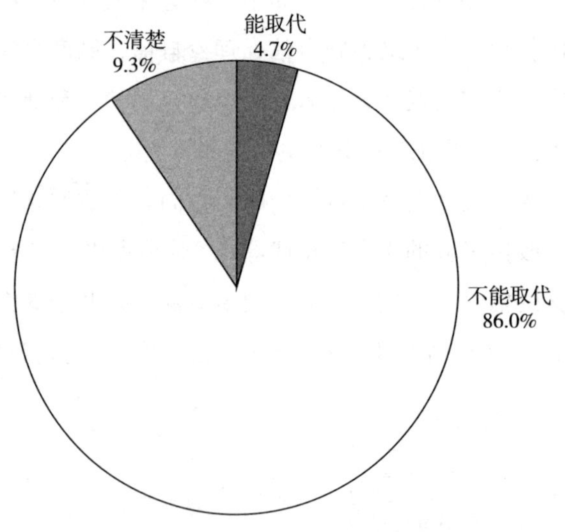

图7　对马克思主义的认知情况之二

资料来源：根据调查数据整理而得。

3. 自觉用习近平新时代中国特色社会主义思想武装头脑、指导实践

贵州青年形式多样地学习习近平新时代中国特色社会主义思想，效果明显。从学习的广度看，近七成贵州青年表示会经常阅读《习近平谈治国理政》《习近平新时代中国特色社会主义思想学习纲要》《摆脱贫困》《梁家河》《习近平的七年知青岁月》等书，受益匪浅（见图8）。从学习的深度看，当问及“您对习近平新时代中国特色社会主义思想的认识”时，79.9%的青年认为习近平新时代中国特色社会主义思想是一个系统完整、逻辑严密的科学理论体系；88.8%的青年认为习近平新时代中国特色社会主义思想是当代中国马克思主义、21世纪马克思主义，是党和国家必须长期坚

持的指导思想；79.5%的青年认为习近平新时代中国特色社会主义思想是在新时代应运而生的，是新时代精神的精华；仅有2.9%的青年表示“不了解”。这表明，习近平新时代中国特色社会主义思想在贵州青年中深入人心、落地生根，贵州青年自觉做习近平新时代中国特色社会主义思想的坚定信仰者、忠诚实践者，衷心拥护“两个确立”、忠实践行“两个维护”成为贵州青年最鲜明的政治品格。

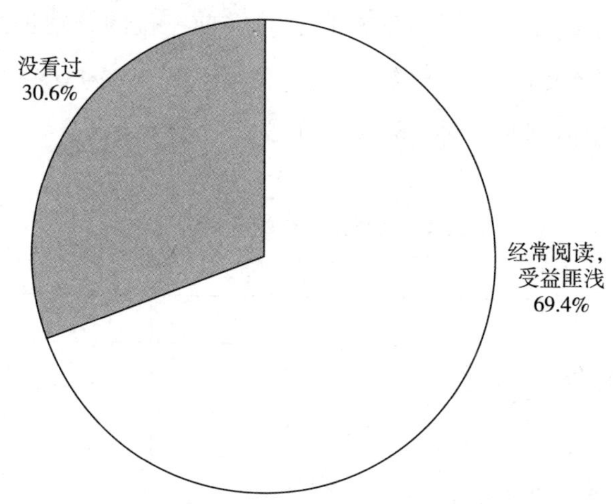

图8　学习习近平新时代中国特色社会主义思想的广度情况

资料来源：根据调查数据整理而得。

4. 贵州青年具有强烈的爱国主义精神

（1）热爱伟大祖国

爱国主义精神在贵州青年中具有极强的感召力和凝聚力。贵州青年认为，当代中国，爱国主义的本质就是坚持爱国和爱党、爱社会主义高度统一，步入新时代的中国更加富强，个人梦想是中国梦的一部分，实现中国梦必须从每一个中国人自己做起。

对祖国悠久历史、深厚文化的理解和接受，是培育和发展爱国主义情感的重要条件。贵州青年热爱优秀传统文化，传承中华文化基因，具有很强的民族自豪感和文化自信心。调查数据显示，91.2%的贵州青年认为，优秀传统文化是中华民族的精神命脉，是最深厚的文化软实力；83.3%的贵州青年认为，对我国传统文化，对国外的东西，要坚持古为今用、洋为中用，去粗取精、去伪存真，经过科学的扬弃后使之为我所用。

（2）热爱多彩贵州

贵州不仅具有丰富的民族文化，更积淀了同样丰富的红色文化、生态文化、历史文化。在贵州省青年公共文化事业发展评估调研中，当问及“您了解以下哪些贵州文化”时（见表1），排在前三位的分别是民族传统文化（79.55%）、红色文化（67.52%）、生态文化（47.93%）；当问及“您是否愿意留在贵州生活创业”时，89.25%的受访者表示愿意。

表1　对贵州文化的认知情况

单位：份，%

选项	小计	比例
民族传统文化	79713	79.55
历史考古文化	27375	27.32
红色文化	67662	67.52
生态文化	48032	47.93
科技文化	26654	26.6
产业文化	25715	25.66
公益文化	20186	20.14
不了解	4985	4.97
其他	5854	5.84

资料来源：根据调查数据整理而得。

对于居留贵州的原因，前5项分别是（见表2）：亲缘关系与社交关系（64.50%）、工作机会（40.77%）、生活与住房成本（36.51%）、发展前途（35.86%）、文化氛围（32.27%）。这表明贵州青年具有较强的历史文化认同和区域文化认同。

表 2　影响青年留在贵州生活创业的因素选择情况

单位：份，%

选项	小计	比例
工作机会	40852	40.77
发展前途	35933	35.86
文化氛围	32337	32.27
生活与住房成本	36584	36.51
亲缘关系与社交关系	64629	64.50
别无选择	3406	3.40
没想过	7229	7.21
其他	4131	4.12

资料来源：根据调查数据整理而得。

此外，省直机关工委开展的推动青年工作高质量发展调研结果显示，在问及自己所做工作与围绕“四新”主攻“四化”的关系时，51.7%的省直机关青年认为联系紧密，38.4%认为有较大关系，9.9%认为有一定关系。在回答“您在结合工作实际，围绕‘四新’主攻‘四化’，推动经济社会发展方面遇到的具体困难和问题”时，47.7%表示不存在困难和问题；15.8%表示理论学习不够深入，把握不准围绕“四新”主攻“四化”的要求；20.2%表示调研不足，对贵州的省情和经济社会发展现状不了解；16.3%表示理论联系实际不够，与将本职岗位更好地融入中心大局还有差距，工作视野不够宽，创新能力不强。这表明省直机关青年善于思考，能够立足工作岗位紧紧围绕省委省政府的决策部署来思考谋划自身工作。

（三）贵州青年是社会主义核心价值观的坚定信仰者、积极传播者、模范践行者

近年来，贵州深入实施青年社会主义核心价值观培养工程、党的创新理

论青年培训专项、新时代立德树人工程等专项工程，开展“争做新时代向上向善好青年”主题活动，面向各领域各行业寻找、推选一批年龄在14~40岁的新时代模范践行社会主义核心价值观的“向上向善好青年”，以可亲、可信、可学的榜样力量，树立奋发向上、崇德向善的鲜明价值导向，把社会主义核心价值观内化为青年的情感认同、外化为青年的行为习惯。调查数据显示，87.8%的青年能够流利背诵社会主义核心价值观的内容，理解其中的内涵并积极践行。

贵州青年传承红色基因、赓续红色血脉，自觉向先进典型学习，立志成长成才。在问及“您认为遵义会议精神在今天是否依然重要”时（见表3），98.2%认为遵义会议精神在今天依然重要，贵州是中国革命的圣地、福地，贵州青年应赓续传承红色血脉。

表3 对遵义会议精神的认知情况

单位：份，%

选项	合计	比例
很重要，贵州是中国革命的圣地、福地，贵州青年应赓续传承红色血脉	270182	98.2
不重要	1875	0.7
没听说过	3199	1.1

资料来源：根据调查数据整理而得。

在问及“您是否知道新时代贵州精神”时，89.3%表示知道新时代贵州精神，文朝荣、刘芳、黄大发、杜富国、邓迎香等优秀事迹，闪耀着团结奋进、拼搏创新、苦干实干、后发赶超的新时代贵州精神，需要大力培育和弘扬。

此外，省直机关工委开展的推动青年工作高质量发展调研结果显示，88%的省直机关青年每天都会认真浏览“学习强国”学习平台、《新闻联播》、《人民日报》、《求是》或其他时政类专栏、微信公众号等1小时以上。

（四）贵州青年积极投身崇德向善的道德实践

1. 投身社会实践的意识进一步增强

贵州青年参加捐款捐物、志愿服务等公益活动越来越多，他们的公共服务意识日益增强，已成为公益事业的一个重要参与群体。调查显示，68.5%表示参加过“希望工程”“扶贫日”等公益活动，为贫困或受灾地区捐款、捐献衣服或书籍等物资。在被问及“如果政府部门就与您有关的公共事务召开听证会，您是否愿意参加”时，选择愿意参加的占84.9%，选择将视情况而定的占13.9%，仅有1.2%表示不愿意。省直机关工委开展的推动青年工作高质量发展调研结果显示，5.0%的省直机关青年表示每周至少参加一次志愿活动，25.2%表示每月至少参加一次，53.7%表示每季度至少参加一次，16.1%表示每年至少参加一次。这表明，贵州青年特别是省直机关青年更加积极主动、自信地融入社会服务，助人为乐、扶贫济困和参与社会公益事业的自觉性进一步增强。

2. 网络素养不断提升

随着“争当中国青年好网民”“争做新时代贵州好网民”主题活动的深入开展，一批新时代贵州好网民特色品牌、新时代贵州好网民榜样典型不断涌现，影响带动青年网络素养不断提高。在回答“您认为整治网络谣言和净化网络环境的做法是否必要”这一问题时，选择“有必要，坚决坚持”的比例占96.5%，选择“没必要，网络不应受管制”的比例占1.3%，选择“不清楚”的比例占2.2%。

二 存在的问题

（一）部分青年的人生观仍需加强引导

从整体来看，贵州青年有着积极向上的人生观，但少数青年在人生追求、人生态度、人生价值的评价与实现方面需进一步引导，他们将“赚很多钱”作为努力工作或学习的最主要原因，把高收入作为选择工作单位最看重的因素，认为人活着就是为了追求个人的物质享受；少数青年认为实现理想很难，因而选择“躺平”，这表明部分青年还存在惰性思想，忽视了主观能动性的发挥。

（二）少数青年对马克思主义的认识有待提升

贵州青年对马克思主义信仰的总体情况是好的，其主流是积极的，但也有少数青年在学习的自主性和自觉性方面存在不足，对马克思主义的学习不够深入、理解不够透彻。当被问及“有人认为马克思主义已经过时了，对此，您的看法是什么”时，虽然回答“已经过时”的仅占1.0%，但也有10.9%的表示不清楚。当被问及“您在思政课上的上课状态时”，选择“思政课很有吸引力，全神贯注，认真听讲”的比例达到76.6%，但仍有23.4%的青年表示“感觉很枯燥，昏昏欲睡，听不进去”。

（三）少数青年对中华优秀传统文化的理解有待提高

部分青年对优秀传统文化存在一定的疏离感，8.2%认为中华优秀传统文化难以跟上时代发展，不符合现代生活方式；9.1%表示相比春节、七夕节等传统节日，还是喜欢圣诞节、情人节等国外节日。在这部分群体中，青年学生占了很大比例。造成这种状况的原因，既有信息社会给优秀传统文化传播带来的冲击，也与教育教学的吸引力、感染力不足，传播方式手段创新性不强有关。需要格外关注的是44%的受访青年表示对民族乐器、书法、戏曲等非常感兴趣，但学习成本高，学习渠道少，这表明优秀传统文化的传播渠道及方式有待整合和提升，要不断提高和扩大优秀传统文化的供给力度和覆盖面。

三　对策建议

（一）加强思想引导，着力强化引领力

做好青年的思想政治工作，必须加强思想政治引领。要坚定不移用习近平新时代中国特色社会主义思想武装青年，用中国特色社会主义事业的伟大

成就教育青年，引导青年牢固树立对马克思主义的信仰、对中国特色社会主义的信念、对中华民族伟大复兴中国梦的信心，引导青年坚定“四个自信”。要依托“青春长征”品牌项目，加强“四史”教育，加强爱国主义、集体主义、社会主义教育，特别是用好百年党史这部生动教科书，引导广大青年传承红色基因，赓续红色血脉，听党话、感党恩、跟党走。要把握青年成长成才的特点和规律，创新青年思想政治引领的路径方法，提高思想政治引领的针对性和实效性，创新网络宣传方式方法，做好网上青年思想政治工作，用青年易于接受的语言和方式阐述党的主张、宣传党的创新理论，用身边事教育身边人，把中国道路、中国成就、中国故事讲生动，把党的十八大以来贵州省脱贫攻坚成果、全面建成小康社会的伟大成就作为现实教材，引领凝聚青年听党话、感党恩、跟党走。对青年普遍关注的热点话题和深层次问题，要从历史和现实、理论和实践的结合上做出令人信服的回答，不断增强广大青年的政治认同、情感认同，不断提高马克思主义思想觉悟和理论水平，自觉把人生追求融入推动党和国家事业发展的实践中。

（二）完善制度保障，着力夯实组织力

进一步完善党委领导、政府主责、共青团协调、各方齐抓共管青年事务的机制，发挥好省、市、县三级青年工作联席会议机制作用，充分发挥各职能部门及群团组织的优势，把青年思想道德建设的各项目标任务具体分解到有关部门和单位，明确职责，密切配合，形成整体合力。政府层面，由省级各部门牵头，开展对本行业本领域出台政策的系统梳理，梳理出政策中对青年更加友好的政策规定，将散落在各部门普惠性政策中的青年发展政策收集汇总，推动形成涵盖青年就业创业、教育、赡养老人、婚育、健康等方方面面的政策集成，形成青年发展政策指南、青年发展政策汇编等。总结推广清镇市发放“青年卡”的做法，将社会各方对青年的优惠政策以“青年卡”的形式实现集成。家庭层面，发挥家庭对青年道德教育的示范作用，弘扬中华民族传统家庭美德，宣传先进的家庭教育理念，以建设文明家庭、实施科学家教、传承优良家风为重点，引导家长树立正确的成才观，掌握科学的教

育方法。学校层面，突出学校在道德教育上的主阵地作用，以培育和践行社会主义核心价值观为根本，创新教学方法与形式，把立德树人融入思想道德教育、文化知识教育、社会实践教育、国情省情教育各环节，开展形式多样的理想信念教育，大力培育和践行新贵州时代精神，培养青年爱祖国、爱家乡、爱劳动的情操。社会层面，推进社会治理创新，构建公平公正的社会流动机制，营造公平公正的社会环境，开辟青年向上流动的新渠道，不断激发广大青年的活力和创造力。

（三）聚焦青年关切，着力提升服务力

“一种价值观要真正发挥作用，必须融入社会生活，让人们在实践中感知它、领悟它。”① 这就要求坚持问题导向，把思想引领工作与解决实际困难相结合，聚焦青年发展中的痛点难点堵点，及时关注青年的学习工作压力，及时满足青年成长性、发展性利益诉求，健全制度化反映青年诉求的机制。针对当前青年高度关注、普遍关心的住房、教育、就业创业、婚恋、卫生健康、空间友好等领域，整合制定一批缓解青年急难愁盼的政策举措，让他们感受到关爱就在身边、关怀就在眼前，提高其获得感、幸福感、安全感。聚焦青年的“急难愁盼”，每年面向社会广泛征集并实施“青年十件民生实事”。进一步健全“青年与人大代表、政协委员面对面”机制，充分发挥青年界别代表委员的作用，探索设立代表工作室，制度化、规范化倾听青年呼声，通过人大、政协等渠道，推动青年合理诉求转化为工作举措。发挥新媒体优势，常态化倾听青年呼声、反映青年诉求。要对新生代农民工的就业创业给予更多关注，多倾听其声音和需求，针对其城市融入、发展需求，特别是技能需求，加大教育培训力度，提高其职业技能。

（四）强化实践养成，着力提高统筹力

“青年要把正确的道德认知、自觉的道德养成、积极的道德实践紧密结

① 《习近平谈治国理政》（第一卷），外文出版社，2018，第165页。

合起来，不断修身立德，打牢道德根基，在人生道路上走得更正、走得更远。”① 要将思想道德教育与实践活动结合起来，把思想教育嵌入青年人具体的工作和学习实践中，加大统筹协调力度，注重因势利导，通过整合资源、拓宽渠道，积极搭建各类道德实践平台载体。一是拓展志愿服务内容。深化志愿服务体系建设，以万名大学生志愿服务基层项目“希望工程·陪伴行动”、“新市民·追梦桥”工程、贵州青年乡村振兴夜校“伙伴计划”示范项目等为依托，精心设计一批志愿服务项目，广泛深入动员青年投身志愿服务，积极引导青年参与乡村振兴、参与易地扶贫搬迁安置社区治理等工作，激发青年参与社会治理的青春活力。二是拓展青年成长成才的空间。大力开展职业青年思想政治教育工作，更加关注普通青年的成长成才，以创建青年文明号、评选青年岗位能手、举办青年职业技能大赛、创建青年安全生产示范岗、组建青年突击队、评选表彰最美青年劳动者等活动为抓手，广泛开展青年岗位练兵活动，组织开展经验交流分享活动，引导广大青年树立正确的就业观、成才观。三是拓展网络平台。培育积极向上的网络文化，持续掀起网上红色声浪，加大对网络道德规范的宣传教育力度，引导青年提高分辨能力。

（五）创新方式方法，用优秀传统文化浸润青年成长成才

综合运用教育引导、舆论宣传、文化熏陶、实践养成等方式，将优秀传统文化的精神文化内核融入青年的日常工作学习和生活中，有效吸引青年、感染青年，让青年在潜移默化中受到优秀传统文化的熏陶。健全线上与线下有机结合的优秀传统文化服务体系，创新表达形式，以青少年喜欢的方式来创新与传播，推进优秀传统文化普及活动，提升青年文化获得感。用好用足“学习强国”学习平台，综合运用报刊、电台、电视台、互联网等各种载体，特别是在贵州电视台、贵州日报、当代贵州、多彩贵州网等省内主流媒

① 《习近平：在纪念五四运动 100 周年大会上的讲话》，人民网，http://jhsjk.people.cn/article/31059998。

体上积极传播优秀传统文化。提升《青年时代》《少年时代报》的知名度和美誉度，积极打造贵州青年传媒品牌。充分整合全省各级文化企事业单位、青年活动阵地、团属新闻出版机构等力量，用好贵阳孔学堂，以及全省各级文化馆、博物馆、美术馆等平台和载体，发挥各类资源在青年文化建设中的重要作用。大力推进戏曲、书法、高雅艺术、传统体育等进校园、进社区、进乡村等活动，开展优秀传统文化精品推广和展演，持续开展多彩贵州百姓大舞台等惠民文化文艺演出，使优秀文化作品走向社会、深入青年。做好贵州本土文化传播工作，通过短视频、音频、动画等形式，大力宣传贵州红色文化、民族文化、阳明文化、山地文化、三线文化等本土文化，利用网络快而广的传播优势，在青年人使用较多的抖音、快手、喜马拉雅、哔哩哔哩等视听平台上加强宣传推荐。

B.3
贵州青年教育发展报告

罗以洪　余斌鑫*

摘　要： 在系统梳理我国青年发展主要特征的基础上，本报告总结近几年贵州青年教育发展的主要成效及特征，发现贵州不断加大青年教育投入力度，青年教育质量显著提升，但也存在教育发展不平衡不充分，供需矛盾突出；高等教育发展相对滞后，人才培养质量欠缺；教师队伍整体素质仍待提高，结构性矛盾突出等问题。报告提出了把握贵州青年特点，加强青年思想政治教育；有效配置教育资源，促进公共教育服务均等化；建立教育生态系统，推进各类教育全面发展；坚持教育法制化发展，切实保障教育主体权益的四大对策建议。

关键词： 教育发展　教育生态系统　教育法治化　贵州青年

教育是国之大计、党之大计。习近平总书记一直高度关注对青年的教育工作，提出“青年一代有理想、有担当，国家就有前途，民族就有希望，实现我们的发展目标就有源源不断的强大力量”。贵州省委、省政府始终贯彻落实党的教育方针，积极推进教育现代化、建设特色教育强省，持续加大教育投入，贵州省教育脱贫攻坚成效显著，教育普及水平大幅提升，教育基础实力不断提高，教育生态系统日益健全。义务教育巩固率、高中阶段毛入

* 罗以洪，贵州省社会科学院区域经济研究所副所长、研究员、博士、硕士生导师，研究方向：区域经济、工业经济、青年发展；余斌鑫，贵州省社会科学院区域经济研究所研究实习员，研究方向：区域经济、财政金融、青年发展。

学率、高等教育毛入学率均获得显著提高。但总体来看，贵州省教育水平仍落后于全国平均水平，存在供给结构失衡、供需不平衡等问题。因此，为进一步推动贵州教育朝着更高质量、更有效率、更加公平、更可持续的方向发展，加强贵州青年教育发展具有重要战略意义及重大现实意义。

一　我国青年教育发展主要特征

改革开放以来，我国创建了世界上最大规模的教育，推进我国实现了从人口大国向人力资源大国的历史性转变，为我国社会主义现代化建设和全面建成小康社会提供了强有力的人力和智力支撑。在我国经济社会高速发展过程中，中国青年高歌阔步，已经成为全社会高度关注的特殊群体。青年大胆创新，为我国在很多高新技术领域实现与发达国家同步发展，发挥了不可替代的作用。中国青年敢想敢为，在社会生活很多领域意气风发，在各个不同岗位上发挥着重要作用。青年文化反哺，在社会生活中拥有越来越大的话语权，成为实现中华民族伟大复兴的践行者和生力军。青年取得的一切成就都离不开国家对青年系统、优质的教育。中国青年及青年教育工作者敢想敢为，越过高峰险阻，开辟多彩征程，谱写了人类教育史上的美丽篇章。梳理挖掘青年教育发展主要特征，对分析青年教育发展深层次矛盾、认清青年教育未来发展方向具有重要价值。

（一）青年教育是持续的系统工程

对每一位青年而言，教育是其人生阶段最重要的任务和生活内容，其不仅是对一个年轻群体知识能力的提升过程，更是一项持续创新的系统工作。

1. 青年教育基本内涵

青年教育，即根据青年的生理、心理特点，通过学校、家庭、社会等多种平台，在德智体美劳等诸方面，对青年进行全面、系统的形塑，使之在人类优秀文明成果的影响和熏陶下，逐步成长为按照人类文明规范行事的合格社会成员、适应社会发展要求的有用之才、中国特色社会主义建设事业的接班人，在促进经济社会发展过程中，发挥应有的积极作用。随着社会的发展、科技的进步、生产方式的转型和变革，青年的人均受教育年数与以往相比有所延长。《中长期青年发展规划（2016—2025 年）》指出，我国“新增劳动力平均受教育年限达到 13.3 年，处于我国历史上最好水平，与发达国家之间的差距显著缩小”。可见，教育在青年生存发展过程中，具有越来越重要的地位。

2. 青年教育的主要类型

青年教育是一个持续复杂的系统工程，分类方式众多，但从教育场所、组织形式和学历制度等要素看，青年教育主要包括学校教育、家庭教育和社会教育等。

（1）学校教育。学校教育有固定的场所、专门的教师、按照年级编班的一定数量的学生、确定的培养目标、确定的教学内容和系统的管理制度等。学校教育是一种制度化教育形式和平台。随着人类社会的发展和文明进步，青年接受学校教育已经成为一种基本常态、青年必经的重大人生事件和过程，在青年教育中发挥着特别重要的作用。

（2）家庭教育。家庭教育“以血缘关系为纽带，以情感为动力，以亲子之间的精神信任为基础，其教育控制方式具有多维性，对孩子道德观念的形成和发展、社会化水平的提高及智力潜质的开发都具有重要意义”①。家庭对青年的教育功能始终存在且根深蒂固，但随着年龄的增长会相对减弱，而学校和社会对青年教育的功能则不断强化。

（3）社会教育。社会教育有广义和狭义之分。广义的社会教育是指一切社会生活影响于个人身心发展的教育。狭义的社会教育是指学校教育以外的一切文化教育设施对青少年、儿童和成人进行的各种教育活动②。张良驯认为，（青少年）社会教育是社会机构、社会组织和个人，在学校和家庭以外场所进行的、促进青少年成长发展的社会活动，即（青少年）社会教育

① 刘东菊：《当代家庭教育的现状及发展走向的研究》，《天津市教科院学报》2005 年第 6 期。

② 董纯才主编《中国大百科全书·教育》，中国大百科全书出版社，1985。

的主体是社会机构、社会组织和个人，是在家庭和学校之外的场所进行的，其核心是为青少年提供知识和经验，其对象是青少年[①]。在青年成长过程中，社会教育发挥着越来越重要的作用。伊利奇指出："我们所知道的大部分东西都是在学校之外学到的。学生的大部分学习都是教师不在场时自己进行的。即使教师在场，学生也经常自己学习。越来越多的教育研究表明，儿童是从同辈群体、连环画杂志以及偶然观察中，尤其是从参加学校的例行活动中，学习着教师自诩要教给他们的大部分东西。"[②] 在实际生活中，学校教育、家庭教育和社会教育相对独立，相互渗透，相互影响，共同在青年教育中发挥着不可或缺的作用。由此，本报告讨论的青年教育问题主要包括学校教育、家庭教育和社会教育等三个维度。

（二）青年教育意识理念不断强化

我国恢复高考制度后，无数青年通过高考改变人生发展历程，教育成为青年改变人生的重要渠道，在青年成长、社会发展过程中，青年教育不可或缺、极其重要。再苦不能苦孩子，再穷不能穷教育。长期以来，无数家庭对青少年教育问题越来越重视，家庭在青少年教育方面的投入越来越大。武汉大学对武汉市居民家庭教育开支的调查报告中显示：教育开支已占到被调查家庭可支配收入的30%左右，超过40%的家庭觉得教育开支负担沉重[③]。尽管家庭教育负担和支出较大，但无数家庭依然义无反顾地加大对教育的投入，让孩子接受更好的教育。调研显示，2002 年教育对大部分家庭来说仍然属于奢侈品，但后来政府和社会也越来越重视青年教育问题。改革开放以来，政府努力提高财政性教育经费占国内生产总值比重，2006 年，党的十六届六中全会提出了"逐步使财政性教育经费占国内生产总值的比重达到4%"的目标，经多年努力，从 2012 年至 2020 年，我国教育经费支出占

① 张良驯：《青少年社会教育学》，人民教育出版社，2017。

② 〔美〕伊万·伊利奇：《去学校化社会》，吴康宁译，中国轻工业出版社，2017。

③ 王传毅、曹仪：《何以教育自信：盘点中国教育发展成就的"关键词"》，《教育科学研究》2017 年第 12 期。

GDP 的比重已经连续 9 年高于 4%。2021 年 11 月教育部、国家统计局、财政部发布的《2020 年全国教育经费执行情况统计公告》显示，2020 年全国教育经费总投入为 53033.87 亿元，比上年增长 5.69%。其中，国家财政性教育经费为 42908.15 亿元，比上年增长 7.15%，占 GDP 的 4.22%，我国教育经费的投入在“十三五”期间持续做到“不低于 4%”。

（三）青年教育质量实现稳步提升

改革开放以来，我国坚持科教兴国战略，始终把教育放在国家优先发展的战略地位，以举国之力推进教育事业发展。多次颁布与教育相关文件，开展扫盲运动，21 世纪初，青壮年文盲基本扫除，十几年扫掉上亿文盲，创造人类历史上一大奇迹。坚定推行“应试教育”向“素质教育”转轨，提出“德智体美劳”全面发展口号，实现基础教育与素质教育全面共同推进，立法保障国家财政投入，明确各级政府职责义务，确保公民基本的受教育权利。继基础教育保障后，进一步明确高校扩招，加强高等职业教育，实现高等教育的大众化普及。在改革开放初期，邓小平就重视教育在国家现代化建设中的作用。1985 年，他在全国教育工作会议上指出：“我们国家，国力的强弱，经济发展后劲的大小，越来越取决于劳动者的素质，取决于知识分子的数量和质量。一个 10 亿人口的大国，教育搞上去了，人才资源的巨大优势是任何国家比不了的”①。1987 年，党的十三大报告提出“把发展科学技术和教育事业放在首要位置”。1995 年全国科技大会发表《中共中央、国务院关于加速科学技术进步的决定》，首次提出了要实施科教兴国发展战略。2013 年 9 月，习近平在联合国“教育第一”全球倡议行动一周年纪念活动上明确表示：“中国将坚定实施科教兴国战略，始终把教育摆在优先发展的战略位置。”② 国家对教育战略地位的认识提升到新的高度，教育优先发展的战略地位在中国从未动摇。改革开放以来，在党中央、国务院的领导下，

---

① 邓小平：《在全国教育工作会议上的讲话》，《中国教育报》1983 年第 7 期。

② 《习近平主席在联合国“教育第一”全球倡议行动一周年纪念活动上发表视频贺词》，《人民日报》2013 年 9 月 27 日。

教育主管部门持续加强教育研究，不断优化教育体系、强化教育规范。中国基础教育在质量上虽然没有全面实现优质教育的供给，但已在一些领域取得了显著成绩。中国的基础教育在逐步影响和改变着世界，中国基础教育的优秀传统正为世界所接受[①]。在泰晤士高等教育（THE）发布的 2021 年度世界大学声誉排名中，在中国大陆高校中，有 17 所高校上榜，其中，北京大学排第 15 名，上升 1 个名次。中国大陆有 7 所高校进入前 100 名，有 5 所中国大陆高校首次上榜。除了拥有若干所世界一流的大学外，中国已有多所大学拥有了世界一流的学科。依据汤森路透发布的 ESI 学科排名，中国有 182 所大学共计 617 个学科在 2015 年进入 ESI 排名全球前 1%的学科，低于美国和英国，优于日本和澳大利亚。较之于 2010 年，中国大学的 ESI 学科数增幅显著，从 2010 年的 280 个增至 2015 年的 617 个。[②] 从创新成果来看，中国在 SCI、SSCI 和 A&HCI 的论文总发表量全球排名第二，仅次于美国但远远高于英、日、德、澳四国的发文量，从各国发文量历史增长幅度看，中国增幅最大，远超过发达国家。

（四）坚持推行公平教育、普惠教育

国家始终关注全民教育权益保障，注重公平教育和普惠教育。为实现教育资源合理配置，确保贫困边缘地区、民族地区教育均衡发展，2003 ~ 2012 年，先后颁布《国务院关于进一步加强农村教育工作的决定》（2003 年）、《国务院关于大力发展职业教育的决定》（2005 年）、《国家西部地区“两基”攻坚计划（2004—2007 年）》（2004 年）、《“十一五”期间中西部地区特殊教育学校建设规划（2008—2010 年）》（2007 年）等文件，坚持推行公平教育，实现公平普惠教育的政策化。积极推进基础教育、职业教育、民办教育、特殊教育以及高等教育全面协调发展，重点关注农村困难家庭、

---

① 王传毅、曹仪：《何以教育自信：盘点中国教育发展成就的“关键词”》，《教育科学研究》2017 年第 12 期。

② 王传毅、曹仪：《何以教育自信：盘点中国教育发展成就的“关键词”》，《教育科学研究》2017 年第 12 期。

少数民族家庭以及残疾儿童上学问题，通过教育资源的适度调整倾斜，确保各级各类学校教育公平开展。

通过推行公平教育及普惠教育，我国普及了九年义务教育，实现了义务教育的全面免费，壮大了高中阶段教育规模，使高中阶段教育毛入学率达到66%，实现了高等教育大众化。越来越多的中国人，尤其是青年拥有了更多接受系统、优质教育的机会。欧盟委员会教育、文化和青年事务委员安德鲁拉·瓦西利乌（Androulla Vassiliou）认为，“中国的教育系统给我留下的最深刻的印象是它在过去十几年里所取得的令世界瞩目的成就：义务教育普及率显著提高，低龄儿童失学率明显降低；高等教育发展迅速，规模不断扩大、质量不断提高；建立了更广泛的学科体系以及稳定的学位体系”①。据统计，随着我国高中阶段教育在校生规模的进一步扩大，入学机会快速增加，高中阶段教育毛入学率从1990年的26.0%提高到2020年的91.2%，提高了60多个百分点。在高等教育方面，2020年，全国有普通高校2738所，其中本科院校1270所，高职（专科）院校1468所，高等教育在学总规模4183万人，高等教育的毛入学率达到54.4%。我国高等教育已经接近普及化水平，从业人员中有高等教育学历的人数已居世界前列。另外，通过对西部和人口大省高教发展的倾斜支持，以及“211工程”“985工程”“双一流”实施，高等教育整体水平得到大幅度提升。高校在积极参与国家经济社会发展、创新体系建设等方面，做出了突出贡献。1978~1989年，我国共派出各类留学人员96101人。1989~2011年，各类出国人员214.9万人，成为全球最大留学生生源国。2016年出国留学人数已达到54.5万人②。至2020年，全国共有各级各类学校53.71万所，在校生2.89亿人，专任教师1792.18万人。青年人才成为国家极其宝贵的人力资源。广大青年之所以能在我国经济社会高速发展中有所作为，能让我国在很多高新技术领域与发达国家同步发展甚至超常发展，能在很多领域开风气之先，能对前辈进行

① 安德鲁拉·瓦西利乌：《中国教育成就令世界瞩目》，《世界教育信息》2013年第7期。

② 朱永新：《中国教育改革40年的成就与经验》，《教育家》2018年第20期。

"文化反哺"，能在当今社会生活中拥有越来越大的话语权，这一切都获益于我国系统、优质的青年教育，得益于我们的教育自信。

二 贵州青年发展教育现状分析

贵州省委、省政府高度重视教育发展，始终贯彻落实党中央、国务院的教育方针，将加强青年教育作为实现跨越式发展、后发赶超的根本源泉和动力，不吝投入财力、物力、人力和精力，做到小财政大投入，从全面普及九年义务教育到建设青年友好型成长型省份，教育发展各方面都有重大突破，教育质量获得显著提高。

（一）主要成效

1. 青年教育投入力度不断加大

贵州省坚持"再穷不能穷教育，再苦不能苦孩子"的要求以及各项教育保障政策，在财政支出负增长的情况下，仍然加大教育投入。2020 年受新冠肺炎疫情、减税降费等因素影响，全省财政教育支出仍然实现 0. 5%的正增长，财政教育投入达 1073. 34 亿元。"十三五"期间，全省一般公共预算教育支出累计 4881. 79 亿元，年均增长 6. 2%，高于一般公共预算收入增长 2. 7 个百分点，教育支出占一般公共预算支出的 19. 1%，占比排全国前列，教育投入是全省财政第一大支出。为切实减轻经济困难群众教育支出压力，2020 年全省各级财政用于资助家庭经济困难学生的资金共计 107. 54 亿元，惠及学生 610. 78 万人次，实现了对各学龄阶段家庭经济困难学生"应助尽助"。同时，全省各级财政部门认真落实义务教育阶段教师工资收入政策，建立经费保障正常增长、监测分析、跟踪督促等机制，确保义务教育教师平均工资收入水平不低于或高于当地公务员平均工资收入水平。贵州省 2020 年国家财政性教育经费占地方生产总值的比重为 6. 99%，政府性基金预算安排的教育经费（含专项债券）52. 08 亿元。与 2010 年相比，2020 年全省教育经费总投入为 1450. 11 亿元，增长 295%。各级各类学校生均预算内教育经费也明显提高，从2010年至2020年，普通高中生均教育事业性经费增长4.6倍，最低增幅普通高等学校生均也高达221%。全省继续压缩6%行政经费累计40265万元用于实施教育精准扶贫。持续在全省87个县1.16万所农村中小学校全覆盖投入营养膳食补助资金33.80亿元，惠及399.24万名农村中小学生。累计投入各级各类学生资助资金107.54亿元，受益学生610.78万人次。2020年完成新建、改扩建公办幼儿园628所、义务教育阶段学校1798所以及学校“厕所革命”项目701个。图1所示为贵州省生均教育事业性经费。

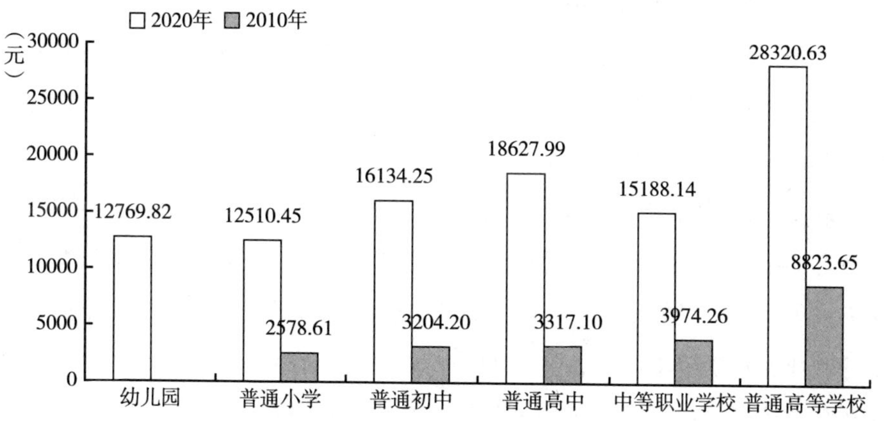

图1　贵州省生均教育事业性经费

资料来源：贵州省教育厅。

2. 青年教育普及程度显著提升

2021年以来，贵州实施巩固义务教育成果提升工程，持续推进巩固拓展脱贫攻坚成果同乡村振兴有效衔接，严格落实“四个不摘”要求，实施精准控辍和精准资助，进一步完善综合控辍保学机制。2021年，全省九年义务教育巩固率达到95.5%，超过全国平均水平0.1个百分点；小学净入学率99.92%，初中阶段毛入学率111.08%。义务教育普及水平明显提高，高中教育普及水平及质量不断提升。2021年贵州高中阶段毛入学率超全国平均水平0.1个百分点，达91.5%。贵州九年义务教育巩固率、高中阶段毛入

学率，均是首次超全国平均水平，实现了更高水平、更有质量的教育普及，教育事业按下“快进键”、普及水平跑出“加速度”。2020年贵州省有各级各类学校20702所，各级各类学历教育在校生972.44万人，专任教师56.54万人。与2010年相比，2020年贵州15岁及以上人口的平均受教育年限由7.65年提高至8.75年，平均受教育年限提高了1.1年。九年义务教育巩固率为95.0%，高中阶段毛入学率为90.7%，高等教育毛入学率为41.6%。此外，文盲率已由8.74%下降至6.68%。越来越多的青年能够享受到系统教育，通过教育成长为高素质人才。

3. 青年教育渠道日趋多样化

随着贵州经济社会发展，教育质量提升，青年可选择的教育渠道越来越多元化。青年教育国际化势头日增，2020年亚行贷款贵州职教项目累计提款1.5亿美元，培训全省职业院校教师8496人次；通过国家留学基金委评审录取46人，获教育部国家留学基金委批复西部项目地方创新子项目2个，获教育部批复教育涉外合作项目5个。民办教育、职业教育、特殊教育呈现蓬勃发展态势，民办学校投入经费5.22亿元，同比增长57.17%；全省现有中等职业教育学校184所，专任教师16630人，在校生403573人；现有特殊教育学校77所，专任教师1981人，在校生42053人。

（二）主要实践

1. 以教育脱贫攻坚统揽教育发展全局

全省紧扣“义务教育有保障”目标，按照“抓好一个核心指标，做好六项教育保障”的“1+6”工作思路[①]，全力推进脱贫攻坚教育保障重点工作。2016年在全国率先制定出台《贵州省教育精准脱贫规划方案（2016—2020年）》，并提出八大教育精准脱贫计划。2017年印发《贵州省教育脱贫攻坚“十三五”规划实施方案》（黔教规划发〔2017〕188号），全面实

① 1就是控辍保学这个核心目标；6是学生资助、教育经费、易地安置点学校建设、教师队伍配备、东西部协作、学校安全稳定。

行免费中职教育。2018 年印发《关于实施贵州省教育精准脱贫“1+N”计划的通知》《省教育厅关于实施贵州省深度贫困地区教育精准脱贫三年攻坚行动（2018—2020 年）的通知》，进一步推进“校农结合”。2019 年加强乡村教师队伍建设，大力实施国培和特岗计划，积极建设易地扶贫搬迁安置点配套学校，清零建档立卡贫困户辍学学生，全面保障落实义务教育。2020 年深入 4059 所学校，走访 1245 个乡镇（街道）2714 个村 6662 户建档立卡家庭，开展“冲刺 90 天打赢歼灭战”脱贫攻坚教育保障专项调研督战，全省实现控辍保学常态化动态清零，建成 96 所易地扶贫搬迁安置点配套学校，实现农村中小学校医全覆盖，并深入推进东西部教育帮扶协作。

2. 以教育为本指导青年人生发展

《贵州省青年发展状况调查报告》数据显示，接近 65%的受调查人群接受过高等教育，接近 12%的受调查人群表明学历不高成为制约其找不到工作的首要因素，并且此占比在明确透露尚未找到工作的原因中位居第一。该调查表明越来越多的青年人认同知识是推动发展的重要工具，知识改变命运。如图 2 所示，与 2010 年相比，2020 年普通高等学校以及研究生在校人数均有较大增长，其中普通高等学校在校人数涨幅高达 160%，博士研究生在校人数增幅达到 421%。同时，作为民族地区和欠发达省份，2020 年贵州各级各类学校教育在校学生人数合计 9723330 人，其中少数民族学生在校人数占比超过 44%。贵州青年对于知识重要性的认知普遍日渐清晰，教育为本的观念深入人心，青年通过教育获得较快成长。图 2 所示为 2010 年、2020 年各类高等教育在校人数对比。

3. 以高质教育引领教育发展改革

2016 年《贵州省教育综合改革方案》公布，改革涉及学前教育、基础教育、职业教育、高等教育等方方面面。《贵州省教育发展“十三五”规划》也明确指出要突破体制机制制约，全面推进教育领域综合改革。截至 2021 年底，已印发《省教育厅关于对教育扶贫资金落实到位进行挂牌督战的通知》《关于进一步加强财政教育资金监督管理意见》《财政教育资金联合监管实施方案》《省教育厅预算绩效管理实施方案》《省教育厅关于严禁利用疫情防控期间线上教学名义进行网上收费的通知》《省教育厅关于做好疫情防控期间学校收费管理有关事项的通知》《省教育厅关于进一步完善教育收费管理工作有关事项的通知》《省教育厅关于开展教育乱收费摸查工作的通知》等文件，不断加强财政教育经费监督管理，提升财务管理信息化水平，进一步开展落实教育综合改革。《贵州省教育发展“十四五”规划》进一步要求坚持教育优先发展，实现教育高质量发展，加快建设特色教育强省。

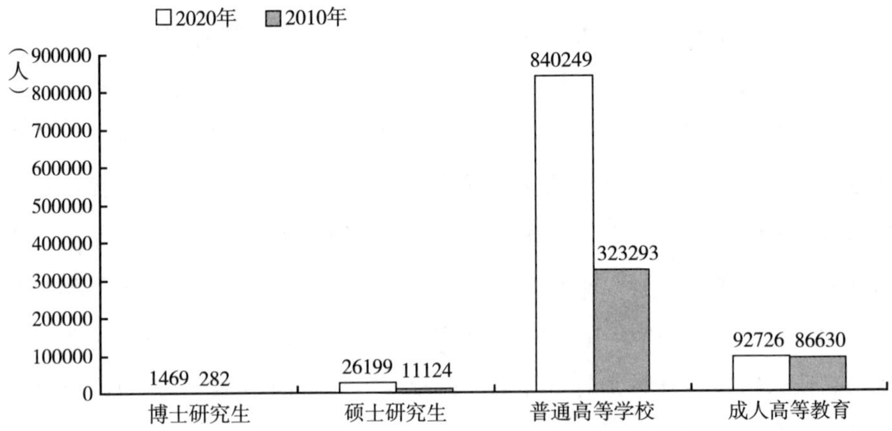

图 2　2010 年、2020 年各类高等教育在校人数对比

资料来源：贵州省教育厅。

三　贵州青年教育面临的主要问题

（一）教育发展不平衡不充分，供需矛盾突出

贵州青年教育发展获得了一定成就，但与全国相比仍然存在一定差距。2020 年全国新增劳动力受教育年限达到 13.5 年，比贵州省高出近 5 年；九年义务教育巩固率为 95.2%，比贵州省高出 0.2 个百分点；高中阶段毛入学率为 91.2%，比贵州省高出 0.5 个百分点；高等教育毛入学率为 54.4%，比

贵州省高出12.8个百分点。同时贵州各地区之间、城乡之间、学校之间也存在较大差距，城乡基础教育供给仍是一大难题。黔西南州、黔东南州、黔南州三州幼儿园、小学、初中、高中学校数合计分别仅占全省总数的30%、27%、25%、26%。各级各类学校师资、经费、校舍、教学设施设备、服务质量仍与全国平均水平存在较大差距。

（二）高等教育发展相对滞后，人才培养质量欠缺

新中国成立以来，特别是党的十八大以来，贵州教育发生了翻天覆地的历史性巨变，省政府也明确提出，要紧紧扭住教育科学发展的牛鼻子，实施教育“四大突破工程”，开拓性地创办了大学城和职教城，努力补齐发展中的关键短板。我们也应清醒地认识到，贵州高等教育还落后于全国，高等教育毛入学率与全国平均水平相比还有超过10个百分点的差距。

1. 高校总量较少

截至2020年底，贵州省共有普通高校75所，其中本科高校29所，专科高校46所。全省高等教育毛入学率41.6%，而全国高等教育毛入学率54.8%，贵州与全国相差13.2个百分点。大力发展高等教育，多办高校、多招学生，是贵州教育发展的硬任务。

2. 高等教育结构性缺失

贵州高等教育存在两个层面的结构性缺失。一是在地方缺乏高等教育支撑。从地方层面看，传统支柱产业，除了有茅台学院，其他均无独立设置的高校支撑。农业大学、艺术学院，这些反映地方特色的行业高校，也无独立设置。虽然卫生类高校不少，但公共卫生学院没有着落。综合性高校大多由师范类转设，如何适应经济社会全方位发展需求，高等教育的转型之路仍然漫长。二是大学内部结构有待优化。在大学内部层面，各个高校面临着办学理念与定位模糊、创新机制不完善、人才培养同质化、专业和人才培养方向不匹配、教学课程设置体系僵化等结构的问题，这些问题影响了高校发展。

3. 高校内涵式发展不足

内涵式发展是以事物的内部因素作为动力和资源的发展模式，内涵式发

展评判的标准是质量。不断提高办学质量是教育发展永恒的主题。尽管高校办学理念千差万别，培养人才各有千秋，办学质量也很难用统一的标准衡量，但通过每年各种各样的排行榜，作为外在参考指标，亦可发现贵州高校内涵式发展的差距，对贵州高等教育而言，教育理念、大学文化、科研能力、教师素质、学生质量和管理水平等方面的内涵建设亟待加强。

4. 高校对贵州经济社会发展贡献有限

大学承担着人才培养、科学研究、社会服务、文化传承创新的神圣职责，是一个地区的人文高地、精神堡垒、思想银行、竞争引擎和文化客厅。不仅仅要把论文写在大地上，还要在这片热土生出根、开出花、结出果。贵州高等教育要紧密结合贵州经济社会发展实际，勇于创新探索，将学科建设与贵州经济社会发展贡献相对应。例如，大数据是一个人才聚集行业，贵州发展大数据“无中生有”抢占了先机，但这个先机不仅仅是机房和数据中心的建设，还需要把贵州大数据的机房变成大数据的大市场、大场景、大交易，加强大数据人才培养，切实为贵州经济社会发展服务。

5. “双一流”本科学校和“双高”高职院校建设存在明显不足

贵州本科与高职双轨教育的布局以及学科专业结构亟待优化，人才培养质量亟待提升，“双一流”本科学校和“双高”院校对高质量服务经济社会发展作用有待加强。部分本科院校未能发挥其紧密结合地方产业发展的应用型社会效能，部分高职院校未能推进产教融合、校企合作、校农结合，导致高等教育未能成功释放带动产业调整升级的吸引力、影响力和贡献力。

（三）教师队伍整体素质仍待提高，结构性矛盾突出

贵州生师比水平落后于全国平均水平，教师总量不足，且师资水平与教育需求存在较大差距，结构性矛盾突出。普通高等学校教师队伍正高级、副高级、中级、初级、未定职级职称占比分别为9.73%、31.11%、30.59%、15.45%、13.12%。成人高等学校教师队伍中正高级职称占比不足5%，部分大学甚至不含正高级职称教师。中等职业教育学校教师队伍中正高级职称占比不足1%，副高级职称占比仅为16.12%，同样存在部分学校无力提供

正高级教师师资的情况。优质教育资源仍旧十分稀缺，教育结构与资源配置有待优化，尤其是教师的数量、结构和专业化水平。表 1 所示为 2020 年贵州省生师比与全国生师比的对比。

表 1　2020 年贵州省生师比与全国生师比的对比

学校	贵州	全国	差距
小学	18.39	16.67	-1.72
初中	13.80	12.73	-1.07
普通高中	14.12	12.90	-1.22

资料来源：《贵州省 2020 年教育年鉴》《2020 年全国教育事业发展统计公报》。

四　贵州青年教育发展的对策建议

（一）把握贵州青年特点，加强青年思想政治教育

加强青年社会主义核心价值观培育和践行教育，以文化人、以文育人。教育青年立意高远、思想深邃，提升青少年思想政治教育科学化水平。全面落实立德树人根本任务，坚持社会主义教育方向，构建贵州青年德智体美劳全面发展教育体系。加强青年思想政治引领、筑牢青年理想信念之基，围绕青年、关爱青年、服务青年，不断提高青年思想水平、政治觉悟、道德品质、文化素养，让青年成长为德才兼备、全面发展的人才。把立德树人这一教育根本任务同培养社会主义事业建设者和接班人这一教育培养目标紧密结合，提升青年思想政治教育及科学化水平。重点为在校学生、农村青年、进城务工青年等量身打造思想政治教育载体，提升对青年思想政治教育的覆盖面和教育效果。

（二）有效配置教育资源，促进公共教育服务均等

加大全省教育公共资源向落后地区、民族地区及特殊家庭倾斜，科学调

控，实现教育资源有效流动，逐步缩小各地区之间、城乡之间、学校之间的教育发展不均衡。坚持公平教育、普惠教育原则，建立“市、县、镇、乡、村、校”多级台账制度，持续跟进贫困青年、残疾青年、进城务工子女等特殊青年，为特殊青年建档立卡，促进公共教育服务均等化。

1. 促进学前教育普惠提质

坚持以政府为主导多方联动合作的建学模式，实现学前教育全覆盖，构建教养结合、寓教于乐的科学保教观念。实施学前教育资源建设攻坚工程，提升小区配套幼儿园与公办幼儿园比例。实行城镇、农村学前教育一体化管理。规范发展民办幼儿园，加强备案管理，实施分类管理改革。

2. 推进义务教育优质均衡发展

深化中小学教育均衡发展，建立内部协作帮扶机制，进一步缩小各地区间、城乡间、校际发展差距，优化互联网教育，实现教育资源的跨校自由流动。编制义务教育学校布局规划，加强乡村小规模学校建设，探索多种“走教”模式。开展城乡对口帮扶和一体化办学，实行义务教育教师“区管校聘”，完善教师校长交流轮岗机制。

3. 推进优质品牌中学建设

采用多元合作模式壮大普通高中教育资源，着重培育优质教育资源，探索连锁分校、联合办学等建学模式，通过科学优质的教学体系推动整个普通高中教育优化升级。在全省实施优质品牌高中、初中建设工程，培育10~20所品牌高中，建设20~30个特色课程基地。深化普通高中课程教学改革，推行选课走班制度，形成与选课走班相适应的教学管理机制。

4. 保障特殊群体的平等受教育权利

完善残疾儿童少年随班就读管理办法。深化医教结合，加强教育、卫生健康、残联等部门合作，开设康复训练课。加强对留守儿童的教育关爱和保护，健全服务体系。

5. 提升继续教育服务能力

实施学分银行建设工程，推广市民终身学习卡。广泛开展城乡社区教育，创建社区教育实验区和示范区。实施老年教育服务能力提升项目，全省建设30~50个老年学习中心，建立10~20个示范性养教结合学习基地。

（三）建立教育生态系统，推进各类教育全面发展

坚持政府主导，由教育、乡村振兴、发改、人社、统计、民政、市场监管、卫健、文旅、住建、残联等多部门联合协作，全面统筹基础教育、高等教育、职业教育、民办教育、特殊教育等各级各类教育发展，搭建结构合理、供需均衡、适应社会发展需求的地方特色教育生态系统。

1. 推进高等教育、家庭教育、社会教育三者融合

坚持基础教育的保障性、公益性与公共性，落实财政保障学生补助、教师津贴，完善基础教育的全覆盖、德智体美劳的齐增长，同时加大学校教育、家庭教育、社会教育三者融合合力，深化综合素质教育，避免高分低能。一是厘清家庭教育、社会教育、学校教育的职责边界。明确责任边界，为三者有机衔接奠定基础。以良好家庭教育培养青年良好习惯养成，培养青年各方面兴趣特长。通过社会教育对孩子素质提高产生积极作用，以学校教育树立青年正确人生观、价值观、世界观。二是充分发挥家庭教育、社会教育、学校教育各自比较优势。发挥家庭教育作用，促进家庭、社会、学校共同参与，优势互补，真正形成育人合力，避免学校教育家庭化、家庭教育社会化、社会教育学校化畸形现象。发挥社会教育优势，积极引导、充分利用、规范服务，使青年兴趣、爱好、特长得到良好发展。加强学校教育，遵循教育规律和学生身心发展规律，加强对学生进行系统教育和培养，使学生全面发展、健康成长。三是建立家庭教育、社会教育、学校教育的协同治理机制。以育人为目标，推进家庭、学校、社会通力合作，协同治理。思考如何构建家庭教育、社会教育、学校教育一体化发展的协同治理机制。完善三者联席会议制度，围绕家庭教育、社会教育、学校教育协同治理制定出强制性合作方案，使三者的有机衔接有据可依、科学合理。建立共同的发展愿景和目标，从思想和观念上改变当前家庭教育、社会教育、学校教育之间的教育伦理差异现状，促进教育目标价值相互认同，使家庭教育、社会教育、学

校教育真正有机衔接。

2. 支持特殊教育持续健康发展

一是加强特殊教育差异化发展。杜绝高等教育唯产业化营利论，完善“奖、贷、助、补、减免”困难青年资助体系，确保青年有能力有机会追寻更高层次教育深造。同时引导各高校实现差异化优势发展，避免同质竞争，加强学科结构合理化升级，杜绝教学落后于社会发展需求。支持高校联合发展，削弱省内高校教育资源流通壁垒，同时加强与东部协作帮扶。推进产学研深入合作，激发高校创新活力。二是重视职业教育体系现代化发展。以地理、人口、产业布局为核心，县城为节点，打造以点带面、辐射广、覆盖全的贵州职业教育网格系统。以经济社会发展需求为根本，以企业发展为导向，适应国家双轨教育新主张，推进职业教育专业化、标准化、强对口、强应用发展。三是重视民办、特殊教育发展。重视民办教育、特殊教育在整个教育生态系统中不可或缺的地位，加强政府保障力度，完善各类扶持政策。建立健全省、市（州）、县、镇各级政府公共财政资助细则，落实乡、村、校级基层力量助学，鼓励知名企业、慈善机构、事业单位、社会团体、民间组织、私人教育机构乃至公民个人等多元力量联合办学。注重力量整合，确保规范办学，完善学校制度管理，针对特殊教育学生做到摸排建卡，保障其合法权益。

（四）坚持教育法制化，切实保障教育主体权益

以教育高质量发展为目标，坚持教育非营利性，积极开展教育综合改革，落实教育法制化政策化，加强公共财政教育经费预算管理及监督，确保各级各类教育经费落实到位，利用贵州大数据发展优势，提升财务信息管理数字化能力，做好疫情期间基础保障工作，确保学生和教职工合法权益。全面贯彻实施有关法律法规，持续完善青年教育权益维护法律法规和政策。

1. 完善相关政策法规

明晰落实市（州）、县、镇、村、乡、校各级部门在各级各类教育发展中的主体责任，督促落实有关法律法规，树立需求导向，建立教育大事记台

账管理，辨别现有政策与教育发展间的不均衡，坚持实地调查数据助决策，进一步完善相关政策法规。

2. 建立健全终身教育、继续教育管理体制

建立健全“政府主导、地方为主、社会参与”的终身教育、继续教育管理体制，优化教育财政支出结构，围绕国家、全省重大战略，着眼整体最优，布局全域发展，平衡不同地区教育资源，加大向困难地区资源倾斜。

3. 有效使用财政教育经费

提高公共财政资金使用效率，落实各级财政主体教育经费管理督导责任，实现“预算、落地、监督、评价、预算（调整）”的高效循环自测的教育经费使用管理模式。

参考文献

刘宏森：《中国青年教育发展四十年》，载廉思主编《中国青年发展（1978—2018）》，社会科学文献出版社，2019。

陈兴明：《习近平关于青年教育的论述融入贵州高校思想政治理论课教学的“三维”困境研究》，《湖北开放职业学院学报》2021 年第 21 期。

羊朝辉：《在青年教育中融入新时代中国特色社会主义思想的时代价值》，《江西电力职业技术学院学报》2020 年第 4 期。

付朝渊、程艳萍：《贵州青年诚信行为存在问题及对策研究——基于 1233 名青年的问卷调查分析》，《法制与社会》2019 年第 29 期。

陈兴明：《青年教育观融入贵州高校“思政课”教学的时代价值研究》，《创新创业理论研究与实践》2019 年第 7 期。

毛俊：《中华人民共和国成立以来中国共产党青年教育思想论略》，《江苏第二师范学院学报》2019 年第 6 期。

宿聪：《改革开放以来中国共产党青年教育理论研究》，渤海大学硕士学位论文，2019。

张瑞、张忠祥：《论中国共产党十八大以来习近平青年教育思想》，《广西师范大学学报》（哲学社会科学版）2019 年第 2 期。

邓琳：《新媒体视域下高校思想政治工作研究——运用新媒体开展青年思想引导工作研究以贵州大学阳明学院为例》，《贵州农机化》2018 年第 1 期。

王倩倩、阮湘辉:《新媒体时代青年团员思想教育管理研究——以贵州民族大学为例》,《亚太教育》2016 年第 36 期。

马天平:《中国青年教育的发展途径探析》,《亚太教育》2015 年第 18 期。

毛俊、双传学:《“中国梦”视域下的青年教育探析》,《河北青年管理干部学院学报》2014 年第 4 期。

常进锋:《当代青年大学生性健康教育反思与促进——基于贵州高校的实证分析》,《浙江青年专修学院学报》2013 年第 4 期。

彭国胜:《青年大学生对社会主义核心价值体系的社会认同研究——基于福建、湖南和贵州三省高校的调查》,《青年研究》2012 年第 3 期。

翁泽红:《浅论苗族传统习俗对贵州苗族聚居区女童教育普及的影响——从苗族女青年婚恋活动视角所作的分析》,《贵州社会科学》2004 年第 3 期。

B.4
贵州青年健康发展报告

王义飞　杜向东*

摘　要： 本报告总结了《贵州省中长期青年发展规划（2019—2025年）》实施以来，相关部门对促进贵州青年健康发展制定的政策措施，探讨了贵州青年身心健康发展的基本情况；并在此基础上，分析了贵州青年身心健康发展存在的主要问题；从树立青年健康优先的观念和行为准则、提升青年营养及体质健康水平、建立青年心理关爱服务体系、强化系统研究等方面提出相应对策建议。

关键词： 身心健康发展　健康素养　贵州青年

健康是经济社会发展的基础条件，是民族昌盛和国家富强的重要标志，也是广大人民群众的共同追求。青年健康发展是青年全面发展的基石。贵州省委省政府高度重视和关心贵州青年①的身心健康发展，特别是自《贵州省中长期青年发展规划（2019—2025年）》（以下简称《规划》）实施以来，贵州青年健康发展取得了新的成效和进步。本报告通过查阅和收集文献资料、借鉴和参考相关部门的调研报告及数据，对贵州青年身心健康进行全景式概述；从生理和心理两方面，了解掌握贵州省青年健康发展现状，考察分

---

* 王义飞，贵州省社会科学院社会研究所副研究员，研究方向：社会政策、应用社会学；杜向东，贵州省疾病预防控制中心公共卫生监测评价研究所/学校卫生科科主任、副主任技师。

① 本研究所指的青年，年龄范围原则上为14~35周岁，但由于相关部门的监测数据统计口径有所不同且无法完全区分不同的年龄段，部分内容表述及数据也包括14周岁以下的少年及儿童。因此在行文时，可能会出现“青年”“青少年”“青少年儿童”交替使用的情况，特此说明。

析青年健康方面存在的主要问题及其原因，并提出解决青年健康方面问题的对策建议，从而加强对《贵州省中长期青年发展规划（2019—2025 年）》实施情况的全面了解和动态监测。

一 促进贵州青年健康发展的主要做法

（一）加强顶层设计

贵州省委省政府高度重视和关心全省青年身心健康发展，一是强化组织领导，成立了贵州省中长期青年发展规划联席会议办公室，统筹协调推进《规划》的贯彻落实，强化相关省直部门成员单位及市（州）的参与、联动和配合，形成各部门、全社会共同关注、关心和关爱全省青年发展的良好局面。二是强化制度建设，在《规划》的基础上，各地各部门纷纷出台细化制度和举措，确保青年发展规划各项工作目标和主要任务落细落小落实。三是强化上下联动。2020 年，贵州省在全国率先提出建设“青年友好型成长型省份”，青年发展规划工作先后得到省委书记谌贻琴，团中央书记处第一书记贺军科、书记处书记傅振邦批示肯定，建设“青年友好型成长型省份”被写入省第十三届人大五次会议政府工作报告。目前，全省已有 4 个市州、4 个县区将建设“青年友好型成长型城市”、青年优先发展写入党代会工作报告，2 个市州将建设“青年友好型成长型城市”写入政府工作报告①。

（二）完善统计监测

共青团贵州省委和贵州省统计局联合印发了《〈贵州省中长期青年发展规划（2019—2025 年）〉统计监测工作方案》，对全省青年健康发展等重点方面进行统计监测，目前已经形成 2019 年和 2020 年两年度的统计监测报

① 许邵庭：《“两会连线” 建设“青年友好型成长型省份”写入贵州省政府工作报告》，https://baijiahao.baidu.com/s?id=1722717283094973930&wfr=spider&for=pc，2022 年 1 月 23 日。

告，为全省青年全面发展奠定了良好的数理统计资料基础；2021 年 11 月，经贵州省统计局批准，贵州省中长期青年发展规划联席会议办公室制定完成了“贵州省中长期青年发展状况综合统计报表制度”，对《〈贵州省中长期青年发展规划（2019—2025 年）〉统计监测指标体系（试行）》所涉及的统计指标范围和对象实行全面调查，明确了青年发展十个领域的具体统计指标。例如，在“青年健康发展”一级指标之下，又细分为“青年体质合格率”“青年学生（14~18 周岁）近视人数占受检人员比率”等 7 个二级指标，为细化和完善贵州青年发展监测指标体系、科学指导和促进青年身心健康发展提供了法定统计数据支撑。

（三）找准平台抓手

积极找准相关平台抓手，为青少年身心健康发展保驾护航。全覆盖实施农村义务教育学生营养改善计划，下达农村义务教育学生营养膳食补助资金 35.26 亿元，惠及 397.96 万农村中小学生。为持续提升青年体质健康水平，中共贵州省委办公厅、贵州省人民政府办公厅印发《关于全面加强和改进新时代学校体育工作的实施意见》，启动“贵州省学校体育卫生工作及学生体质健康监测管理系统”建设，将“一应用、四模块”拓展为“一应用、N 模块”，推进学生体质管理、体育赛事管理、体育家庭作业、体育教学改革、体育师资培训等模块建设，完成省级学生体育竞赛活动 8 项，参赛学生 7000 余人，实现学前、基教、职教、高教全覆盖；组建贵州省大学生田径队，中学生田径、游泳、跳绳队开展集训，参加全国第十四届学生运动会；充分运用大数据等现代科技手段，开展全省学生体质健康测试和视力测试工作，为实现“大数据+智能体测+AI 诊断+精准提升”的学生体质健康智慧管理奠定基础，争取到中央预算内投资 9190 万元支持体育公园、皮划艇基地、全民健身中心、社会足球场等 19 个项目建设，强化青年健康体质监测，其中，兴义市成为西部首个对适龄青年开展基因检测全覆盖的县级地区。

二　贵州青年身体健康发展状况

青少年正处于在校学习阶段，也是身体发育的重要时期，生长发育迅速，对能量和营养素的需求量相对旺盛，因此，与其身体健康相关的指标状况值得长期关注。

（一）全省农村青少年营养健康状况显著改善

贵州省自2012年启动实施全省农村义务教育学生营养改善计划以来，每年惠及农村中小学生380万人以上，实现了全省农村中小学校全覆盖，有效解决了农村学生中午吃饭难问题，同时提高了体质健康水平，形成并完善了管理制度和保障措施体系。营养改善计划的实施，有效解决了全省农村学生在校就餐难的问题，也成为贵州省教育扶贫的重要内容。通过实施营养改善计划，培养了农村青少年健康的饮食习惯，既减轻了广大农村家庭负担，又保障了大量留守青少年儿童在校基本生活需要，学生辍学率也大幅下降，对阻断贫困代际传递起到重要作用。

贵州省疾病预防控制中心发布的《贵州青少年营养改善监测报告》监测数据显示，2020年贵州省农村地区6~17周岁青少年儿童营养状况有了大幅度改善，农村青少年儿童生长迟缓率、消瘦率、营养不良率、贫血率总体呈下降趋势。例如，营养不良率从2013年的30.32%下降至2020年的9.72%，生长迟缓率下降至2.5%，实现了《贵州省国民营养计划（2018—2030年）》阶段性目标；农村青少年儿童贫血率从2013年的12.7%下降到2020年的10.3%，8年来共下降2.4个百分点；消瘦率整体呈持续下降趋势，从2013年的15.72%、2016年的12.84%下降到2020年的7.46%，8年来共下降8.26个百分点（见图1）。

（二）全省青少年体质健康水平全面提升

一是身高呈现增加趋势。2020年，全省6~17周岁青少年儿童平均身高

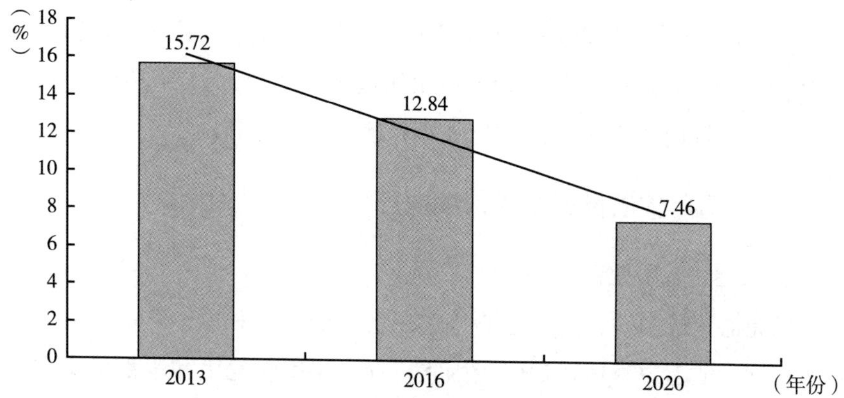

图 1　2013 年、2016 年、2020 年贵州农村青少年儿童消瘦率

资料来源：贵州省疾病预防控制中心。

为 116.5~161.3 厘米。与 2013 年和 2016 年相比，每个年龄段平均身高均有提高，其中与 2013 年相比，13 岁增幅最大为 7.1 厘米；与 2016 年相比，17 岁增幅最大为 6.4 厘米（见图 2）。

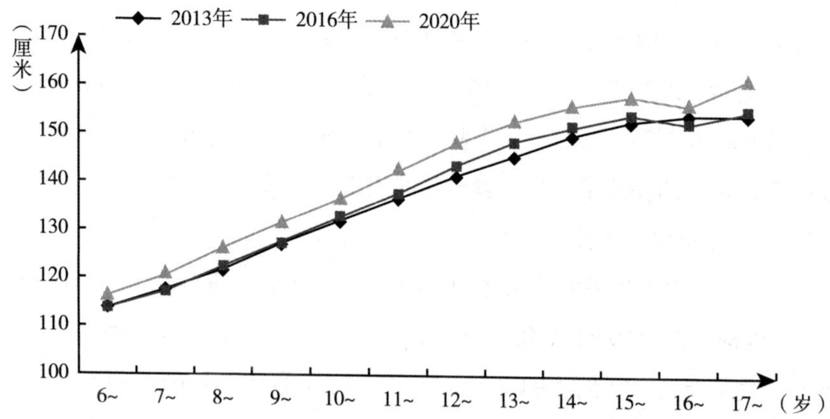

图 2　2013 年、2016 年、2020 年贵州省重点监测县 6~17 周岁青少年儿童平均身高

资料来源：《贵州省农村青少年营养改善监测报告公布》，https：//baijiahao. baidu. com/s? id = 1699983845534834253&wfr = spider&for = pc，2021 年 5 月 17 日。

二是体重呈现增加趋势。2020 年，全省 6~17 周岁青少年儿童平均体重为 21.3~55.9 公斤，与 2013 年和 2016 年相比，每个年龄段平均体重均有增加，其中 17 岁增幅最大，与 2013 年相比增加 9.3 公斤，与 2016 年相比增加 9.2 公斤。同时，青少年体质指数呈现逐年递增趋势。

（三）青年体质健康水平持续提升

1. 视力健康有所改善

眼睛是心灵的窗户，随着近年来学习负担的加重和电子产品的普及，加之用眼过度、缺乏户外体育锻炼等因素，青少年用眼卫生和眼部健康水平值得关注。2019 年 1 月，贵州省教育厅等 7 部门联合印发《贵州省综合防控儿童青少年近视行动方案》，提出了“到 2023 年，力争实现全省青少年儿童总体近视率在 2018 年的基础上每年降低 0.5 个百分点以上，到 2030 年，实现青少年儿童新发近视率明显下降，视力健康整体水平显著提升，小学生近视率在国家要求 38%标准的基础上力争下降到 33%以下，初中生近视率在国家要求 60%标准的基础上力争下降到 50%以下，高中阶段学生近视率在国家要求 70%标准的基础上力争下降到 65%以下”的阶段性和中远期工作目标。贵州省统计局《〈贵州省中长期青年发展规划（2019—2025 年）〉2020 年统计监测报告》显示，2020 年，14~18 周岁青年学生中，患近视的人数占受检人数的比重从 66.1%下降到 62.6%，下降 3.5 个百分点，这说明在教育、卫健等部门及社会、家庭的关注下，贵州青少年的用眼卫生情况有所改善。

2. 睡眠时间有待延长

2019 年中国睡眠研究会发布了《中国青少年儿童睡眠状况调查白皮书》，该机构针对全国 31 个省（区、市）的近 7 万人进行了一次线上调查，调查对象主要是 6~17 周岁的青少年儿童。数据显示，我国 6~17 周岁的青少年儿童中，超六成睡眠时间不足 8 小时。其中，贵州青少年儿童中睡眠时长超过 8 小时的仅占 30%~35%，即七成左右青少年睡眠时间不足 8 小时[①]。

① 应腾：《你娃睡眠足吗？数据：贵州七成青少年睡眠不足》，http：//www.gog.cn/zonghe/system/2019/03/22/017171174.shtml。

2021年，教育部办公厅发布了《关于进一步加强中小学生睡眠管理工作的通知》，提出保证中小学生睡眠的3个重要时间：一是必要睡眠时间，二是学校作息时间，三是晚上就寝时间，为保障正处于发育期的青少年儿童拥有充足睡眠时间提供了制度依据。

3. 超重率和肥胖率较低

在全省青少年儿童营养与健康状况逐步改善、生长发育水平不断提高、营养不良率逐渐下降的同时，随着膳食结构及生活方式发生改变，营养不均衡、身体活动不足现象广泛存在①，学校里的“小胖墩”现象越来越明显，能量摄入和能量支出不平衡成为导致个体超重肥胖的直接原因。《中国居民营养与慢性病状况报告（2020年）》数据显示，6~17岁的青少年儿童超重肥胖率接近20%。2020年，国家卫生健康委、教育部、体育总局、共青团中央等6部门联合印发了《儿童青少年肥胖防控实施方案》，根据各地青少年儿童超重肥胖率现状，将全国各省（区、市）划分为高、中、低三个流行水平地区，并提出：2020~2030年，高流行地区青少年儿童超重率和肥胖率年均增幅在基线基础上下降80%，中流行地区青少年儿童超重率和肥胖率年均增幅在基线基础上下降70%，低流行地区青少年儿童超重率和肥胖率年均增幅在基线基础上下降60%②。贵州在全国接受监测的31个省份中属于低流行水平省份，即便如此，肥胖率升高的趋势也不容忽视。仅以目前能获取的2015年最新数据为例，贵州人群超重与肥胖的比例为3.5：1，高于全国平均水平（约2.6：1）及东部地区水平（约2.4：1），也高于西部地区水平（约2.9：1）。有专家认为“这意味着贵州省肥胖症发病率的潜在上升危险更大，随着经济的发展，肥胖流行状况将会日益严重”③。近年来的最新情况仍有待数据更新后再进行深入对比分析。

① 《告别“小胖墩”！〈儿童青少年肥胖防控实施方案〉出台》，https：//baijiahao. baidu. com/s? id=1681666020869065675&wfr=spider&for=pc，2020年10月27日。

② 《告别“小胖墩”！〈儿童青少年肥胖防控实施方案〉出台》，https：//baijiahao. baidu. com/s? id=1681666020869065675&wfr=spider&for=pc，2020年10月27日。

③ 张元斌：《贵州省成人超重率肥胖率低于全国水平》，http：//news. gog. cn/system/2015/07/15/014437303. shtml，2015年7月15日。

4. 青年学生体质达标测试合格率仍有进步空间

2020 年度贵州省学生体质健康测试数据显示，学生及格率为 91.74%。贵州省疾病预防控制中心抽样统计数据显示：2020 年，学校体育活动中，初中阶段平均每周安排 2.8 次体育课，每次 43.3 分钟，高中阶段平均每周安排 2.2 次体育课，每次 44.0 分钟；学校平均每周安排 4.9 次早操或课间操，每次 27.0 分钟；学校平均每周组织 3.6 次课外体育活动，每次 40.6 分钟；在上一学年中，学校举办学生体育运动会 1.1 次，每次 2.6 天。2021 年 12 月，贵州省体育局、贵州省教育厅联合印发《关于深化体教融合促进青少年健康发展的实施意见》，提出围绕山地民族特色体育强省建设目标，深化体教融合，推动青少年文化学习和体育锻炼协调发展。到 2025 年，青少年普遍掌握 1~2 项运动技能，体质健康水平持续提升，全省学生体质健康标准测试合格率达 90%以上。从数据本身来看，体质健康及格率仍有较大进步空间。同时为了进一步改善广大青少年群体不想动、不愿动的情况，遏制部分青少年体质下滑的现象，2022 年 1 月，贵州省委办公厅、贵州省政府办公厅印发《关于全面加强和改进新时代学校体育工作的实施意见》，明确提出中小学要严格落实学校体育课程刚性要求，省属本科高校学生体质健康达标、修满体育学分方可毕业，逐步完善“健康知识+基本运动技能+专项运动技能”的学校体育教学模式，保障学生每天校内外各 1 个小时的体育运动。此外，还通过起草《贵州省青少年体育“十四五”规划》等专项规划的形式，为“十四五”期间贵州省青少年体育事业的发展提供了目标和遵循，有助于青少年身体素质的提升。

5. 社会体育设施建设利用持续改善

随着城乡体育硬件设施和条件的明显改善，参与体育锻炼的青少年也逐渐增加。截至 2020 年底，贵州省实现乡镇、行政村农体工程全覆盖，建立各类体育社会组织 1457 个，建成县级全民健身活动中心 45 个、全民健身活动站（点）5628 个、城市街道室内外健身设施 15478 个、社会足球场 520 块（每万人拥有社会足球场 0.75 块）、健身路径工程 9934 个和绿色健身步道 5064 公里，人均体育场地面积从 2015 年的 0.63 平方米提升至 2020 年的

1.63平方米①。

6. 全省青年死亡率略有波动，婚前孕前检查（筛查）率提升

贵州省统计局监测报告显示，2019年，医疗卫生机构死因监测点14～35周岁青年死亡人数占比降至5.06%，刑事案件中青年死亡人数比上年下降了9.41%。2020年，全省孕产妇死亡率15.90/10万，较上年下降0.99/10万；与此同时，青年疾病死亡略有上升。2020年，全省医院疾病死亡人数中，青年占比较上年提高0.01个百分点。通过加大对适龄青年婚前检查、孕前检查和产前检查的普及力度，2019年，全省婚前医学检查率从上年的3.45%提升到4.55%，产前筛查率从上年的35.04%提升到57.55%。2020年，产前检查率99.63%，较上年提升0.57个百分点。

7. 健康安全教育逐步加强

贵州省疾病预防控制中心抽样调查数据显示，2020年，学校每学期开设健康教育课或讲座共19.3课时，主要内容包括健康行为习惯和生活方式、疾病预防、安全应急与避险、心理健康、生长发育和青春期保健等五个方面。其中，心理健康位列第一，比例为95.7%，疾病预防、健康行为习惯和生活方式分列第二和第三，占比分别是93.1%和91.4%。值得注意的是，安全应急与避险课程开设占比为87.9%，虽然从数值看占比不低，但从排名来看，仅排名第四，应更加注重此类教育课程的占比，不断提升青少年安全防范与避险自救能力（见图3）。

受访青少年中，在学校接受过有关青春期知识教育的人数占比为91.8%，没有接受过的占比为4.6%，另外还有3.6%的表示不清楚。其中，有86.9%的受访青少年表示在学校接受过艾滋病预防教育，仍有8.0%的表示没有接受过，5.1%的表示不知道，两者合计占比为13.1%，由此可见，艾滋病预防教育的覆盖面和青少年知晓率仍有较大提升空间。

从烟草和酒精使用行为看，有13.4%的受访青少年表示吸过烟，第一

① 《推动体育事业高质量发展 贵州进一步加快全民健身设施建设》，http://society.sohu.com/a/506379895_610793，2021年12月8日。

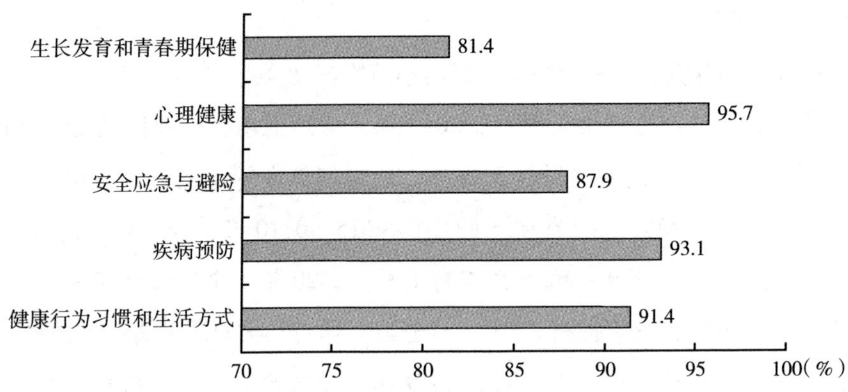

图3　贵州省学校开设健康教育课（讲座）内容及所占比例

资料来源：贵州省疾病预防控制中心。

次尝试吸烟的年龄为11.9岁，有29.7%的受访青少年表示喝过一整杯酒，且第一次尝试喝酒的年龄为12.1岁；从日常卫生行为习惯来看，超过七成的受访青少年有早晚刷牙的习惯，有18.9%仅早晨刷牙，3.0%的仅晚上刷牙，有2.5%的偶尔或从不刷牙，仍有超两成青少年没有养成早晚刷牙的卫生习惯。

受新冠肺炎疫情的影响，广大青年更加重视养成日常良好的个人卫生习惯。有97.3%的青年表示，如果到人群密集地区会按要求佩戴口罩，有89.3%的青年能够做到尽量不去商场、饭店等人群密集的地方，降低疫情风险；在公共场所想吐痰时，有六成（62.4%）青年选择吐在纸巾或手帕上，三成（31.7%）选择吐到痰盂、垃圾桶或厕所里，两者合计比例94.1%，不过仍有1.5%的青年表示直接吐在地上，个人卫生习惯仍有待改进。

三　贵州青年心理健康发展状况

提升心理健康素养作为提高国民心理健康水平的有效措施，逐渐得到人们的肯定与重视。从国家层面看，2019年，国家卫健委等部门联合发布的《健康中国行动（2019—2030年）》将提高国民心理健康素养列为“心理健康促进行动”的第一项结果性指标，即“到2022年和2030年，居民心理健康素养水平提升到20%和30%”。《健康中国行动——儿童青少年心理健康行动方案（2019—2022年）》也提出“青少年心理健康核心知识知晓率达到80%”的目标。

贵州省青少年心理健康发展一直是政府、学校、家庭及社会各界共同关心的话题。近年来，全省各级各部门积极行动，为青少年心理健康发展营造良好环境。一是在学校心理健康教育方面，贵州省委教育工委、省教育厅以“贵州心理健康教育讲堂”为抓手，推动贵州省学校心理健康教育工作高质量发展。自2021年9月开设以来，邀请来自北京师范大学、南京大学、东南大学、西南大学等高校的全国知名专家以及贵州省相关高校的学者授课指导，截至2022年3月已举办了4期，对来自全省各县（市、区）的高校心理健康教育教师、高校辅导员、中小学班主任、中小学心理健康教育工作人员进行了培训，取得了积极成效。监测数据显示，2019年，贵州全省健康学校建设取得新成效，中学、中职学校、高校配备心理健康教育教师（或心理咨询师）的比例从82.19%提高到84.37%，提高了2.18个百分点。二是在社会心理健康教育方面，贵州省民政厅引导社会工作力量参与青年心理健康工作，全面加强村（社区）“儿童之家”、社会工作和志愿服务站建设，调整乡镇（街道）社工站服务范围，支持鼓励社会工作服务机构、公益慈善组织、志愿服务组织等社会力量参与青少年心理健康辅导中心建设和服务水平提高，深入基层，为青少年、待业青年、残疾青年、在职青年等提供专业心理健康辅导服务，提升青年自我心理疏导能力和抗挫折适应能力，注重自杀预防，开展心理危机干预，缓解在职青年职场压力，降低待业青年生活压力，指导青年正确处理与他人及社会的关系；共青团贵州省委还重点关注构建社会化的青少年心理健康服务机制，开展全省范围调研，举行“共青团与人大代表、政协委员面对面”座谈会等活动，通过人大、政协等制度化渠道反映青少年普遍性利益诉求。

2021年，共青团贵州省委牵头开展了贵州省易地扶贫搬迁安置社区青少年心理健康状况调查，采取线上线下调研相结合的方式，共收集调查问卷

5677 份，并深入市（州）、县（市、区）易地扶贫搬迁安置社区，通过查阅资料、座谈访谈、实地走访等方式，系统调查分析了当前易地扶贫搬迁安置社区青少年心理健康教育工作现状①。结果显示②，依照广泛性焦虑量表（GAD-7）和抑郁量表（CES-D）的评分标准，被调查的易地扶贫搬迁安置社区青少年群体中，有 82.1%的青少年没有焦虑情绪，存在轻度、中度、重度焦虑的人数分别为 12.2%、3.6%人和 2.1%（见图 4）。

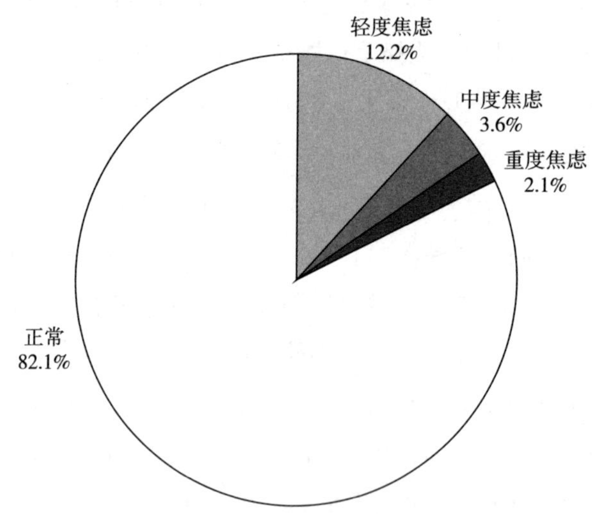

图 4 贵州省易地扶贫搬迁安置社区青少年焦虑症状情况

资料来源：共青团贵州省委编《贵州省易地扶贫搬迁安置社区青少年心理健康调查报告》。

对安置社区青少年的抑郁症状进行调查，分析结果显示，79.8%的青少年没有抑郁症状，4.3%可能有抑郁症状，15.9%的青少年肯定有抑郁症状（见图 5）。

① 许邵庭：《共青团贵州省委举行座谈、关注构建社会化的青少年心理健康服务机制》，https：//baijiahao. baidu. com/s? id=1721293165970238872&wfr=spider&for=pc，2022 年 1 月 7 日。

② 易地扶贫搬迁安置社区青少年群体的焦虑及抑郁症状调查数据均引自《贵州省易地扶贫搬迁安置社区青少年心理健康调查报告》，内部调研报告。

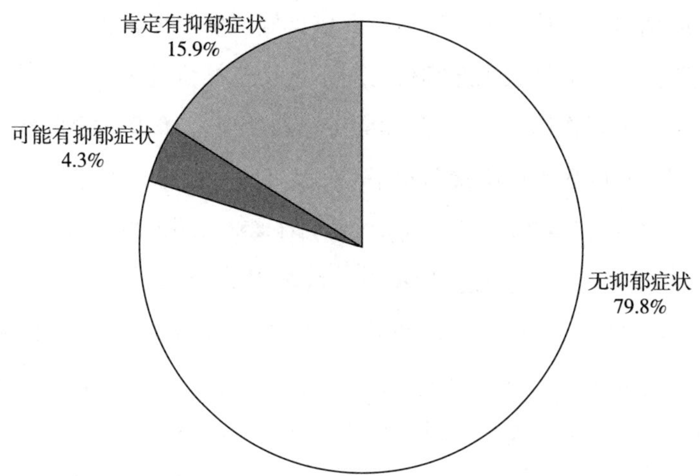

图 5　贵州省易地扶贫搬迁安置社区青少年抑郁症状情况

资料来源：共青团贵州省委编《贵州省易地扶贫搬迁安置社区青少年心理健康调查报告》。

四　贵州青年身心健康发展存在的问题

2021 年，共青团贵州省委开展了一次针对贵州青年的问卷调查，覆盖全省 9 个市州及贵安新区，共回收有效调查问卷 69783 份。调查结果显示，有 34. 15%的受访者认为最困扰的问题之一是健康方面的问题，仅次于学习（54. 84%）和工作（37. 51%）方面的问题，位列第三，反映了青少年对自身健康问题的关注。通过上述分析可知，贵州青年身心健康发展存在以下问题。

（一）健康意识和互助能力有待提高

一是健康观念和意识有待加强。贵州省广大青年群体正处于朝气蓬勃的生长发育阶段，一方面，由于身体各器官机能状态处于“黄金时期”，容易忽略对自身身心健康的关注，另一方面，青少年的各种观念和认识都正处在形成和可塑阶段，健康意识和健康素养仍有很大的提升空间。有研究者指出：青年时期树立正确的健康观念、养成良好卫生习惯，将为一生的健康打下坚实基础，青年的健康观念和行为对于推动全社会健康理念和行为的改变和提升发挥着重要作用[①]。二是健康素养有待提升。2020 年全国健康素养监测结果表明，我国居民健康素养水平为 23.15%，在青年人中，15～24 岁组健康素养水平为 27.43%，25～34 岁组为 31.68%，较 2018 年的 18.45%和 25.09%又有较大提高；从面上数据看，截至 2019 年底，贵州省居民健康素养水平为 15.63%，较 2015 年提升了 12.76 个百分点[②]，但与全国平均水平相比，仍有接近 8 个百分点的差距。此外，虽然目前还未有贵州青年的健康素养的数据，参照居民人均数据，整体水平还有比较大的提升空间。三是青年自救互助能力亟待增强。从目前情况看，学校教育和社会培训无疑是提升广大青年自救互助能力的重要环节，正如前文所述，贵州全省学校开设“安全应急与避险”课程占比为 87.9%，但在开设的相关青年培训课程中排名靠后，且缺乏全省范围的相关调查和材料支撑，广大在校青少年自救互助的意识和能力亟待加强。

（二）身体素质有待加强

一是青少年群体的体育锻炼有待加强。课业负担和升学压力加重，加上日益丰富的物质生活条件、不甚合理的饮食结构和不良的日常生活习惯，诸多叠加因素导致青少年的体育锻炼时间一再被压缩和挤占，青少年体育锻炼时间严重不足。二是青少年身体素质有待提升。贵州省疾病预防控制中心抽样调查数据显示，2020 年贵州省青少年主要健康问题中，视力不良占比达到 57.8%、龋齿占比达 56.9%，分列第一和第二位，近视比例为 40.2%，超重肥胖比例为 23.3%（见图 6）。应当注意到，青少年的身体健康问题是

① 张曼玉：《中国健康教育中心：青年时期树立正确的健康观念将为一生打下坚实基础》，https://baijiahao.baidu.com/s?id=1665384025489082887&wfr=spider&for=pc，2020 年 4 月 30 日。

② 贵州省卫生健康委：《贵州：推进居民健康素养稳步提升》，微信公众号“中国卫生杂志”，https://m.thepaper.cn/baijiahao_7598081，2020 年 5 月 28 日。

一体多面、相互交织存在的，受诸多综合因素交错影响，提升绝非一朝一夕之功，例如，学业负担及电子产品的过度使用、用眼习惯不卫生造成视力下降等，同时，已有医学证据表明，睡眠时间不足会增加肥胖的风险，饮食不节、运动量不足也容易导致超重和肥胖，反过来，青少年超重和肥胖又会引发多种疾病的低龄化，造成青少年身体素质的进一步下降。

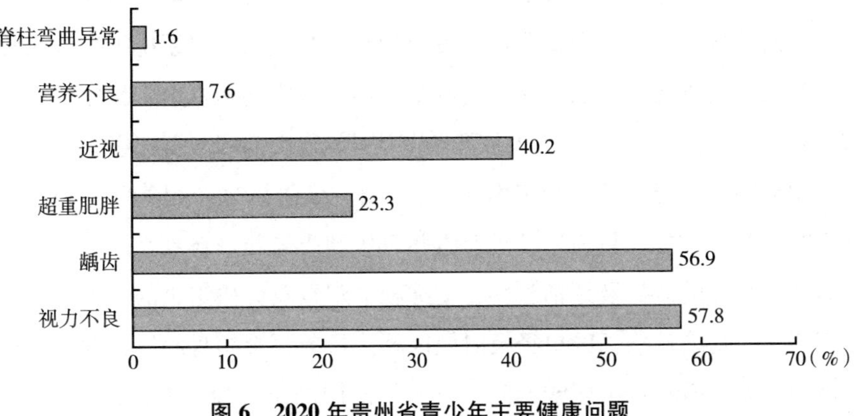

图 6 2020 年贵州省青少年主要健康问题

资料来源：贵州省疾病预防控制中心。

（三）心理健康状况有待改善

近年来，由于心理健康引发的问题和群体性事件常常见诸报端，成为热点新闻，在各方人士扼腕痛惜的同时，青年心理健康问题也引发政府、学校、家庭及社会各界的讨论和反思。以贵阳市为例，青少年心理问题呈现上升趋势，从对 2000 个心理教育辅导案例的调查中发现，青少年抑郁情绪问题达 20%左右[①]，阻碍了青少年的健康成长。主要表现在：青少年心理问题被忽视，父母和教师对孩子心理问题和心理教育了解不多、重视程度不够，认为孩子年龄尚小，不会有什么心理问题，大多数父母不会给孩子提供精神

① 黄盈莹：《贵阳市政协委员陈昌海：青少年心理问题呈上升趋势，应加强心理教育和家庭教育》，https：//www. ddcpc. cn/detail/d. shehui/11515115819096. html，2022 年 1 月 26 日。

需要，导致孩子在家里得不到家庭教育的指导；学校心理教育也更多是针对出了问题的青少年进行心理辅导，学生本人对心理问题的认知上存在误区，且对心理问题有“污名化”“羞耻感”倾向，造成青少年心理问题日益累积。

（四）系统研究亟待加强

在对贵州青年身心健康的分析和研究过程中，我们逐渐意识到，政府部门及科研机构关于基础数据和原始资料的掌握和积累，对系统把握贵州青年身心健康发展重要且迫切。一是资料的积累及获取问题。由于青年健康发展涉及教育、卫健、民政、应急管理、共青团等行政部门和群团组织，涉及面广、职能归口各异、任务分工不同，《规划》实施以来，相关资料和数据还在不断补充。例如，目前还缺乏对贵州青年健康素养、自救互助能力等方面较为全面系统的调研及评估材料，支撑相关观点及分析结论的依据有待进一步完善。二是统计指标的口径及时效问题。目前，青年身心健康发展的相关指标和数据分散在各个职能部门，且不同部门的统计口径和时限均有不同，因此部分数据不具备统计意义上的可比性。三是加强科研机构研究能力。放眼全国，目前有河北、江西、广东等地，系统开展了针对青年发展的专题研究，积累并形成了较为完备的历时性数据和一系列研究成果。当前，贵州的高校及科研机构对青年发展的关注和研究多处在探索阶段，因此，亟待培养形成关注、关心贵州青年发展的研究团队，强化理论研究和基础数据积累。

五　对策及建议

针对贵州青年身心健康发展存在的诸多问题，为进一步提升青年身心健康发展水平，切实解决广大青年朋友在日常学习、工作和生活中存在的障碍，为广大青年排忧解难，提出相应对策及建议。

（一）树立青年健康优先的观念和行为准则

随着新冠肺炎疫情等突发公共卫生事件对世界各国和地区经济社会发展

的冲击和影响，各种社会风险因素叠加，以及固有认知下慢性疾病的“低龄化”趋势，健康问题不再是中老年人的专利，应该从青少年时期就培养良好的健康生活习惯、提升青少年健康素养，这样既能从个体层面让广大青年朋友拥抱健康生活、使其受用一生，也会从社会层面减少公共卫生医疗资源的消耗，增强群体活力，一举多得。一是强化健康知识普及。普及青年健康知识，提高青年健康素养水平，强化健康生活理念，引导青年树立“自己健康第一责任人”意识，提高青年健康管理能力和管理水平。二是强化健康家庭教育。加强家庭健康建设，强化父母健康引导作用，将青少年健康教育作为家庭建设的核心目标，培育青少年养成健康的生活方式。三是强化健康社会引导。加强青年健康舆论引导，营造青年健康浓厚氛围，形成青年健康正向激励，强化青年重视自我健康，提高青年健康水平①。

（二）提升青少年营养及体质健康水平

一是提升营养餐供应水平，强化食育教育。2021 年 12 月，贵州省印发了《关于实施农村义务教育学生营养改善计划提质行动的通知》，在“十四五”期间，将围绕进一步提升农村学生营养健康，从全面加强政府保障能力、提高食谱科学水平、提升供餐质量标准、强化食品安全监管、推进采购公开透明、完善落实管理制度等六个方面，全面推进营养改善计划“提质行动”，特别是在国家营养膳食补助标准提高到每生每天 5 元钱的基础上，根据学生营养健康需要，全面推进实施“5+X”供餐模式，因地制宜精心制作带量食谱，推动学生营养餐从“吃得好”向“吃得营养、科学”升级转型。在改善营养的同时，进一步加强学校和家庭的食育教育，从一粒米、一餐饭开始，一方面，培养青少年厉行节约、珍惜粮食的好习惯；另一方面，让广大青少年从年轻时就拥有健康饮食的能力，学会如何搭配饮食，从而合

① 贵州省统计局：《〈贵州省中长期青年发展规划（2019—2025 年）〉2020 年统计监测报告》，内部报告。

理膳食，逐渐对自然存有敬畏之心，对食物存有感恩之心①。二是全面提升青少年身体素质。首先，学校应根据各学段学生特点和发展需求，因地制宜、因材施教，切实推进体育教学改革，让学生逐渐养成每天运动的习惯。其次，实施全省学生体质健康促进行动，以《国家学生体质健康标准》为依据，强化青少年体质健康管理，每学年对学生开展一次体质健康评定，并记录存档，完善体育考核评价机制，中小学及高校要将学生体质健康测试、体育健康知识测评成绩作为评优评先、毕业考核的重要依据。最后，积极倡导全民体育健身活动。2021 年 12 月，贵州省人民政府办公厅印发了《贵州省全民健身实施计划（2021—2025 年）》，提出进一步改善健身环境、营造健身氛围、增强健身意识，推进全民健身科学化进程，构建更高水平的全民健身公共服务体系。三是养成良好的日常卫生习惯，在“双减政策”背景下，进一步协调好饮食、运动、学习及作息时间等之间的关系。前文已述，青年身体健康及身体素质的提升并非一蹴而就，所涉及的内外因素也交叉重合，应建立并采用系统思维看待青少年体质健康问题，从日常生活习惯和行为入手，形成良好的卫生习惯，防微杜渐、久久为功，既让青年群体自己受益，从长远来看也是为社会增添活力。

（三）建立青少年心理关爱服务体系

青少年处于生长发育的特殊时期，出现心理问题难以避免。针对青少年时期心理健康问题，既不要将其视为洪水猛兽，同时也不能掉以轻心，一旦发现苗头或症候应及时告知专业人员和机构予以疏导。一是加快推动心理教育深入家庭。家庭作为青少年成长的“第一课堂”，承载了塑造青年心理发展、促进青年心理健康的重要任务。父母是孩子的第一任老师，《家庭教育促进法》自 2022 年 1 月 1 日起正式实施，应以此为契机，进一步强化家庭的教育功能，落实家庭主体责任，让父母或者其他监护人担负起促进未成年

---

① 参见周韵曦、徐阳晨《食育：餐桌上缺失的素质教育》，http：//gzdjk. gog. cn/system/2018/11/26/016947433. shtml，2018 年 11 月 26 日。

人德育教育、心理健康发展的第一责任。二是提升学校心理教育质量。以学校为主阵地，通过配备心理学专业老师和相关心理咨询机构，建立青少年心理危机分级预警机制，科学识别、及时预警，根据贵州省部分青少年成长过程中，父母长期在外务工产生“缺位”的特殊性，有针对性地做好全省留守青少年、离异家庭子女等重点群体心理问题的心理咨询与辅导工作，尽早疏导和化解青春期、叛逆期青少年面临的心理郁结，建立青少年心理发展档案。此外，学校还可以探索新型家校合作学生心理健康服务形式，借助线上平台，采取“互联网心理关爱教育”的方式，促进学校和家长间的及时沟通，使家长可以更加自由、灵活地接受家庭教育指导服务，提升指导内容的实用性和针对性①。三是依托社会机构开展心理健康教育。例如，由政府牵头，通过购买公共服务的形式，联合社会力量长期持续开展心理知识普及，提高全民心理健康意识，以深入推进全省乡镇（街道）社会工作和志愿服务站建设为契机，加强对青年社会工作人才队伍培训督导，持续发挥社会工作者在促进青年心理健康、社会治理等方面的积极作用。

（四）强化青年身心健康发展系统研究

当前对青年身心健康的系统监测和研究仍然有待提升，一是加大对青少年群体身心健康的持续监测力度，强化对青年身心健康的长期监测，探索形成科学合理的指标体系，积累数据和资料，确保数据的连续性和完整性，适时委托第三方机构进行评估，形成监测评估报告。二是强化各职能部门配合力度。党的十八大以来，习近平总书记从党和国家事业发展的战略全局看待青年发展和青年工作，强调“把青年一代培养造就成德智体美劳全面发展的社会主义建设者和接班人，是事关党和国家前途命运的重大战略任务，是全党的共同政治责任”。在坚持“党管青年”的原则下，应以规划为依据和遵循，通过联席会议制度，加大各个职能部门之间的协作配合力度，打破青年工作仅专属于“共青团”的理念，急需教育、卫健、体育、应急管理等

① 参见《贵州省易地扶贫搬迁安置社区青少年心理健康调查报告》，内部调研报告。

成员单位的配合力度。三是加强青年发展专项研究。征集并发布青年发展专项研究课题，鼓励有条件、有能力的科研及高校机构研究人员申报，通过科学严谨的研究结论，为党委政府及时掌握全省青年身心健康等方面发展的新趋势、新动态、新问题提供决策参考。

B.5

贵州青年婚恋发展报告

陈 讯 龙 微*

摘 要： 本报告以贵州为地域，以青年恋爱和婚姻为研究对象，采用定量和定性相结合的研究法分析贵州青年婚恋发展状况、成功经验与面临的形势，并提出对策建议。研究发现，在转型背景下贵州青年婚恋自由全面实现，婚恋观念面向良好，婚恋责任稳步提升和婚恋权利保障机制日益完善等。但是，性别资源梯度转移、婚姻成本上升以及婚姻不稳定性凸显等问题，亟待从婚恋观念上加以引导和政策上加以遏制。

关键词： 恋爱观 婚姻观念 婚姻缔结 性别资源 贵州青年

一 引言

家庭是社会最重要的细胞，婚姻是这个最重要细胞生发的通道。在社会转型期，经济快速发展，人口高速流动，文化急遽膨胀，社会风险与日俱增，青年群体的婚恋问题已成为社会日益关注的重大现实问题。本报告将结合贵州青年婚恋的实际情况，通过呈现贵州青年婚恋发展进程中的现况，重点展现婚恋自由、婚恋观念、婚恋责任和婚恋权益保障等，对贵州青年婚恋发展中取得的成功经验进行总结并分析面临的形势，从而提出对策建议。

---

* 陈讯，社会学博士，贵州省社会科学院社会研究所副所长、研究员，研究方向：农村社会学、政治社会学；龙微，贵州大学公共管理学院硕士研究生。

二　贵州青年婚恋发展现状

（一）婚恋自由全面实现

新中国成立以来，随着《婚姻法》的颁布与实施，旧社会的婚姻陋习被废止，男女平等、一夫一妻制度建立。改革开放以来，尤其是市场经济体制建立以来，人口城乡流动助推了全国婚姻市场形成，加剧了传统包办婚姻的式微，青年男女自由恋爱和自由结婚成为主要的婚恋模式。同时，随着《婚姻法》和相关司法解释日益完善，婚姻制度从行政化向法治化转变，离婚成为个体权利与义务之事，夫妻离婚的自由度不断提升。近年来，从我们在贵阳开阳、黔南都匀、黔西南兴义、铜仁沿河、遵义湄潭等对婚姻缔结和婚姻解体的调查来看，一方面父母及长辈不再对子代的婚姻进行包办；另一方面青年夫妻离婚时父母及长辈通常只劝说，不再进行强制干预，这表明进入新时代贵州青年全面实现了恋爱自由、结婚自由和离婚自由。

（二）婚恋观念面向良好

婚恋观是指人们对婚姻和恋爱的看法与态度，是主导人们进行恋爱、结婚和婚姻维系的内在动力，是社会个体对配偶选择、恋爱方式、婚姻缔结和婚姻维系等的态度及其价值取向的总和。在我国传统社会的亲属关系结构中，以父子为核心构建起来固定的、稳定的结构模式，父子关系处于主导地位，而夫妻及其他关系处于从属地位，生活在“祖荫下”的人们需要做的不是重构这种关系，而是不断填充家庭中合格的新成员。① 由此可见，在“从夫居”传统婚俗文化影响下，婚姻的目的是传宗接代、延续香火和继承家产，俗话说“不孝有三、无后为大”就是指生活在社会中的每一个人不仅需要完成结婚之事，还要生育和养育子女，从而完成家族或宗族人丁兴旺的历史使命。

---

① 〔美〕许烺光：《祖荫下——中国乡村的亲属、人格与社会流动》，王芃、徐隆德译，（台北）南天书局，1997，第223~253页。

在传统社会中，受社会结构和地域空间的影响，通婚被束缚在一个相对狭小的地域范围内，尤其是在包办婚姻影响下青年人的婚恋观和婚恋行为主要表现为“父母之命、媒妁之言”“嫁鸡随鸡、嫁狗随狗”“夫唱妇随”“从一而终”等。从传统社会走向现代社会，受社会结构变化、从业形态转变和人口流动、市场经济渗透等影响，贵州青年人的婚恋观念发生了巨大变化。一方面在择偶上随着婚姻自由度不断提升，两情相悦、自由婚恋和优生优育主导青年人的普遍婚恋行为；另一方面在婚恋实践中，大多数青年人以个人情感为依托、以维系婚姻稳定为目标、以家庭为人生意义归属模式等，为贵州营造友好型婚恋行为氛围、激发正向婚育意愿，以及弘扬社会主旋律、汇聚正能量提供了坚实保障。因此，从总体判断，进入新时代贵州青年人的婚育观面向良好，呈现出更加文明、健康和理性之势。

（三）婚恋责任稳步提升

在传统社会中，个体的婚姻行为不仅受到相关法律法规和约定俗成的地方性规范秩序的影响，还要受到婚姻伦理文化的制约。在我国传统婚姻伦理中，男女一旦结为夫妻就要履行相应的婚姻责任，如在婚姻关系中夫妻要“相敬如宾”“同甘共苦”“互助合作”等，以及用“三从四德”要求妻子和“七出三不去”约束丈夫，并构建与之相适应的婚约伦理、结婚伦理和离婚伦理。进入现代社会，在国家相关政策和法律制度嵌入下要求个体在恋爱和婚姻中信守承诺，遵守道德规范和相关法律法规，并承担相应的社会责任。随着人口城乡流动加速、社会变迁加剧与青年婚恋观念多元化，虽然我国农村某些地方出现了天价彩礼、低俗婚闹以及不婚不育等社会现象，但从我们对贵州青年婚恋行为调查来看，青年的婚姻责任心和家庭责任感呈现稳步上升之势，为构建青年友好型成长型省份奠定了基础。

贵州各市（州）在落实《贵州中长期青年发展规划（2019—2025年）》实践中，加强对青年婚恋责任观的宣传和教育，倡导文明婚俗，引导适婚青年树立新型婚恋观念，践行新时代社会主义婚恋新风尚，旗帜鲜明地抵制“高额彩礼”“低俗婚闹”“婚前同居”“未婚先孕”等。同时，各市（州）根据实际情况将村规民约与相关法律法规相结合，出台相关政策措施严控早婚早育、抛夫弃子行为等。通过广泛开展婚姻家庭教育公益讲座进学校、乡村、社区，引导广大青年学习家风家教、文明婚恋、优生优育、亲子亲缘、夫妻矛盾调处等相关知识，不断引导贵州青年树立正确的婚恋观和家庭观，不断增强他们的婚恋责任、家庭责任与社会责任。

（四）婚恋权利保障完善

新中国成立以来，《婚姻法》的颁布与实施从法律层面废除了婚姻陋习，一方面实行一夫一妻、男女平等、婚姻自由以及保护妇女和子女合法权益的婚姻制度；另一方面禁止重婚、纳妾，禁止童养媳，禁止干涉寡妇婚姻自由，禁止任何人借婚姻关系问题索要财物。改革开放以来，随着《婚姻法》修订（2001）实施，以及《婚姻法解释（一）》（2001）、《婚姻法解释（二）》（2003）、《婚姻法解释（三）》（2008）等相继出台实施，从国家政策和法治上为贵州青年的婚恋权利提供了坚强保障。

在推进和完善贵州青年婚恋权利保护的实践中，安顺市通过共青团牵头，不断深化“平台+活动+服务”三位一体工作机制，为青年婚恋交友提供全方位服务。如2021年组织开展“青春友约·倾心共遇”“青春心向党·缘定在瀑乡”等线下青年职工联谊活动5场次，780余人参加，以及通过“鹊桥会”“团团帮你找对象”等线上联谊活动，共计发布婚恋信息15条，阅读总量达17230余次。铜仁市共青团和妇联加大对《婚姻法》《未成年人保护法》等相关法律宣传，在全市共计发放宣传手册1万余册，张贴海报2万余张，以及采取“线上+线下”的模式积极搭建青年婚恋交友的平台，2020年以来，共举办青年婚恋交友活动10余场次，吸引1000余名青年参与。黔西南州委、州政府与深圳华大基因合作，共同打造集“健康教育+基因筛查+精准干预+科学随访+社会保险”为一体的无创基因筛查检测技术，在黔西南州人民医院、兴义市人民医院和州妇产儿童医院实施针对青少年的常见基因相关出生缺陷防控全覆盖项目，累计完成588057份检测样本，对286种基因疾病进行检测，大幅度降低新生婴儿出生缺陷。

三　贵州青年婚恋发展成功经验

近年来，贵州省在贯彻和落实国家《中长期青年发展规划（2016-2025年）》过程中，紧扣让贵州青年婚恋行为和婚姻价值观念更加文明、健康、理性的工作主线，充分发挥共青团组织在青年婚恋中的桥梁纽带作用，由贵州省民政厅、贵州省卫生健康委员会牵头和多部门协作推进，将青年价值观引导与时代发展主题相结合、婚恋政策实施与贵州多民族省情的内生秩序相结合，以及婚恋发展保障机制与婚恋变迁相结合等，在贵州青年婚恋自由全面实现、婚恋观念面向良好、婚恋责任稳步提升和婚恋保障机制不断完善等方面取得了显著成绩。

（一）价值引导与时代发展相结合

一是加强青年婚恋观教育宣传。在高校、高职高专等学校开展婚恋观教育，在基层民政部门婚姻登记中加强婚姻观、家教家风宣传，尤其是利用婚姻登记服务平台大力宣传《婚姻法》和《婚姻登记条例》，倡导文明婚俗，引导适婚青年树立婚育新观念和践行婚育新风尚，如近几年贵阳市在青少年早婚早育防治中进行了1050场次宣传，服务人次达70249人。二是搭建青年婚恋交友平台。充分发挥群团组织在青年婚恋交友中的桥梁纽带作用，以政府购买服务方式为贵州青年搭建公益性婚恋交友平台，对青年恋爱交友过程、婚姻家庭生活的心理和行为进行跟踪指导，以及普及性健康和优生优育知识等，团省委2021年在“七夕”等时间节点，组织开展“青春牵手·爱心同行”线上线下“公益+”模式婚恋交友活动，以“1+9”省级示范、市州联动，发动贵州各行业、领域青年，搭建线上交友联谊平台，引导青年树立正确的婚恋观。如贵阳市2020年搭建“青春有约·在筑青年人才联谊会”青年婚恋交友平台，2021年遵义市创建“青春牵手·爱心同行”青年主题交流活动，黔西南州开展“青春牵手·爱心同行——青春在田园绽放”主题交友活动等。三是整治青年婚恋不良行为。一方面贵州省民政厅、省委政法委、省文明办、省农业农村厅、省妇联等7部门联合印发《关于切实做好村规民约和居民公约工作的实施意见》，指导各地制定务实管用、通俗易懂、执行有效的村规民约，引导各地群众自觉抵制红白喜事大操大办、早婚早育、薄养厚葬等不良风气。积极配合开展“推进移风易俗 树立文明乡风”专项行动，鼓励各地采取“红黑榜”“积分制”等形式，激励村（居）民践行文明规范。另一方面各地相关部门加大对电视、广播、报纸、互联网等监管强度和执法力度，严厉打击虚假、庸俗、媚俗婚恋交友广告，为青年树立正确的婚恋观念营造了健康环境。

（二）政策实施与内生秩序相结合

一是编制规划、绘制发展蓝图。在贯彻和落实国家《中长期青年发展规划（2016—2025年）》过程中，由共青团贵州省委组织贵州省社会科学院专家编制出台了《贵州中长期青年发展规划（2019—2025年）》，并将青年发展纳入《贵州省国民经济和社会发展第十四个五年规划和2035年远景目标纲要》，绘制出新时代贵州青年发展蓝图。在此基础上，共青团贵阳市委组织编制出台了《贵阳市中长期青年发展规划（2020—2025年）》，以及白云区、清镇市、兴仁市、湄潭县、望谟县等编制本县（市、区）中长期青年发展规划，从政策上为青年婚恋发展提供了有力保障。二是出台措施、激活内生秩序。因贵州是多民族杂居省份，在婚恋政策实施过程中各级地方政府结合实际情况制定出台了相应的政策措施，如《黔东南关于依法惩治早婚早育、抢婚、不送子女入学等违法行为的若干规定》《黔南州民政系统早婚早育社会问题专项治理工作方案》《沿河土地坳镇早婚早育社会问题专项治理实施方案》等。同时，各市（州）、县（市、区）及乡镇（街道办）结合实际情况，加强对各地村规民约和居民公约的修订完善，禁止早婚早育行为，有效地激活了自发性内生秩序。三是简化婚姻登记流程、提高婚姻服务质量。各地基层民政部门为做好婚姻登记工作，实施简化婚姻登记办理流程工程，开通婚姻登记网上预约制度和试行跨区域办理结婚登记试点工作，不断提高婚姻登记管理服务水平。

（三）保障机制与婚恋变迁相结合

一是建立联席会议机制，将青年发展纳入单位督查常态化。一方面在贯彻和落实《贵州中长期青年发展规划（2019—2025年）》过程中建立联席会议机制，明确各市（州）联席会议成员单位工作任务，督促调度市（州）、县（市、区）两级用好联席会议机制，推动9个市（州）、88个县（市、区）每年至少召开1次联席会议；另一方面将《贵州中长期青年发展规划（2019—2025年）》实施常态化下沉督导服务，组建9个下沉联系指导组，结对指导9个市（州），每月到市（州）、县（市、区）至少开展1次不少于4天的实地指导，形成上下联动、合力落实。二是加大婚恋法治宣传，将青年婚恋合法权利宣传常态化。基层民政部门和群团组织加大《民法典》《婚姻法》《婚姻登记条例》《未成年人保护法》等宣传力度，对青年婚恋合法权利进行常态化宣传，并旗帜鲜明地反对青年早婚早育、骗婚和买卖婚姻行为，引导青年树立正确的婚姻观和家庭观，不断增强家庭责任感和社会责任感。三是构建生育保障制度，将青年生殖生育权益监督常态化。一方面保障女性青年在生理期、孕期、产假、哺乳期等享有法定权益，修订了《贵州省人口与计划生育条例》《贵州省养老服务条例》，明确了3周岁以下婴幼儿的父母双方每年享受育儿假各10天以及职工每年养老陪护假15天等政策；另一方面加强对青年开展生殖健康咨询服务和优生优育指导，加大对青年开展婚前检查和孕前检查等工作，如贵阳市制定了贵阳市卫生健康部门早育情况监测报告制度，对全市早育早孕情况进行动态监测，2021年上半年，共监测到早育人数1430人，落实补救措施86人、落实上环措施164人、孕期保健建档658人、解除同居关系64人，为青年健康婚恋保驾护航。

四　贵州青年婚恋发展面临的形势

（一）性别资源流失日益加剧

随着改革开放深入推进，尤其是市场经济体制建立以来，人口城乡流动加速与青年自由就业加剧，并逐步形成了全国统一的劳动力市场。在全国劳动力市场上，因东部属于发达地区，西部属于欠发达地区，在“推—拉”理论作用下东部地区不断吸引西部青年流入就业，不仅加剧了西部地区青年流出，还加剧了婚姻资源梯度转移，即中西部地区优质女性青年嫁入东部地区，从而导致西部地区性别资源结构性紧张。从贵州青年婚配资源考察来看，一方面贵州青年涌向沿海发达地区就业，获得独立性的打工经济收入，以及居住地理位置远离父母，导致了父权日渐式微，父母对子女的婚姻干预减弱，自由婚恋日益崛起；另一方面贵州青年转移到沿海就业在从业圈、生活圈和社会交往圈上不断重构，使不同地域内的青年异性交往、交融频度增加，产生了较多跨省恋爱和跨省通婚的现象，并逐步形成了一个遍及全国的婚姻市场。

在全国婚姻市场竞争中，受地理区位和婚姻资源禀赋的影响，相对来说贵州处于全国婚姻市场的底端，尤其是贵州农村地区，从而加剧了贵州青年优质女性资源向发达地区梯度转移。从总体来看，在全国婚姻市场上，呈现出青年女性资源流向大体遵循从农村流向城市、从中西部地区流向沿海地区、从贫困地区流向富裕地区、从山区流向平湖丘陵地区以及边远地区流向中心地区的规律。这一规律的形成将对贵州传统的婚姻缔结模式和村庄社会产生深远影响，不仅加剧了农村婚姻挤压和婚姻市场激烈竞争，还不断拉高农村男性青年的结婚成本。

（二）婚姻缔结成本不断攀升

从贵州青年初婚年龄考察看，贵州省民政厅提供数据显示，近年来贵州青年初婚年龄持续走高，高于国家规定的男 25 周岁、女 23 周岁的晚婚年龄。如 2018 年贵州男性初婚平均年龄 31.6 岁、女性初婚平均年龄 28.9 岁，2019 年贵州男性初婚平均年龄 31.3 岁、女性初婚平均年龄 28.5 岁，2020 年贵州男性初婚平均年龄 30.0 岁、女性初婚平均年龄 27.5 岁，2021 年贵州男性初婚平均年龄 32.1 岁、女性初婚平均年龄 29.5 岁，均高于邻省（市）云南和重庆。一是城市高昂的房价推高了结婚成本，如 2020 年贵阳市平均房价在每平方米 9614 元，但城镇单位就业人员平均工资为 7323 元/

月，城市青年在没有父母资助的情况下，买房结婚成为巨大的经济压力。二是农村彩礼日益攀升助推了青年晚婚晚育，如近些年来，贵州农村彩礼正呈现不断上升之势，以铜仁 Y 县 H 镇为例，2010 年农村彩礼为 2 万元左右，2015 年维持在 3 万元左右，但 2020 年已攀升到 6 万元左右，在没有物质支撑下农村青年只能推迟结婚，甚至打光棍。

显然，婚姻缔结成本上升将对结婚率带来相应的影响。从贵州结婚率考察看，2012 年全省结婚 450159 对、2013 年全省结婚 466081 对、2014 年全省结婚 463858 对、2015 年全省结婚 506268 对、2016 年全省结婚 464183 对、2017 年全省结婚 415872 对、2018 年全省结婚 401290 对、2019 年全省结婚 370244 对、2020 年全省结婚 322294 对、2021 年全省结婚 294452 对。[①] 由此可见，贵州结婚率从 2016 年以来一直呈下降之势，虽然影响结婚率的因素较多，但婚姻缔结成本上升与结婚率下降是存在较大关联性的，而“结不起婚”、“不敢生”和“少生”这些社会现象正在青年群体中不断蔓延，应引起高度重视。

（三）婚姻不稳定性逐步凸显

在社会转型背景下结婚率下降和离婚率上升已成为社会日益关注的重要现实问题，青年男女从择偶、恋爱到结婚是组建家庭的基础，当婚姻缔结完成进入婚姻维系环节，那么婚姻的稳定性与家庭发展和存继就有着巨大关联性。贵州民政厅提供的离婚数据（不含法院离婚数据）显示：2012 年全省离婚 58697 对、2013 年全省离婚 64590 对、2014 年全省离婚 73325 对、2015 年全省离婚 82235 对、2016 年全省离婚 93774 对、2017 年全省离婚 106374 对、2018 年全省离婚 120679 对、2019 年全省离婚 135995 对、2020 年全省离婚 132180 对、2021 年全省离婚 82132 对（注：离婚申请 138083 对，登记 82132 对，撤回 54201 对，处于冷静期 1750 对）。由此可见，2012～2020 年贵州离婚率呈直线上升之势，虽然离婚冷静期的实施使贵州离婚率在

---

① 资料来源：贵州省民政厅统计数据。

2021年急剧下降，但今后能否有效遏制离婚率再度上升仍有待观察。

同时，随着人口城乡流动加速、社会变迁加快与村庄舆论式微，近年来贵州不少农村地区出现了青年妇女“抛夫弃子”现象。从我们对青年妇女“抛夫弃子”调查来看，在黔南S乡、黔东南S镇、黔西南J镇、毕节Y乡、铜仁G镇和H镇等均出现这类社会现象。从原因分析看，农村青年妇女“抛夫弃子”主要是因为家庭贫困和居住地理位置偏远，其次是夫妻感情不和、性格不合、家庭矛盾等占有一定的比例，而生育问题、丈夫伤残和犯罪以及其他原因所占比重较小。从造成的社会后果考察看，它会对城市社会治安和乡村振兴带来巨大影响，一方面表现为城市农民工临时夫妻、卖淫嫖娼、婚外性行为以及非婚生育现象越来越多；另一方面造成农村贫困地区婚姻破裂、家庭残缺现象逐步增多，为农村婚姻家庭建设带来严峻挑战。

五　对策建议

（一）加强青年婚恋观教育和引导

加强对青年恋爱观、婚姻观及家庭观教育和引导。充分发挥基层民政部门、群团组织和村（社）组织的舆论宣传作用，强化青年对婚姻观、家庭观的责任意识，积极引导农村青年树立文明、健康、理性的婚姻观念。将现代传媒与地方传统婚俗有效结合，发挥平面媒体、广播电视、互联网和自媒体的社会影响力，广泛传播积极向上和正面的婚姻观，旗帜鲜明抵制极端婚姻行为，形成积极健康的舆论导向，引导青年树立正确的婚姻观和家庭观。同时，积极推进婚俗改革，建立和规范婚恋交友平台，大力支持开展健康的青年交友交流活动，拓宽交友渠道，重点做好大龄未婚青年等群体的婚姻服务工作，不断加强婚恋市场的规范管理，不断完善支持婚姻家庭的政策体系，切实提高青年婚姻服务水平。

（二）构建青年婚恋治理联动机制

积极探索构建“多位一体”的青年婚恋治理联动机制，充分发挥群团组织、村规民约和地方性规范在青年婚恋治理中的作用。一方面充分发挥基层民政婚姻登记部门、公检法司的职能，激发群团组织参与活力，构建基层政府负责、社会协同、婚姻当事人夫家和娘家参与的多维度婚姻协同共治的局面；另一方面充分发挥乡规民约在婚姻防范和治理中的作用，利用非制度性规范对婚姻潜在风险和婚姻失范行为进行软约束，使青年婚恋失范行为从源头、过程及导致的社会后果方面进行补救、治理和防范，编织青年婚恋治理的制度和非制度之网，为建设美满婚姻和幸福家庭提供保障。

（三）严打青年各种违法婚姻行为

全面贯彻落实婚姻登记制度和相关法律法规是防范与化解青年婚恋违法犯罪行为的有效举措。一是对青年未婚同居行为进行宣传教育，防止青年未婚先孕被迫结婚现象。同时，全面落实离婚冷静期政策，充分发挥群团组织、村（社）组织和社会贤能的作用，探索构建离婚冷静期劝说制，不断降低离婚率。二是积极探索结婚登记前置设限，防止先办酒席生孩子再办结婚证的现象，加大对婚姻买卖、婚姻诈骗、婚外情、“抛夫弃子”等违法行为和不道德行为的打击力度。同时，不断完善结婚登记联网审核制度，防止非婚生育、骗婚和重婚行为，在制度执行上不留死角。

B.6

贵州青年就业创业发展报告

张智勇　钟　鑫*

摘　要： 青年就业创业是青年群体健康成长、参与社会实践、实现自身价值的基本途径。近年来，贵州省各级各部门围绕“让贵州对青年更友好，青年对贵州更有为，青年在贵州更好成长”目标，采取多措并举的方式推进青年的就业创业工作，强化政策稳岗扩岗助力青年“有业就”，优化升级就业服务助力青年“好就业”，实化细化就业帮扶助力青年“能就业”，深化创业引领带动助力青年“就好业”，助推“青年友好型成长型省份”建设取得了较好成效。本报告针对贵州青年就业创业中存在的困境与原因，提出应加强城市软实力建设，增强贵州青年归属感；加强统筹协调力度，形成高效推进机制；优化就业创业环境，深化“贵人服务”意识；提升青年个人能力，有效应对激烈竞争。

关键词： 青年发展　就业创业　贵州青年

一　研究背景

青年是国家宝贵的资源，是现代化建设的重要生力军，是实现中华民族

* 张智勇，贵州省社会科学院民族研究所助理研究员，重庆工商大学长江上游经济研究中心博士研究生，研究方向：流域经济、民族经济、产业经济；钟鑫，贵州省社会科学院研究实习员，研究方向：人才与就业。

伟大复兴的先锋力量。就业是民生之本，创业是就业之源，一头连着经济发展，一头连着百姓福祉。2021 年春节前夕，习近平总书记赴贵州视察，在毕节市黔西县新仁苗族乡化屋村扶贫车间，蜡染师彭艺向总书记讲述了自己研究生毕业后选择回乡创业的心声，"我选择回到村里创业，就是要带动乡亲们共同致富"。2021 年，贵州青年就业的形势总体保持平稳，省委、省政府始终坚持以人民为中心，把针对青年的稳就业、保就业、促创业作为重要政治任务和头号民生工程来抓，以强有力、突破性、组合式的政策措施力保就业局势稳定，切实把高校毕业生就业作为重中之重，促进 7.56 万名实名登记未就业毕业生实现就业，引导扶持自主创业 5760 人，带动就业 15490 人，创新推进就业见习到岗 1.44 万人，实施第四轮"三支一扶"计划招募到岗服务 725 人，发放毕业生求职创业补贴 1.42 亿元，惠及 14.19 万人，为全省 68 所普通高校、技工院校发放校招补贴 893 万余元。全省将 16~35 岁有劳动能力、失业1 年以上的青年纳入启航计划，开展多措并举稳就业促创业专项帮扶行动，让贵州成为新一代多数青年就业的最优选择，成为干事创业的筑梦之地。

《"十四五"就业促进规划》（国发〔2021〕14 号）强调持续做好高校毕业生就业工作，首次明确提出了促进青年就业，做出了"通过供需两侧的发力、政策服务的支撑，多渠道促进青年的就业创业"的部署安排。同时，在错综复杂的国际形势、艰巨繁重的国内改革发展稳定任务和新冠肺炎疫情严重冲击的背景下，青年劳动者的规模依然比较大，部分劳动者渴望自身发展、价值实现，对就业有更高的诉求。因此，本报告从青年的发展条件、政策体系、人才体量等方面，详细分析了贵州经济社会快速发展为青年就业创业提供的环境；从教育供给、就业形势、创业形势等方面，分析了青年群体如何成为经济社会发展的重要推动力。通过探讨贵州青年就业创业中存在的人口结构、创业压力、就业稳定性、区域发展突出问题，从客观因素阻碍和主观因素制约两个维度查找原因，最后从影响青年就业创业的城市软实力、统筹协调机制、就业创业环境、青年个人能力四个方面提出解决思路，以此推动贵州青年就业创业工作取得新的显著成效，为新时代贵州长治久安和高质量发展贡献力量。

二　贵州青年就业创业现状分析

（一）经济社会快速发展为青年就业创业提供适宜的环境

1. 青年发展条件愈加改善

2021 年，贵州省地区生产总值达 19586.42 亿元，增速连续 10 年居全国前列，贵州经过"黄金十年"发展赶超进位，彻底撕掉了千百年来的绝对贫困标签。近年来，贵州大力发展 12 个农业特色优势产业、十大工业产业、十大服务业创新发展工程，着力围绕"四新"[①] 主攻"四化"[②]，推进服务业创新发展十大工程行动。贵州省 2021 届高校毕业生就业于贵州省十大工业产业和 12 个农业特色优势产业的比例分别为 37.44%和 12.67%，服务贵州"四新四化"和服务业创新发展十大工程的人数比例分别为 21.81%和 29.60%。大踏步前进的经济社会发展和良好的产业发展环境为青年群体提供将所学知识回赠社会、服务社会的机会。建设"青年友好型成长型省份"被写入贵州省政府工作报告，联席会议成员单位联络员常态化联系机制和常态化问计问需青年机制正在建立健全，一批针对性、操作性强的重点项目和工作举措正在落实落地，住房、教育、就业、养老、育幼、健康等多方面工作协调力度逐渐加大，贵州青年发展的环境条件优化，青年的发展空间更加广阔。

2. 青年政策体系愈加健全

"十三五"以来，贵州省坚持创新驱动发展战略，实施更加积极的就业政策，完善创业扶持政策，建立健全促进就业和创业扶持机制，极大激发了青年就业活力，提升创业热情。覆盖省、市、县、乡、村五级就业公共服务体系基本建成，专业技能培训计划成果显著，培训平台日趋成熟，贵州省劳

① 四新：在新时代西部大开发上闯新路、在乡村振兴上开新局、在实施数字经济战略上抢新机、在生态文明建设上出新绩。

② 四化：新型工业化、新型城镇化、农业现代化、旅游产业化。

动用工大数据综合服务平台等就业创业保障平台促进更加和谐的劳动关系形成。2021年，为促进青年群体实现高质量就业创业增添动力，出台了《省人力资源社会保障厅 省财政厅关于提高职业技能培训资金效能高质量开展职业技能培训的通知》（黔人社通〔2021〕39号）、《省人力资源社会保障厅关于印发职业技能提升行动创业培训“马兰花计划”实施方案的通知》（黔人社通〔2021〕13号）、《省人力资源社会保障厅关于全力促进2021年全省高校毕业生就业创业工作的意见》（黔人社通〔2021〕41号）等文件，推出促进高校毕业生就业专项措施，落实特岗教师招聘、西部计划、“三支一扶”等基层就业项目，帮助毕业生下得去、留得住、干得好；强化服务宣传引导，发出《致贵州省2021届高校毕业生的一封信》，梳理《2021年贵州省高校毕业生就业创业政策服务清单》等文件，推进万名青年就业见习计划和青年启航计划，为高校毕业生和失业青年实现稳定就业创业保驾护航；团省委实施“青数聚”，搭建“乡村振兴·贵青农优”赋能服务平台，开发“青惠贷”和“青扶贷”，开展“多彩贵州·创在乡土——助力乡村振兴”青年技能培训班，充分汇聚资源、激发青年人才活力、提供就业创业扶持保障。

3. 青年人才体量愈加壮大

人才是经济社会发展的关键资源，是创新驱动发展的中坚力量。“十三五”末，全省人才规模总量达到560万人，比2015年底增加165.43万人，人才资源占人力资源总量的比重进一步提高，对经济社会发展的支撑作用明显增强（见图1）。其中，青年经营管理人才占比由2013年的29.96%上升至2020年的40.55%，青年专业技术人才占比由2013年的37.20%上升至2020年的47.29%，青年技能人才占比由2013年的22.95%上升至2020年的27.01%。[①] 愈加壮大的青年人才体量，为经济社会的发展起到举足轻重的推动作用。

（二）青年群体成为社会发展的重要推动力

1. 教育供给

教育是青年实现优质社会化的重要途径。贵州省教育普及水平大幅提升，

① 由于统计数据缺失，仅收集到2013年人才占比。

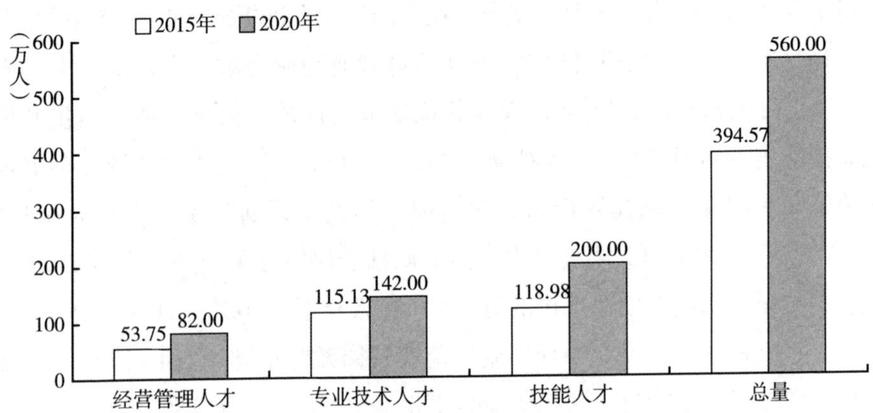

图1 “十三五”时期贵州省人才总量增长情况

资料来源：《贵州省“十四五”人才发展规划》。

在西部率先实现县域义务教育基本均衡发展。2021年，全省九年义务教育巩固率达到95.5%，超全国平均水平0.1个百分点；贵州高中阶段毛入学率超全国平均水平0.1个百分点，达91.5%。在高等教育方面，在校生人数和毕业生人数均实现稳定增长，其中在校生人数由2016年的57.39万人增长至2020年的84.02万人，年均增长10.00%，研究生数量也在不断增加（见图2）。

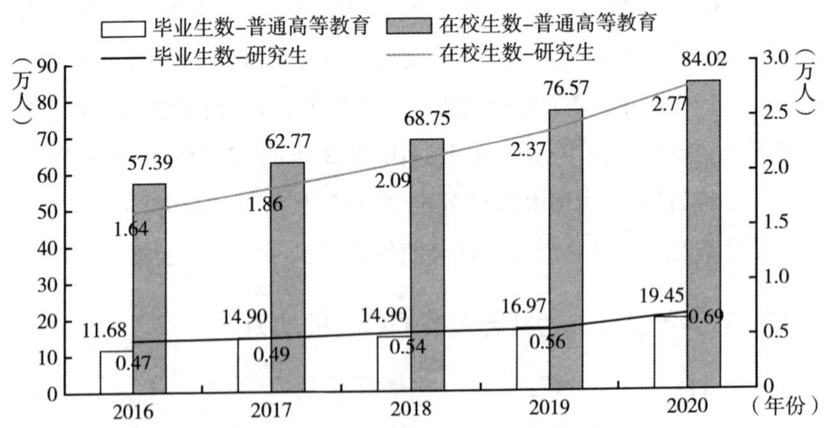

图2 “十三五”时期贵州省高等院校人员增长情况

资料来源：《贵州统计年鉴》。

“十三五”时期，累计促进离校未就业毕业生就业 37.17 万人，2021 年，全省高校应届毕业生共 219626 人，其中研究生和高职专科生增幅分别达到 10.61% 和 10.94%。截至 2021 年 8 月 31 日，初次毕业去向落实率 82.71%。其中研究生初次毕业去向落实率 87.36%，本科毕业生初次毕业去向落实率 79.83%，专科（高职）毕业生初次毕业去向落实率 84.56%。[①] 显著变化的高校毕业生就业数量和质量，说明全省的教育供给能力和青年的就业创业能力均在稳步提升。

2. 就业形势

受益于贵州省逐渐健全的就业服务体系、不断优化的营商环境和良好的疫情防控措施，截至 2021 年底，全省城镇新增就业 64.75 万人，比上年增长 5.0%，占全国比重 5.61%；年末城镇登记失业率低于全国水平约 2 个百分点，失业保险参保人数达 253.01 万人，较 2018 年提升 24.93%；各类青年开展技能培训 25.33 万人次，两年累计 60.40 万人次。《贵州省青年就业发展大数据指数报告》显示，就业指数自 2018 年以来呈现平稳上升的趋势（见图 3），

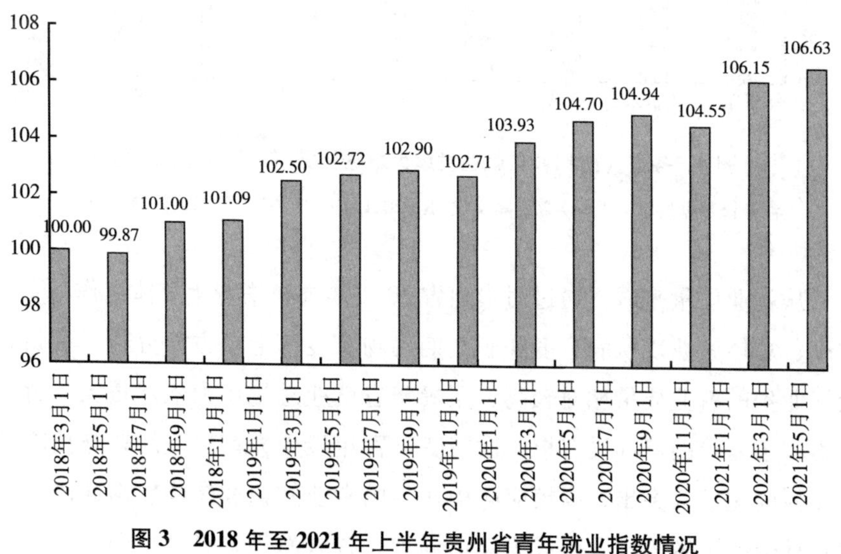

图 3　2018 年至 2021 年上半年贵州省青年就业指数情况

① 资料来源：《贵州省 2021 届普通高等学校毕业生就业质量年度报告》。

截至 2021 年第二季度，就业指数高达 106.63。

2021 年，高校应届毕业生贵州省内就业 136504 人，占已就业毕业生（此处不包含应征义务兵）总人数的 75.67%，较 2020 届上升 11.10 个百分点，良好的环境使得青年就业吸引度指标呈现逐渐攀升的态势。从区域来看，鉴于省会城市环境和机会优势，贵阳青年就业发展大数据指数和青年就业吸引度长期领跑全省，六盘水、安顺、遵义仅次于贵阳成为就业环境和效果较好的城市，与此相对，黔东南、毕节在各项指标中排名相对靠后（见图 4）。

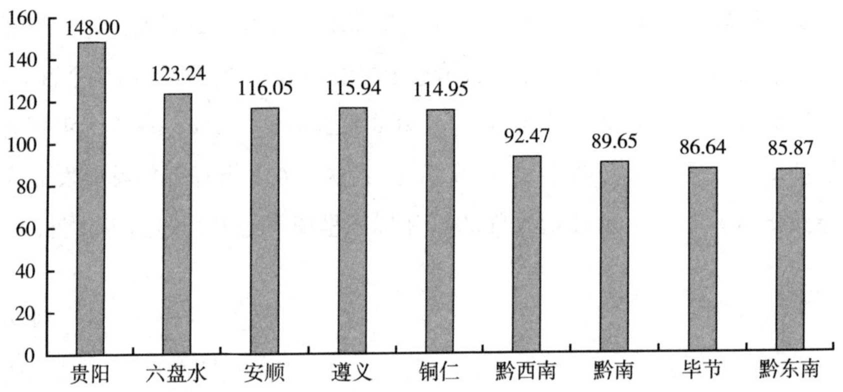

图 4　各市（州）青年就业发展大数据指数（2021 年第二季度）

注：该数据按季度进行更新，本文仅列出 2021 年第二季度的数据以供参考。

从就业质量来看，通过对贵州省 2021 届高校毕业生总体工作与专业相关度、总体就业现状满意度和职业期待吻合度等七个方面分析，贵州省高校毕业生的就业质量相对较高，但贵州省就业总量压力依然很大，劳动力供给大于需求的格局没有根本性转变，青年接受教育程度问题与技能学习的短板问题较为突出，高校应届毕业生的专业知识和技能、沟通协调能力和对社会的了解等三方面成为突出弱项，各方面仍有提升空间，具体如表 1 所示。

表 1　贵州省 2021 届普通高等学校毕业生就业质量相关分析

单位：%

序号	参考指标	数值
1	工作与专业相关度	73.90
2	就业现状满意度	86.34
3	职业期待吻合度	75.87
4	享有社会保障	78.87
5	工作稳定度	83.40
6	对用人单位的满意度	86.69
7	岗位离职率	41.61

资料来源：《贵州省 2021 届普通高等学校毕业生就业质量年度报告》。

3. 创业形势

“双创”政策推动创业带动就业成为新的就业增长点。“十三五”期间，累计新增发放创业担保贷款 155.57 亿元，新增扶持创业 16.08 万人，带动就业 44.17 万人。创业扶持平台建立健全，累计搭建青年创业孵化基地 145 家，实现 9 个市（州）全覆盖。“雁归兴贵”行动计划持续推动，各类平台逐渐完善。2021 年全省新增发放创业担保贷款 1.42 亿元、自主创业补贴 6239.25 万元、创业场所租赁补贴 1.59 亿元。截至 2021 年底，全省共创建农民工创业园和创业点 332 个，创业园和创业点共入驻企业 7617 家，带动就业创业 18.49 万人。

《贵州青年创业发展大数据指数报告》显示，截至 2021 年第二季度，创业指数达到 130.77，其中 2020 年第四季度，青年创业发展大数据指数达到最高值 143.85，整体呈上升趋势和创业的季度规律（见图 5）。2019 年起，全省新增青年企业数量超过新增非青年企业数量，并呈现加速增长的趋势，不断释放的制度红利，提高了青年群体创业活力和动力。

从高等教育供给来看，“十三五”时期，共扶持大学生创业 24035 人，2021 届高校毕业生创业率为 0.47%，其中，高职专科生自主创业占比最高，达到毕业人数的 0.51%。从《贵州省 2021 届普通高等学校毕业生就业质量年度报告》统计结果来看，贵州省 2021 届男性毕业生创业率为 0.75%，女

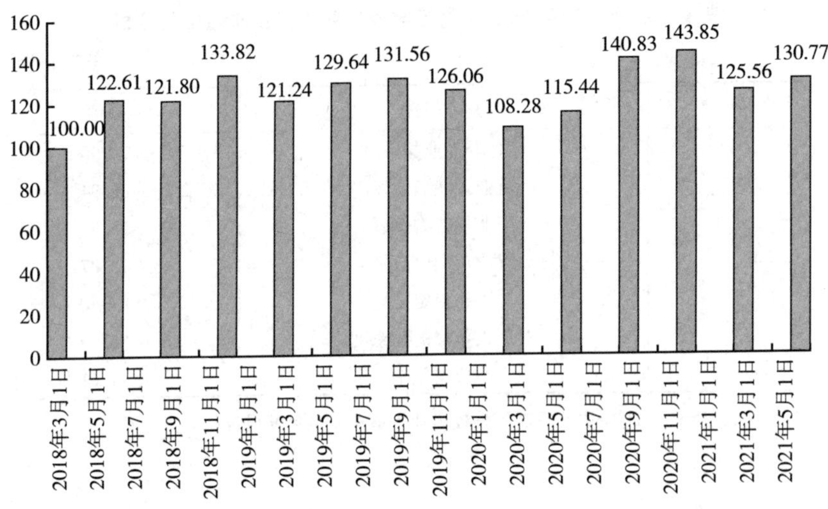

图 5　2018 年至 2021 年上半年贵州省青年创业指数情况

性毕业生创业率为 0.27%。此外，贵州省 2021 届高校毕业生因学历层次不同而具有不同特点，详见表 2 所示。

表 2　贵州省 2021 届高校毕业生各专业大类创业率（前五名）

单位：%

序号	高职专科		本科		研究生	
1	农林牧渔大类	1.73	教育学	1.15	历史学	2.56
2	水利大类	0.93	艺术学	0.99	艺术学	1.09
3	装备制造大类	0.85	管理学	0.49	理学	0.63
4	旅游大类	0.74	农学	0.43	文学	0.44
5	电子信息大类	0.66	工学	0.41	教育学	0.22

资料来源：《贵州省 2021 届普通高等学校毕业生就业质量年度报告》。

从区域来看，贵阳青年创业发展大数据指数、创业活跃度和创业吸引度等指标长期领先各市、州，此外，铜仁、黔东南、毕节三城市占据创业成功度指标前三，黔南、安顺、六盘水占据多元多样性指标前三，综合《贵州青年创业发展大数据指数报告》，贵阳“以创业带就业”效果显著，其余市、州各有优势。

从创业行业来看，“批发和零售业”以及“租赁和商业服务业”是省内外创业青年和高校毕业生创业主要选择，《贵州青年创业发展大数据指数报告》显示，随着贵州省大数据战略向纵深推进，相关产业蓬勃发展，科学研究和技术服务业近年来增长幅度较大，信息传输、软件和信息技术服务业等与大数据紧密相关的行业也被各方创业者重点关注，详见表3所示。

表3　贵州省青年创业行业选择分布和所占比重（前6位）

排名	省外创业青年（2020年）	省内创业青年（2020年）	高校毕业生（2021届）
1	批发和零售业(37.12%)	批发和零售业(26.07%)	批发和零售业(28.09%)
2	租赁和商务服务业(14.71%)	租赁和商务服务业(14.39%)	住宿和餐饮业(16.4%)
3	建筑业(11.3%)	农、林、牧、渔服务业(11.88%)	租赁和商业服务业(9.68%)
4	科学研究和技术服务业(6.44%)	建筑业(11.45%)	居民服务、修理和其他服务业(8.92%)
5	信息传输、软件和信息技术服务业(6.29%)	信息传输、软件和信息技术服务业(5.52%)	文化、体育和娱乐业(8.82%)
6	制造业(5.55%)	居民服务、修理和其他服务业(4.96%)	信息传输、软件和信息技术服务业(8.15%)

资料来源：《贵州省2021届普通高等学校毕业生就业质量年度报告》《贵州青年创业发展大数据指数报告》。

从年龄角度来看，贵州新增青年创业者的平均数及中位数年龄都是29岁左右。这表明青年创业“理性化”，多选择工作几年积累一定资源和经验后再从事创业活动，同时也说明了“毕业即创业不是主流”。

三　贵州青年就业创业存在的困境与原因

（一）突出问题

1. 人口结构问题突出

第七次人口普查数据显示，一方面，与2010年相比，9个市（州）常住人口均增加，贵州人口出生率和人口增长幅度位居全国前列，可以预见，青年间的竞争将会越发激烈。另一方面，贵州 0~14 岁人口的比重下降 1.29 个百分点，15~59 岁人口的比重下降 1.25 个百分点，60 岁及以上人口的比重上升 2.54 个百分点，其中 65 岁及以上人口的比重上升 2.99 个百分点。随着老龄化加剧和经济转型升级，社会重心将会产生迁移，推动就业岗位、就业方式发生深刻变化，对青年学历、技能和综合素质提出更高要求，迫切要求青年做出回应。

2. 创业就业压力较大

根据《贵州省青年发展状况调查报告》中的 69783 份调查问卷数据，针对就业形势的看法，28.92%受访者选择了“非常严峻”；31.65%选择了“比较严峻”；21.44%选择了“有点严峻”，不至于找不到工作。通过数据可看出，近两年，贵州省就业总量压力依然很大，劳动力供大于求的格局并未改变，青年就业形势普遍严峻。受访者中因为学历不高、缺乏相应工作技能而找不到工作的有 16.59%，青年接受教育程度问题与技能学习问题突出。针对是否愿意创业的问题，受访者中很愿意去尝试创业的为 44.40%，有机会才去尝试的为 46.57%，不愿尝试创业的为 6.24%。根据数据可看出，绝大部分青年有创业的想法，但同时希望有一定机遇与扶持。13.79%的受访者愿意选择在电子商务（微商、网店等）进行创业，13.54%愿意选择住宿和餐饮业，17.25%对教育业有创业想法，而 22.07%选择了其他。结合时代背景，青年人的创业想法不再局限于过去的传统行业，电商、服务业及一些新型产业更吸引青年群体。受访者中对最影响创业成果的因素选择，55.06%认为是心理素质，64.53%认为是社会环境，48.64%认为是国家政策，67.2%认为是能力要求，70.68%认为是经验积累。由此可见，青年群体创业离不开社会、个人等方面的因素，除了自身要有过硬的本领，还需要与时俱进，并且需要政策扶持。

3. 就业稳定性差

随着社会不断发展和观念的不断变化，越来越多的年轻人会综合考虑工资收入、区位条件、兴趣匹配、社会声望等各方面因素，就业不稳定性突出，频繁跳槽成为青年就业常态，主要表现在四个方面。一是体制内就业意愿强烈。受传统观念、社会舆论、疫情冲击等影响，贵州省大部分高校毕业生、社会青年更热衷于报考公务员、事业单位或国有企业以寻求稳定岗位。二是初次就业稳定难。《贵州省2021届普通高等学校毕业生就业质量年度报告》指出，贵州省2021届高校总体毕业生工作期间的离职率为41.61%，离职率相对较高。三是发展遇阻。数据显示，青年调查失业率一直高于社会整体失业率，青年当中自愿性失业情况较为普遍，其中，离职的主要原因是发展空间不大，这一情形在高职专科毕业生中尤为显著。四是人才难留。相较于逐渐提升的青年就业吸引度，全省青年就业活跃度呈现停滞状态，青年就业留存度出现逐渐下降趋势，留住用好本地青年人才、大力激发其活力应该成为相关政策出发点。

4. 区域发展不均衡

《贵州青年创业发展大数据指数报告》和《贵州青年就业发展大数据指数报告》显示，贵阳市除青年就业发展大数据指数和青年创业发展大数据指数领先其余市州外，青年创业活跃度、创业吸引度、就业吸引度等指标同样领跑全省，说明经济发展、城市建设、高等院校集中等原因是贵阳吸引青年就业创业的显著优势，具体如表4所示。

表4　2021年贵州省各市州高等院校和创新创业指数差异

地区	高等院校数量(所)	青年就业发展大数据指数	青年就业活跃度	青年就业吸引度	青年创业发展大数据指数	青年创业活跃度	青年创业吸引度
贵阳市	35	148.00	80.28	43.07	143.27	56.96	30.70
六盘水市	3	123.24	90.04	7.65	82.56	32.18	8.82
遵义市	7	115.94	47.67	37.32	91.15	33.41	14.48
安顺市	4	116.05	50.75	39.17	77.63	26.72	10.08
毕节市	6	86.64	38.74	26.14	72.13	24.02	9.59
铜仁市	5	114.95	48.76	39.27	73.00	27.55	8.42
黔西南州	2	92.47	49.67	13.93	81.11	27.92	9.42
黔东南州	3	85.87	42.61	18.27	68.08	21.70	8.38
黔南州	10	89.65	46.36	17.71	77.64	25.85	11.42

资料来源：《贵州统计年鉴》《贵州省2021届普通高等学校毕业生就业质量年度报告》《贵州青年创业发展大数据指数报告》。

总体看来，由于历史因素和经济社会发展水平等制约，各市州在人才“引育用留”四个重要环节存在一定不足。青年就业创业工作与贵阳相比仍然存在不同程度差距，也没有结合区域特点和发展重点将本地区文化、地理优势和人口优势充分转化为产业优势和人力资源优势，进而打造一张有别于其他市州的青年就业创业名片。

（二）客观因素阻碍

1. 竞争越发激烈

入学率和在校大学生数量等数据表明接受教育尤其是高等教育的青少年大幅增加，贵州青年群体正在走一条“优质教育促进优质就业创业”的道路，同时也反映出青年间“内卷”现象正在形成且正在加剧，有数据显示，“十四五”时期全省将产生约200万大中专毕业生、120万未继续升学初高中毕业生[①]。各高校持续扩招与社会岗位供给不足矛盾加剧，2022年全省高校毕业生总量将达27.3万人，较上年增加24%，规模和增量均创历史新高，“就业难”与“招人难”并存的结构性矛盾将更加凸显，青年群体就业形势依然严峻复杂。2021年，共青团中央对高校毕业生就业情况开展大样本调研，发现地方院校低收入家庭毕业生就业面临的特殊困难主要有：就业焦虑较重、竞争中处于明显劣势、难以获得社会资源支持、面临多重“内卷”、社会化能力不足等困境。

2. 软因素制约

对于踏入社会或者在社会上没有彻底站稳脚跟的青年而言，住房、社会保障等软因素严重影响着青年群体实现高质量就业创业。

青年将住有所居、不再漂泊视为事业初期目标而进行努力，继而面临着掏空家庭积蓄、房贷限制消费预期、婚房加剧婚姻挤压、通勤影响生活质量等现实难题。数据显示，2020年，全省共发放个人住房贷款8.26万笔，发放金额324.66亿元，其中30岁（含）以下贷款职工占45.38%，

① 资料来源：《贵州省“十四五”人才发展规划》。

40 岁以下贷款职工高达 79.37%，说明住房压力极大考验着青年群体承担能力。[①] 此外，青年医生和青年教师占公共租赁住房保障总数比重超五成，其余人群，如收入相对较低和部分创业群体难以享受此优惠政策。在保障性租赁住房的筹集上，国家明确人口净流入的大城市才能发展保障性租赁住房，除贵阳以外的其他市（州）均不在国家发展保障性租赁住房的实施范围。

在新职业社会保障方面，如网络主播、“快递小哥”和临时代驾等社会新兴职业由于岗位更换频繁、流动性强，烦于社保关系转移接续而参保积极性不高。因此，如何优化青年群体尤其是新职业青年社会保障流程，鼓励参保积极性，成为社会保障制度建设的短板和痛点所在。

3. 政策靶向性不足

中央、省和各市州均出台一系列支持促进就业创业的法律法规和实施意见，内容覆盖法律保障、金融扶持、教育培训等方面，对促进青年群体实现就业创业有较好效果，但是，以青年为具体服务对象的政策仍存在靶向性不足的问题。一是协同发展的意识不强。与妇女、未成年人、残疾人等群体相比，青年就业创业工作对象不够聚焦，特点不够显著，一些部门和市州对支持促进青年就业创业认识不足，将其视为群团组织或者人社部门专项工作，忽略了青年就业创业工作属于跨年龄、跨行业、跨阶层的综合性工作。二是政策集中度不高。通过调研发现，虽然各地已建立了青年工作联席会议机制以加强部门联动和政策协同，但在执行青年就业创业政策的过程中，政策的耦合度不高、协同性不强。三是受众的感受度不高。据相关调查，部分地方政府对青年发展规划理解不深，落实青年发展规划时存在简单对标现象，停留在“照猫画虎”阶段，相关工作任务没有结合本地经济社会发展实际状况和青年人口结构特征，没有依据群体类别、性别等特质分类施策，推出的方案和项目对于青年来说帮助效果不强，如一些廉租房或者人才公寓项目，在实际运行过程中，其价格与周边房屋价格

① 资料来源：《贵州省住房公积金 2020 年年度报告》，2021 年 5 月发布。

相差不大或地理位置相对偏远，从而成为在市区就业青年眼中的“鸡肋”项目。

（三）主观因素制约

1. 就业创业的准备不足

与其他群体相比，青年群体就业创业最大的痛点在于没有实践经验，因没有做好充足的思想准备和具备相应的能力，就业创业路上一旦出现挫折，容易出现迷茫情形。一方面，阻碍青年实现就业的主要因素分为过分自信和消极应对两种思维观念，要么“挑肥拣瘦”，总认为现有工作不够称心如意，最终导致好高骛远、眼高手低的尴尬；要么“选择躺平”，总认为经济社会发展离自己太远，不愿关注社会现实，不敢突破自己，最终被时间消磨了热情。另一方面，随着互联网的发展，“云求职”“云面试”逐渐成为主流，新形势下，求职信息狭窄和求职应聘技巧缺乏是贵州青年群体就业准备不足的又一重要体现，及时获得适宜就业信息、获得就业指导对于初次就业群体来说尤为迫切。相关调查发现，追求个人财富积累是绝大多数青年创业的出发点，但实际中往往成为生存型创业，即为了生存，没有其他选择而无奈进行的创业，创业前没有良好的市场基础和资源储备，部分青年综合素质上有待进一步提升，创业知识学习和商业计划相关知识掌握不够，资源整合能力明显较弱，对相关创业政策的了解程度偏低，有的甚至对涉及切身利益的政策不够敏感，最终导致败北。

2. 能力与市场需求脱节

通过观察发现，青年在就业创业过程中出现消极现象的重要原因之一是青年自身的能力与市场需求存在脱节，专业能力和个人素质无法满足岗位（行业）需要或者所学专业和自身技能与社会当下需求不相适应，就业面狭窄。一方面，追求个人财富的实现成为青年就业创业的出发点，表现在选择职业岗位重在关注经济回报，自主创业重在考虑财富积累，如果一味追求经济收益，容易出现所从事岗位或者行业适配度较低，不利于自身发展进步，甚至在自己不熟悉、不乐意的领域疲于应付。另一方面，部分青年职业能力无法胜任岗位行业需求或者专业方向和职业技能不符合贵州发展需求，如贵州正在大力发展十大工业产业、12 个农业特色优势产业，着力推动“四新四化”，大力推进服务业创新发展十大工程行动，催生众多就业岗位和创业机会，综合专业供给情况来看，绝大部分专业处于供需平衡，甚至部分专业供大于求，但相关企业仍存在引才难、留才难，而部分专业青年仍反映就业难、发展难。

四　促进贵州青年就业创业的对策建议

赢得青年才能赢得未来，发展青年才能发展未来。青年是贵州在新时代西部大开发上闯新路、在乡村振兴上开新局、在实施数字经济战略上抢新机、在生态文明建设上出新绩的生力军，也是贵州实现新型工业化、新型城镇化、农业现代化、旅游产业化的主力军。“十四五”时期，实现更加充分更高质量就业，是推动贵州在新时代长治久安和高质量发展、全面建设社会主义现代化国家的内在要求，是践行以人民为中心发展思想、扎实推进共同富裕的重要基础。

（一）加强城市软实力建设，增强贵州青年归属感

硬实力让城市壮大，软实力让城市伟大。[①] 一座城市能够被记住、被尊重、被向往，能够产生持久的影响力、软实力、带动力、竞争力，关键要看有无适合青年就业的岗位和港湾，有无适合青年创业的环境和制度，有无个性鲜明的文化气质，有无开放包容的人文环境，这也是当下城市竞争的关键所在。一是提升城市软实力。着力打造贵州各大小城市在公共管理、文化资源、公民素质和宜居环境等方面的综合实力，努力营造“尊重劳动、尊重知识、尊重人才、尊重创造”的浓厚氛围，创新增添省会城市及各地州城

① 徐晶卉：《硬实力让城市强大，软实力让城市伟大》，《文汇报》2021 年 7 月 10 日，第 4 版。

市与周边省市城市的竞争力，增加就业机会，激发和吸引青年的就业创业热情。二是强化青年人才政策牵引。研究整合政府职能部门和银行金融机构的资金支持、技术指导、培训帮扶和综合信息等服务政策，构筑一套全链条人才引进和服务的政策体系，鼓励政策实施向青年人才倾斜，为青年成功创业创造条件。三是强化青年人才安居保障。面向海归青年、博士后等青年人才，打造集“居住+办公+社交”多功能于一体的青年人才驿站和人才街区，有效解决青年人才过渡性需求，采用“订单式”方式筹集优质商品房房源定向供应给青年人才，助力青年人才落地发展。四是强化青年人才服务支撑。推行线下线上“英才卡”，促进人才链、产业链、资金链、服务链、数据链交叉融合，涵盖商务办公、政策兑现、落户安居、教育医疗、金融支持等全要素服务；开展青年人才“青英赋能”工程，激发青年人才跨界合作潜能，以实际行动支持青年人才挑大梁、当主角，激发青年投身贵州就业创业的热情。

（二）加强统筹协调力度，形成高效推进机制

一是切实加强组织领导。重点是加强部门之间的统筹协调和沟通合作，形成更加高效的工作推进机制，上下步调一致，齐头并进，共同开创贵州青年就业创业的新局面。二是创新实施就业创业促进计划。更大力度推进青年就业见习计划，探索全省见习全业务流程线上办理模式，减少岗位设置条件设限；更多举措夯实离校未就业毕业生实名管理，做好离校前后服务衔接，推进全省毕业生求职创业补贴“网上办”“指尖办”。三是全面提升就业公共服务品质。提升招聘服务质量，常态化组织开展好线上线下招聘活动，紧扣毕业生求职需求，打造精准便捷高效招聘服务模式；提升政策服务便利性，通过数据比对、核验，推进毕业生就业服务“一件事”打包快办，加大政策落实力度；提升职业指导精细度，建立职业指导工作协同联动机制，强化毕业生就业观念引导，开展职业指导进校园、进社区活动，引导毕业生树立正确就业观念；强化毕业生就业情况研判分析，持续加强毕业生就业情况调研，全面掌握毕业生就业流向区域、特点和变化趋势，为高校毕业生就

业工作政策研究提供参考。四是畅通供给需求信息。充分发挥好贵州大数据发展优势，把大数据互联互通的优势嵌入青年就业创业公共服务信息平台，畅通信息供给渠道和获取渠道，破解供给需求不平衡不匹配的情况。

（三）优化就业创业环境，深化“贵人服务”意识

一是加大青年创业金融支持。建议进一步拓宽资金来源，将贵州青年创新创业基金做大做强，用于支持青年创业或相关服务；建议以省财政投入和相关单位以及企业参股形式，筹建省级青年创业担保公司，注重向创新性强、科技含量高的创业项目适当倾斜，解决全省青年创业群体在创业过程中因缺乏担保和信用不足等原因而融资难的问题。二是积极优化融资环境。通过降低门槛、简化手续、规范程序等途径，解决城乡创业青年贷款立项慢、操作难的问题。吸引和鼓励社会风险投资为青年创业提供资金扶持，提供诸如战略决策的制定、技术评估、市场分析、风险及回收的评估等资源。三是减少青年税费负担。建议争取工商、财税等部门强化针对扶持青年创业就业方面的相关政策支持，在注册登记程序、条件、费用税款收取及其他方面给予更大的优惠和便利，支持有志青年创业起步，促进和推动青年创业就业。四是优化“贵人服务”政策服务广度。坚持创业载体建设主体多元化、类型多样化、产业集群化发展，采取政府引导扶持、鼓励多方投资等方式为青年提供创业空间和载体；组建一支为青年提供创业培训、创业实训、资源对接、创业孵化、政策落实、专家辅导等低成本、全要素、便利化的“启航导师”队伍，提供专业服务力量。五是打造蓬勃向上的青年就业创业文化。引导青年充分就业、积极创业，吸引集聚青年人才来黔发展，激发青年创业热情，进一步营造促进青年创业的浓厚舆论环境和文化氛围，为《国务院关于支持贵州在新时代西部大开发上闯新路的意见》（国发〔2022〕2号）文件赋予贵州“四区一高地”① 战略定位积蓄人才资源，汇聚青春力量。

① “四区一高地”：是指西部大开发综合改革示范区、巩固拓展脱贫攻坚成果样板区、数字经济发展创新区、生态文明建设先行区，内陆开放型经济新高地。

（四）提升青年个人能力，有效应对激烈竞争

一是引导青年树立正确择业观。青年不再把“铁饭碗”“城市白领”等视为工作首选，着力组织村干部、农村产业青年、返乡回乡人员等参加高素质农民“新农人”培训班，着力培育“农创客”“新农人”等农村创业创新主体。聚焦重点环节、关键领域，把正确的就业创业观培育融入在校大学生、高校毕业生、职场青年、青年人才等青年成长的不同阶段，量身打造全周期高质量服务模式——送出青春礼包，有力保障广大青年成长成才、创业就业。二是完善就业创业培训体系。进一步增加财政投入，由政府牵头整合资源组成就业创业培训网络，引导青年提升个人人力资本，针对青年就业创业者的个性特点和创业不同阶段的需要开展形式多样的就业创业培训，提高就业创业青年的发展能力和创业项目的可操作性，提高青年就业率和创业成功率。三是完善引才育才平台。深化人才发展体制机制改革，修订人才引进政策，进一步规范人才引进认定程序、明确引才单位及主管部门职责，提高人才引进工作质量和效率；充分发挥企事业单位用人主体作用，落实用人主体自主权，强化效益意识，努力实现人才总量、质量、贡献率“三个提升”，精准引进能力突出、专业对口的高校毕业生。四是开展职业技能培训。密切劳动、市监等部门与用工企业的联系，加大“菜单式”“订单式”培训力度，直接与就业岗位进行挂钩、输送，为青年就业创业提供高质量、专业化的信息服务。提高职业技能培训的针对性和实效性，同时加大宣传力度，提高广大无业、失业青年参加培训的知晓率和参与度，重点开展中、高级技能培训，帮助青年掌握职业技能，提升就业竞争力。五是建立就业监测机制。开展就业监测制度，及时掌握用工动态，以掌握合同管理签订、落实工资支付监管长效机制等为重点，引导企业牢固树立靠事业留住员工、靠感情联络员工、靠待遇增加员工的新理念，增强员工对企业的归属感、认同感，使员工“招得进、留得下、稳得住”，逐步建立起企业发展和员工成长同步实现的长效机制。

B.7
贵州青年公共文化事业发展报告

秦选涵*

摘　要： 青年作为社会发展的中坚力量，具备对文化的天然敏感性，青年文化活动往往具有推动社会发展与变革的巨大力量。因此，深化“青年公共文化事业”战略认识、提高面向青年的公共文化服务水平、引导青年文化的“政治性回归”对我国文化战略的实现具有重大意义。本报告梳理了我国与“公共文化”“青年文化”相关的政策法规、回顾了贵州省近十年来的青年文化工作，通过问卷调查的方式搜集了贵州省青年群体对于贵州省公共文化服务体系建设、贵州省青年工作的意见；结合青年公共文化的特殊性，从提高战略地位、完善保障、提升服务、增强社会功能几个方面出发，为推进贵州省青年公共文化事业发展提出了意见和建议。

关键词： 公共文化事业　公共文化服务体系　文化氛围　贵州青年

大力发展公共文化事业是我国实现文化强国战略的重要举措。公共文化营造的是社会文化氛围，提升的是大众整体文化素质，保障的是社会整体价值观念的和谐；公共文化事业发展水平是国家文化软实力的重要体现，是检验社会文化先进性的主要标准。

* 秦选涵，贵州省社会科学院民族研究所助理研究员，研究方向：青年文化、民间信仰、非物质文化遗产保护。

一　我国公共文化事业政策发展和指标体系建设历程

在我国，“公共文化服务体系”建设是公共文化事业发展的具体落脚点。2002年党的十六大明确提出文化事业与文化产业二分，2005年正式提出“逐步形成覆盖全社会的比较完备的公共文化服务体系”。2011年，具有历史意义的《中共中央关于深化文化体制改革 推动社会主义文化大发展大繁荣若干重大问题的决定》发布，明确以“四个体系”——“公共文化服务体系”“现代传播体系”“优秀传统文化传承体系”“城乡文化一体化体系”的建设来统领我国公益性文化事业①的发展，保障人民的基本文化权益。2015年，中共中央办公厅、国务院办公厅发布《关于加快构建现代公共文化服务体系的意见》并附上“国家基本公共文化服务指导标准（2015~2020年）”；将“公共文化服务”的项目和内容划分为“基本服务项目”“硬件设施”“人员配备”三大板块，并从“内容”和“标准”两方面依次对三大板块进行了详细分解。从中可以看出，“四个体系”的建设要素都一定程度上融入了“公共文化服务体系”建设②。2017年，《中华人民共和国公共文化服务保障法》正式施行，从立法的高度为我国“公共文化服务体系”的建设提供了坚实保障，也展示出“公共文化服务体系”建设思路的扩大——“四个体系”的内容基本融合进“公共文化服务体系”建设中③，意味着“公共文化服务体系”成为“公共文化事业”建设的总

---

① “公益性”是“公共文化事业”的基本属性之一。在大部分政策语境下，“公益性文化事业”等同于“公共文化事业”。关于“文化事业”“公共文化事业”“公益性文化事业”“文化产业”等的概念辨析，研究成果颇丰，参见傅铭《厘清文化事业与公共文化服务体系及文化产业的关系》，《人民论坛》2017年第20期。本文汲取已有的研究成果，为了表述和行文的连贯性，选择“公共文化事业”（以及后文的“青年公共文化事业”）这一术语来指代政府主导的，以均等性、普遍性、公益性为原则的社会主义文化建设领域。

② 主要涉及公共文化服务基础设施建设、传播系统建设、优秀传统文化供给建设、城乡公共文化服务均等化建设等。

③ 还有部分内容散逸其外，例如，加强文艺精品的创作部分。主要原因在于，现阶段我国的公共文化服务体系建设基本指向于提供文化服务；创作激励功能还难以发挥，也就是说公共文化氛围的营造还不足。

载体。

“公共文化服务体系”政策法规的出台历程，清晰地展示了我国公共文化事业依托于“公共文化服务体系”建设，逐渐变得真实可感，也能量化和评价的过程。从中也可以发现，我国的“公共文化”概念随着“公共文化服务体系”建设的探索而逐渐“狭义化”，并最终具象化为项目内容、硬件设施和人员三大板块。我国的公共文化事业发展统计指标，除了文化事业费的投入和占财政支出比重两项以外，其他的统计指标也完全契合三大内容[①]。由此，在统计的意义上，我国的公共文化事业建设基本等同于“公共文化服务体系”建设。

二　近十年来贵州省青年公共文化事业发展概述

（一）贵州青年公共文化事业建设评估情况

如前所述，在现有的政策基础上，我国的公共文化事业几乎被“公共文化服务体系”所指代；在评估体系中，文化则在狭义的概念上被量化；此外，以普遍性、均等性为原则的“公共文化服务体系”也并未建立针对青年的指标体系和服务设计。2020 年 11 月，贵州省统计局批准了贵州省中长期青年发展规划联席会议办公室制定的《贵州省中长期青年发展状况综合统计报表制度》（以下简称“报表制度”），“报表制度”依照《贵州省中长期青年发展规划（2019—2025 年）》的十大领域建立了具体的指标体系。文化领域有 11 个指标，“人才总数”和“青年人才数”两项指标由省委组织部提供；其余指标由文旅厅提供（见表 1）。指标沿用了原有的“公共文化服务体系”建设指标中与青年群体相关的指标，并专门增加了三项青年指标。可以看出，第一，基于“公共文化服务体系”指标而设立的青年公

① 中华人民共和国文化和旅游部编《中国文化文物和旅游统计年鉴》（历年），国家图书馆出版社。年鉴设立了“公共图书馆”“群众文化”“艺术”“文物”“教育、科技、动漫及其他”五大类公共文化事业建设评估指标。

共文化建设指标非常单薄，很难反映贵州省青年公共文化建设的成效；而在以往的统计工作中，也几乎没有设立过专门的青年文化发展指标。第二，在文化精品创作和文化人才培养等方面只有部分企事业单位针对内部的统计数据，大多也仅仅记录了作品名称和获奖情况等基础信息，缺乏对作品的公益推广方式、场次以及受众覆盖等能够反映传播效益的统计数据。第三，尤其缺乏对体制外的文化精品、青年文化人才以及文化精品传播效益的统计。

表 1　贵州省青年文化建设指标（文旅厅提供）

指标名称	计量单位	代码	本年数
公共图书馆数	个	01	
文化馆数	个	02	
博物馆数	个	03	
新增持证读者总人数	万人	04	
#新增持证青年人数	万人	05	
新增持证青年人数占比	%	06	
持证读者总人数	万人	07	
#持证青年人数	万人	08	
持证青年人数占比	%	09	

资料来源：贵州省统计局《贵州省中长期青年发展状况综合统计报表制度》，2020。

（二）近十年来贵州青年公共文化氛围营造历程

虽然青年公共文化建设评估指标不足，贵州的青年公共文化事业发展实际上却成效卓著，主要体现在三大文化氛围的成功凝铸及其对贵州青年的影响上。

1. 乡情文化

贵州偏居西南，闭塞、贫穷、落后是长期贴在身上的标签，“走出去”曾经是众多贵州青年的梦想。然而，贵州要发展，同样需要人力、物力的支持，于是从 2007 年开始，贵州启动“春晖行动”计划，借助中华传统美德文化的力量，充分发挥“亲情、乡情、友情”的情感纽带，激发赤子情怀，感召游子返乡反哺故土，成效卓著。此外，伴随着打工人口的大量输出，对留守儿童、打工青年的关怀也构成了贵州青少年文化关怀的重要内容。由此，贵州开展了面向留守儿童的“雨露家园”（2014 年）、“圆爱工程”（2015 年）、“流动少年宫”（2010 年起）等一系列行动和项目，关怀留守儿童也安抚在外打工的父母。自 2014 年起还开启了从广州到贵州专线接返乡农民工回家过年的“爱心直通车”；从 2018 年开始，“爱心直通车”设立了“青春范 · 创业号”“青春黔行 · 创在乡土”等号召青年回家、返乡建功立业的主题。

在 2020 年的“西部计划”中，全国报名意向服务贵州青年人数达 62356 人，而其中本省报名人数达 50013 人，占比 80.2%[①]；充分展示了贵州乡情文化氛围对青年的影响。我们于 2022 年初面向广大在黔青年发放了《贵州省青年公共文化事业发展评估问卷》（以下简称“问卷 1”），共收到 100206 份回答（有效回答 100206 份，有效回答率 100%）。对于问题“您是否愿意留在贵州生活创业”，89.3%的青年选择了“是”。对于问题“您愿意留在贵州的原因”，64.5%的青年选择了“亲缘关系、社交关系”，40.77%的青年选择了“工作机会”，36.51%的青年选择了“生活、住房成本”（见图 1）。可见，贵州从一个经济社会发展严重依赖外部人力物力资源的“外源型”省份转变为“内源型”省份，乡情文化在广大青年中的感召力量是不可小觑的。

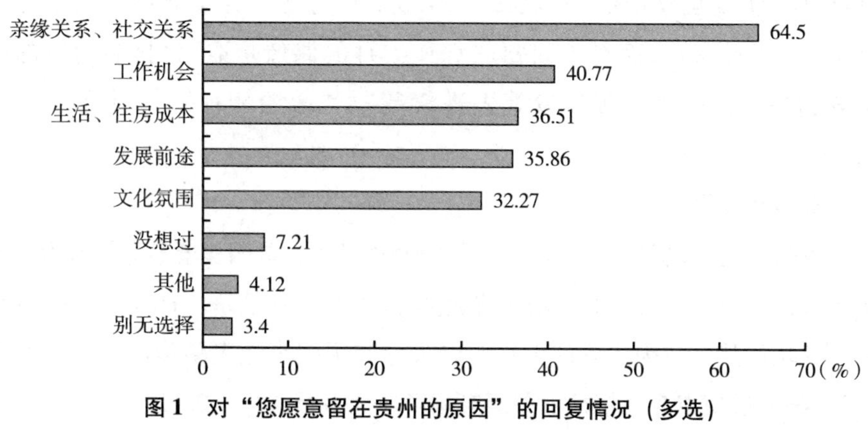

图 1　对“您愿意留在贵州的原因”的回复情况（多选）

① 资料来源：贵州省统计局 2020 年底统计数据。

2. 奉献文化

贵州的奉献文化主要体现在志愿服务文化和榜样文化上。志愿服务一直被视作贵州精神文明建设的重要抓手和联系、服务、引领青年的重要举措。2010年，贵州成立了西部第一个青年志愿服务基金会；2012年搭建了全国首家志愿者公益平台——“贵州志愿者阳光公益平台”，形成了全省志愿服务资源对接、信息共享的互联网中枢；2014年成立了全国第一家省级志愿服务联合会——“贵州省志愿服务联合会”；2017年“贵州省志愿服务项目孵化中心”揭牌，为全省志愿服务组织搭建了项目孵化平台；2017年开始举行“志愿服务项目大赛”，并设立了志愿服务文化周。在围绕扶贫济困、应急救援、大型赛会、社区服务、生态保护等方面，贵州青年处处发光发热。而贵州随着脱贫攻坚的进展，也涌现了大批不畏艰难、努力奉献的时代楷模。在多层次、高频率的宣传举措下，这些榜样对贵州青年也产生了深深的影响。

在我们于2022年初发布的另一份问卷——《贵州青年思想道德发展调查问卷》（以下简称“问卷2”）中，共收到275256份回答（有效回答275256份，有效回答率100%）。对于问题“您努力工作和努力学习的最主要原因是什么”，47.1%的受访者选择了“为了服务人民、奉献社会，实现自我价值”；其次（34.5%）则是“为了能让家人过上好日子”（见图2）。而对于问题“您最崇拜的偶像是谁”，排名前三的选项分别是“袁隆平、张富清等先进模范”“政治领袖”“其他”（见图3）。

3. 奋斗文化

贵州曾是全国贫困人口最多、贫困面积最大、贫困程度最深的省份，近十年来，贵州守好发展和生态两条底线，奋力后发赶超，打赢了“脱贫攻坚”这场硬战，成为“党的十八大以来党和国家事业大踏步前进的一个缩影”。努力拼搏奋斗的精神也深深影响了广大贵州青年，2011年贵州在广大青年中发出“建功十二五”的号召，启动“千支突击队·立功献青春”活动，仅2012年一年就创造了经济效益55亿元。随着脱贫攻坚的胜利，2020年

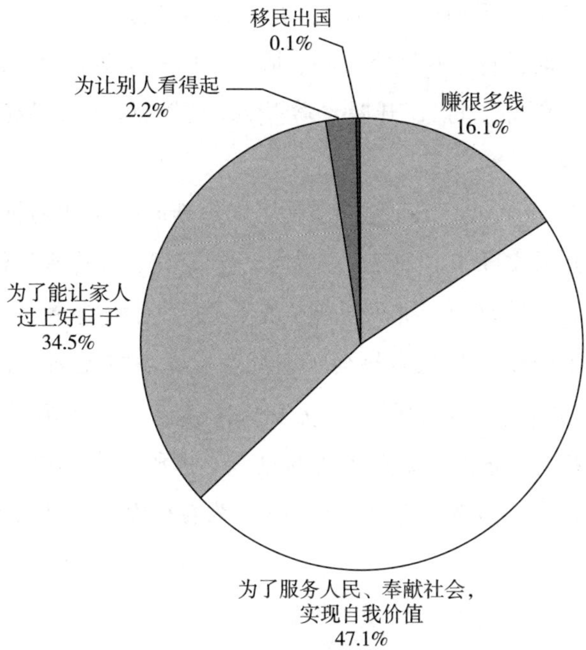

图 2　对“您努力工作和努力学习的最主要原因是什么”的回复情况

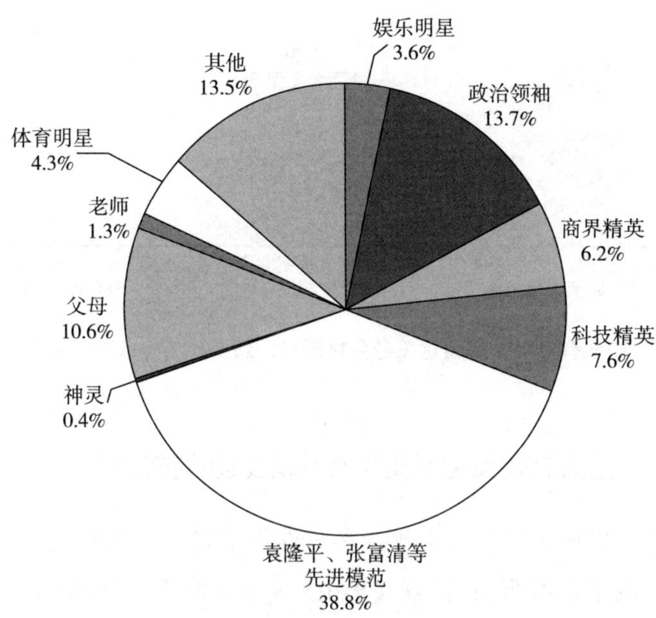

图 3　对“您最崇拜的偶像是谁”的回复情况

贵州再次发起“青春建功三大战略行动”，聚焦乡村振兴、大生态、大数据三大战略，组织动员青年在围绕中心、服务大局中建功立业。此外，贵州还打造了一系列“创客空间”，开展“黔青梦工厂”活动等，鼓励广大青年在家乡创业、创新。

在“问卷2”中，对于问题“您是否知道新时代贵州精神”，89.3%的受访青年表示知道文朝荣、刘芳、黄大发、杜富国、邓迎香等优秀事迹，并为他们所代表的团结奋进、拼搏创新、苦干实干、后发赶超的新时代贵州精神所鼓舞。对于问题“如果有机会，您愿意投身乡村振兴，到乡村工作或创业吗”，50.9%的受访者表示在各方面保障措施完善的情况下可以考虑；47.6%的受访者表示非常愿意在乡村的热土上挥洒青春热血（见图4）。可见对于广大在黔青年而言，努力拼搏奋斗、为乡村振兴贡献力量是他们心之所愿。

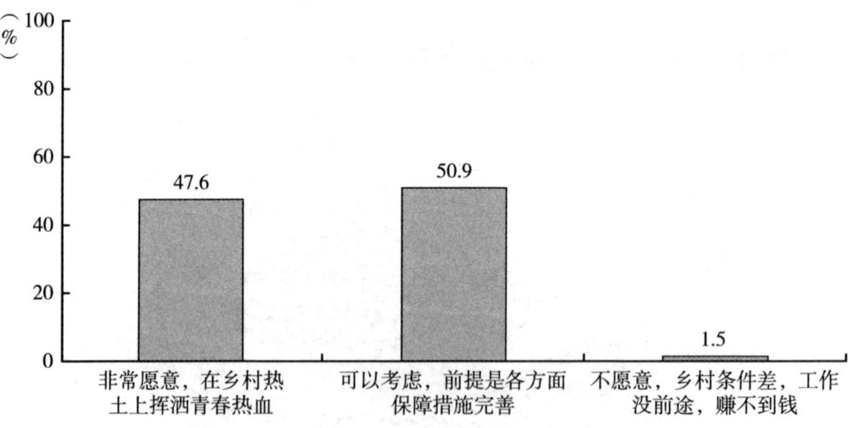

图4　对于“如果有机会，您愿意投身乡村振兴，到乡村工作或创业吗”的回复情况

（三）三大文化氛围对贵州文艺精品创作的影响

2021年，贵州青年艺术工作者参与创作了黔剧《腊梅迎香》；花灯戏《红梅赞》《村里那些事》；话剧《出山》《雄关漫道》；舞剧《天蝉地傩》；京剧《锦绣女儿》；侗戏《侗寨琴声》；民族歌舞剧《云上梯田》等。其中

3部作品成功入选中宣部、文旅部、中国文联组织的“庆祝中国共产党成立100周年优秀舞台艺术作品展演”；5部作品入选文旅部组织实施的“庆祝中国共产党成立100周年舞台艺术精品创作工程”；1部作品入选中宣部、文旅部、国务院扶贫办举办的“全国脱贫攻坚题材优秀舞台艺术作品展演”，成绩不俗。这些创作题材一方面都有着深刻的贵州烙印，另一方面也都深受三大文化氛围的影响，深刻反映了新时代贵州文化精神对青年艺术工作者的滋养。

（四）贵州青年公共文化事业建设评述

从近十年来贵州的青年公共文化工作可以看出，青年工作的方方面面都深刻影响着贵州青年公共文化心态的形成，营造了良好的青年公共文化氛围，共同推动着贵州青年公共文化事业的发展。贵州于2020年在全国率先提出建设“青年友好型成长型省份”并写入政府工作报告；而从面向贵州青年发布的调查问卷统计结果来看，三大文化氛围的凝铸及其在青年群体中产生的默化和导向作用，显然为“青年对贵州更有为”打下了良好的文化基础，不仅成为贵州青年公共文化事业发展为经济社会建设赋能的有力证明，也充分反映了贵州青年公共文化事业建设的成效。

三　当前贵州青年公共文化事业建设存在的问题

回顾贵州青年公共文化事业建设历程，在统计和评估的层面显然存在着“名”“实”分离的问题——缺乏有效的评估方式，难以判断实际建设成效。这同青年文化的特殊性有着极大的关系，要想有效评估青年公共文化事业的建设成效、把握青年公共文化事业的建设方向，就需要对青年文化的特殊性有一个基本的认识。

“文化”作为一个外延广阔、渗透性极强的概念，一直以来都难以被量化，文化统计工作处处存在困难，对于青年群体而言更是如此。首先，青年处在生理和心理发展的特殊时期，“同一性”① 是青年文化的基本心理属性。对于青年而言，价值观的形成不属于“是非判断”的范畴而在于“心理感知”的范畴：青年生活中的一切所感都会最终内化为青年的价值观。这是一个文化内化与文化风貌生发的双向过程，造就了青年文化“无处不在”“无处不显”的“弥漫”特征。其次，青年处于社会角色的塑造和成型间隙，他们的文化就是生活，生活就是文化；青年的社会参与通常是通过文化参与实现，青年的社会融入通常也是通过文化融入实现的。因此，一方面“青年文化”是“弥漫”的，只能从广义的文化概念上来看待和引导；另一方面，青年具有极强的主观能动意愿，主动参与奉献比被动接受服务更重要，更能帮助他们完成自我内在“同一性”与社会“同一性”的融合，更有助于他们社会人格的形成②。

所以，当前“青年公共文化事业”建设“名”“实”分离的原因在于，一是广义的“青年公共文化”叙事同狭义的“公共文化服务体系”指标之间存在冲突；二是针对“青年公共文化”的政策结构不清晰，项目多元而无归属，无法开展有效评估。所以，要加强“青年公共文化事业”建设、切实发挥“公共文化服务体系”的承托作用，就必须基于青年文化的特殊性，深化“青年公共文化事业”战略认识，提高面向青年的公共文化服务水平，增强青年文化的社会功能。

四　推进贵州省青年公共文化事业发展对策建议

（一）提高青年公共文化事业战略地位

2004 年，《关于实施青年文化行动 加强青年文化建设的通知》（中青联

① “自我同一性”理论由美国心理学家埃里克森提出，是心理人格发展的八个阶段之一，对于反映青少年文化习得和输出过程很有参考意义。

② 参考〔美〕埃里克·H. 埃里克森《同一性：青少年认同机制》，孙名之译，中央编译出版社，2018，第三章、第八章。

发［2004］11号）提出要以社会主义先进文化引领青年文化，并从五个方面①来规定青年文化行动的内容。2017年，中共中央、国务院印发了《中长期青年发展规划（2016—2025年）》（以下简称《青年发展规划》），在文化领域则提出了“加强文化精品创作生产”“丰富青年文化活动”“造就青年文化人才”“优化青年文化环境”“积极支持青年文化建设”五条措施。这五条措施相比之前的变化在于：一是全面立足“青年公共文化”建设阵地；二是明确提出面向青年群体的公共文化服务要有针对性；三是青年公共文化建设逻辑更加清晰——从内容供给、人才培养、环境引导、领航建设的角度全面覆盖。《青年发展规划》是新中国成立后第一个专门面向青年群体出台的规划，确立了“党管青年”“青年优先发展”的原则。在高度市场化、网络化的背景下，文化领域顶层设计的出台深刻反映了党和国家以社会主义先进文化和社会主义核心价值观引领青年文化的决心和部署；意味着对我国青年文化“政治性回归”的引领全面启动；标志着将“青年公共文化事业”建设提升到战略高度，具有里程碑的意义。

1. 强化政府引领责任意识

青年在社会中成长，青年文化作为一种成长型文化需要先进文化的引领才能保障青年文化的发展接续国家建设、民族复兴的需求。因此，对于“青年公共文化事业”和“青年文化产业”，要从导航与拓展、均等与特色、基础与繁荣、刚需与深化的关系出发去深刻理解和把握；要明确政府的主导地位与引领责任不可动摇和更改，不能寄希望于市场选择。此外，在方法路径上，应加强贵州青年公共文化建设同大数据战略的融合，树立“算法意识”——加快探索“算法社会”下，如何让大数据赋能青年公共文化建设而不是让青年被算法所“绑架”。

2. 统筹推进青年公共文化事业总体部署

青年文化渗透在青年工作的方方面面，往往被划归不同的领域而不能很

① 五个方面内容是“形成积极向上的青年文化氛围”“开展丰富多彩的青年文化活动”“积极创作推广青年文化精品”“大力培育发现青年文化人才”“不断发展青年文化事业和文化产业”。

好地被统计。缺乏“总抓手”自然也就无法评估文化建设的成效，展望文化建设的价值与意义。因此，必须加快青年文化研究、统筹分散在各部门中的青年文化政策、充实“青年公共文化事业”的政策内涵与措施细则、推进“青年公共文化事业”总体建设部署；让全省青年公共文化建设工作有章可循，真正形成一盘棋。

3. 加快建设有针对性的青年公共文化服务指标体系

“青年公共文化服务”既隶属于“公共文化服务体系”，又具有独特性。有针对性的“青年公共文化服务”指标体系在原有基础上还应进行扩充并能进行如下反馈：第一，社会各界面向青年群体的公益性文化精品和活动的供给数量、质量、传播效益评估；第二，青年的参与率、观摩率以及满意度反馈评估；第三，文艺精品、原创活动的创作平台数量、质量、知名度评估；第四，青年文化人才成长、成才情况以及作品创作数量、类型、传播效益评估；第五，志愿服务一类的青年社会文化参与率与青年职业状况评估等。

（二）提高面向青年的公共文化服务水平

1. 继续完善基础设施保障

截至 2022 年 3 月，贵州省共有公共图书馆 99 个，群众文化馆 99 个，美术馆 7 个，博物馆 94 个[①]。从统计数据[②]来看，贵州省在公共文化场馆数量、从业人员以及场馆利用率上都处于中下游水平。对于“问卷 1”中的问题“您到访过的贵州省公共文化服务场馆、平台”，排名前三的分别是“公园、广场”（76.50%）、“各级图书馆、农家书屋”（46.44%）、“各级体育馆、公共健身区域”（41.41%）（见表 2）。可见贵州公共文化服务场所主要发挥着休闲功能，文化功能还有待加强建设。对于问题“您认为贵州公共文化建设存在什么问题”，“设施不全”（60.04%）、“场馆不够”（43.98%）、“人才短缺”（41.00%）反馈最多（见图 5）。

---

① 资料来源：贵州省文化和旅游厅 2022 年初统计数据。

② 参见中华人民共和国文化和旅游部编《中国文化文物和旅游统计年鉴 2020》，国家图书馆出版社，2020。

表 2 对“您到访过的贵州省公共文化服务场馆、平台”的回复情况

单位：份，%

选项	小计	比例
公园、广场	76657	76. 50
各级图书馆、农家书屋	46539	46. 44
各级体育馆、公共健身区域	41499	41. 41
各级博物馆、展览馆、美术馆	39342	39. 26
各级综合性文化服务中心（包括非物质文化遗产传习所）	23854	23. 80
各级公共文化服务网站	15827	15. 79
各级剧院	8594	8. 58
没去过	8392	8. 37
本题有效填写人次	100206	—

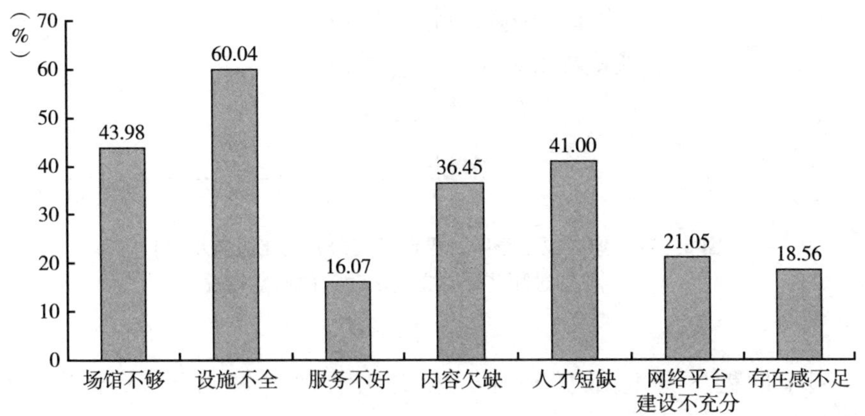

图 5 对“您认为贵州公共文化建设存在什么问题”的回复情况

2. 增加面向青年群体的文化精品和活动供给

据统计，2020 年贵州省群众文化机构开展各类活动 31588 次①、2019 年

① 资料来源：贵州省文化和旅游厅 2022 年初统计数据。

贵州省执行事业会计制度的艺术表演团体演出3000余场，观众达440万人次①。然而，对于“问卷1”中的问题“您在以上场所、平台（指公共文化服务平台）参加过哪些公共文化活动”，59.12%的青年选择了“图书借阅”，42.94%的青年选择了“看展（包括非物质文化遗产展示、宣传活动）”，38.91%的青年选择了“运动”（见图6）。可见贵州青年群体观赏公共艺术表演的比例并不高。

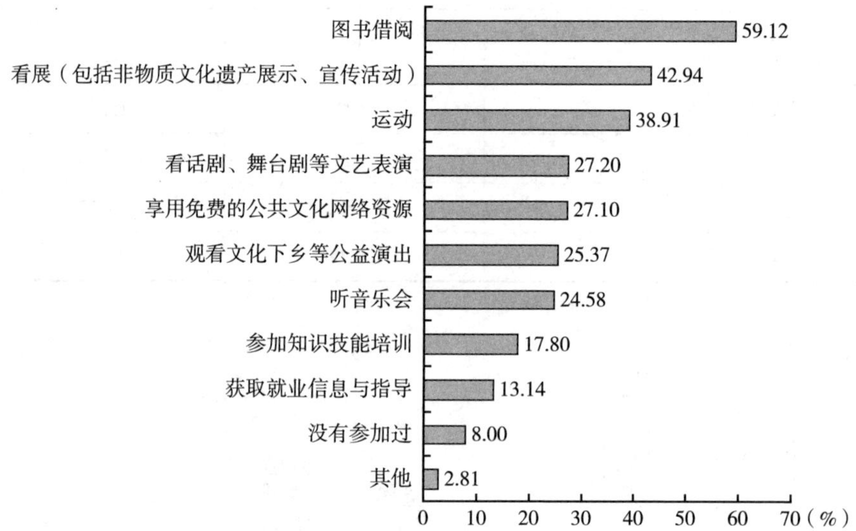

图6 对“您在以上场所、平台（指公共文化服务平台）参加过哪些公共文化活动”的回复情况

对于问题“您觉得贵州省公共文化活动丰富吗”，大部分青年（48.89%）认为“不是很丰富，我偶尔参加”（见图7）。从问卷统计中可以看出，贵州青年参与公共文化活动的比例和观赏公共文化表演的比例都很低，而这同贵州的文化工作也是密切相关的。过去十年，贵州的文化工作重点在于加强农村、易地扶贫搬迁社区的公共文化服务体系建设以及对留守儿

① 参见中华人民共和国文化和旅游部编《中国文化文物和旅游统计年鉴2020》，国家图书馆出版社，2020。

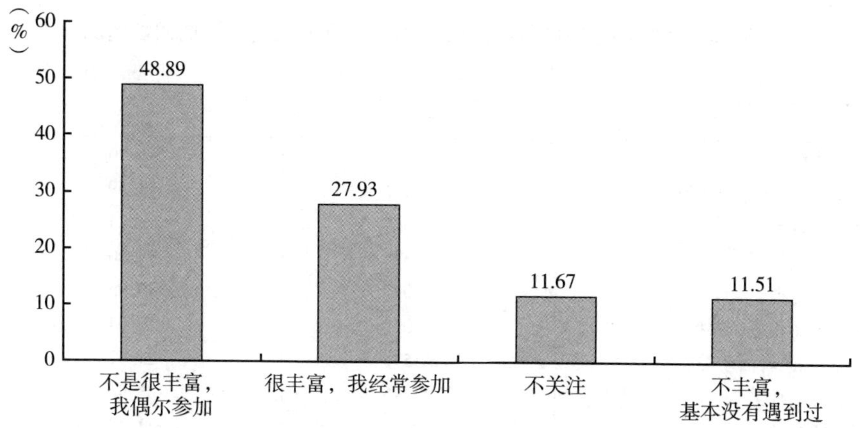

图7 对“您觉得贵州省公共文化活动丰富吗”的回复情况

童、农村儿童的关爱；力图最大限度地实现公共文化服务均等化，减小城乡差距。由此，送戏下乡，面对留守儿童举办的公益文化活动数量、种类都很丰富，青年群体却反而在一定程度上游离其外。因此，增加面向青年群体的文化精品和活动供给非常重要；同时，也要立足“引导青年传承中华优秀传统文化、弘扬社会主义先进文化”的目标，保障内容的先进性与传统文化底蕴，防止为了迎合青年口味而过度市场化转型。

3. 建设有针对性的青年公共文化服务项目

对于“问卷1”的问题“您认为贵州需要增加以下哪些公共文化活动”，“文艺表演类”“知识讲座、技能培训类”“体育竞技类”是最受青年群体欢迎的文化活动（见表3）。可见，对于青年群体而言，美的享受、求知学习与运动健身是他们最感兴趣的领域。此外，青年具有极强的主观能动意愿，因此针对青年的文化精品内容供给以外，增加文化参与和文化创作平台、渠道供给，鼓励青年群体积极创作、积极参与文化实践也非常重要。

（1）加强文艺精品创作平台建设，鼓励青年积极创作。首先，整合贵州省现有的文艺精品创作平台，如《山花》《南风》《贵州文学》《青年时代》《少年时代报》等刊物、贵州共青团团属新媒体平台、“贵州青年说”等

表 3 对“您认为贵州需要增加以下哪些公共文化活动”的回复情况

单位：份，%

选项	小计	比例
文艺表演类	47061	46.96
知识讲座、技能培训类	43481	43.39
体育竞技类	43334	43.24
就业帮扶类	37574	37.50
科普宣传类	37023	36.95
非物质文化遗产保护类	27099	27.04
公益、志愿者活动类	25571	25.52
价值观培育类	23946	23.90
青年联谊类	22475	22.43
其他[详细]	2690	2.68
本题有效填写人次	100206	—

网络舆论栏目；提升质量，加强宣传，建设有影响力的贵州本土文艺精品创作大本营。其次，加强面向青年创作者的栏目建设，鼓励广大青年参与创作，增强贵州青年文艺人才的影响力。最后，经常开展文艺创作交流分享会，增进贵州青年文艺人才同前辈的交往交流，延续繁荣贵州文艺风貌，增强精品内容产出驱动力。

（2）加强志愿服务平台建设，拓展青年群体文化融入渠道。据贵州志愿服务网站数据，贵州现有实名志愿者 7290819 人，志愿服务时长 140314387 小时。在“问卷 1”的调查中，当过志愿者的受访者占 59.54%；其中只有 39.07%的受访者表示参与过贵州省内的或由贵州省官方机构主办的志愿活动，60.93%的受访者参与的是省外的志愿活动。可见，应继续加强贵州省志愿服务平台建设，尤其要加强面向青年群体的宣传，拓展青年群体通过志愿文化实践融入社会的渠道。

（三）增强青年公共文化的社会功能

在“问卷 1”谈及“您的文化生活需求是什么”的问题时，79.90%的青年选择了“实现自我提升（包括精神、工作技能等）”、58.19%的青年选择了“提高社会参与”、53.57%的青年则选择了“扩大社交范围”；只有很少的青年（9.42%）认为文化是为了满足纯粹的享受（见图8）。再一次印证了对于青年而言：文化就是生活，生活就是文化；文化实践是青年融入社会的工具，是青年完成自我人格塑造的重要途径。

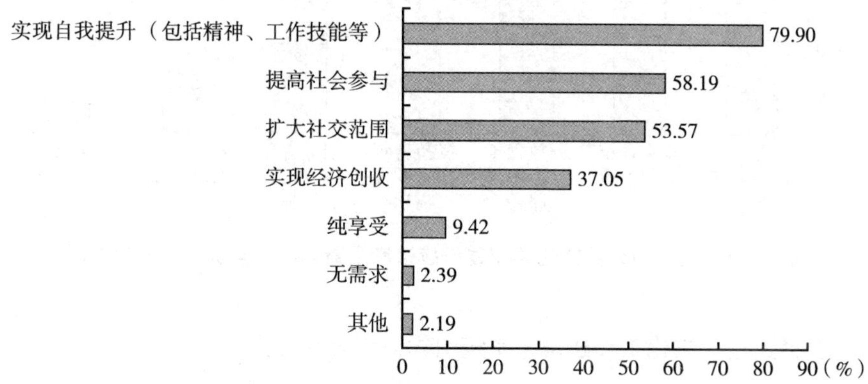

图8　对“您的文化生活需求是什么”的回复情况

而对于问题“您认为公共文化事业建设应该满足青年哪些需求”，比例最高的三个选项为“激发青年社会参与热情”（68.75%）、“丰富青年文化生活”（61.65%）、“开放青年社会参与路径”（52.45%）（见图9）。可见青年有着强烈的联结社会的渴望，青年需要成长，更需要建功立业。所以，要建设“青年友好型成长型省份”，在供给上不仅需要了解并满足青年的文化需求，在情感上更不能忽视青年成才的实践渴望。因此要将奋斗的青春与建设祖国和社会的理想紧密结合，增强青年公共文化的社会功能非常重要。

1. 加强三大文化氛围营造，引领青年文化政治性回归

青年公共文化事业发展营造的是“氛围”，在这种“氛围”滋养下长大的青年会成为“氛围”的传播者与反馈者；我们要预见这种“氛围”、引导这种“氛围”、建设这种“氛围”。因此，要加强“乡情文化”“奉献文化”“奋斗文化”三大文化氛围营造，引领青年文化“政治性回归”；将青年的关注引向家国建设、引向弘扬传统文化和社会主义先进文化上；让青年的奋斗激情同贵州的发展需求紧密结合，凝铸贵州特色人才文化氛围。

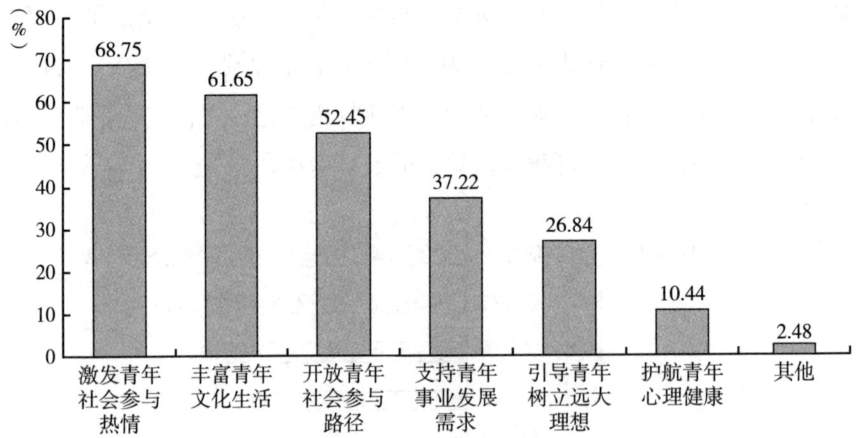

图9　对“您认为公共文化事业建设应该满足青年哪些需求”的回复情况

2. 推进三大文化工程建设，系统引领青年公共文化实践

围绕贵州发展需求，立足三大文化氛围，系统梳理整合青年公共文化建设行动、项目、工程：聚焦关怀与反哺，推进“乡情文化”工程建设；聚焦志愿精神与榜样文化，推进“奉献文化”工程建设；聚焦后发赶超、在西部大开发上闯新路，推进“奋斗文化”工程建设。让贵州的青年公共文化事业在三大文化工程的引领下形成发展体系，让分散于各处的青年公共文化实践有所依托、有所延续、整体发展。

3. 问需与问计相结合，开放青年社会参与路径

在青年公共文化事业的建设过程中，要把握青年渴望真实的社会参与、渴望获得实际认可的心态，转变思维：从“青年应该做什么，应该成为什么样的人”的说教式宣传向求真务实的“青年可以做什么，有什么平台开放、青年可以如何获得创新支持等”可实践性的平台宣传转变。要坚持问需于青年同问计于青年相结合：切实开放青年社会参与路径、强化青年文化实践设计、注重青年文化实践反馈；让更多的青年可以从实实在在的社会参与中来定义自我、发现自我，助力“让贵州对青年更友好，青年对贵州更有为，青年在贵州更好成长”目标的实现。

参考文献

傅铭:《厘清文化事业与公共文化服务体系及文化产业的关系》,《人民论坛》2017年第20期。

涂妍主编《贵州青年运动史（2010—2020）》,贵州文化音像出版社,2021。

B.8

贵州青年社会融入与社会参与发展报告*

陈玲玲**

摘　要：　本报告聚焦贵州青年社会融入与社会参与，从贵州青年的经济融入、心理融入、社区融入，以及青年的政治参与、网络参与、志愿服务参与、青年社会组织参与等多个维度，分析了贵州青年社会融入与社会参与的现状，并总结提炼了贵州青年社会融入与社会参与的特点，深刻剖析了贵州青年社会融入与社会参与面临的主要问题，在此基础上提出了促进贵州青年社会融入与社会参与的对策建议。

关键词：　社会融入　社会参与　贵州青年

青年的社会融入与社会参与伴随着青年成长的全过程，对青年的成长与发展具有重大影响。青年的年龄特点和群体特征，以及社会角色和历史使命，决定了青年社会融入与社会参与的广度和深度，无论是对青年个人价值、社会价值的实现，还是对整个国家和民族的长远发展，都具有重要而深远的意义。

贵州省委省政府高度重视青年的社会融入与社会参与。2019 年 5 月出台的《贵州省中长期青年发展规划（2019—2025 年）》（以下简称《规划》），

---

* 本报告中资料来源于贵州团省委以及各个厅局提供的历年工作总结、政策文件、调研报告等，以及贵州省社会科学院“青年发展蓝皮书”编制团队提供的调查问卷，文中不再一一说明，在此一并表示感谢。

** 陈玲玲，贵州省社会科学院社会研究所助理研究员，研究方向：应用社会学。

将青年社会融入与社会参与列为青年发展的十大领域之一。《规划》指出，贵州青年社会融入与社会参与的目标是青年更加主动、自信地适应社会、融入社会。围绕这一目标，贵州先后推出了一系列促进青年社会融入与社会参与的政策措施、品牌项目和志愿活动等，有力地增强了贵州青年社会融入与社会参与的意愿和热情，拓宽了贵州青年社会融入与社会参与的渠道和网络。

一　贵州青年社会融入与社会参与现状分析

（一）贵州青年社会融入现状

1. 经济融入：经济融入程度有待提升，青年就业压力较大，住房状况有所改善

社会融入是多维度概念，经济融入是其最核心的客观层面，也是其他层面社会融入的基础和前提。经济融入状况可以从青年的就业和住房情况来考察。

一是就业情况。在被问及对就业形势的看法时，有28.92%的青年选择了“非常严峻”；31.65%的选择了“比较严峻”；21.44%的选择了“有点严峻，不至于找不到工作”（见表1）。可以看出，贵州青年就业需求未能得到很好的满足，就业压力较大，这势必在一定程度上影响青年在贵州的经济融入。

表1　2021年贵州青年对就业形势的看法

单位：%

观点	比重
非常严峻	28.92
比较严峻	31.65
有点严峻，不至于找不到工作	21.44
其他	16.82
没有选择	1.17

二是住房情况。在贵州城市工作和生活的青年，住房融入程度相对较高，住房有自有产权房、市场租赁、公租房等多层次供给。调查显示：67.21%的受访青年住个人/父母自有产权房，5.13%的住配偶/配偶父母自有产权房，4.63%的住公租房（廉租房），1.48%的住亲戚朋友家，5.07%通过市场租赁的方式居住，16.48%的以其他方式居住或没有选择（见图1）。62.61%的受访青年每天与家人住在一起，10.49%的独居，10.58%的和同学/同事/朋友等其他人居住一起，16.32%的为其他居住状态。青年大多参加工作时间不长，收入不高，自主购房压力较大。为了改善青年的住房问题，政府通过公租房、发放租赁补贴等方式解决新就业无房职工、青年医生、青年教师等青年人住房困难问题。截至2021年12月，贵州省将符合条件的新就业无房职工13.64万户纳入住房保障，其中，青年医生1.78万户、青年教师6.38万户，有效缓解了部分青年的住房困境。

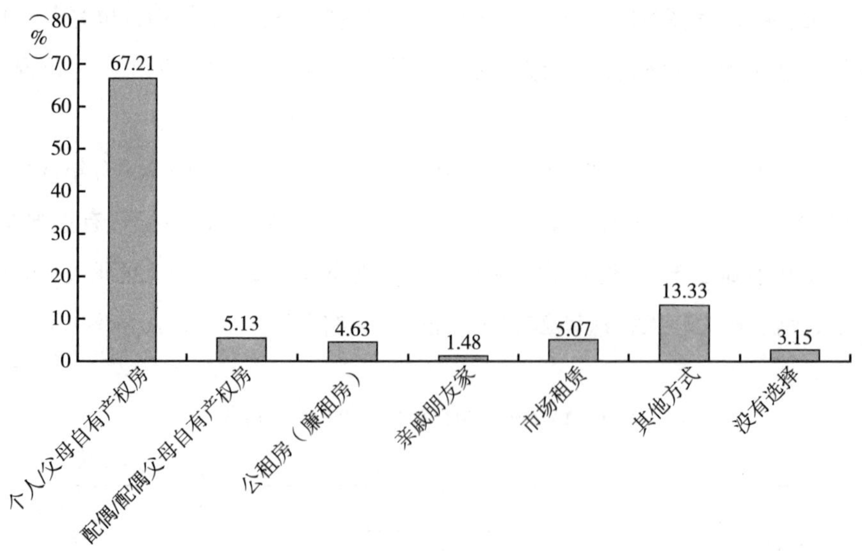

图1　2021年贵州青年住房状况

2. 心理融入：心理融入程度高，青年对未来发展充满信心

在对贵州青年的问卷调查中，当问及“是否愿意留在贵州生活创业”时，89.25%的受访者回答“愿意”，10.75%的回答“不愿意”。在被问及“对当

前生活的满意度”时，8.55%的回答“非常满意”，27.09%的回答“比较满意”，45.62%的回答“一般满意”，回答“不太满意”和“很不满意”的分别占12.15%和4.42%，可见超过八成的青年对目前的生活基本满意（见表2）。

表2　2021年贵州青年对当前生活满意度

单位：%

观点	比重
非常满意	8.55
比较满意	27.09
一般满意	45.62
不太满意	12.15
很不满意	4.42
没有选择	2.17

在被问及“您对自己未来生活的看法时”，41.90%的受访青年表示“充满信心”，选择“较有信心”的占38.20%，选择“信心不足”的占10.40%，选择“很悲观”的占1.10%，选择“说不清”的占8.40%（见图2）。可以看出绝大部分青年认可贵州的发展，对目前的生活基本满意，对未来的生活有信心，愿意留在贵州发展，这表明贵州青年的心理融入度较高。

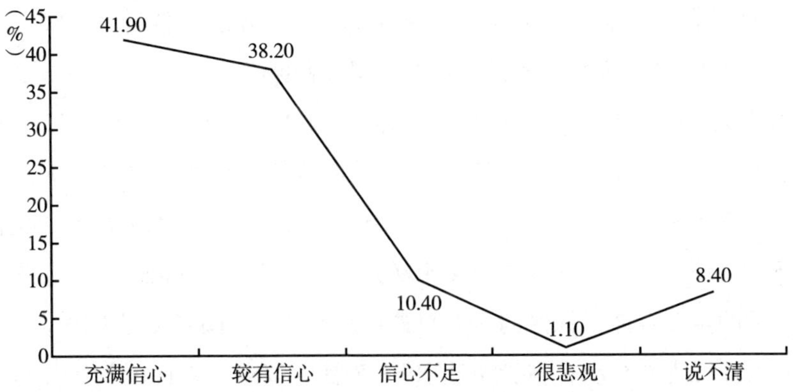

图2　2021年贵州青年对未来生活的看法

在被问及“愿意留在贵州的原因”时，回答“亲缘、社交关系”的占64.34%，回答“工作机会”的占40.86%，回答“发展前途”的占35.93%，回答“生活、住房成本”的占36.52%，回答“文化氛围”的占32.28%，回答“没想过”的占7.22%，回答“其他”的占4.19%，回答“别无选择”的占3.41%。由此可以看出，血缘、地缘、业缘等社会关系是吸引青年留在贵州的主要因素。同时，党的十八大以来，由于贵州各项事业大踏步前进，经济增速居全国前列，其便捷的交通、平稳有序的社会治安、相对较低的生活成本、多姿多彩的民族风情、持续加大的医疗教育资源供给和公共事业投入支出，吸引越来越多非贵州籍青年留在贵州，一定程度上提升了贵州青年的心理融入度。

3. 社区融入：以项目和活动为载体，提升青年对社区的融入度

贵州通过多方资源的整合、品牌工程的创建、重点项目的实施和社区融入活动的开展，不断提升青年对社区的融入度。一是易地扶贫搬迁安置社区。贵州是全国脱贫攻坚的主战场，共有842个易地扶贫搬迁安置社区。为了帮助搬迁群众更好地在心理上、情感上、经济上融入新社区，团省委通过多种形式提升搬迁青年对社区的认可度和归属感。截至2020年底，团省委在全省安置社区开展政策宣传、感恩教育、青年榜样宣讲1372场次，覆盖青少年13.9万人次，选树各级各类青年典型1601人，开展各类技能培训865场次，培训青年7万人次，举办招聘活动283场次。筹集资金1200万元，建设“希望工程·陪伴行动”课堂179个，开展陪伴行动6120余次，覆盖青少年近10万人次。资助易地扶贫搬迁社区学生4181人，发放助学金339.78万元。深入开展“伙伴计划”示范/重点项目，2020年、2021年分别争取团中央资金121万元、78万元，共服务搬迁青少年7.2万人。开展环保知识宣传、环境卫生整治、生活垃圾分类宣传实践等系列活动，美化搬迁社区人居环境，提升社区居民文明素养。二是城市社区融入。青年是城市社区生活的重要群体，社区的活力与青年密不可分。团省委根据团中央要求深入开展社区青春行动，在贵州选取32个社区试点，以社区青年参与开展公益课堂为抓手，运用人员、组织、项目、阵地、资源“五位一体”的共青团参与社区治理工作模式，引导青年参与社区治理，打造特色鲜明的社区，提升青年社区融入度。如以建设温暖社区为抓手，开展社区“四点半课堂”、帮扶社区重点人群活动1551小时，覆盖社区青少年群体等近1.7万人；以建设活力社区为抓手，动员社区外青少年6700余人次参与社区“智慧助老”、创业培训等活动1200余小时；以建设美丽社区为抓手，动员1.68万人参与共青团及青年社会组织举办的垃圾分类、环境整治活动；以建设和谐社区为抓手，有序引导219名青少年参与社区治理服务，累计捐赠物资7.3万元。

（二）贵州青年社会参与现状

1. 政治参与：政治参与渠道多元，主流意识积极，行为理性客观

青年的政治参与渠道多元，主要有以下几种参与形式。一是传统的线下渠道，参与热情较高。贵州鼓励引导青年参与城乡基层群众自治、村（居）委会选举，推动完善民主恳谈、民主议事制度，在实践中提高青年政治参与能力。在被问及“是否愿意参加政府部门就与您有关的公共事务召开的听证会”时，84.9%的受访者表示“愿意”，选择“不愿意”的仅占1.2%，选择“说不清楚，视情况而定”的占13.9%，表明大部分青年在面对与自己利益相关的公共事务上，表现出积极的参与意愿。二是线上渠道越来越成为多数青年政治参与的首选方式。随着移动互联网的普及，网络参与因其便捷性日益成为青年政治参与的首选方式。三是通过积极服务于国家政策需要实现政治参与。在被问及“你是否愿意投身乡村振兴，到乡村工作或创业”时，47.5%的受访者表示“非常愿意在乡村热土上挥洒青春热血”，50.9%的受访者表示“可以考虑，前提是各方面保障措施完善”，明确表示“不愿意”的仅占1.5%，表明绝大部分青年对党委和政府中心工作持支持和拥护的态度。此外，青年还通过参加社会组织、志愿者协会、自组织团体等渠道实现政治参与。四是通过共青团、青联代表代言青年实现政治参与。建立青联提案机制，发挥青联委员在社会民主协商中的积极作用，鼓励青联委员代表青年有序表达合理诉求，建立青联委员直接联系青年制度，切实发挥委员作为青年工作者的作用，与所代表的青年群体建立经常性联系。提高省人大代表

和省政协委员中的青年占比。2018年，推荐产生11名共青团、青联界别政协委员，共提出意见、提案23条，在“两会”上反映青年利益诉求。在2021年贵州省“两会”上，省政协共青团、青联界别委员共提出13个政协提案。

2. 网络参与：网络参与积极性有待提升，参与行为合理有序

网络参与具有传统社会参与方式所不具有的诸多特性，如便捷性、传播速度快、传播渠道扁平化、参与方式多元、舆论影响大等，在青年的社会参与中占有越来越大的比重，甚至已经成为主要渠道。在网络参与中青年群体是主要参与者，也是主要受众。在被问及“在网络上就社会热点或焦点问题参与讨论的频次时”时，仅有3.9%的受访青年选择“非常频繁”，回答“比较频繁”的占16.4%，回答“偶尔参与”的占59.5%，回答“从未参与”的占20.2%。表明当前青年网络参与的积极性还有待提高，参与意愿不足。当被问及“是否有必要整治网络谣言和净化网络环境”时，96.5%的受访青年认为“有必要，坚决支持”，仅有1.3%的受访青年认为“没必要，网络不应该受管制”，回答“不清楚”的占2.2%。表明贵州青年虽然在网络热点事件上参与的积极性不高，但绝大部分青年认为网络并非法外之地，整治网络谣言和净化网络环境是十分必要的，也间接说明了贵州青年网络参与的有序性。

3. 志愿服务参与：志愿服务项目认可度较高，参与动机多元，参与频率不高

担任志愿者是青年社会参与的首要渠道。根据全国志愿服务信息系统（中国志愿服务网、贵州志愿服务网）统计，截至2022年4月，贵州的注册志愿者已经超过600万人，加上数量庞大的未注册志愿者，志愿者的总体数量已经蔚为可观。在针对青年群体的调查数据中，有过志愿者从业经历的比例接近六成。贵州志愿服务参与有如下特点：一是青年志愿服务项目认可度较高，效能仍需提升。在被问及“您认为志愿服务内容枯燥，无聊吗”时，受访的青年志愿者中，60.92%的选择“不，我觉得志愿活动非常有意义”，27.94%的选择“一般，不够有效”，7.86%的选择“是的，我认为当前的志愿活动大都不能充分发挥志愿者群体的力量”，选择“没感觉”的占3.28%。二是青年参与动机多元，以实现自我提升为主。74.72%的志愿者

参与志愿活动是“为了实现自我提升（包括精神、技能等）”，69.26%是“为了提升社会参与感”，48.28%是为了“扩大社交范围”，29.11%是“为了发展兴趣爱好”，7.87%是“为了完成任务”，6.31%是“为了发现商机”，无目的的占4.76%，选其他的占2.22%。三是青年志愿服务以重在参与为主，参与频次不高。数据显示，受访的青年志愿者中，“每周参加一次”的为8.13%；“每月参加一次”的为14.47%，“每年参加一次”的为16.51%，“偶尔参加”的为60.89%。50.52%的青年志愿者参加过1~2次志愿服务，34.48%的青年志愿者参加过3~5次志愿服务，6.56%的青年志愿者参加过6~8次志愿服务，8.44%的青年志愿者参加过8次以上的志愿服务。

4. 青年社会组织参与：青年社会组织参与领域广泛、工作重心下沉

青年社会组织主要是指以青年为主体或以服务青年为主业的社会团体、基金会、社会服务机构和社区社会组织。青年社会组织具有多元化、多样性、草根性等特点，较好地满足了青年群体进行广泛社会参与的要求，是青年社会参与的有益补充。

调查显示，目前贵州注册的青年社会组织300余家，未注册的3000余家。青年社会组织中，男女成员比例约为6∶4，而一般的社会组织约为7∶3；18~35岁人员接近60%，而一般的社会组织仅占33.2%；从业人员月收入水平超过4000元的占52.32%，而一般的社会组织仅占35.58%；拥有大学专科及以上文化程度的占72.38%，而一般的社会组织仅占一半。可见，与一般的社会组织相比，贵州青年社会组织从业人员中男女比例趋向平衡，且普遍具有年纪较轻、文化程度较高和收入较高的特点。

贵州省青年社会组织社会参与的领域十分广泛，主要集中在助老助残、教育发展、生态环保、运动旅游、交友娱乐、权益保护、文化倡导、生命健康、城市融合、公共安全等十个领域，分别占比19.17%、18.93%、15.98%、9.53%、7.14%、6.83%、5.73%、4.16%、3.72%、3.64%。青年以社会组织为载体，强化了其经济参与、政治参与和社会参与，在弘扬社会公益理念、帮扶困境青年、扩大青年就业创业、推动经济繁荣发展、促进青少年成长成才、加强和创新社会治理方面发挥了积极作用。

此外，贵州成立青年企业家协会、农村青年致富带头人协会等青年社会组织，通过组织公益活动、搭建服务平台，广泛凝聚行业青年在社会参与中履行社会责任，服务经济发展。当前，青年社会组织工作重心下沉，基层社区逐渐成为青年社会组织的活动场域。在社区治理工作中，青年社会组织承接社会事务管理职能，为社区提供专业社会服务。如在实施“多彩贵州·生态振兴”青春行动中，青年社会组织积极参与城市社区生活垃圾分类，带动源源不断的居民参与。

二　贵州青年社会融入与社会参与的特点分析

（一）青年社会融入与社会参与始终坚持正确的政治方向

思想是行动的先导，青年融入社会和参与社会，坚持正确的政治方向是前提也是基础。一是用理想信念引领青年社会融入与社会参与的时代方向。贵州在促进青年社会融入与社会参与的过程中，把理想信念教育摆在首位，结合青年群体的特征，深入开展形式多样的“我的中国梦”主题教育实践活动，通过思想引领、行动感召、价值观输入等多种途径，引导青年深刻理解中国梦和多彩贵州新未来的深刻内涵，提升青年对党和国家发展道路与各项改革事业的认同和信心，引导青年树立正确的参与意识，培养积极的参与心态，尽力消除参与动机中的不利影响，帮助青年在社会参与中自觉把个人理想和共同理想结合起来，把个人的组织认同上升为对党和国家的政治认同，坚持“中国道路”、弘扬“中国精神”，托起民族复兴的“中国梦”。二是把科学理论作为青年社会融入与社会参与的行动指南。贵州坚持用习近平新时代中国特色社会主义思想武装青年，深入开展共产主义、中国特色社会主义的宣传教育，引导青年形成对科学理论的深刻认同、对历史规律的正确认知、对国情省情的准确把握，自觉做共产主义远大理想和中国特色社会主义共同理想的坚定信仰者和忠实实践者。深入实施青年马克思主义培养工程，每年举办一期“黔青英才”贵州省大学生骨干培训班，培养了大量理想信念坚定的精英骨干，培训了大批政治方向正确的宣传标兵。三是用社会主义核心价值观作为青年社会融入与社会参与的价值导向。2010 年以来，贵州团省委开展“满意贵州·青年诚信”主题教育系列活动，增强青年的诚信意识，营造“讲诚实、守信用”的良好环境。每年开展“贵青杯”青少年系列活动，吸引数百万中小学生参与。打造校园文化德育品牌，引导学生积极践行社会主义核心价值观，养成好习惯、树立自信心、培养爱党爱国爱家乡的坚定信念。

（二）青年社会融入与社会参与主动顺应时代的发展浪潮

青年社会融入与社会参与在贵州省委、团中央和团省委的领导下，紧跟党走在时代前列，代表了贵州历史的发展方向，顺应了时代的发展浪潮。通过系列活动的开展，引导青年投身全省改革开放和社会主义现代化建设的伟大实践，从脱贫攻坚到乡村振兴，从聚焦“三大战略”到围绕“四新”主攻“四化”，以贵州经济社会发展的重大战略定位青年社会融入与社会参与的时代坐标。在实践“工业强省”和城镇化带动的主战略中，组织开展“千支突击队·立功献青春”活动，在各行各业中抽调业务骨干，组建五类青年突击队，使广大青年在参与服务重大产业发展和重点工程建设中建功成才。在决战脱贫攻坚的伟大战役中，通过成立省农村青年致富带头人协会，培养农村青年致富带头人，聚焦深度贫困县和极贫乡镇开办青年志愿者脱贫攻坚夜校，开展农村电商培训、实施春晖行动等，引导青年踊跃投身高质量打赢脱贫攻坚战。组织动员青年深入实施青春建功大扶贫、大数据、大生态三大战略行动，在围绕中心、服务大局中建功立业。贵州青年社会融入与社会参与的历史进程表明：青年参与和青年运动只有反映时代的要求，代表人民的利益，站在斗争的前列，才能在革命和建设中发挥作用，进而实现群体的特殊利益和个体利益，实现个人利益诉求与国家民族利益有机统一，在融入社会和参与社会的经历与体验中，实现责任感、价值感和归属感。

（三）青年社会融入与社会参与离不开有效的制度体系

一是立法机关完善有关法律法规，为青年社会融入与社会参与提供合理合法的法律依据，有效地规范了青年社会融入与社会参与的路径和方式。如由省民政厅牵头，团省委等单位参与起草的《贵州省志愿服务办法》经省人民政府第 102 次常务会议审议通过，为健全志愿服务工作管理机制、保障志愿服务相关主体权益、规范志愿服务活动、完善志愿服务保障和激励机制提供了制度保障。在政策上，给予青年社会融入与社会参与更多的鼓励和保护，并把青年参与实践中收效较好的政策落实为法律制度。二是从对青年参与支持的社会组织方面，政府作为参与政策的制定者、资源的提供者发挥着主导作用。共青团在支持青年社会融入与社会参与中有着特殊重要的地位和作用，是协调政府相关部门和社会组织共同促进青年社会融入与社会参与的综合性机构，是青年参与社会建设的主要组织者；非政府组织为青年社会融入与社会参与提供了广阔的空间和平台，其也是支撑青年社会融入与社会参与重要的组织体系。三是在支持青年社会融入与社会参与的实践中，政策与法律相一致，政府、共青团与政府组织协调一致，部门联动，形成合力，共同支持青年社会融入与社会参与。如为更好地推进《规划》落地实施，成立了由 48 家成员单位参与的贵州青年发展规划联席会议，并制定了《贵州省中长期青年发展规划联席会议议事规则》，为青年参与权的保护和实现提供了保障。四是积极运用新媒体，引导青年有序参与。随着网络越来越成为青年参与社会公共生活、表达利益诉求的重要场域，网络参与也日益成为贵州青年社会参与的重要方式。在实践中不断总结和完善青年社会融入与社会参与的新领域和新途径，运用各种青年熟悉的网络平台进行引导宣传，提升青年社会融入与社会参与的积极性。

三　贵州青年社会融入与社会参与面临的主要问题

（一）相关政策和制度仍需加强

随着《规划》的出台，贵州出台了一系列促进青年发展的政策，推动了青年的社会融入与社会参与，但有关青年社会融入与社会参与的制度建设仍需加强。一是政策的整合力度不够。推动青年社会融入与社会参与是一个系统工程，其涉及共青团、各级党政机关、群团组织等较多的部门和领域，但现有的政策零星散落于教育、住房、就业创业、医疗、社会保障等多个部门，部门内、部门间的整合度不高，衔接度不够，政策执行合力还未能充分发挥。二是政策的细化落实有待提高。如针对新生代农民工群体的专项政策还未完善，新生代农民工普遍受教育程度比较低、技能缺乏、就业面窄、收入较低、住房保障缺乏，影响青年的婚姻、生育、养老等后续行为，制约了这部分青年群体的社会融入与社会参与。三是制度建设的指导性不强。部分地区、部门未能有效地结合地方经济社会发展实际和贵州青年工作的需求配套相应制度，缺乏能真正带动和吸引青年社会融入与社会参与的创造性行动方案。

（二）青年社会组织发展不够完善

青年社会组织作为青年参与社会的重要平台，存在规模不大、质量水平不高、发展不均衡、服务能力不足等问题，影响了青年社会组织的社会参与。一是我国社会组织实行的是双重管理体制，即在同一行政层级上存在两个监管部门，登记门槛高，程序复杂，制约了青年组织的登记注册，使得众多的社会组织游离于管理之外。二是社会组织经费来源渠道单一，难以有效吸纳社会资本参与其中，造成组织运行困难，相关业务难以开展。社会组织的运行在很大程度上依赖于政府的资金支持。调研显示，贵州社会组织的经费来源于政府资助的比例达 42.32%，政府政策的扶持决定了社会组织的生存和发展。同时，普通社会组织对就业青年的吸纳能力也不足，一些志愿者组织以在校大学生为主，其他社会成员占比较低。三是青年公益组织缺乏专门性的扶持政策，国家对公益慈善组织的财政扶持是促进公益慈善组织发展的重要保障，当前我国虽然强调了社会组织在经济社会发展中的作用，但是对社会组织的扶持力度不足，更没有专门针对青年公益组织的政策。

（三）青年参与型社会文化氛围不够浓厚

改革开放以来，中国强调以经济建设为中心的发展思路，在推动经济快速

发展的同时，也重塑了人们的价值观念，利益分化，价值多元，青年越发重视对个人经济利益的追求。面对着学校、工作、生活的巨大压力，社会参与更多体现在依法维护实现自身经济利益的“利益驱动型”参与上。调研显示，在社区参与中，有的家长认为孩子在社会参与中因为互动而消耗时间和精力会影响学习，不鼓励孩子参与。同时，青年社会参与表现出对政府的高度依赖，青年主动参与的积极性不高，参与社会事务的深度不够，参与的方式方法过于单一，形式化的参与多过实质性的参与，这些均体现出社会参与文化的缺乏。社会参与文化的缺乏，将对青年的社会融入与社会参与产生深远影响。

四　促进贵州青年社会融入与社会参与的对策建议

（一）加快构建便捷的青年社会融入与社会参与的制度体系

各级部门应加强沟通协作，加强调研分析，摸清青年群体在融入家庭、学校、社会过程中面临的各种困难，了解他们的参与意愿和需求，倾听他们的参与诉求和意见，在制定出台促进青年社会融入与社会参与的相关制度文件时，要切实尊重青年的主体地位，设计符合青年特点、回应青年需求、方便青年参与的政策，提高青年社会融入与社会参与政策的集成度和针对性。同时，政府应不断完善青年参与的信息发布机制、资源整合机制、促进和激励机制。着力构建促进青年社会融入与社会参与的技能培训体系。如针对某些大学生对未来职业的认知模糊这一问题，可将职业生涯规划列入中学（中职）课程，引导广大青少年科学认识职业，有针对性地提高职业技能，为走入社会做好充分准备。同时，还应设计政策反馈评估机制，提高政策的实施效能。根据社会发展和青年群体的需求变化，及时调整、优化政策，提升青年对政策的可及度和感知度。针对一些重要政策，每年开展一次由第三方组织的政策实施效能评估，对实施效果好的进行绩效奖励，对实施效果不好的进行追责问责。

（二）引导青年社会组织健康有序发展

加强对青年社会组织的引导，健全党领导下的以共青团为主导的青年社会组织体系，构建和规范不同阶层青年群体诉求表达和社会参与的工作机制。一是改进政府部门对青年社会组织的联系服务，充分发挥共青团和青联的组织作用，通过加大资金支持、提供阵地场所、培训骨干人员等方式扶持青年社会组织健康发展，支持各类青年社会组织立足自身优势，以合适的方式参与政府购买服务。坚持把握方向、分层管理、突出重点的原则促进青年社会组织均衡发展，面向网络和高校，重点扶持志愿服务、创业就业、文艺体育三类青年社会组织发展。以青年社会组织负责人为重点，加强沟通联系和教育培训。在内容上，以思想政治引领为重点，由业务指导部门发起，制定统一、规范的共性章程。二是优化青年社会组织培育机制，重点推动从以初创型青年社会组织为主要对象的孵化基地向青年社会组织综合服务基地转变，促进团属枢纽型社会组织的社会化变革，鼓励民间自主发起的网络型社会组织以及专业服务型社会组织的发展。以青年之家为主阵地培育团属青年社会组织，将其作为县级团属青年社会组织的支持服务平台。针对社会组织注册门槛高的问题，可以探索以登记、备案等更多灵活的方式扩大管理，以实现引导、融合、同化，逐步推动其在民政部门进行注册，实现组织合法化。三是引导青年社会组织依法加强自身建设，增强信息公开透明度，及时发布和更新社会组织管理情况，拓宽社会组织与社会的交流渠道，健全内外监督机制，规范社会组织内的运行操作，加强媒体和公众对其的监督。借助各类项目和资源搭建开放式平台，将大量的青年吸引到平台上，在社会治理过程中加大培育力量，让一批有热情、有想法、有能力的青年脱颖而出，提高青年参与能力。

（三）着力培育参与型的社会文化

培养参与型的社会文化，打造青年参与的良好社会生态对于从深层次激发青年社会参与意愿、提升青年社会参与信心具有重要而深远的意义。参与型社会文化的培育是一项系统性、长期性的工程，也是一项影响深远、功在长远的基础性工作。一方面，政府、学校和社会组织应加强对青年社会主义核心价值观的教育，引导青年勤学、修德、明辨、笃实，在传播新时代社会文明风尚中发挥积极作用，培养青年树立正确的人生观和价值观，让青年认识到社会融入与社会参与既是公民权利，也是公民义务。通过宣传教育和引导，消除青年“政治冷漠”和“社会冷漠”，增强依法参与社会的信心、责任心和事业心，激发青年的参与热情。在全社会营造一种鼓励参与、尊重参与、参与光荣、参与美好的浓厚氛围。对推动青年社会参与做出贡献的个人和组织给予表彰奖励，形成青年愿意参与、主动贡献才智、依法有序协商、多方协同合作的良好局面，打造有利于青年参与的良好社会生态。另一方面，推进青年发展友好型、成长型省份建设。充分把握贵州的生态优势，注重自然和社会人文环境的建设，关注青年对城市的宜居、宜游、宜乐等需求，提升贵州对青年的吸引力，提升青年对贵州的归属感和认同感，进而提高青年对贵州的社会融入度和社会参与度。

参考文献

闫立超：《中国青年参与的基本经验与展望》，《中国青年研究》2012 年第 1 期。

王道勋、陈延斌：《社会治理中青年参与能力提升研究》，《广西社会科学》2019 年第 1 期。

李春玲：《青年组织参与状况及影响因素分析——基于 2014 年北京青少年调查》，《中国青年研究》2015 年第 11 期。

B.9

贵州维护青少年合法权益发展报告

谷　骞*

摘　要： 党的十八大以来，贵州省经济社会迅速发展，给贵州青少年权益维护以更加充分、丰富的经济社会条件，同时，也带来与机遇相伴而生的更多风险和不确定性，使得青少年合法权益的保护出现了一些新现象和新问题。总体来看，贵州青少年合法权益保护的地方立法日益完善、体制机制不断健全、工作进路多层拓展，成长环境持续优化。全省各地各部门在各自职责范围内，从基础权益保障、法治宣传教育、多种环境整治、个案权益救济四层进路共同配合、共同发力，编织成青少年合法权益保护的周密之网，但在青年发展政策的集成度、青少年合法权益保护均衡性、权益发展的体制机制衔接等方面还存在薄弱环节。对此，建议整合细化青年发展的有关政策，均衡青少年合法权益发展，健全督查问效机制，强化共同统筹协调能力，推动贵州青少年合法权益维护向更高层次迈进。

关键词： 青少年　维护合法权益　法治宣传教育　贵州省

青少年是一个特殊的群体。一方面他们寄托着我们的希望，是民族和国家的未来，同时他们也处于一个相对弱势的地位，在人身安全、心理健康、事业成就、物质财富等方面都处于成长上升期，需要特殊保护。习近平总书

---

* 谷骞，法学博士，贵州财经大学法学院副教授，研究方向：行政法学、诉讼法学。

记指出，“青年最富有朝气、最富有梦想，近代以来，我国青年不懈追求的美好梦想，始终与振兴中华的历史进程紧密相连”“中国梦是我们的，更是青年一代的。中华民族伟大复兴终将在广大青年的接力奋斗中变为现实”。努力发展并依法保护青少年合法权益，不仅关系青少年的健康成长，也是实现中华民族伟大复兴的必然要求，还是贵州在新时代西部大开发上闯新路的生力军。

一　贵州青少年合法权益保护之发展进程

党的十八大以来，在党中央、国务院的统一领导下，在贵州省委、省政府的高度重视下，全省各地各部门严格遵守并贯彻落实《中华人民共和国未成年人保护法》（以下简称《未成年人保护法》）、《中华人民共和国预防未成年人犯罪法》等法律，青少年合法权益保护取得长足进展。目前，在全省范围内，青少年合法权益保护的地方立法日益完善、体制机制不断健全、工作力量显著拓展，青少年成长的社会环境持续优化。

（一）青少年合法权益保护的地方立法日益完善

中国幅员辽阔，民族和人口众多。全国各地区、各民族的人口状况和经济文化社会发展不平衡，这种局面必将持续相当长时间。地方立法，能够有效地贯彻实施国家的宪法、法律、行政法规，弥补中央立法之不足，并且能为中央立法积累经验。可以说，我国地方立法在国家立法体制中，是居于较低层次却在法制建设和整个社会生活中起重大作用的、不可或缺的立法。[①] 与国家法律、行政法规一样，地方性法规具有统治阶级意志性、规范性、强制性三大属性，也具有指引、教育、评价、预测和强制的作用。在一定行政区划范围内，青少年合法权益保护需要地方立法给予全面有效的贯彻落实。

1. 青少年合法权益保护的地方性法规不断完善

2014 年 9 月 29 日，贵州省第十二届人民代表大会常务委员会第十一次

① 周旺生：《论中国地方立法的地位》，《政治与法律》1994 年第 5 期，第 10 页。

会议通过《贵州省学校学生人身伤害事故预防与处理条例》。这是一项预防和处理学生人身伤害事故、维护学生和学校合法权益、保障正常教学秩序的地方性法规。紧跟国家对未成年人权益保护的相关立法修订步伐，2021 年 7 月 29 日，贵州省第十三届人民代表大会常务委员会第二十七次会议通过修订后的《贵州省未成年人保护条例》。新修订的《贵州省未成年人保护条例》最大的亮点，是立足贵州留守未成年人、困境未成年人较多这一实际，设立“特殊保护”专章，对留守未成年人和困境未成年人实行特殊保护，聚焦动态监测、责任落实、教育关爱、救助保障“四个全覆盖”，力图有效解决留守未成年人、困境未成年人面临的监护、医疗、教育等突出问题。这一举措凸显省委、省政府对大量劳务输出后留下的未成年人监护、医疗、教育等问题之积极应对。2021 年 9 月 29 日，贵州省第十三届人民代表大会常务委员会第二十八次会议通过《贵州省预防未成年人犯罪条例》，坚持教育和保护相结合，采取预防为主、提前干预，对未成年人的不良行为及时分级预防、干预和矫治，以利于未成年人身心健康发展。贵州青少年权益保护的地方立法日益完善，将青少年权益保护各项活动纳入法治轨道，有助于法治化水平提升。

2. 制定印发有关青少年发展与权益保护的规划

在地方性法规不断完善的同时，省委、省政府制定印发了一系列有关青少年发展、权益保护的规划。规划是某一组织制定的具有长远性、全局性、战略性、方向性的计划与考量。依据中共中央、国务院印发的《中长期青年发展规划（2016—2025 年）》，2019 年，贵州省委、省政府印发《贵州省中长期青年发展规划（2019—2025 年）》。2021 年 8 月，省委、省政府印发《贵州省法治宣传教育第八个五年规划（2021—2025 年）》。2022 年 1 月，省委、省政府印发《贵州省妇女发展规划（2021—2025 年）》《贵州省儿童发展规划（2021—2025 年）》。妇女是人类文明的开创者、社会进步的推动者，儿童是国家的未来、民族的希望。省委、省政府制定妇女、儿童发展规划，为青少年权益保护提供了有力的制度保障。

（二）青少年合法权益保护的体制机制不断健全

体制机制是法律制度的具体表现，在法律制度规定下形成，服从并服务于法律制度。在国家、地方青少年权益保护法律体系日益完善的情况下，青少年合法权益保护工作的开展仰赖具体的体制机制。贵州省各市州以现有的“12345”市长热线、“12355”青少年服务台为基础，聚焦体制机制建设，使之成为青少年合法权益保护的具体抓手。

第一，成立青少年合法权益保护的专门机构。《贵州省未成年人保护条例》第 4 条规定，“省设立未成年人保护委员会，负责统筹、协调、督促、指导全省未成年人保护工作……各市州、县（市、区）参照省设立未成年人保护委员会”。据考察，各市州、县（市、区）已完成专门机构的设立。此外，还有为保护未成年人具体权益设立的其他机构。例如，铜仁市成立未成年人保护及预防未成年人犯罪重点工作专班，制定铜仁市未成年人保护及预防未成年人犯罪重点工作实施方案，形成侵害未成年人案件强制报告联席会议制度，确保未成年人权益保护工作顺利开展。

第二，推行青少年合法权益保护的具体机制。例如，贵阳市推行青少年合法权益保护责任制，实行“学生心理健康、防欺凌、防性侵排查包保制度”“校园欺凌、性侵的追责问责制度”；落实完善“来信来访登记制度”和“未成年人侵权案件转接办制度”，强化全市校园内外矛盾纠纷排查，有效防范校园欺凌和性侵的发生。安顺市实行侵害未成年人强制报告工作联席会议制度，严厉打击拐卖、性侵、遗弃、虐待等侵害未成年人合法权益的违法犯罪行为，并通过加强队伍建设、创新工作方式、营造良好氛围、推进圆桌审判、适用社区矫正、加大舆论宣传等方式，充分保障未成年人合法权益。黔东南州推行维护妇女儿童合法权益联席会议制度，与贵州财团律师事务所签订法律服务战略合作协议，联合州心理健康协会及州律师协会组建志愿服务队伍，开展未成年人心理健康系列活动，免费为青少年提供心理与法律咨询，并使之常态化。黔西南州建立健全包括治安、网安、禁毒等部门在内的青少年法治化维权联动机制，开展送法进校园宣传，提高青少年的法律意识、自我保护意识，强化家庭、学校、社会“三位一体”青少年法制教育网络建设。加强治安、刑侦、经侦、禁毒、网安等部门的联动协作，建立健全未成年受害人救助保护工作机制。

第三，制定青少年合法权益保护的评估标准。例如，毕节市在青少年合法权益保护工作中制定“蓝、黄、橙、红”四色评估标准用于风险的监测预防，灵活、机动地开展未成年人权益保护评估工作。

第四，结合线上线下平台，打造青少年合法权益保护堡垒。例如遵义市努力发挥线下“青年之家”身边的共青团之职能，积极进行“青年之家”云平台信息完善工作，累计打造线下服务的 OTO 模式综合服务平台 100 个。同时，与同市律师协会开展合作，利用“12355”服务平台为来电青少年提供法律咨询。黔南州建成青少年普法教育基地 18 个，选聘政法干警担任全州普通中小学法治副校长，定期到校开展法制宣传教育。

（三）青少年合法权益发展的工作进路多层拓展

《未成年人保护法》规定国家保障青少年合法权益的四项基本内容是“生存权、发展权、受保护权和参与权”[①]，并且从家庭、学校、社会、网络、政府、司法六大板块展开。这些规范归属于不同板块，看似零散，却暗含青少年合法权益保护的四条进路。贵州青少年合法权益保护实践体现了国家法律制度的此种安排。

1. 第一层进路：基础权益保障进路

青少年合法权益保护的第一层工作进路是基础权益保障进路。从《未成年人保护法》第 9 条、第 10 条规定可知，县级以上人民政府及其有关部门应当是未成年人保护的先头部队，其应在各自职责范围内做好未成年人保护工作，共青团、妇联、工会、残联、“关工委”、青联、学联、少先队等团体应当协助各级人民政府及其有关部门、法院、检察院，做好未成年人保

① 《未成年人保护法》第 3 条：国家保障未成年人的生存权、发展权、受保护权、参与权等权利。

护工作，维护未成年人合法权益。[①]《未成年人保护法》第 91 条关于“各级人民政府及其有关部门采取措施满足青少年生活、教育、安全、医疗康复、住房等方面的基本需要”的规定可以印证此番进路。[②] 贵州省中长期青年发展规划联席会议办公室于 2021 年 9 月发布《贵州省中长期青年发展规划联席会议第三次全体会议——资料汇编（成员单位）》，该文揭示全省各部门均在各自职责范围内落实贵州省中长期青年发展规划，保障青少年合法权益。

2. 第二层进路：法治宣传教育进路

青少年合法权益保护的第二层工作进路是法治宣传教育进路。党委工作机构、政府有关职能部门、司法机关在各自职责范围内进行法治宣传教育，增强青少年法律意识、自我防范意识。例如省委宣传部围绕“八五”普法开展法治主题宣传活动，充分利用“4·15”全民国家安全教育日、“6·26”国际禁毒日、“12·4”全国宪法日等重要时间节点开展普法宣传活动。再如，省委政法委、省教育厅、省公安厅、省司法厅独立或联合开展法治宣传教育，强化青少年自我权益保护意识。

3. 第三层进路：多种环境整治进路

青少年合法权益保护的第三层工作进路是多种环境整治进路。此番工作进路与青少年成长的环境有关，旨在维护、净化青少年成长所在的相关环境，例如校园环境、校园周边环境、网络环境等。省市场监管局对食品安全的监督检查；大数据局对网络平台的监管；省委宣传部、省教育厅对全省教育的把控，彰显了对青少年生存权、发展权、受保护权等权益的保护。

---

① 《未成年人保护法》第 9 条：县级以上人民政府应当建立未成年人保护工作协调机制，统筹、协调、督促和指导有关部门在各自职责范围内做好未成年人保护工作。协调机制具体工作由县级以上人民政府民政部门承担，省级人民政府也可以根据本地实际情况确定由其他有关部门承担。第 10 条：共产主义青年团、妇女联合会、工会、残疾人联合会、关心下一代工作委员会、青年联合会、学生联合会、少年先锋队以及其他人民团体、有关社会组织，应当协助各级人民政府及其有关部门、人民检察院、人民法院做好未成年人保护工作，维护未成年人合法权益。

② 《未成年保护法》第 91 条规定：各级人民政府及其有关部门对困境未成年人实施分类保障，采取措施满足其生活、教育、安全、医疗康复、住房等方面的基本需要。

4. 第四层进路：个案权益救济进路

青少年合法权益保护的第四层工作进路是个案权益救济进路。此番进路主要由省委政法委、公安、法院、检察院等机关落实跟进。例如肩负侦查犯罪职责的公安机关，以严厉打击侵害青少年合法权益行为为己任。深入贯彻落实涉及青少年权益保护的法律法规，积极预防和制止家庭暴力，严厉打击拐卖、性侵、遗弃、虐待等侵害未成年人合法权益的违法犯罪行为，严厉打击涉及青少年的婚骗违法犯罪行为。再如，法院依法发挥审判职能，对无论是作为原告的青少年，抑或是被告的青少年，均依法审判，切实维护青少年的发展权、受保护权。

（四）青少年成长的环境持续优化

在全省各地各部门的齐心协力下，青少年成长的环境持续优化，表现在校园环境积极向上，社会环境和谐稳定，网络环境风朗气清等方面。

第一，保持积极向上、安全的校园环境。全省不断推进社会主义核心价值观融入教育教学全过程，推进师德师风建设行动，防欺凌、防性侵，打造积极向上、安全的校园环境。

第二，维持和谐稳定的社会环境。省市场监督管理部门持续以校园周边为重点区域，对重点物品进行全面排查，加大食品安全突出问题和重点隐患专项治理力度，深入排查各类风险隐患。再者，重点查处违背社会良好风尚或者妨碍社会公共秩序的低俗、庸俗、媚俗婚恋交友广告；强化打击传销违法行为，维持和谐稳定的社会环境。六盘水市以“双零社区（村）”创建为载体，申报“双零社区（村）”1 个省级试点和 2 个市级试点，为护航青少年健康成长构建良好环境。

第三，构建风朗气清的网络环境。当下，互联网技术日新月异，社会中不乏利用网络技术侵害青少年合法权益的情形。全省采取多种举措，构建风朗气清的网络环境。例如，贵阳市开展“护苗”专项行动，全面清理整治网上各类违法违规有害信息，开设“涉筑网络平台侵害未成年人不良与违法信息举报平台”，营造保护未成年人身心健康的良好氛围。黔西南州的宣

传、政法、公安等部门制定《黔西南州"黔净2021"网络空间清朗工程方案》，加强对属地网站、移动客户端、社交平台、跟帖评论、直播平台的管理，加强网络领域综合执法，严厉打击各类涉及青少年的网络违法犯罪。

总体来看，目前贵州青少年合法权益保护的地方立法日益完善、体制机制不断健全、工作进路多层拓展，青少年成长环境持续优化。全省各地各部门在各自职责范围内，从基础权益保障、法治宣传教育、多种环境整治、个案权益救济四层进路共同配合、共同发力，编织成青少年合法权益保护的周密之网。

二　贵州青少年合法权益发展存在的问题

全省各地各部门虽然在各自职责范围内，共同配合、共同发力，编织成青少年合法权益保护的周密之网，但该网仍存在一些薄弱环节，表现如下。

（一）青年发展的政策分散，集成度不高

根据第七次人口普查，与第六次人口普查时相比，贵州省常住14~35岁青年人口从1102.94万人增长到1138.60万人，但在常住总人口中的比例却由31.74%下降到29.53%。乡村青年由671.60万人下降到442.40万人，城镇青年则从431.33万人增加到696.20万人，大学本科及以上文化程度青年人数从48.60万人增加到147.39万人，大学本科以下文化程度青年人数从1030.70万人下降到983.91万人。根据最新数据统计，2021年1~6月，贵州省贵阳市、六盘水市六枝特区生育率同比分别下降11.61%、24.46%。[①] 从上述青年人口结构变化来看，一方面，青年人口比例的下降，必然影响未来劳动力供给和家庭结构，人口问题逐步凸显。另一方面，贵州省青年人口的文化水平仍然偏低，综合素质不够高，高技能人才稀缺，必将

① 该部分数据来自《贵州建设青年友好型成长型省份背景下的青年政策及其优化研究》，由共青团贵州省委内部提供，获得时间：2022年1月18日。

制约贵州省经济社会发展。当下，我国人口结构发生重大变化，发展的人口红利逐步消失，劳动力供需出现失衡，青年作为经济社会发展的战略性资源越发凸显，城市之间“抢人大战”愈演愈烈，竞相用“真金白银”吸引青年流入。青少年合法权益保护的成效好坏一定程度上关系人才的去留，直接影响贵州人口红利大小，关系贵州经济社会发展的质量高低。当下，贵州青少年合法权益保护工作有条不紊地推进，但在青年优先发展的战略性政策方面仍有待加强。

2017 年，中共中央、国务院印发《中长期青年发展规划（2016—2025 年）》。其中，对青年的年龄界定是 14~35 周岁，如果涉及婚姻、就业、未成年人保护等领域，年龄界限依据有关法律法规的规定。由此可以看出，规划所称的“青年”除了 14~18 周岁未成年人外，更多的是 18~35 周岁的成年人。与妇女、未成年人、残疾人等群体相比，“青年”群体面临特殊的困难。青年群体，尤其是 18~35 岁的青年群体特别关注学历提升、就业与创业、住房、婚育、赡养老人等问题，但这部分领域的青年政策比较分散，集成度、专门度不高，影响了青年群体的政策感受度，不利于青年扎根贵州，服务贵州经济发展。

（二）青少年合法权益保护保障发展不均衡

有研究表明，14~35 岁青年就业群体中，公务员、国有企事业单位人员、农民工等，不同类别的人员在收入水平、社会保障等多方面存在明显差异，新生代农民工的社会参与状况不容乐观。① 这种不均衡不仅有城乡地域上的差别，也有权益内容保护力度上的强弱。②《未成年人保护法》规定国家保障未成年人的生存权、发展权、受保护权、参与权等权利。随着我国物质条件的日益丰富，未成年人的生存权保障得到很大改善。相比之下，发展

① 陈光金主编《中国青年发展报告 No. 1：社会融入与社会参与》，社会科学文献出版社，2018，第 8~9 页。

② 参见刘金霞《我国青少年权益保护的成就、问题与展望》，《北京青年研究》2020 年第 1 期，第 70 页。

权、参与权则逊色一些。尤其是对 18~35 周岁的青年群体而言，婚恋、就业创业、学历提升等发展权、参与权的保障不够均衡。

（三）促进青少年合法权益发展的部分体制机制衔接不够顺畅

《贵州省未成年人保护条例》第 4 条规定，“省设立未成年人保护委员会，负责统筹、协调、督促、指导全省未成年人保护工作……各市州、县（市、区）参照省设立未成年人保护委员会”。对于未成年人合法权益的保护，《贵州省未成年人保护条例》做了详尽规定。省级层面、各市州、县（市、区）都有专门的未成年人保护委员会。前文已述，从公共视角来看，对于青少年合法权益的保护，涵盖未成年人的监护救助、教育、卫生健康、安全等主要利益，所涉及的关键部门主要是民政、教育、卫生、公安、市场监管、司法行政、法院、检察院。未成年人合法权益事项具有较强的确定性，加之有明确的法律规范，因此，未成年人合法权益保护事项在未成年人保护委员会的牵头下完成，成效比较好。当范围扩及“青年”，青年合法权益保护的难度加大，更加考验所依赖的体制机制。全省各地根据省委、省政府印发《贵州省中长期青年发展规划（2019—2025 年）》（以下简称《规划》）的要求，成立了相应的中长期青年发展规划联席会议机构。《规划》中的“青年”不仅指未成年人，更多的是 18~35 周岁的成年人群体，青年合法权益关注的重点不同于未成年人主要关注的安全、教育、卫生健康等权益，更多地集中在学历提升、就业与创业、住房、婚育、赡养老人等领域。这些问题牵一发而动全身。此时，全省各地的中长期青年发展规划联席会议机构需要统筹更多成员单位，进行彼此协调，难度可想而知。据考察，目前对于青年发展，国家、各省不乏总体目标、发展领域、发展目标、发展措施等方面的规划，但在统筹解决青年尤为关注的利益诉求方面进展不够理想，主要原因在于统筹协调体制机制衔接不够顺畅，有待进一步深化。

三　贵州青少年合法权益发展的进一步优化

青年是国家经济社会发展的生力军和中坚力量。党和国家事业要发展，青年首先要发展。青年的发展关系着我国民族的未来和前途，青少年权益保护已经被党和国家纳入顶层设计。同样，贵州要在新时代西部大开发上闯出一条新路，青年的力量不容忽视。保护青少年合法权益、促进青少年健康成长是实现贵州经济社会高质量发展的强大动力。

（一）整合细化青年发展的有关政策

相对于未成年人对生存权、基础教育、卫生健康的重点关注，18～35周岁的青年在学历提升、婚恋、就业创业、劳动权益保护、社会融入与社会参与等方面有更多诉求。这需要周全适当的政策予以支持。有关部门可联合起来为青年的发展、培训、创新创业提供优惠平台，整合细化配套政策，为青年群体创造更大的交流、学习和展示的舞台，激发青年群体自我向上发展的内生动力。

（二）均衡青少年合法权益发展，做到有的放矢

随着我国经济社会的迅猛发展，物质成果日渐丰富，青少年的生存发展拥有了更雄厚的现实基础和更为强烈的需求。青年群体横跨不同年龄阶段，其利益诉求更加多元化。当生存利益被满足后，对更高层次的自我发展、自我价值实现的需求便凸显出来。

对此，未来对青少年合法权益的发展应当区分不同青年群体的利益诉求，积极采取有效措施，帮助青少年及时、高效且全面地实现自身的完善与发展，把补救型的救济性权益保障扩展到促进青少年更高水平的发展权益上来。加强对青年群体学历提升、就业创业等诉求的政策倾斜。

（三）健全督查问效机制，强化共青团统筹协调能力

实践中，大部分青少年发展工作由共青团主导。有观点认为，在相当长的时间内，共青团主要承担了青少年权益保护的职责和使命，但随着青少年权益保护所涉及的领域越来越广泛，青少年权益受到侵害的现象也日渐复杂化。面对更加复杂化和多元化的青少年权益维护形势，仅仅依靠共青团的力

量已经心有余而力不足，无法有效应对青少年权益维护的艰巨任务，应当由共青团主导向政府主责方向转变。[①] 本报告认同该观点主张的“政府部门主责”，但共青团的主导仍需保持，毕竟二者的侧重点不同。前文在“青少年合法权益保护的工作进路多层拓展”中已有陈述，青少年合法权益发展的第一层进路是政府部门承担的基础权益保护，这也应当是维护青少年合法权益发展的中坚力量。“政府部门主责”当是如此。共青团作为党领导的先进青年群团组织，对于青年发展应当具有“协调、督促”的使命，这一点不应当改变。赋予共青团对青少年合法权益发展“协调、督促”的职责，需赋予其“督查问效”的职权。以“督查问效”机制督促贵州省中长期青年发展规划联席成员单位的统筹与配合，有助于强化凝聚力，促使各项政策齐发力，有效促进青少年合法权益发展。

四 结语

党的十八大以来，贵州省经济社会迅速发展，给贵州青少年权益维护以更加充分、丰富的经济社会条件，同时，也带来与机遇相伴而生的更多风险和不确定性，使得青少年合法权益保护出现了一些新现象新问题。总体来看，贵州青少年合法权益保护的地方立法日益完善、体制机制不断健全、工作进路多层拓展，成长环境持续优化。全省各地各部门在各自职责范围内，从基础权益保障、法治宣传教育、多种环境整治、个案权益救济四层进路共同配合、共同发力，编织成青少年合法权益保护的周密之网，但在青年发展政策的集成度、青少年合法权益保护的均衡性、促进青少年合法权益发展体制机制的衔接等方面还存在薄弱环节。对此，本报告建议整合细化青年发展的有关政策；均衡青少年合法权益发展；健全督查问效机制，强化共青团的统筹协调能力，推动贵州青少年合法权益维护向更高层次迈进。

---

① 参见朱峰《维护青少年合法权益四十年》，载廉思主编《中国青年发展（1978~2018）》，社会科学文献出版社，2019，第 298 页。

B.10
贵州预防青少年违法犯罪发展报告

张 松　秦 琴　宋晓琼*

摘　要： 预防青少年违法犯罪是一项关系国家发展、民族兴旺发达的系统工程，是国家机关应当通力合作、整合引导社会各界力量共同完成之事项。当下，全国预防青少年违法犯罪工作形成了比较完备的法律法规体系及相关体制机制。以上位法为依据，贵州省制定了预防未成年人违法犯罪的地方性法规，建立了具有可操作性的挽救未成年人的专门矫治教育制度、监护人接受家庭教育指导制度，这成为实践中有效预防青少年违法犯罪的有力抓手。在各机关的共同努力下，贵州省预防青少年违法犯罪工作取得显著进展，但形势依然比较严峻。对此，为有效预防青少年违法犯罪，国家、家庭、学校、社区、企业、普通民众等各方力量应当协同合作，共同发力。强化政府综合治理、净化社会氛围；发展地区经济、强化家庭教育；巩固学校教育，助力青少年培养，是预防青少年违法犯罪的努力方向。

关键词： 青少年　违法犯罪　检察机关　社会环境　贵州省

青少年是国家和民族的希望。预防青少年违法犯罪，是促进青少年健康成长的底线要求，是平安中国建设的一项源头性、基础性工作，关系亿万家庭的幸福安宁与社会和谐稳定、国家长治久安。保障未成年人身心健康，培

---

* 张松，贵州省社会科学院科研处助理研究员，研究方向：经济法学、刑法学；秦琴，贵州省人大常委会社会建设委员会社会事务处处长；宋晓琼，贵州省人民检察院第九检察部副主任。

养未成年人良好品行，预防青少年违法犯罪，引导青少年积极向上发展，能够为贵州经济社会发展提供可靠生力军，对贵州在新时代西部大开发上闯出一条新路具有积极意义。

一　贵州预防青少年违法犯罪法律法规体系与体制机制

预防青少年违法犯罪是一项关系国家发展、民族兴旺发达的系统工程，是国家机关应当通力合作、整合引导社会各界力量共同完成之事项。此项工程需要完备的法律法规体系予以支持和规范，需要强有力的体制机制予以落实。18 岁以前是人格形成的关键时期，保障未成年人身心健康，培养未成年人良好品行，是预防违法犯罪的重要途径。故而预防青少年违法犯罪主要从预防未成年人违法犯罪入手。

（一）法律法规体系

1. 法律

2020 年 10 月 17 日第十三届全国人民代表大会常务委员会第二十二次会议第二次修订通过《中华人民共和国未成年人保护法》（以下简称《未成年人保护法》），2020 年 12 月 26 日，中华人民共和国第十三届全国人民代表大会常务委员会第二十四次会议修订通过《中华人民共和国预防未成年人犯罪法》（以下简称《预防未成年人犯罪法》）。修订《预防未成年人犯罪法》是对 2016 年中共中央办公厅、国务院办公厅《关于进一步深化预防青少年违法犯罪工作的意见》和 2019 年中共中央办公厅、国务院办公厅《关于加强专门学校建设和专门教育工作的意见》的法制化确认。《未成年人保护法》和《预防未成年人犯罪法》是未成年人保护法律体系的“姊妹篇”，如同车之两轮。《未成年人保护法》侧重于未成年人的权益保护，《预防未成年人犯罪法》侧重于对“问题少年”的教育、违法犯罪预防及挽救。

《预防未成年人犯罪法》规定的犯罪预防类别包括对预防犯罪的教育、对不良行为的干预、对严重不良行为的矫治、对重新犯罪的预防四大类。

2020年修订的《预防未成年人犯罪法》有两大完善之处，一是以“概括+列举”的方式明确不良行为和严重不良行为的内涵和外延，健全预防和矫治教育的措施；二是改革收容教养制度，对原来收容教养制度所适用的对象进行分流。一方面，与《中华人民共和国刑法修正案（十一）》相对接，对已满12周岁不满14周岁的未成年人，犯故意杀人、故意伤害致人死亡或者以特别残忍的手段致人重伤造成严重残疾，情节恶劣，经最高人民检察院核准追诉的，依法追究刑事责任；另一方面，将实施刑法规定的行为，因不满法定刑事责任年龄不予刑事处罚的，送专门学校进行专门矫治教育。①

2. 法规

2021年9月29日，贵州省第十三届人民代表大会常务委员会第二十八次会议通过《贵州省预防未成年人犯罪条例》。预防未成年人犯罪，需要在各级人民政府组织下，实行综合治理。《贵州省预防未成年人犯罪条例》规定了预防未成年人犯罪工作协调机制、专门矫治教育制度的实施，推动了《预防未成年人犯罪法》在贵州的贯彻落实。

2021年7月29日，贵州省第十三届人民代表大会常务委员会第二十七次会议通过修订后的《贵州省未成年人保护条例》。该条例最大的亮点，是立足贵州留守未成年人、困境未成年人较多的实际，设立“特殊保护”专章，对留守未成年人和困境未成年人实行特殊保护，聚焦动态监测、责任落实、教育关爱、救助保障“四个全覆盖”，力图有效解决留守未成年人、困境未成年人面临的监护、医疗、教育等突出问题。这一举措凸显省委、省政府对大量劳务输出后留下的未成年人监护、医疗、教育等问题之积极应对。

---

① 《预防未成年人犯罪法》第45条：未成年人实施刑法规定的行为、因不满法定刑事责任年龄不予刑事处罚的，经专门教育指导委员会评估同意，教育行政部门会同公安机关可以决定对其进行专门矫治教育。

省级人民政府应当结合本地的实际情况，至少确定一所专门学校按照分校区、分班级等方式设置专门场所，对前款规定的未成年人进行专门矫治教育。

前款规定的专门场所实行闭环管理，公安机关、司法行政部门负责未成年人的矫治工作，教育行政部门承担未成年人的教育工作。

（二）体制机制

体制机制是法律制度的具体表现，在法律制度规定下形成，服从并服务于法律制度。地方性法规往往通过建立健全体制机制贯彻落实上位法的规定。《贵州省预防未成年人犯罪条例》建立健全了以下体制机制。

1. 预防未成年人犯罪工作协调机制

《预防未成年人犯罪法》第4条明确规定："预防未成年人犯罪，在各级人民政府组织下，实行综合治理。"行政机关在本质上是公众的服务者，行政机关的服务就是依据法律对公共利益进行集合、维护与分配。[①] 对于预防未成年人违法犯罪这项关系社会公共利益的系统工程，行政机关责无旁贷。《贵州省预防未成年人犯罪条例》第3条规定，建立预防未成年人犯罪工作协调机制，由未成年人保护委员会统筹协调、督促、指导本行政区域内的预防未成年人犯罪工作。教育、民政、财政、文化和旅游、人力资源社会保障、市场监管、公安、人民检察院、人民法院、司法行政、网信、卫生健康、新闻出版、广播电视、共产主义青年团、妇女联合会、关心下一代工作委员会等单位作为协调机制的联席会议成员，各司其职，定期共同研判预防未成年人犯罪的重要政策、重要工作及改革事项。预防未成年人犯罪工作已被纳入平安建设和服务高质量发展绩效考核体系。

预防未成年人犯罪的具体协调机制包括但不限于未成年人检察工作社会支持体系合作机制、对与未成年人密切接触行业从业人员的管理机制。2018年11月，贵州省人民检察院、共青团省委联合下发《关于构建未成年人检察工作社会支持体系的合作框架协议》的通知，通过搭建"12345合作框架"，实现专业化办案与社会化保护配合衔接。2019年8月，省检察院联合省法院等12家省直单位出台《关于在密切接触未成年人行业建立违法犯罪人员从业限制制度的意见》，加强对与未成年人密切接触行业从业人员的管理，预防其利用职业便利实施对未成年人的违法犯罪，净化未成年人成长环境。

---

① 叶必丰：《行政法的人文精神》，北京大学出版社，2005，第136~142页。

2. 专门矫治教育制度

2019 年中共中央办公厅、国务院办公厅下发《关于加强专门学校建设和专门教育工作的意见》,《预防未成年人犯罪法》也对专门矫治教育制度进行了确认。《贵州省预防未成年人犯罪条例》第 16~25 条规定了有关专门矫治教育制度的具体实施,包括专门学校的建设(第 16 条)、管理(第 17、19 条)、考核(第 18 条)、适用的对象、情形和程序(第 20~22 条)、专门学校的评估(第 23 条)及其与义务教务、高中教育、职业教育的衔接(第 24~25 条)。这是贵州在立法上的探索性尝试。

3. 监护人接受家庭教育指导制度

《贵州省预防未成年人犯罪条例》规定了监护人接受家庭教育指导制度(第 28 条)。当出现未成年人被公安机关处以行政处罚,或者因未达到法定年龄不予行政处罚;未成年人因犯罪情节轻微被人民检察院依法做出不起诉决定,或者被人民检察院依法做出附条件不起诉决定;未成年人被追究刑事责任,或者因未达到刑事责任年龄不予刑事处罚;采取暴力、羞辱等不当方式实施家庭教育,侵害未成年人合法权益;妨碍阻挠矫治教育措施实施或者放任不管等拒不履行家庭教育责任的情形时,未成年人的父母或者其他监护人有义务接受家庭教育指导,否则有关部门将下发告诫书、督促监护令或人身安全保护令。

贵州省预防青少年违法犯罪的地方性法规以预防未成年人违法犯罪为突破口,以上位法为依据,结合贵州实际,建立了具有可操作性的挽救未成年人的专门矫治教育制度、监护人接受家庭教育指导制度,成为实践中有效预防青少年违法犯罪的有力抓手。

二　贵州预防青少年违法犯罪的进展与形势

在团省委、省教育厅、省司法厅、省委政法委、省委宣传部、省委网信办、省工信厅、省公安厅、省法院、省检察院、省市场监督管理局等机关的共同努力下,贵州省预防青少年违法犯罪工作取得显著进展,但形势依然比较严峻。

（一）预防青少年违法犯罪的进展

省委、省政府各职能部门、司法部门通力合作，在保障未成年人身心健康、培养未成年人良好品行、预防青少年违法犯罪方面进展显著。

1.完善预防青少年犯罪相关工作机制

一是建立预防未成年人犯罪工作联席会议制度。围绕全省未成年人保护专项工作“1+1+5+6”工作体系要求，省委政法委、团省委针对全省未成年人犯罪高发、频发的严峻形势，牵头建立健全预防未成年人犯罪工作机制，2021年8月14日，建立贵州省预防未成年人犯罪工作联席会议制度，省未保委主任担任联席会议召集人，省委政法委、团省委领导同志担任联席会议副召集人，联席会议由省委宣传部等18家省直单位组成，联席会议办公室设在团省委，抽调联席会议成员单位相关人员组建预防未成年人犯罪工作专班，指导督促各市（州）、县（市、区）逐步建立预防未成年人犯罪工作机制，统筹策划本地预防未成年人犯罪工作，聚焦易地扶贫搬迁社区青少年心理健康服务机制构建、预防未成年人犯罪等问题，开展深入调研，依托“共青团与人大代表、政协委员面对面”活动机制，推动人大代表、政协委员形成提案、建议，群策群力推动贵州省未成年人保护和预防未成年人犯罪工作。

二是不断深化“青少年零犯罪零受害社区（村）”创建。贵州省委政法委、团省委认真总结参加全国“青少年零犯罪零受害社区（村）”［以下简称“双零社区（村）”］试点创建工作经验，将“双零社区（村）”试点工作作为创新社会治理、深化平安建设和预防青少年犯罪工作的重要抓手，在全省层面推进“平安贵州·青少年零犯罪零受害社区（村）试点创建工作，指导各市（州）完成9个省级、18个市级“双零社区（村）”试点创建。“双零社区（村）”试点创建工作主动融入基层社会治理，关注易地扶贫安置点青少年，撬动各方力量以“小单元”参与“大治理”，通过加强青少年思想道德和法治教育，优化青少年成长环境，做好重点青少年群体服务管理，协助开展未成年人司法保护，开展青少年“禁毒”宣传教育等措施，协同社会各界共同护航未成年人健康成长，推动基层构建党委领导、政府主导、团委牵头、相关部门齐抓共管、社会力量广泛参与的工作格局，为青少年营造健康、安全、和谐的成长环境。

2. 稳步开展法治宣传教育

一是加强青少年法治宣传教育的顶层规划设计。2021 年 8 月 30 日，贵州省委、省政府印发《贵州省法治宣传教育第八个五年规划（2021—2025 年）》，将青少年作为“十四五”时期法治宣传教育的重点对象，把民法典、妇女和未成年人权益保护法律知识纳入重点普法内容，明确“加强青少年法治教育”，要求“广泛组织和动员国家机关和社会力量支持和参与青少年法治教育工作，在全社会深入开展义务教育法、未成年人保护法、预防未成年人犯罪法、反家庭暴力法和《贵州省未成年人保护条例》《贵州省学校学生人身伤害事故预防与处理条例》等法律法规的学习宣传，办好家长学校，推动家庭与学校形成开展青少年法治教育的合力，进一步完善政府、司法机关、学校、社会和家庭共同参与的青少年法治教育新格局”。

二是压实对青年的普法责任。2019 年以来，省司法厅、省法宣办依据“谁执法谁普法、谁主管谁普法、谁服务谁普法”的普法责任制原则，开展省直单位年度“七五”普法专项目标考核。2021 年法治贵州建设普法依法治理目标考核，将省教育厅、省公安厅、省民政厅、省人社厅、团省委等部门纳为考核对象，指导各部门结合职能实际细化量化年度普法工作任务，制定并公开年度普法责任清单，将对青年的普法工作贯穿于立法、执法、司法、管理和服务全过程，有力推动了青年法治宣传教育的落实。

三是积极开展普法实践活动。依托“黔微普法”公众号开发线上“万人大培训”学习培训管理系统，设置“未成年人保护”法律学习专题，将涉及青少年成长的相关法律知识纳入其中，组织全省 11 万村（居）“两委”成员、网络员、人民调解员等学员在线学习，推动基层普法实践。省委、省政府各职能部门全面履行普法职责，采取多方联动，多措并举，以教育为先，创新法治宣传教育方式方法，形成系统化、常态化青少年法治教育机制，切实提升未成年人遵法、学法、守法、用法意识。

四是司法机关以案释法警钟长鸣。虽然法律冰冷威严，司法却充满温度。预防青少年违法犯罪，作为司法机关的法院、检察院以案释法，警醒广大未成年人。其中，省检察院联合教育部门构建法治教育基地，建设法治副校长队伍制度，开展线上线下相结合的普法宣讲，以真实案例警醒游走在违法犯罪边缘的问题少年，效果显著。

3. 不断优化青少年成长网络环境

省公安系统全面开展“净网2021”专项行动。持续加大对网络违法犯罪活动的打击力度和网络空间秩序的整治力度，严打涉网违法犯罪特别是影响青少年身心健康的淫秽色情、暴力恐怖、网络谣言等违法犯罪活动，优化青少年成长网络环境。全省公安机关紧扣“净网2021”专项行动，加强对本省网站、论坛、贴吧及即时通信的巡查，2021年上报违法网站3066个、栏目327个、单条信息10888条。运用网警执法账号共计举报有害信息1200余次，警示网民100余名，有效阻断黄赌毒信息广泛传播，营造清朗网络空间环境。①

省市场监督管理部门积极开展“扫黄打非”工作，深入开展打击制售涉黄涉非出版物的违法行为。强化打击传销违法行为，2021年1~8月，全省查处传销案件6件，罚没款226.86万元。强化对涉及未成年人的学习用品、生活用品等重点领域广告的监测监管，严厉查处危害青少年身心健康的涉黄、涉暴、谣言、教唆犯罪，净化青少年成长的外部环境。②

4. 完善未成年人司法保护制度

检察机关作为法律监督机关，通过完善未成年司法保护制度，强化预防青少年违法犯罪的效果。例如，省检察院加强未成年人检察独立机构建设，科学调整、配置未成年人检察部门职能，努力打造专业化未成年人检察工作队伍，大力推进专业化办案场所和法治教育基地建设。初步形成了“捕（审查逮捕）、诉（审查起诉）、监（法律监督）、防（犯罪预防）、教（教育矫治）”“五位一体”新模式。

① 《贵州省中长期青年发展规划联席会议第三次全体会议资料汇编（成员单位）》，贵州省中长期青年发展规划联席会议办公室，2021年9月，第83页。

② 《贵州省中长期青年发展规划联席会议第三次全体会议资料汇编（成员单位）》，贵州省中长期青年发展规划联席会议办公室，2021年9月，第191~192页。

省法院、省检察院系统注重对未成年被告人的回访、帮教，预防再犯罪。对适用非监禁刑的未成年被告人定期回访、进行帮教，进行法制教育，努力保障未成年被告人重新塑造自我，帮助解决一些实际问题和困惑，鼓励树立正确的人生观、价值观，更好地融入社会。

相较于公安机关和法院，检察机关在对未成年人的帮教过程中有着特殊的优势。从公安机关的侦查、提请检察机关批准逮捕，到移送检察机关审查起诉，再到检察机关依法向法院提起公诉并出庭支持公诉直至法院依法做出判决，整个过程都有检察机关的参与。它的作用的发挥贯穿于司法程序的全过程。在横向上，检察机关广泛与家庭、学校和社会建立联系，全面了解未成年人生活和学习的环境，有利于社会调查制度的展开和品格证据的形成，这无疑成为帮教工作顺利开展的基础性条件。省检察系统打造“未检帮教及普法教育平台”，实行多样化帮教。

5. 不断深化“青少年零犯罪零受害社区（村）”创建

贵州省委政法委、团省委认真总结参加全国“青少年零犯罪零受害社区（村）”［简称“双零社区（村）”］试点创建工作经验，将“双零社区（村）”试点工作作为创新社会治理、深化平安建设和预防青少年犯罪工作的重要抓手，在全省层面推进“平安贵州·青少年零犯罪零受害社区（村）试点创建工作，指导各市（州）完成9个省级、18个市级“双零社区（村）”试点创建。“双零社区（村）”试点创建工作主动融入基层社会治理，关注易地扶贫安置点青少年，撬动各方力量以“小单元”参与“大治理”，协同社会各界共同护航未成年人健康成长，既培育了青年社会组织，又壮大了基层社区治理的人才队伍，更提高了创新社区治理的效能，推动基层构建党委领导、政府主导、团委牵头、相关部门齐抓共管、社会力量广泛参与的工作格局，切实提升了社区（村）青少年的安全感、幸福感，有效助力平安贵州、法治贵州建设。

（二）预防青少年违法犯罪的形势依然严峻

全省预防青少年违法犯罪工作取得显著进展，但最高人民检察院、贵州省人民检察院公布的有关数据显示，预防青少年违法犯罪的形势依然比较严峻。省检察院决定起诉的涉罪未成年人数以及全国起诉较严重犯罪未成年人数近两年均呈上升趋势。

例如，最高人民检察院工作报告数据显示，2018 年对涉嫌轻微犯罪并有悔罪表现的未成年人，不批捕 15205 人、不起诉 8332 人、附条件不起诉 6959 人，同比分别上升 6. 9%、13. 8%和 16%；应当依法从严惩戒的，批捕 29350 人、起诉 39760 人，同比分别上升 4. 4%、下降 8. 8%。[①] 2020 年，全国起诉涉嫌犯罪的未成年人 3. 3 万人。[②] 2021 年全国起诉较严重犯罪未成年人 3. 5 万人，同比上升 6%（见表 1）。[③]

表 1　全国起诉未成年人数对比

年份	起诉人数	同比
2018	依法从严惩戒未成年人 3. 976 万人	下降 8. 8%
2020	全国起诉涉嫌犯罪的未成年人 3. 3 万人	—
2021	全国起诉较严重犯罪未成年人 3. 5 万人	上升 6%

贵州省检察机关在加强和改进未成年人重罪案件办理和帮教工作方面，对于少数涉嫌严重暴力犯罪、人身危险性大、矫正难度大的未成年人，坚决依法惩处，依法批捕、起诉、建议判监禁刑，保持必要的司法威慑，采取刑罚手段进行教育矫治，2016~2018 年依法批捕实施故意杀人、故意伤害、强奸、抢劫等严重犯罪行为的未成年人 2173 人，起诉 2626 人，657 人被判处超过三年有期徒刑及以上刑罚，约占未成年人生效判决的 10%。[④] 贵州 2021

① 《最高人民检察院 2018 年工作报告》，最高人民检察院官网，https：//www. spp. gov. cn/spp/gzbg/201903/t20190319_ 412293. shtml，最后访问日期：2022 年 3 月 27 日。

② 《最高人民检察院 2020 年工作报告》，最高人民检察院官网，https：//www. spp. gov. cn/spp/gzbg/202103/t20210315_ 512731. shtml，最后访问日期：2022 年 3 月 27 日。

③ 《最高人民检察院 2021 年工作报告》，最高人民检察院官网，https：//www. spp. gov. cn/spp/gzbg/202203/t20220315_ 549267. shtml，最后访问日期：2022 年 3 月 27 日。

④ 《贵州省检察院召开“加强未成年人司法保护”新闻发布会》，最高人民检察院官网，https：//www. spp. gov. cn/zdgz/201905/t20190531_ 420456. shtml，最后访问日期：2022 年 3 月 27 日。

年未成年人犯罪案件办理情况，逮捕 974 人，不批捕和决定不捕 2044 人，决定起诉 1060 人，不起诉 1598 人（含附条件不起诉考验期满后不起诉）。[①]

值得说明的是，表 1 中所显示的起诉未成年人数的统计口径不一样，2018 年统计的是依法从严惩戒的未成年人数，2020 年统计的是全国检察院起诉涉嫌犯罪的未成年人数，2021 年统计的是全国起诉较严重犯罪未成年人数。虽然统计口径有所差异，导致起诉人数没有可比性，但从报告所提供的同比数据来看，当下未成年人较严重犯罪的情况呈上升趋势。从表 2 的数据可以看出，2021 年贵州省涉罪未成年人数高于 2016~2018 年三年涉罪未成年人数的平均值，说明未成年人违法犯罪有所抬头，形势仍然严峻。无论从全国来看，还是从贵州省来看，预防青少年违法犯罪依然任重道远。

表 2　2016~2018 年、2021 年贵州省起诉涉罪未成年人数对比

项目	2016~2018 年	2021 年
起诉涉罪未成年人数	三年共 2626 人，875 人/年	1060 人

青少年违法犯罪的原因复杂，家庭关爱不足、学校教育不到位、公权力机关未尽职尽责、社会不良环境的诱导、青少年个人心智不成熟等都可能引发青少年违法犯罪。

三　贵州预防青少年违法犯罪的努力方向

预防青少年违法犯罪具有长期性、复杂性和艰巨性，是一项全世界各国都重视的系统工程。有效预防青少年违法犯罪需要国家、家庭、学校、社区、企业、普通民众等各方共同努力、协同合作。

① 《贵州省检察机关 2021 年主要业务数据》，贵州省人民检察院官网，http：//www. gz. jcy. gov. cn/tzgg/202201/t20220124_ 3536927. shtml，最后访问日期：2022 年 3 月27 日。

（一）强化政府综合治理、净化社会氛围

德国物理学家赫尔曼·哈肯提出协同效应原理，认为整个系统呈现某种状态是由子系统或各子系统内部各要素之间的相互作用决定的，而在交互过程中产生的集体效应是推动大系统不断更迭的根本原因和动力。换言之，协同效应是一种增效作用，是指两种或两种以上的组分相加或调配在一起，所产生的作用大于各种组分单独应用时作用的总和。预防青少年违法犯罪需要各方力量协同合作。《预防未成年人犯罪法》第 4 条明确规定："预防未成年人犯罪，在各级人民政府组织下，实行综合治理。"追求社会公益是行政的一项重要特征。[①] 预防未成年人违法犯罪，关系社会和家庭的和谐稳定，是国家孜孜不倦追求的一项重大社会公益。各公权力机关应当协同合作，净化社会氛围。其中，行政机关肩负公共利益之集合、分配、维护之职。[②] 对于预防青少年违法犯罪，行政机关有必要进行综合治理。这种综合治理表现如下。

1. 运用大数据掌握青少年思想动态

人们的违法犯罪多受内心思想动态的影响。青少年违法犯罪早期预防、控制的第一步，是必须了解青少年情况，做到心中有数。这是实施早期预防的基础。对正常发展的青少年进行常规的教育、管理，以使他们健康成长；对有不良思想品德和行为的青少年，进行重点教育、重点管理，尽可能把一些不好的苗头制止在萌芽状态。当下政府职能部门掌握大量数据信息，各级政府职能部门应当做到数据互通共享，以便及时掌握了解青少年思想动态。

2. 规划并建立合理科学的预防体系

预防青少年违法犯罪要有一个科学合理、合法有效的网络体系，没有这个网络体系，早期预防就可能流于形式，达不到应有的效果。科学合理的预防网络体系应当具有层次性，建立政府主导、家庭负责、学校补充、社区关

---

① 翁岳生：《行政的概念与种类》，载翁岳生编《行政法》（上册），中国法制出版社，2009，第 15 页。

② 叶必丰：《行政法的人文精神》，北京大学出版社，2005，第 106~107 页。

爱的，有主体、有角色分配的预防体系。再者，各角色主体对青少年违法犯罪的预防应当符合青少年身心健康发展，遵循“因材施教”的原则。青少年具有可塑性强、易变性强的特点，因此，除了建立定期的信息集中制度保证稳定的信息资料外，还应通过家庭、学校或社区（街道）等多种联系渠道，反映有关青少年的新情况。

3. 培育和践行社会主义核心价值观，引导形成积极向上的社会氛围

人生观是人们对人生态度的看法，价值观是人们对人生价值的看法和评价。青少年如果有了正确的人生观、价值观，他们就会采取正确的人生态度，激发向上的生活动机，形成良好的行为习惯。相反，如果他们长期受消极的人生观、价值观的影响，就会逐渐误入歧途，甚至走上犯罪道路。在全社会范围内，培育和践行社会主义核心价值观，引导家庭、学校、社区形成积极向上的社会氛围，可以减少对青少年的不良影响。同时，严厉打击犯罪，净化社会风气。为维护社会的稳定，保证社会的长治久安，同时给青少年健康成长创造一个良好的外部环境，必须严厉打击各种犯罪，使之产生强烈的威慑作用，为预防、减少青少年违法犯罪创造有利的外部条件。

4. 以案释法，加强法治宣传教育

针对青少年群体，开展法治宣传教育必不可少。一方面提升青少年自我保护意识，另一方面警醒有违法犯罪倾向的青少年。其中，司法机关可采取以案释法等方式进行法治宣传教育，创新法治教育宣传载体和形式，开展形式多样的法治宣传活动，为青少年健康成长和社会的和谐稳定保驾护航。

总而言之，国家对预防青少年违法犯罪问题应当进行综合治理，需要：第一，明确公权力机关职责分工，优化权力配置，合理界定政府职能。当前，在转变政府职能时要将公共服务的职能放在更加突出的位置，并且着重注意政府内部和政府与其他社会主体之间的关系。第二，明确横向部门之间的权责关系。预防青少年犯罪的相关部门应该合理分工，健全组织机构，逐步建立预警监测机制、协调联动机制、督导检查机制、考评激励机制，明确区分权责关系，加强制度建设，明确工作任务，合理配置资源。第三，建立

预防青少年违法犯罪专门管理机构。“预防青少年违法犯罪综合治理”要求，解决社会问题需要在各级党委和政府的统一领导下，整合社会各个部门、各个单位、各个层次的力量……预防青少年违法犯罪是一项综合性的系统工程，要充分运用政府权力有效整合社会资源，构建“政府—社会—家庭”三维治理结构。①

（二）发展地区经济、强化家庭教育

在梳理贵州省中长期青年发展规划联席会议成员单位撰写的落实《规划》的总结报告中，可以发现青年发展过程中存在的许多问题，很重要的一个原因是家庭教育、家庭保护不到位。例如，在预防未成年人违法犯罪问题上，家庭教育与监管的疏漏是第一大原因。家长是孩子的第一任老师，家庭教育直接影响未成年人习惯养成、道德品德、价值观的形成，从审理的案件中可以发现，几乎每一个未成年罪犯的背后都有一个“不健全”的家庭。

青少年常见违法犯罪行为与家庭教育有关。不过，贵州目前仍是劳务输出大省，即使《贵州省未成年人保护条例》对留守未成年人设立了特殊保护，终究无法代替家庭教育。要想稳固家庭关系，强化家庭对青少年的教育与保护，最根本的仍是要大力发展贵州经济，创造就业机会。促使诸多青年群众就近务工，既能实现就业与创业权益的保障，又可以照顾家庭，亲自照顾子女。大力发展经济，凭借实力雄厚的财政，才能在青年发展所必需的教育、文化、医疗、社会融入、社会参与、社会保障等方面有所作为。

（三）巩固学校教育，助力青少年培养

过去，我国的学校教育一直处于应试教育的大环境中，重智育、轻德育，某些教师爱心失衡，教育方法甚至简单、粗暴，导致一些犯了错的学生

---

① 吕红培：《治理视角下城市青少年违法犯罪预防探析——以昆明市五华区为例》，《思想战线》2013 年第 S2 期，第 59 页。

得不到及时改正。同时，一些道德意识低、心理失衡的学生，在受到不良诱惑的影响下，容易走上违法犯罪的道路。

学校是青少年学习和活动的主要场所，是一个小型社会。青少年在学校中不仅学习知识，掌握技能，而且经历着如成年人在社会中所经历的人际交往、是非判断。他们的世界观、人生观、价值观都是在这期间形成并初步发展的，所以说学校教育是促进青少年健康成长必不可少的组成部分。

对此，各级各类学校应当树立正确的教育观与人才观。首先，把培养具有健康人格品质的学生作为目标，将学生综合素质、综合能力和创新能力的培养贯穿于学校教育的全过程。其次，加强教师队伍建设，全面提高教师素质，使教师成为“四有好老师”——“有理想信念、有道德情操、有扎实学识、有仁爱之心”的好老师；成为学生的引路人——做学生锤炼品格的引路人，做学生学习知识的引路人，做学生创新思维的引路人，做学生奉献祖国的引路人。最后，注重学生思想道德素质培养，注重爱心教育，尊重学生人格。

（四）加强企业、普通民众对青少年的关爱

青少年的健康成长离不开企业、普通民众等市场主体对青少年的关爱与照顾。青少年历来就是国家和民族的战略资源。企业、普通民众作为社会活动中的两类重要主体，首先，要践行社会主义核心价值观，跟随主流价值观引导，净化社会环境，尽量避免出现对青少年的不良刺激。其次，善待曾有不良行为者和违法犯罪者。违法犯罪的青少年，他们既是害人者也是受害者。他们回归正常后，初期思想可能不稳定，缺乏适应社会的能力，重新做人的意志也比较脆弱，随之而来还会遇到就学、就业的困难，家庭、社会的歧视，犯罪分子的拉拢，腐朽思想的侵蚀等不利因素，需要得到感情的接纳、人格上的尊重、生活上的帮助、工作上的支持、家庭上的温暖、社会上的关心。企业、普通民众如果能像“父母对待孩子、老师对待学生、医生对待病人”那样关爱改过自新的青少年，将为其以全新的心情和姿态开始新的生活增添信心。

四　结语

预防青少年违法犯罪是一项关系国家发展、民族兴旺发达的系统工程，是国家机关应当通力合作、整合引导社会各界力量共同完成之事项。当下，全国预防青少年违法犯罪工作形成了比较完备的法律规范体系及相关体制机制。以上位法为依据，贵州省制定了预防未成年人违法犯罪的地方性法规，建立了具有可操作性的挽救未成年人的专门矫治教育制度、监护人接受家庭教育指导制度，成为实践中有效预防青少年违法犯罪的有力抓手。在各机关的共同努力下，贵州省预防青少年违法犯罪工作取得显著进展，但形势依然比较严峻。对此，为有效预防青少年违法犯罪，公权力机关、家庭、学校、社区、企业、普通民众等各方力量应当协同合作，共同发力。强化政府综合治理、净化社会氛围；发展地区经济、强化家庭教育；巩固学校教育，助力青少年培养，是预防青少年违法犯罪的努力方向。

B.11
贵州青年社会保障发展报告

万　坚*

摘　要： 随着贵州经济社会不断发展，贵州青年群体逐渐显现出较高的创新内驱力和创造财富的能力，然而其社会保障方面存在的诸多现实问题，逐渐成为影响和制约青年发展的重要因素。本报告基于贵州青年社会保障的现状，全面分析贵州青年社会保障面临的形势，提出覆盖面广、协调性好的青年社会保障制度，为解决贵州青年社会保障内部缺乏长效动态监测、制度碎片化等问题提出相关对策建议。

关键词： 社会保障　政策体系　贵州青年

一　引言

“社会保障”是国家和社会通过立法，采取强制手段对国民收入进行再分配，对因年老、疾病、伤残、失业等出现生活困难的群众，给予物质上的帮助，以保证其基本生活需要的一系列有组织的措施。青年①社会保障除此之外还应包括青年就业服务、住房保障、婚恋、生育养育教育与家庭发展保障、社区服务等内容，是针对青年期“脆弱性”和“成长性”并存的特点，为青年成长发展所涉及的教育培训、就业、职业保护、创业、婚恋、生育、社会融入与社会参与、文娱等所提供的保障，致力于营造和优化青年发展生

* 万坚，贵州省社会科学院工业经济研究所助理研究员，研究方向：工业经济、社会保障。

① 根据国家统计局的界定，15~34 岁的人口即视为青年群体。

态系统。

青年社会保障政策是青年政策的重要组成部分。21 世纪以前，我国的社会保障制度缺乏专门针对青年的社会保障政策。改革开放以来，青年社会保障政策的发展经历了两个大的阶段。一是为关注弱势青年而实施的预防型、补救型政策阶段，即实施以养老保险、工伤保险、疾病保险、生育保险等为主的职工社会保险制度（失业保险除外）。二是保护全体青年，发展型、普惠型政策阶段，即以社会保险、社会救助、社会福利为基础，以基本养老、基本医疗、最低生活保障制度为重点，以慈善事业、商业保险为补充的社会保障体系。这一阶段我国提出了一些针对性极强的青年福利政策。如广州的租购同权制度；北京、南京、青岛等地的积分落户制度；淮安、北京、上海等地的共有产权制度等；成都、武汉、合肥、长沙、南昌等地，就大学生、农民工等青年自愿缴存使用公积金等事项达成了合作行动计划等。

社会成员的不同生命阶段具有不同的阶段性人生使命。青年既处于创造力的核心地带，又处于社会权力结构和利益结构的边缘地带，其维护自身利益、拓展发展空间的渠道、手段、能力都相对有限。一是代际更迭以及代际价值观变迁对社会福利结构、范围和品质要求不同。二是青年发展具有外部性，发展得好就能带给经济社会发展无限动力，作为公共领域和家庭领域角色扮演的效果直接关系老年和儿童等群体的福利水平。青年的婚姻生育、老人赡养等角色的承担使得青年问题社会化、社会问题青年化趋势更加凸显，青年期也因此被视为人一生中的“暴风骤雨期”。

二　贵州青年社会保障的现状分析

近些年，贵州省着力营造有利于青年人才成长成才的良好社会环境，优化青年成长环境，先后出台了《贵州省中长期青年发展规划（2019—2025年）》《关于加快发展保障性租赁住房的实施意见》等专项青年政策，为贵州青年提供了全面高质量的发展性青年福利，社会保障政策体系发展迈入一个崭新阶段。

（一）社会保险政策不断完善，社会保险待遇水平稳步提高

1. 社会保险制度不断完善

一是贵州企业青年职工基本养老保险省级统筹通过了国家考核验收，基本养老保险政策得到进一步完善。2020 年，贵州省印发《贵州省城乡居民养老保险基金委托投资工作方案》，在全国率先开展中央驻黔单位改革实施准备期基本养老保险及职业年金基金收支清算工作。2020 年 8 月 20 日起，全省陆续分批将 183.43 亿元账实匹配基金划拨至 11 个计划受托管理机构。二是贵州工伤保险省级统筹制度，将贵州省机关和参照公务员法管理单位纳入工伤保险范围。2020 年贵州申请劳动能力鉴定人数 17465 人；工伤险参保人数 463.78 万人，完成全年计划的 107.6%。三是应对各种突发性社会事件，降低门槛，提高标准，推进落实失业保险稳岗返还、扩大保障范围政策，确保符合条件的失业人员及时足额地得到基本生活保障；贵州失业保险参保人数 297.93 万人，完成全年计划的 104.2%。四是青年职工企业年金经办管理工作向纵深推进，城乡居民基本养老保险待遇水平显著提升。2020 年，城乡居民基本养老保险基础养老金增加 5 元，月人均养老金水平达 110 元；城乡居民基本养老保险参保人数 1904.49 万人。

2. 社会保险扩面征缴力度持续加大

一是社会保险参保人数保持较快增长。2020 年，贵州城镇职工基本养老保险、城乡居民基本养老保险、失业保险和工伤保险参保人数分别达到 713.98 万人、1904.49 万人、297.93 万人和 463.78 万人。二是社会保险基金收支运行总体平稳。城镇职工基本养老保险、城乡居民基本养老保险、失业保险和工伤保险基金收入分别为 668.01 亿元、80.44 亿元、15.00 亿元和 9.32 亿元，其中：城镇职工基本养老保险、失业保险和工伤保险基金征缴收入分别达到 460.24 亿元、12.57 亿元和 9.07 亿元，城乡居民基本养老保险个人缴费收入 14.82 亿元。三是企业年金工作有序开展。2020 年职业年金个人账户数 121.09 万人，待遇领取人数 12.22 万人；收入 76.77 亿元，

其中缴费收入67.13亿元；支出2.91亿元，其中待遇支出2.78亿元；累计结余200.72亿元（见表1）。

表1　2016~2020年贵州省社会保险情况

指标	2016年	2017年	2018年	2019年	2020年
社会保险基金支出(亿元)	487.49	796.67	889.77	1130.53	1219.31
城乡居民基本养老保险参保人数(万人)	1703.08	1748.55	1802.66	1855.76	1904.49
城镇职工基本养老保险参保人数(万人)	423.58	588.17	639.81	677.5	713.98
基本医疗保险参保人数(万人)	973.59	1001.34	1040.47	4186.75	4194.35
失业保险参保人数(万人)	218.1	235.71	257.33	276.07	297.93
社区服务机构和设施数(个)	23285	23139	23207	23525	24949
享受城市低保人数(万人)	35.82	31.5	34.09	48.82	64.43
城市低保生活保障支出(万元)	164852.8	159150.8	173794	208169	342411
优抚对象补助金额(元)	159311	168715	166455	152266	147940
最低生活保障支出(元)	829746	868537	840993	867687	1099157

资料来源：贵州省人力资源和社会保障厅，http：//rst.guizhou.gov.cn/zwgk/zdlyxx/sbxx/202108/t20210813_ 69518595.html。下同。

3.执行企业养老保险制度离退休人数和离退休金水平稳步提高

2020年，全省执行企业养老保险制度离退休人员118.30万人，增长3.15%。全省执行企业养老保险制度离退休人员月人均基本养老金2765元（其中执行企业养老保险制度退休人员月人均基本养老金2756元），同比增加115元，增长4.3%（见图1）。企业单位：参保人数337.79万人，占参保总人数的72.84%，比上年底增加39.10万人，增长率13.09%；比2015年底增加125.94万人，年平均增长率9.78%。事业单位：参保人数82.18万人，占参保总人数的17.72%，比上年底增加8.64万人，增长率11.75%；比2015年底增加15.35万人，年平均增长率4.22%。机关单位[①]：参保人数40.39万人，占参保总人数的8.71%，比上年底增加7.30万人，增长率22.06%。比2015年底增加29.89万人，年平均增长率30.92%。有雇工的

① 机关单位：指参加工伤保险的公务员所属单位和参照公务员法管理的事业单位、社会团体等。

个体工商户：参保人数 3. 41 万人，占参保总人数的 0. 73%，比上年底增加 0. 23 万人，增长率 7. 23%；比 2015 年底增加 2. 39 万人，年平均增长率 27. 30%（见图 2）。

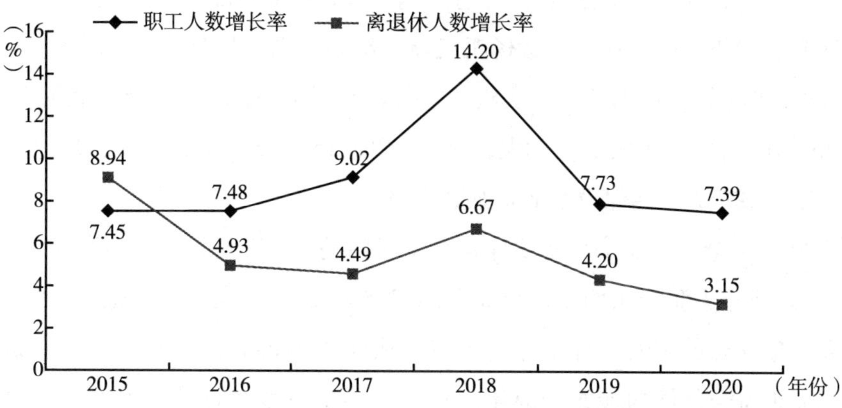

图 1　2015~2020 年企业参保职工和离退休人员增长率情况

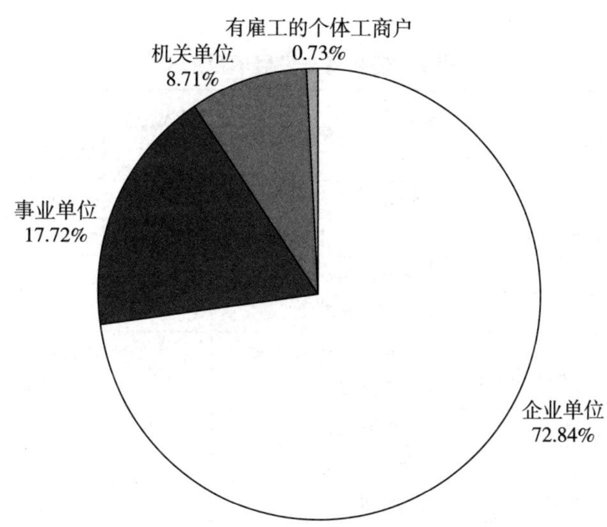

图 2　2020 年工伤保险参保人员按单位类型分布情况

（二）社会福利事业进一步发展，社会福利投入显著提高

1. 学生资助项目不断增加，慈善力量不断增强

2020 年，通过开展高校大学生外事领域实训项目，受益人数 160 人；2021 年，贵州希望工程升级版杨帆启航，星星计划、壮苗计划、沃土计划有序推进，捐赠资金 6000 万元；实施“中国茅台·国之栋梁”“习酒·我的大学”等 30 多项公益助学项目，资助大、中、小学生 16919 名，募集公益金 1.7 亿元。

2. 未成年人生活保障水平显著提升

2020 年全省开展了“青少年体育赛事活动”“贵州省青少年科学导师”“预防未成年人犯罪条例立法调研”等 7 个项目（见表 2），总投资达 1330 万元。建立未成年人教育工作室，将未成年人刑事诉讼和专门教育有机融合，完善符合条件的涉案未成年人接受专门学校教育矫治。2020 年，全省未成年人获得法律援助 4518 人次，未成年人管教所设立的专门学校中当年新增学生 387 人。

表 2　贵州青年发展项目汇总

项目名称	实施单位	投入资金（万元）	受益青年人数（人）	备注
青年就业见习计划	省人社厅	6000	14000	
贵州省乡村旅游创客大赛	省文旅厅、团省委	120	1622	
贵州省青年健康促进与教育	省卫健委宣传处、省疾控中心健教所	30	220000	
《贵州教育》、高校思政公开课	贵州广播电视台科教健康频道	50	20000~30000	
青少年体育赛事活动	省体育局	150	9000	
金融服务支持青年成长	贵州银保监局	10	110000	
贵州省青少年科学导师	省科协	10	6000	
“圆梦工程”贵州文艺培训志愿服务行动	省文联	20	200	
生态文化传播·青年在行动	省林业局	15	10000	

续表

项目名称	实施单位	投入资金（万元）	受益青年人数（人）	备注
2021年“创客中国”贵州省中小企业创新创业大赛	省工信厅	103	250	
省退役军人教育培训	省退役军人事务厅	300	4000	
贵州省第五届科学实验展演汇演赛	省科技厅	15	2300	
环境监测开放日	省生态环境厅	2~3	150	
“我的统计我的梦——新时代黔统大讲堂暨‘统计达人’技能竞赛”	省统计局	1	1692	项目拟投入资金1万元/年
青春携进	团省委青发部、省国资委团工委	10	6000	项目拟投入资金10万元/年
贵州省大学生外事领域实训项目	省外事办（省人民对外友好协会）	1	160	项目拟投入资金1万元/年
贵州省创新创业平台建设	省大数据局	100	100~200	
金融诚信 助力青春追梦圆梦	中国人民银行贵阳中心支行		2500	未填报拟投入资金
青年自护宣传和教育	省应急厅	20	18000	
青年就业创业培训	贵州农业职业学院	20	2300	
加强未成年人法律援助	省司法厅		5000	未填报拟投入资金
在民族地区推广普及国家通用语言	省民宗委	100	4000	
贵州民航产教融合实训基地建设项目	贵州广播电视大学	17886.06	7000	受益青年人数7000人/次/年
黔台青年交流活动	省委台办	10	250	
拟开展“贵州好网民 与时代同行”网络文化节	省委网信办、团省委、省教育厅等	30	101	
预防未成年人犯罪条例立法调研	省人大社会建设委员会	据实列支	全省青年中的未成年人	

续表

项目名称	实施单位	投入资金（万元）	受益青年人数（人）	备注
贵澳结缔姊妹学校活动	省委统战部	10	2300	
制定出台新时代未成年人案件办理指导意见	省委政法委执法监督处		全省未成年人	未填报拟投入资金
全国青少年毒品预防教育数字化平台	省禁毒办		3600000	未填报拟投入资金
机关青年理论学习小组联学联研工作机制	省公安厅直属机关党委	10	300	
贵州省人民检察院青少年法治教育实践基地	贵州省安顺市人民检察院	1300	437000	
农村学生营养改善计划	省教育厅	300000	4000000	
“青马工程”培训班	贵州水利水电职业技术学院	10	4100	
巩固拓展已脱贫青年脱贫成果	省扶贫办		2851900	项目拟投入资金无法量化到青年
青年女职工和儿童文化素质提升	省总工会	8	31500	
扶持青年绣娘创业就业	省妇联	20	220	
《国防大视野》杂志	省委军民融合办	70	150000	
贵州省地方金融监督管理局青年工作委员会	贵州省地方金融监督管理局		65	未填报拟投入资金

资料来源：贵州共青团，http：//www. gzyouth. cn/home/column/index。

3. 青年心理健康工作全面加强

全省建设 2000 多个村（社区）“儿童之家”、社会工作和志愿服务站，乡镇（街道）社工站服务范围进一步扩大，社会工作服务机构、公益慈善组织、志愿服务组织等社会力量参与青少年心理健康辅导中心建设和服务水平进一步提高。青少年、待业青年、残疾青年、在职青年等心理健康辅导服务站逐渐增加。

4. 青年婚恋行为更加理性，婚姻责任心和家庭责任感进一步提升

自“互联网+婚姻服务”行动开展以来，“离婚冷静期”程序进入婚姻

登记信息系统，简约婚俗、文明婚俗，被列入村规民约，中华优秀传统婚俗文化得到广泛宣传，青年正确的家庭观念，尊老爱幼、男女平等、夫妻和睦、勤俭持家、邻里团结的优良传统得以传承。2021 年，全省适龄青年（男 22~35 周岁，女 20~35 周岁）结婚对数下降 8.6%，降幅较上年收窄 4.3 个百分点；35 周岁以下青年离婚对数（含男女均是青年和男女一方是青年）下降 37.9%，增幅较上年显著提升。2012~2021 年结婚登记对数呈下降趋势，而离婚登记对数整体呈上升趋势。结婚登记跨区域办理试点工作，有效推动了居民婚姻登记“全省通办”“全国通办”，为适龄青年婚姻登记提供了便利（见图 3）。

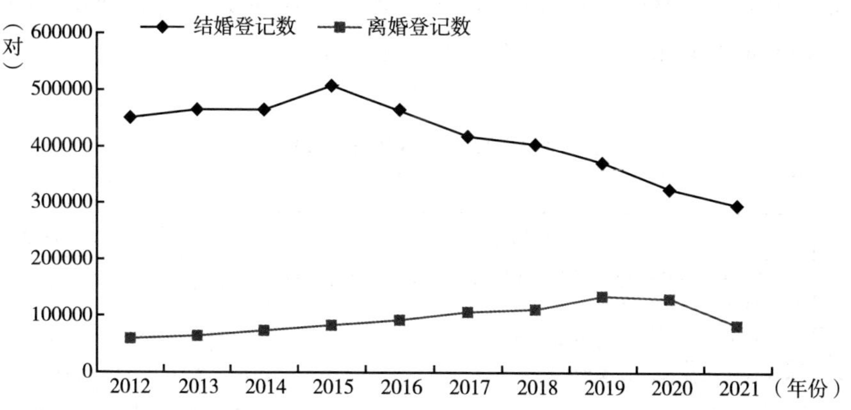

图 3　2012~2021 年贵州青年结婚登记数

资料来源：贵州省民政厅，http：//mzt. guizhou. gov. cn/。

5. 青年人住房保障工作稳固推进

2018 年 10 月以来，贵阳市出台《贵阳市市级青年人才公寓管理暂行规定》，重点解决在贵阳市的全日制大学专科及以上应届毕业生以及 35 岁及以下的历届毕业生、引进的高层次人才和创新创业人才等的居住困难问题。随后，省政府印发《贵州省 2019 年城镇保障性安居工程工作要点》，明确将青年医生、青年教师等特殊困难家庭纳入住房保障。2019 年，《关于进一步规范发展公租房的实施意见》出台，明确将“重点发展产业符合条件的青年教师、青年医生等新就业无房职工”纳入住房保障范围。截至2022年1月底，贵州省累计将14~35岁青年人22.28万户纳入公共租赁住房实物保障，其中，贵阳市49388人，有效解决了贵州省青年人住房困难问题。

6. 有效服务青年就业创业体系进一步完善

2020年，全省组织95572名青年参加就业创业技能培训，开展各类线上线下招聘活动，开发“青扶贷”等金融产品、扶持创业青年1.3万人、发放贷款17.03亿元。团省委按照省委“黔货出山、风行天下”活动部署，聚焦“9+3”县区，创新开展“创在乡土·贵州好礼”等直播带货活动，帮助农村创业青年销售农产品1401万元。全省获批青年创业项目包括“不褪色的青春”——贵阳市未成年人司法社会工作精准帮扶、“清镇网络达人小镇”孵化园等共18个，总投资54万元（见表3）。

表3　2020年贵州青年项目

单位：元

序号	项目名称	呈报单位	资助金额
1	“不褪色的青春”——贵阳市未成年人司法社会工作精准帮扶项目	团贵阳市委	40000.00
2	“清镇网络达人小镇”孵化园项目	团贵阳市委	20000.00
3	遵义市青年创新创业培养项目	团委遵义市委	40000.00
4	绥阳县青年创新创业项目	团委遵义市委	20000.00
5	共青团微团课视频制作项目	团六盘水市委	20000.00
6	钟山区青少年国学教育基地(凉都国学馆青少年示范活动中心)项目	团六盘水市委	30000.00
7	西秀区“星火行动·我与家乡共发展”项目·	团安顺市委	40000.00
8	平坝区乡村振兴青年培训项目	团安顺市委	20000.00
9	毕节市搬迁少年城市融入计划项目	团毕节市委	40000.00
10	织金县青创联盟项目	团毕节市委	30000.00
11	大龙开发区移民新区青少年社会工作服务项目	团铜仁市委	30000.00
12	碧江区“图书漂流计划”项目	团铜仁市委	30000.00
13	凯里市易地扶贫搬迁安置点“蓝房子”公益图书馆项目	团黔东南州委	40000.00
14	麻江县阳光帮扶计划项目	团黔东南州委	20000.00
15	青春长征——黔南州青少年思想政治引领系列活动项目	团黔南州委	20000.00
16	黔南州易扶点青少年城市融入试点项目	团黔南州委	30000.00

续表

序号	项目名称	呈报单位	资助金额
17	兴义市“青创农场”项目	团黔西南州委	40000.00
18	安龙县双龙社区“双龙新青年计划”社会融入与社会参与项目	团黔西南州委	30000.00

资料来源：贵州共青团，http：//www.gzyouth.cn/home/column/index。

（三）城乡社会救助体系逐步完善

2019年，贵州省加大对流浪未成年人的救助和对失足青年的规劝力度，建立配套政策体系，为农村贫困家庭失学、失管青年提供就学、基本生活保障等方面帮扶。2020年，全省加大临时救助政策落实力度，解决包括进城务工青年在内的困难群体突发性、紧迫性、临时性生活困难问题。年末，省内高校在校生中残疾学生占比较上年提高0.11个百分点，就业青年占比较上年提高8.4个百分点，建立省、市、县三级留守儿童和困境儿童关爱救助保护工作机制，启动“贵州省留守儿童困境儿童关爱救助保护办法”立法调研，开展“圆爱工程——关爱留守儿童困境儿童系列行动”，推动解决学业失教、生活失助、亲情失落、心理失衡、安全失保等问题。2020年，全省被纳入城市居民最低生活保障的家庭25.57万户、64.45万人，全年累计支出城市居民最低生活保障金28.61亿元，城市低保平均保障标准645元/月，月人均补助水平431元，较上年分别增长2.6%、4.9%；全省被纳入农村居民最低生活保障的家庭86.76万户，全年累计支出农村居民最低生活保障资金65.20亿元，全省农村低保平均保障标准4318元/年，年人均综合补助水平3206元，较上年分别增长5.2%、6.2%。

（四）社会优抚制度体系不断完善

全省持续推进《军人抚恤优待条例》，印发参公管理事业单位人员因公评残有关问题的意见、优抚信息系统建设和优抚数据管理工作规范，努力形成拥军优抚安置工作新局面。2020 年，贵州各地按照《关于进一步做好复员退伍贵阳遵义安顺并网升位 10 小时内军人困难帮扶工作的十条意见》要求，对复员退伍军人给予优先优惠政策的落地实施。一是安排公益性岗位帮助就业。对符合条件且有就业意愿的复员退伍军人就业困难人员，通过安排公益性岗位等方式帮助就业，实现全省复员退伍军人就业困难人员全部清零。二是社保住房就医等优先。将复员退伍军人优先纳入最低生活保障范围，实行应保尽保。三是优先安排租住公共租赁住房。对持有民政部门低收入相关证明且家庭人均住房建筑面积低于 15 平方米、未享受过实物保障的，可申请住房租赁补贴，县级住房城乡建设部门和民政部门要开通“绿色通道”。四是给予军人子女教育补助和奖励。对家庭经济困难的复员退伍军人子女，在农村义务教育学校就读的，按国家和省规定给予每人每年免除 2000 元学费，并享受 1500 元助学金。全省共建设优抚事业单位 39 个，优抚对象补助金额 14.79 亿元；建设社区服务 24949 个，受益群体 64.43 万人。

三　贵州青年社会保障面临的形势

自《贵州省中长期青年发展规划（2019—2025 年）》实施以来，贵州青年社会保障体系化进程不断加快。从政策形态看，贵州青年社会保障政策正逐步从碎片化向体系化方向转变；从价值取向看，贵州青年社会保障正在逐步实现从补缺型向普惠型方向转变；从覆盖目标看，青年社会保障覆盖范围从特殊、困境青年向全体青年转变；从青年社会保障客体形态看，贵州青年社会福利保障正从以“现金”为主转向“资金、物质、服务、设施、项目（活动）”并举的多元形态。但是，全省青年社会保障工作在取得一定成就的同时，也存在一些不可忽视的问题，具体表现为如下几个方面。

（一）青年就业的结构性矛盾长期存在

目前，贵州劳动力市场供大于求，每年成千上万的青年达到劳动年龄，而城市本身无法吸纳所有劳动力，尤其是无法解决备受关注的农民工就业问题。

一边是大批民工找不到合适的工作，另一边是技术性企业出现“用工荒”，大学生“毕业即失业”的现象愈演愈烈，结构性失业现象频出。据统计，贵州青年就业留存度指标呈逐渐下降趋势，人才流失较为严重。2020 年，贵州省城镇登记失业人数 19.5 万，城镇登记失业率 3.75%，失业人口呈增长态势。

（二）青年住房困境有待改善

2020 年，贵州 9 地州市中房价最高的是贵阳，达到每平方米 9290 元，贵州城市青年普遍承受巨大的住房压力。买房掏空家庭积蓄、房贷限制消费预期、婚房加剧婚姻挤压、通勤影响生活质量等现实难题层出不穷。大部分青年暂时还处于住房保障政策的“夹心层”，难以申请着到公租房，又无力购买合适的商品房，青年因就业单位性质、就业时间和职级享受住房公积金的限制也比较多。高房价使内需增长面临长期抑制，使消费产生严重的结构性不足，贫富差距拉大，引发社会情绪焦虑。

（三）新职业青年劳动保障不足

随着“互联网+”经济新业态的快速发展，青年就业形态发生巨大变化，新职业环境中的青年存在劳动保障不足的状况。如外卖骑手，通过互联网平台提供服务，但难以和平台公司确立劳动合同关系。目前新职业青年的社会保障制度建设还在逐渐完善过程当中，部分地方还存在户籍和身份的限制，在高流动劳动关系下的异地社保关系转移接续还不够通畅。

（四）青年婚恋问题有待解决，初婚年龄向后推移

从全省青年初婚调研情况来看，近年来贵州省平均初婚年龄持续居高，远高于男 25 周岁、女 23 周岁的晚婚年龄。经分析，主要原因是婚恋成本高、传统择偶观的淡化以及互联网报道的婚恋纠纷的碎片化认知影响、交友圈狭窄缺乏良好交友平台等几方面。2020 年，全省青年平均初婚年龄为 29.90 岁，与上年相比，向后推移了 0.15 岁。[1]

---

① 资料来源：贵州省民政厅，http：//mzt.guizhou.gov.cn/。

（五）亚文化、非主流价值观对青年发展造成一定程度的负面影响

随着互联网日新月异的发展，社会文化空间日益复杂化，社交媒体日益智能化，让形形色色的亚文化对青年产生重大影响。青年亚文化和非主流价值观，有的属于正常的社会阶段性现象，有的则需要高度重视其负面影响，比如消极颓废的“丧”文化、“饭圈”文化、“网络暴力”文化、“王者荣耀”等手游成瘾文化、“畸形消费”文化等。贵州正处于经济社会发展过程中，易地扶贫安置区的复杂性容易使青少年在社会化过程中身心健康受到亚文化的负面影响。

四　新发展阶段贵州青年社会保障的对策建议

（一）持续推进青年教育培训工作

引导社会组织有效参与教育督导评估。通过加强立法建设、强化制度供给、构建认证标准、规范准入程序与评估机制；推动慈善力量积极开展学生资助项目。持续推进“善行贵州·益童乐园”等学生资助项目，打造“温暖贵州·大手牵小手”关爱服务品牌，推动更多社会资源向少数民族地区、深度贫困地区倾斜；培育养老服务、社会工作人才队伍。建立健全养老服务人才吸引培养、职级晋升、登记注册、教育培训、薪酬待遇、激励评价等机制制度，搭建信息共享交流平台，加强养老从业人才合作交流。

（二）促进青年身心健康水平提升

鼓励支持社会工作服务机构、公益慈善组织、志愿服务组织等社会力量参与青少年心理健康辅导中心建设和服务水平提高，深入基层，为青少年、待业青年、残疾青年、在职青年等提供专业的心理健康辅导服务，提升青年自我心理疏导能力和抗挫折适应能力，注重自杀预防，开展心理危机干预，缓解在职青年职场压力。

（三）营造良好的青年婚恋社会氛围

加强青年婚恋观、家庭教育观的引导。开展“互联网+婚姻服务”行动，启用新版婚姻登记管理信息系统，将“离婚冷静期”程序调整进入婚姻登记信息系统。持续落实好将青年婚恋教育纳入高中、中职、高校教育体系，灵活开设婚恋教育课程，强化青年对婚恋生活的尊重意识、诚信意识和责任意识，广泛宣传优秀婚俗文化，引导青年树立正确的家庭观念；有效推动居民婚姻登记“全省通办”，为适龄青年婚姻登记提供便利；充分利用网络信息优势，广泛传播积极向上的婚恋观、家庭观，形成积极健康的舆论导向。

（四）完善青年就业创业社会服务保障体系

加强青年就业创业社会救助保障。完善社会救助与就业的联动机制，对低保家庭成员就业创业的，在核算家庭收入、救助缓退期等方面给予支持性政策，增强其就业意愿和就业稳定性；开展导师带徒、岗位练兵、技能比武等，积极培育青年岗位能手；加强青年创业平台服务保障。加大政府资金扶持力度，引导社会资本加大投入，支持青年创业发展，强化青年创业抗风险能力，拓展创业渠道，向青年提供更多更好的创业机会。

（五）加快推进青年文化建设

大力支持青年文化社会组织开展活动，发现、培养一批青年文化骨干，全面贯彻维护青少年权益的法律法规和政策；健全青少年权益保护机制。加速构建“高效权威便捷的统筹协调组织体系、预防未成年犯罪、未成年受害人特殊保护、早婚早育专项治理和未成年学生法治宣传教育工作机制”的未成年人保护工作体系；优化青少年成长网络环境，加大对涉黄、涉暴、谣言、教唆犯罪、侵犯青少年隐私等信息的发现和处置力度，净化青少年成长的网络环境。

（六）完善青年社会保障政策体系

加强对残疾青年的关心关爱和扶持保障，指导各地开展好残疾人“两项补贴”发放、资格认定“跨省通办”工作；推进各地儿童福利机构引入爱心人士、社会组织参与残疾儿童康复工作和残疾儿童康复公益项目；加快青年住房政策建设，推动保障性租赁住房项目化、实物化、清单化，让更多青年人住有所居。建立保障性租赁住房市场联合监督制度，对市场主体实施负面清单管理，严厉打击以保障性租赁住房为名违规经营或骗取优惠政策的行为。

专题报告

Special Topic Reports

B.12

贵州建设青年友好型成长型省份报告

李雅娟*

摘　要： 2021 年，贵州提出“建设青年友好型成长型省份”，本报告采取文献分析、走访调研、深度访谈等方式分析贵州建设青年友好型成长型省份的现状、成功之处及不足之处，并提出对策建议。研究发现，贵州“黄金十年”后，当前贵州为青年提供了前所未有的发展机遇和日益完善的软硬件设施，但是青年的文化素质仍有待进一步提高、就业观念仍较为陈旧，贵州的公共服务供给、人才政策等也有待优化。本报告建议，贵州应为青年提供更多的交流学习机会，推出有吸引力的人才政策。

关键词： 青年友好型成长型省份　人才政策　贵州青年

* 李雅娟，中国青年报社贵州站记者，研究方向：青年教育、就业创业。

一 青年友好型成长型省份的特征和内涵

目前国内仅贵州提出建设“青年友好型成长型省份”，这一概念较新。而“青年友好型城市”的概念已有较长的历史，本报告将从国外、国内的青年友好型城市入手分析，进而探究青年友好型成长型省份的内涵和特征。

对青年群体的特殊关注，在发达国家已有较长的历史。20 世纪 60 年代以来，联合国出台过《做出努力和采取措施以确保青年实现和享受人权、特别是受教育和工作的权利》（1985）、《到 2000 年及其后世界青年行动纲领》（1995）、《关于青年政策和方案的里斯本宣言》（1998）等多个针对青年群体的文件[①]。其中最为系统的是《到 2000 年及其后世界青年行动纲领》，这份纲领提出教育、就业、青年充分和有效地参与社会生活和决策、健康等十个行动领域，旨在“创造能促进青年人福祉和改善他们生活的条件和机制”，并且“提高青年人充分、切实和富有建设性地参与社会的机会质量和数量”。

加拿大解码公司旗下的“年轻城市”（Youthful Cities）团队自 2014 年开始构建指标体系以来，对城市的青年基础设施进行评价，并评选出“对青年最友好的城市”（Most Youth-Friendly City）。“年轻城市”列出青年工作机会、医疗水平、收入水平、消费水平、教育培训机会、平等包容性、气候状况、公共交通、网络设施、财政状况、进取精神等 11 个维度[②]，涉及数十个具体指标，如电影、音乐、夜生活等。

美国经济研究所（American Institute for Economic Research，AIER）曾于 2016 年发布“求职目的地指数”，涉及经济、人口学特征、生活舒适度等三大领域，具体来看，有高等教育普及率、酒吧餐厅、青年失业率、房租等 9 个指标[③]。

---

① 《联合国公约与宣言》，https：//www. un. org/zh/documents。

② Youthful Cities 官方网站，https：//youthfulcities. com/。

③ American Institute for Economic Research，https：//www. aier. org/research/edi-methodology/.

由上述文件、指标体系，可以大致勾勒出部分发达国家青年友好型城市的内涵和特征：除了就业机会、教育机会、医疗设施等基础设施外，城市的包容性、气候、餐厅、夜生活等涉及生活舒适度的方面也同样重要。

2010年上海世博会结束后，青年志愿者代表发布《海宝宣言》，其中提出建设“青年友好型城市”，倡导青年弘扬志愿服务精神，实现“城市承载青年梦想，青年引领城市未来”的愿景。这是中国首次提出“青年友好型城市”的概念。

“青年友好型城市”是指城市政府在城市规划设计、政策实践、资源配置等方面，以及大城市、中等城市、小城市乃至社区多层面的公共事务中都能关注青年的需求，给予青年发展以优先权，注重将青年需求纳入公共决策和城市规划①。

为了让青年更好地成长、更快地发展，2017年中共中央、国务院印发《中长期青年发展规划（2016—2025年）》，从青年思想道德、青年教育、青年健康等十个方面制定了发展目标和发展措施。2019年，贵州出台《贵州省中长期青年发展规划（2019—2025年）》。2021年，贵州独树一帜，在全国率先提出建设“青年友好型成长型省份”。

相比于“青年友好型城市”，“青年友好型成长型省份”的内涵显然更为丰富，它意味着不仅关注城市青年，也关注农村青年、乡镇青年；不仅对青年“友好”，还要利于青年“成长”。

贵州初步构建了囊括青年思想道德建设、青年教育、青年健康等11个领域的统计监测指标体系，其“青年友好型成长型省份”的具体内涵和特征为：“持续深化青年思想政治引领，围绕建设和提供更好的创新创业舞台、成长成才空间、发展发力机会、融入融合环境、配套配合政策……促进青年优先全面发展”②。

---

① 朱峰：《“新一线城市”青年友好型城市政策创新研究》，《中国青年研究》2018年第6期。

② 范力：《蓝绍敏出席全省中长期青年发展规划联席会议强调：进一步统一思想认识形成工作合力 高标准高质量推动规划实施落地见效》，《贵州日报》2019年9月26日。

本报告重点呈现贵州青年在就业创业、保障措施、发展机遇等方面的实际情况，对贵州助力青年发展取得的成功经验、贵州青年在发展中面临的问题进行分析，并提出相应的对策建议。

二　贵州青年友好型成长型省份建设现状

（一）就业机会较为充分

在计划经济体制下，人们曾长期习惯“吃大锅饭”“一次就业定终身”。“单位”包办人们生活的方方面面，而在当时“平均主义”“论资排辈”的状态下，青年的创新精神不被鼓励，创业精神受到压抑。再加上中国受儒家文化的长期影响，“父母期望”曾是青年择业、就业时的重要参考标准。改革开放40余年来，青年已经逐渐摆脱这种桎梏。青年思想活跃、敢于尝试新事物，成为创新创业的主力军。

《贵州青年创业发展大数据指数报告》显示，贵州青年创业的主要行业是批发和零售业、租赁和商务服务业、建筑业；2018年后，新增青年企业数量超过新增非青年企业数，并呈现加速增长的趋势，说明贵州青年创业的意愿和热情高涨。此外，贵州对省外青年的吸引力也持续增加，从2016年到2019年，省外与省内青年创业企业数量比持续上升，且省外创业青年增长更快，呈现加速增长态势。2020年，疫情影响导致人才流动受阻，省外与省内青年创业占比出现下滑。2021年以来，新增省外青年创业企业占比回升，并超过2020年水平。

贵州省2021届自主创业的高校毕业生中，56.83%的毕业生享受过国家或地方出台的创业优惠政策。创业优惠政策中，首先是“创业补贴政策”，占比为20.81%；其次是“享受注册登记改革制度政策”，占比为19.12%；最后是“创业担保贷款扶持政策”，占比为16.86%。这说明多数创业青年享受了相关优惠政策。

《贵州青年就业发展大数据指数报告》显示，自2018年初开始测算青年就业发展指数以来，该指数虽存在季度波动，但整体上稳步上升。贵州疫情防控状况良好，疫情发生后，就业状况较快复苏。

虽受新冠肺炎疫情影响，但贵州高校毕业生保持较高的就业率。《贵州省 2021 届普通高等学校毕业生就业质量年度报告》显示，贵州省 2021 届高校毕业生共 219626 人，较 2020 届增加了 17858 人，增幅为 8.85%。截至 2021 年 8 月 31 日，贵州省 2021 届高校毕业生毕业去向落实率为 82.71%。贵州省 2021 届高校毕业生毕业去向分布中，协议和合同就业人数 129950 人，协议和合同就业率为 59.17%；灵活就业人数 30915 人，灵活就业率为 14.08%；升学人数 19748 人，升学率为 8.99%；自主创业人数 1043 人，创业率为 0.47%；待就业人数 37123 人，待就业率为 16.90%；暂不就业人数 847 人，暂不就业率为 0.39%。

用人单位认为吸引毕业生应聘本单位的主要原因是“工作稳定度”（35.05%）、“薪酬水平”（34.90%）、“个人发展空间”（32.13%）和“社会保障与福利”（31.37%）。50.79%的用人单位表示所招聘的高校毕业生在单位一年内的离职比例较低，说明毕业生工作相对稳定。

而在贵州省 2021 届未就业毕业生中，他们在求职时最关注的因素有“薪酬水平”“工作稳定性”“社会保障”“发展空间”“工作环境”，占比分别为 66.07%、61.05%、41.78%、39.45%和 30.77%。对“父母期望”和“人际关系”关注度较低。这说明人际关系和父母的要求对贵州青年择业时的影响较小，贵州青年有较为宽松、自由的择业环境。

贵州省 2021 届高校毕业生的就业工作岗位稳定度为 83.40%，对用人单位的综合满意度为 84.02%。由此可见，多数毕业青年有较为稳定的工作，对工作单位满意度较高。

（二）保障措施较为完善

在当代社会，公民暂时或永久丧失劳动能力，或因其他原因致使生活困顿，社会保障制度将保障其基本生活，这是社会公平的一大体现。

贵州省 2021 届高校毕业生中，在就业单位享有社会保障者占比为

78.87%，表明大部分应届毕业生青年有较完善的社会保障。贵州省人力资源和社会保障厅将16~35岁有劳动能力、失业1年以上的青年纳入启航计划，开展专项帮扶；帮助有就读技工院校意愿的建档立卡脱贫家庭子女免费接受技工教育，2021年上半年累计投入免学费、助学金资助补贴等1.76亿元；2021年组织16~35岁青年群体职业技能培训15.05万人次。

贵州依托用工企业、农业专员合作社、扶贫车间和各类培训机构，开展各类实用技能培训，规范建立培训实名制档案，实行培训与就业挂钩的补贴拨付机制，并对建档立卡和易地搬迁劳动力在培训期间给予每人每天40元的生活补助，提升其参加培训的积极性；开展重点帮扶，促进就业困难人员实现就业。充分发挥公益性岗位托底安置就业困难人员作用。

对残障人士的关怀程度体现了一个社会的文明程度。残疾青年受肢体或心智状况所限，在生活、就业中需要更多关注支持。

贵州对于父母双方（单方）持残疾人证或本人持残疾人证的毕业生，按1000元/人的标准发放求职创业补贴；举办贵州省高校残疾人毕业生2021年专场网络招聘会，积极促进残疾毕业生就业；与贵州省普通高等学校毕业生就业工作办公室共同举办贵州省2021年高校残疾人毕业生网上双选会活动，共收集到113家单位的1178个岗位；为高校残疾毕业生开展一人一档就业服务工作，实现就业前调查、达成就业意向、就业后回访的全流程服务及记录。2021年贵州高校残疾毕业生共计1662人，已100%录入系统，就业服务率84%。

贵州继续实施“圆梦大学励志成才”残疾大学新生阳光助学项目，2020年投入172.2万元，资助861名残疾大学新生；继续支持各类残疾人在全省各级电大进行学历提升教育，对71名在电大系统就读的学历提升教育残疾学生进行学费补助。

（三）发展机遇较为多样

贵州飞速发展，与国内其他省份的交往、与国外的交流越来越多。

贵州培育出一批全国知名品牌或产业制造基地，满帮App链接全国的货车司机，正安县制造的吉他销往世界各地，电商、直播等新兴业态则让贵州青年用新方式助力家乡发展，中欧班列载着吉他、茶叶、轮胎等贵州本地生产制造的产品运往莫斯科。

2021年，中国国务委员兼外交部部长王毅在贵阳会见受邀访华的波兰外长拉乌、同匈牙利外长西雅尔多举行会谈并共同会见记者，主持第四次中国、阿富汗、巴基斯坦三方外长视频对话等外事活动。外交部发言人华春莹在她的推特账号上发表多条推文，盛赞贵州毕节百里杜鹃、贵安樱花园等地的美景，以及贵州作为“桥梁博物馆”的成就。

在贵州发展的新时代，贵州青年有了更开阔的视野。贵州省外事办邀请由外交部外管司、政策司、亚洲司、国际司和资深驻外大使组成的工作小组来黔开展外交外事服务走地方系列活动，先后走进省委党校（行政学院）、贵州大学，开展“外交外事知识进党校”“外交外事知识进高校”活动。

贵州青年有了更广阔的“朋友圈”。兴义市的兴义三中、兴义市向阳路小学，分别与澳门商训夜中学、澳门青洲小学签约缔结为姊妹学校。贵州省外事办与中国—东盟教育交流周组委会秘书处办公室、省教育国际交流协会共同举办“山川虽异域·命运且连心”国际青少年创意短视频征集活动，近500名中外青少年参与；举办以“数据新时代，携手创未来”为主题的中马青年对话与交流线上活动，两地高校、青年领袖代表、行业代表参加，围绕大数据时代下人工智能的应用与发展进行交流。

射电望远镜（FAST）在贵州落成后，更是带动了贵州青年学习天文知识、立志探索宇宙奥秘的热情。

贵州省“2021开学科普第一课”邀请南京大学天文与空间科学学院教授邱科平为学生们讲授了深入浅出的天文课。贵州科技厅组织中学生参观天眼，贵州各市州为当地学生举办天文知识讲座等。2021年底，国家天文台与贵州大学签订合作协议，将在大数据人才培养、科技合作与交流、共建天文大数据联合实验室等方面开展合作。2021年8月，清华大学学生天文协会携手中国扶贫开发协会启明书院到平塘县举办天文知识夏令营，吸引了40余名中学生参加。

（四）硬件设施逐步完备

贵州省城镇化建设已经取得长足进步，但城市的“虹吸效应”仍然明显，青年找工作时依然会考虑优先到城市就业。而近年城市房价高企，“住房保障”是青年群体最关注的话题之一。

找工作的外地青年可以通过“青春驿站”解决临时住宿问题。兴义市建立黔西南州首家青年人才驿站，免费为来兴就业创业青年提供一站式临时住宿、就业创业指导、政策咨询、社会融入、人才交流等服务。贵阳市推出“贵阳青年人才筑梦驿站”，为来贵阳求职创业的外地青年提供 7 天免费住宿，现有南明站、观山湖站两个站点，分别有 17 个房间 62 个床位和 19 个房间 57 个床位。房间内可以免费上网，也有电视、冰箱、洗衣机等设施，公共区域有打印机、微波炉、挂烫机等设施。驿站内还提供就业信息、创业政策咨询等服务，入住青年可以参加创业就业知识分享等活动。

为尽量解决青年的住房问题，贵州各级、各部门曾先后推出诸多保障措施。2018 年 10 月，贵阳市出台《贵阳市市级青年人才公寓管理暂行规定》，重点解决在贵阳市的全日制大学专科及以上应届毕业生、35 岁及以下的历届毕业生，以及引进的高层次人才和创新创业人才等的居住困难，如今累计建成高级人才公寓 929 套、青年人才公寓 3140 套，不断吸引青年人才到贵阳市就业创业。

2019 年 2 月，贵州将青年医生、青年教师等特殊困难家庭纳入住房保障。2019 年 10 月，贵州省住房和城乡建设厅、省发展改革委等部门将“重点发展产业符合条件的青年教师、青年医生等新就业无房职工”纳入住房保障范围；2019 年 12 月，省城镇保障性安居工程建设工作联席会议办公室印发《贵州省 2020 年城镇保障性安居工程工作要点》，为符合条件的新就业大、中专毕业生发放租赁补贴，通过公租房、发放住房租赁补贴的方式解决其住房困难问题。

为进一步做好青年住房保障工作，2022 年 1 月 11 日，贵州省人民政府办公厅印发《关于加快发展保障性租赁住房的实施意见》，其中明确：保障性租赁住房主要面向住房困难的新市民、青年人，以小户型为主，建筑面积

70 平方米以内的住房占比不低于 70%，租金不高于同地域、同品质市场租赁住房平均租金的 90%。截至 2022 年 1 月底，贵州省累计将 22.28 万户 14~35 岁青年人纳入公共租赁住房实物保障。

（五）精神生活日渐丰富

人是社会关系的总和，而在现代社会，“原子化的个人”日益普遍，“空巢青年”“一人户”日渐成为社会常态。为了让青年有丰富的业余活动、增加归属感，不少地区推出了交友、沙龙、读书观影等文化娱乐活动。

贵州已举办三届“孔学堂·国学图书博览会”，向社会免费发放 100 万元购书券，并确保部分购书券精准向儿童、青少年投放。遵义市余庆县每月定期开展读书分享会，评选出最佳分享者，赠送书籍或电影票；每月开展观影活动，并评选出最佳观影心得，为作者赠书。贵阳市观山湖区推出“青聚长岭”活动，在长岭街道金融城社区根据青年需求，招募合作商家，为青年提供运动健身、咖啡鉴赏制作、读书会等活动。

截至 2020 年，贵州省有公共图书馆、文化馆、博物馆合计 291 个，较上年增加 3 个；公共图书馆登记持证青年读者 59.75 万人，较上年增加 7.40 万人，增长 14.1%。

在体育公共设施方面，仅 2021 年，贵州就争取到中央预算内投资 9190 万元，支持体育公园、皮划艇基地、全民健身中心、社会足球场等 19 个项目建设。

由此可见，在业余时间，贵州青年有较为丰富的文化、体育、娱乐资源，发展多彩多样的精神生活。

三 贵州建设青年友好型成长型省份的成功经验

（一）顶层设计，重视青年需求

一是将青年发展纳入经济社会发展的长远规划。2021 年初，青年发展相关内容写入《贵州省国民经济和社会发展第十四个五年规划和二〇三五年远景目标纲要》："推进实施中长期青年发展规划，大力实施青年培养十大重点工程，搭建青年成长成才和建功立业平台，发挥青年在经济社会发展中的生力军作用。"

二是将青年发展写入党代会报告、政府工作报告。2021 年 9 月，贵州省委书记谌贻琴强调："落实好规划任务，促进青年全面发展。"省委、省政府分管领导常态化指导推动《规划》实施。省、市、县三级均将青年发展相关内容纳入同级"十四五"规划专节或专门表述。6 个市（州）将建设"青年友好型成长型城市"或青年优先发展写入党代会工作报告或政府工作报告。2022 年 1 月，"建设青年友好型成长型省份"被写入 2022 年贵州省政府工作报告：建设"青年友好型成长型省份，培育凝聚更多青年人才。"这标志着贵州省将以更大的力度吸引青年、服务青年。

三是以联席会议制度形成服务青年发展的合力。针对青年优先发展，贵州省围绕"贵州对青年更友好、青年对贵州更有为、青年在贵州更好成长"的目标，设立了中长期青年发展规划联席会议制度，全省已召开三次全体会议，推动《规划》落实。贵州 9 个市（州）、88 个县（市、区）也全部建立本级规划联席会议机制，推进解决青年发展中的愁盼急难问题。

（二）制度落地，服务青年发展

一是及时修订政策条例回应青年关注。分别修订《贵州省人口与计划生育条例》《贵州省养老服务条例》，明确"3 周岁以下婴幼儿的父母双方每年享受育儿假各 10 天"以及"职工每年养老陪护假 15 天"等政策。贵州发改委起草了《关于促进养老托育服务健康发展的实施方案》，并指导各市（州）制定"一老一小"整体解决方案，进一步推动贵州省"一老一小"事业发展，切实提升养老托育服务能力。

二是运用法律手段加强对青少年的保护。2021 年，针对存在管教不严、监护缺位等问题的家长，贵州检察机关发出"督促监护令"182 份，促"甩手家长"履责管教。对于犯罪轻微的"问题少年"，贵州各级检察机关竭力挽救，不诉1598人，其中23人考取高等院校。贵州检察机关对侵害未成年人的犯罪“零容忍”，批捕2078人、起诉2444人。2021年贵州加强对涉案未成年人的教育、感化和挽救，未成年人犯罪数同比下降35.19%。

三是发放补贴，引导扶持青年求职创业。共发放2021届毕业生求职创业补贴1.28亿元，惠及毕业生12.83万人；共发放2022届毕业生求职创业补贴1.42亿元，惠及毕业生14.19万人。引导高校毕业生到12个农业特色优势产业领办、创办农业企业，发展电子商务，培育新型职业农民队伍，重点围绕农村经纪人、农产品流通、农业种养殖、科研及深加工等领域创业，按规定给予一次性1万元创业补贴。引导扶持青年自主创业，全省扶持创业5760人、带动就业15490人，及时发放毕业生社保补贴1306.3万元，其中小微企业吸纳毕业生获社保补贴1294.75万元，灵活就业毕业生获社保补贴11.55万元。

四是畅通表达渠道。每年贵州省“两会”前例行开展“共青团与人大代表、政协委员面对面”活动，邀请青年代表与贵州省人大代表、政协委员座谈，请青年畅谈工作生活中面临的问题。共青团贵州省委制定《贵州省12355青少年服务台整体工作设想》，统筹推动和指导8个市（州）建设“12355”青少年服务平台，集中力量推进铜仁市未成年人保护专线和铜仁市、黔西南州示范台创建，通过线上线下为青少年提供公益性咨询服务2000余人次；同时积极推进与省政务服务热线“12345”并线运行工作，有效整合资源。

（三）提供机遇，帮助青年发力

一是切实提高青年就业创业能力。贵州省发改委围绕提升劳动者就业创业技能需求，积极推动公共实训基地建设，2021年支持6~10个公共实训基地建设。贵州省人力资源和社会保障厅创新推进万名青年就业见习计划，省本级试点就业见习网上办，实现见习报名、岗位匹配线上经办，2021年全省就业见习到岗1.44万人；推进毕业生就业创业促进计划，精准开展实名制登记，共登记2021届离校未就业高校毕业生信息8.31万条，已促进其中

7.56万人就业。

二是鼓励青年参与赛事，展现创新创业能力。贵州省工业和信息化厅积极筹办第四届“创客中国”贵州省中小企业创新创业大赛，集聚创新创业资源，营造创新创业氛围，发掘和培育了一批“双创”优秀项目和优秀团队。贵州省文化和旅游厅与共青团贵州省委连续2年举办贵州省乡村旅游创客大赛，并通过主流媒体直播等方式扩大影响力。贵州清镇有国内规模最大的职教城，现有19所职业院校、十万余名在校学生，清镇市为优秀的创业学生提供创业补助、免费办公场所等优惠政策。贵州交通职业技术学院学生团队的参赛项目“月乡苗伊——月亮山下加勉苗绣与牙周陶的古艺新生”，不仅创新性地将苗绣与陶艺结合起来，还成功带动200多名绣娘增收，在2021年的第七届中国国际“互联网+”大学生创新创业大赛中获得金奖，其为贵州省首个金奖。

三是优先选用青年人才发挥才能。如在贵州省第十一届村（社区）“两委”换届工作中，各地注重从本村致富能手、外出务工经商返乡人员、本乡本土大学毕业生、退役军人、农民专业合作经济组织负责人、村医村教等青年群体中，物色、培养和选拔村（居）“两委”人选。各地依法依规选举产生的新一届村（社区）“两委”班子成员中，至少有1名35岁以下的年轻干部，进一步优化了村（社区）干部的年龄结构，引导青年有序参与基层政治生活。黔西南州以换届为契机加强年轻干部培养，全州乡镇党委班子中35岁以下干部占比55.4%，党政正职中35岁以下干部占比达31.44%。

四是多种措施引导青年返乡。共青团贵州省委推出“春晖行动·风筝计划”，建成“春晖行动·风筝计划”大数据人才智能云平台，动员寻找社会优秀人才、外出务工乡友、高校大学生等三类人群17万人，礼聘660名“春晖·乡村振兴智库”专家，初步建起了共青团建功乡村振兴和高质量发展的“人才资源库”；聚焦就业、创业、投资、公益服务四方面，已经成功回引返乡来黔就业7326人、创业660人、投资项目182个，开展公益服务活动1691场次；聚力服务乡村振兴和经济社会高质量发展。完成30个乡村振兴产业示范基地创建并授牌。贵州人社厅实施“雁归兴贵”促进农民工返乡创业行动计划，通过健全创业就业公共服务体系、落实创业就业减税降费政策、加大财政支持力度等措施，引导鼓励外出农民工返乡创业就业。

（四）创新举措，便利青年生活

一是为青年提供实惠。清镇市创新推出青年卡，在一张虚拟卡上集合了购房折扣、青年活动、商家优惠、青年大学习等功能，当地青年在合作商家购物、用餐、看电影，都能享受到优惠。兴义市争取到华大基因支持，对适龄青年开展基因检测，包含婚前检查、孕前检查和产前检查等，率先成为全省西部地区首个对适龄青年开展基因检测全覆盖的县（市），该市还将全市最大的中心公园建设成青春公园，打造集阅读、运动健身、婚恋、文化交流等多元素为一体的青年交流发展新空间。

二是以示范项目引领青年发展。贵州省实施过两批次、38 个省级青年发展示范项目，涉及青年就业创业、青年社会融入与社会参与、青年文化等十大领域，联席会议成员各单位也自主实施了一批青年发展项目。如贵州省卫健委做好高危孕产妇专案管理和集中救治，全省孕产妇死亡率连续 2 年低于全国平均水平。

三是顺应青年需求，积极应对。青年偏爱在 2 月 14 日、5 月 20 日等特殊时间办理结婚登记，贵州各地民政部门提前部署，做好宣传引导，完善应急预案，例如 2021 年 5 月 20 日当天，全省共办理结婚登记 13031 对，是平时办理量的 43 倍。

四　贵州青年友好型成长型省份建设面临的问题

（一）就业存在供需矛盾

《贵州省 2021 届普通高等学校毕业生就业质量年度报告》显示，2021 届毕业研究生和本科毕业生就业职位类别主要是公务员、事业单位人员、科研人员，研究生和本科生的占比分别为 46. 35%、21. 81%，毕业生体制内就业意愿强烈。受传统观念、社会舆论、疫情冲击等影响，大部分高校毕业生更热衷报考公务员、事业单位或到国有企业等就业。

近年来，高校毕业生人数持续增加，而各高校持续扩招，社会岗位供给不足，岗位供需矛盾持续加深，毕业生就业压力持续增大。“十三五”期末，全省市场主体总量365.63万户，其中企业只有87.01万户，仅占全国的1.9%，规上（限上）企业1.4万户，仅占全省企业总量的1.6%。由此可见，目前贵州省内经济基础相对薄弱，规模以上企业较少，提供的就业岗位有限，无法满足高校毕业生日益增长的就业需求。

另外，在乡村振兴战略下，乡村发展迫切需要青年参与。但乡村对青年吸引力小、优秀青年离开乡村是现实情况。在访谈中发现，大学生等学历较高的青年，目标就业地至少是乡镇，但由于备考、待业等因素临时留在村里；参与“实习村官”项目的中职生也是把担任“实习村官”作为磨炼能力的途径，往往一边在村里工作、一边准备其他考试。如何增强乡村的吸引力、让更多青年愿意投身乡村建设，是下一步需要解答的问题。

（二）青年流动人口多，公共服务需求大

第七次全国人口普查数据显示，贵州省的流动人口较2010年第六次全国人口普查增加了131.25%，有114万余人由外省流入贵州，844万余人在省内流动。在城市、镇、乡村这三种流动目的地中，52.84%的人口流向城市。工作就业、学习培训是主要的流动原因，分别占全部流动人口的28.18%和15.96%。贵州各市州的流动人口，均以“工作就业”为主要流动原因。大规模的青年流动人口都在寻求更优质的就业机会、工作条件、学习培训机会，也向政府部门提出了考验。近年来，贵州以可见、可感的速度发展，用“日新月异”形容并不为过。而“北上广深”等一线城市的人口趋于饱和、购房压力大，新一线城市的房价也迅速上涨、生活压力加大，许多在外就业的贵州青年选择回到贵州发展，很多外地青年也来到贵州就业。在调研中，多名从大城市回到贵州工作的青年表达了自己的不适应之处，比如相比于大城市的按规则办事，人们仍习惯于“找关系”；部分政府部门工

作效率低，例如办理居住证花了长达半年的时间，有些公共服务平台动辄“掉线”；文化活动相对匮乏，讲座、话剧、音乐会、演唱会、电影放映会等较少，闲暇时光无法像以前那样丰富多彩。流动人口一方面是地方经济社会发展中的活跃因素，是城市生命力的象征。另一方面，流动人口由于居住不稳定、流动较为无序，是社会治理中的不稳定因素，需要地方政府以开放的心态和高超的政务智慧来应对。

（三）青年文化素质有待提高

第七次全国人口普查显示，贵州省 14 岁及以上青年常住人口平均受教育年限 11.17 年，比全省 14 岁及以上常住人口平均受教育年限高 2.41 年，但与发达地区相比仍有差距。笔者过去走访乡村教师时，常听到教师反映：不少义务教育阶段青少年有辍学、厌学倾向，沉迷于手机短视频、游戏，家长也不甚重视学习。

只有有了高素质的劳动力，才有贵州的高质量发展。应在全省上下推动崇学、向学之风，既要坚持落实“基本普及十五年教育”的硬性规定，也要通过引导青少年学习身边榜样等柔性手段，促进青少年乐学、好学。

五　对策建议

（一）引导青年到急需岗位贡献力量

2022 年 1 月，《国务院关于支持贵州在新时代西部大开发上闯新路的意见》出台，标志着贵州迎来新一波发展机遇。同时，贵州围绕新型工业化、新型城镇化、农业现代化、旅游产业化，闯新路、开新局、抢新机、出新绩，在此过程中，青年人才大有可为。

贵州应充分利用群团组织的社会化动员功能，发挥各级媒体的舆论引导作用，广泛宣传在新型工业化、新型城镇化、农业现代化、旅游产业化过程中涌现的就业机会，充分挖掘在基层岗位就业、服务乡村振兴的优秀青年榜样，鼓励青年到最符合贵州未来发展方向的岗位上、到百姓最需要的岗位上发挥自己的人生价值。

招考政策继续向基层倾斜。继续开展乡（镇）事业单位专项招聘工作，并在专项招聘中按规定实行降低学历要求、设置户籍限制定向招录以及不设置开考比例等优惠政策。继续实施基层专业技术人才职称倾斜政策。

（二）为青年提供更多交流学习机会

贵州高校毕业生中，省内生源占毕业生总人数的93.04%，国内升学率为8.92%，出国（境）率为0.07%。贵州高校毕业生的升学率及出国（境）率均较低，部分贵州青年眼界较窄。

贵州要发展，不能故步自封，贵州青年更要立足高远，需要从发达地区学习借鉴。有返回贵州家乡开办工厂的青年企业家表示，当地人力资源素质相较于沿海地区仍有较大差距，表现为劳动纪律性不强、时间观念较弱、文化水平偏低等。在调研中，多名企业家认为，贵州的年轻人应先走出贵州，到北上广深等大城市磨炼自己、增长本领后，再回来更好地建设家乡。

贵州各地可以适当增加国内外交流项目，积极引导贵州青年向发达地区学习医疗护理、工业生产、行政管理等众多方面的先进经验。

（三）打造有温度的青年服务，吸引青年人才

2018年以来，全国多个城市上演“抢人大战”，各地纷纷出台优惠政策吸引青年购房、落户。相比之下，贵州未能拿出足够有吸引力、有普惠度的人才政策。

此外，2021年贵州省人均GDP仅相当于全国平均水平的60%多，高等教育毛入学率（41.6%，全国51.6%）、普通高等学校数量、研究生培养单位数量、卫生机构数量、卫生技术人员数量等民生指标在全国都比较靠后，公共服务供给仍有待优化。

贵州上下已充分认识到人才工作的重要性，坚持以中央和省委人才工作会议精神为指导，深入领悟当前贵州发展对人才特别是高层次人才的极度渴求，聚焦推进“人才大汇聚”战略目标落实，以《关于推动新时代贵州人才工作高质量发展的实施意见》7个方面24条政策措施为清单，围绕“引才”“育才”“用才”“留才”四大工程落实落地开展专项监督，加快建设一支数量充足、结构合理、素质优良、特色鲜明的高素质人才队伍。

另外，应继续问计于青年、问需于青年，推动公共服务均等化，充分发挥数据联通作用，打破政务服务的地域壁垒，服务好青年人口的异地求学就业、异地就医、子女入学等需求。

B.13

贵州青年返乡就业创业发展报告*

赵燕燕**

摘　要： 近年来，贵州在巩固拓展脱贫攻坚成果、全面推进乡村振兴战略背景下，高度重视鼓励和支持青年返乡留乡就业创业。本报告发现，贵州在完善青年返乡就业创业政策体系、搭建青年返乡就业创业平台、优化青年返乡就业创业公共服务、提升青年就业创业技能、推进青年就业服务和创业实践、提供青年就业创业要素保障等方面发力，引导返乡就业创业青年为巩固拓展脱贫攻坚成果、全面推进乡村振兴贡献强大青春力量。但贵州返乡就业创业青年还存在缺失自信心、缺少学识阅历、缺乏资金技术等问题，且面临着就业创业的供需信息不对称、乡村留不住人难题以及全球新冠肺炎疫情影响等共性问题。对此，贵州需从返乡留乡就业创业的政策与体制机制保证、金融支持、政府服务等方面积极探索，在青年知识技能提升、返乡留乡就业创业群体的关心关注上多下功夫，才能充分发挥返乡留乡就业创业青年对乡村振兴开新局的人才支撑作用。

关键词： 乡村振兴　就业创业　贵州青年

---

* 本文系2021年度贵州省哲学社会科学规划课题青年项目“贵州乡村振兴的人才生态链构建研究”（项目号：21GZQN03）的阶段性研究成果。

** 赵燕燕，贵州省社会科学院马克思主义研究所助理研究员，研究方向：马克思主义中国化、基层治理。

2022 年初，国务院颁布了《关于支持贵州在新时代西部大开发上闯新路的意见》（国发〔2022〕2 号），为贵州确定了巩固拓展脱贫攻坚成果样板区的战略定位，走出一条具有贵州特色的乡村振兴之路。农业农村部印发的《“十四五”农业农村人才队伍建设发展规划》提到，2021 年底全国返乡入乡创业人员达 1010 万人，成为引领乡村产业发展的重要力量。党的十八大以来，贵州在巩固脱贫攻坚成果、全面推进乡村振兴战略上高度重视鼓励支持农民工、大学毕业生、退役军人等群体返乡入乡就业创业，在政策、金融、基础设施及相关平台建设等方面全面发力，持续优化返乡入乡就业创业软硬环境，激励各类人才尤其是青年人才投身乡村振兴，为贵州在乡村振兴上开新局、推进乡村全面振兴和农业农村现代化提供强有力的人才支撑。

一　贵州青年返乡就业创业概况

贵州省发展和改革委员会 2021 年 4 月数据统计，2016 年以来贵州省农民工返乡入乡创业和就业人数累计达到 289.8 万人，其中返乡入乡创业 30.5 万人，15 个试点地区累计有 6 万余人返乡入乡创业，创办各类市场主体 4.6 万个，带动就业 22.8 万人[①]。《贵州青年就业发展大数据指数报告》与《贵州青年创业发展大数据指数报告》[②] 显示，从 2018 年开始，贵州对外省、市求业者和求学青年的就业吸引度逐年上升，青年创业成为贵州社会创业的主力军。

（一）青年自身发展势态

贵州乡村青年人口总量下降。第六次人口普查与第七次人口普查数据显

① 贵州省发展和改革委员会：《在国家中长期青年发展规划中期评估调研座谈会上的交流发言》，2021 年 4 月 23 日。15 个试点地区即贵州获批国家支持农民工等人员返乡创业试点的 15 个县市。

② 《贵州青年就业发展大数据指数报告》与《贵州青年创业发展大数据指数报告》由共青团贵州省委提供。

示，贵州常住14~35岁青年人口从1102.94万人增长到1138.60万人，但常住总人口中的比例却由31.74%下降到29.53%；乡村青年由671.60万人下降到442.40万人，城镇青年则从431.33万人增加到696.20万人。贵州省乡村振兴局2021年9月数据统计，全省脱贫青年（14~35岁，含脱贫不稳定户）劳动力外出务工146.39万人，占脱贫青年劳动力182.26万人的80.32%，其中省外90.27万人、省内县外24.38万人、县内31.74万人[①]。从上述数据变化来看，贵州乡村青年人口总量下降，城镇青年人口总量上升，农村青年涌向城镇，脱贫青年劳动力外出务工人数依然居高不下，鼓励支持青年返乡留乡就业创业形势依然严峻。

贵州青年教育质量提升。对比第六次人口普查与第七次人口普查中关于青年文化程度的数据发现，贵州大学本科及以上文化程度青年人数从48.60万人增加到147.39万人，大学本科以下文化程度青年人数从1030.70万人下降到983.91万人。数据还显示，相比于10年前，贵州2020年15岁及以上人口的平均受教育年限由7.65年提高至8.75年，平均受教育年限提高了1.1年，九年义务教育巩固率95.0%，高中阶段毛入学率90.7%，高等教育毛入学率41.6%，文盲率由8.74%下降到6.68%[②]，贵州青年教育质量的提升，使得青年就业创业活跃度也越来越高，返乡青年就业创业的观念也在发生变化，青年创业成为贵州社会创业的主力军，青年受教育程度与就业创业活跃度呈正相关。

贵州新职业青年劳动保障不足。随着“互联网+”经济以及新业态的快速发展，青年就业形态发生巨大变化，新职业环境中的青年存在劳动保障不足的状况。比如外卖骑手，他们通过互联网平台提供服务，但难以和平台公司确立劳动合同关系。有的青年则是没有雇佣单位、自主提供市场服务的新职业从业人员，养老和医疗以外的参保积极性不高。目前新职业青年的社会保障制度建设还在逐渐完善过程当中，新职业青年社会保障不足的状况还在

① 相关数据来自贵州省乡村振兴局提供的材料。

② 相关数据来自贵州省教育厅提供的材料。

一定时间内存在，部分地方还存在户籍和身份的限制，在高流动劳动关系下的异地社保关系转移接续还不够通畅。这对涌向城镇的青年来说无疑都是巨大挑战，但从另一个方面看，这恰能成为政府引导青年返乡留乡的因素。

（二）政策环境保障体系

返乡就业创业政策保障体系日趋完善。2015 年，贵州省人民政府办公厅印发《“雁归兴贵”促进农民工返乡就业创业行动计划》，将各部门农民工返乡就业创业政策进行整合，为农民工提供强有力的创业支持。2020 年，贵州省市场监管局等 10 部门印发《关于应对疫情影响加大对个体工商户扶持力度的若干措施的通知》提出，符合条件的城镇登记失业人员、就业困难人员、高校毕业生、返乡创业农民工等群体，可按规定申请不超过 15 万元的创业担保贷款等。贵州还下发了《关于实施万名青年就业见习计划的通知》《关于实施青年就业启航计划的通知》《关于进一步支持和促进重点群体就业创业有关税收政策的通知》《关于转发〈财政部　人力资源社会保障部　中国人民银行关于进一步加大创业担保贷款贴息力度全力支持重点群体就业创业的通知〉的通知》《关于进一步加强农村青年创业金融服务工作的通知》《关于联合开展“青扶贷”小额贷款扶持青年创新创业助力乡村振兴工作的通知》《关于联合开展“青惠贷”贷款服务青年创业发展及扩大经营促进就业工作的通知》等，从各个方面保障青年返乡就业创业。

返乡就业创业体制机制更加健全。贵州在促进青年返乡留乡就业创业的体制机制上逐渐形成政府牵头、部门参与、上下联动、齐抓共管的工作格局。贵州省人社厅 2021 年底下发《关于持续实施“雁归兴贵”行动计划、助力乡村振兴的通知》提出，“十四五”期间，贵州将继续累计引导 100 万人次农民工返乡就业创业，累计组织开展各类培训 300 万人次①。2021 年通过开展返乡农民工专项活动以及加强跟踪服务，摸清农村劳动力返乡、外出

① 《贵州省人力资源和社会保障厅关于持续实施“雁归兴贵”行动计划助力乡村振兴的通知》，http：//rsj.guiyang.gov.cn/zfxxgk/fdzdgklm/zfxxgkfggw/fggwbmwj/202112/t20211208_71959795.html。

情况；春节前印发《省人力资源社会保障厅“两节”期间返乡农村劳动力就业服务活动方案》，对“两节”期间农村劳动力返乡、返岗就业服务进行安置部署；对暂未外出务工农村劳动力，加强跟踪服务，促进其外出就业或在当地就业。共青团贵州省委起草《关于加强共青团服务青年就业工作的实施意见》，推出“青扶贷”金融产品，扶持青年创业。

确保返乡青年合理产业选择和创业规划。贵州省人社厅、农业农村厅、发改委等通过加强农民工素质、技能、创业培训，提升返乡农民工创业能力。一是制定出台《关于高质量推进 2021 年度农民全员培训和职业技能提升行动的指导意见》，围绕农业现代化做好农业特色优势产业培训，对全省农村劳动力特别是脱贫户、边缘易致贫户、易地搬迁户、返乡农民工等群体，聚焦十二大特色优势农业产业开展短平快的农业种植养殖和农产品深加工、销售等培训。二是培育一批农村创业创新带头人。依托高素质农民培训等项目，着力培育一批创业创新意愿高、生产和经营管理能力强的高素质农民；加强对农村创业创新带头人的培训，遴选部分农村创新创业带头人参与线上培训班，重点学习农村创新创业政策、创业项目分析、商业模式创业等，交流学习各地优秀农村创新创业带头人的典型经验，促进农村创业创新带头人能力素质提升。三是积极推动公共实训基地建设。围绕提升农民工等人员就业创业技能需求，积极推动公共实训基地建设，不断提升公共实训基地的公共性与开放性，为各类社会群体提供广覆盖、多领域、可持续的职业技能培训平台，不断提高农民工等人员的就业质量。“十三五”期间，贵州大力支持支持丹寨、安龙、望谟、毕节、凯里、安顺等地公共实训基地项目建设。

（三）现实需求与社会环境

各类人员返乡就业创业不仅要立足现实需求更要依托良好的社会环境，只有现实需要、社会需要、农村需要，返乡就业创业才能被接受和推动。

贵州乡村振兴开新局的现实需求。习近平总书记在 2021 年春节前夕视察贵州时要求，贵州要在乡村振兴上开新局。首先，农民返乡就业创业是乡村发展的重要动能，贵州要巩固脱贫攻坚成果，实现乡村振兴开新局，亟须优化山地农业从业者结构。贵州乡村需要具有资金、技术、知识和经验的青年群体，返乡补充农业劳动力，提质升级劳动力队伍，实现乡村的人才振兴。其次，乡村振兴开新局，乡村人才振兴尤为关键，创新创业型人才返乡，就能带动一系列资源要素集聚乡村，推动乡村产业结构调整优化和产业振兴。

疫情防控常态化时期青年择业的良好选择。在全球新冠肺炎疫情的影响下，经济社会受到较大冲击，大大减少了人口流动。疫情对消费型行业，尤其是对餐饮、影院、交通旅游、酒店住宿等服务性消费的冲击最为明显，社会就业环境不容乐观。外出务工的青年农民工大部分涉及疫情影响较大的行业，疫情导致无法返工或正常营业，那么返乡留乡就业创业就是一个新的选择。疫情发生后，政府出台一系列政策措施，做好疫情防控期间返乡人员的就业创业工作，如促进返乡人员就近就业、鼓励失业人员转移就业、大力支持本地企业稳岗就业、帮助返乡人员创业带动就业等，为避免外出的不安全和不方便，农民工返乡留乡就业创业不失为一个新选择。

二　贵州促进青年返乡就业创业的实践与成效

2019 年 5 月，贵州省委、省政府印发《贵州省中长期青年发展规划（2019—2025 年）》，并设立省级层面推动规划落实的青年工作联席会议机制，48 个省直单位按照职责分工，形成强大工作合力。在鼓励推动青年返乡就业创业工作上，从完善青年返乡就业创业政策体系、搭建青年返乡就业创业平台、优化青年返乡就业创业公共服务、提升青年就业创业技能、提供就业创业要素保障等方面强化措施，吸引青年人才回归、技术回乡、资金回流、产业回迁，助推返乡留乡青年群体成为推进乡村振兴的一支重要力量。

（一）完善政策体系，提供坚实保障

出台一系列政策措施，全方位多角度推动返乡入乡就业创业工作取得实

效。如贵州省民政厅配合印发《关于在优秀退役军人中大力培养农村基层组织带头人的指导意见》，鼓励引导青年积极参与村（居）委会选举；配合省委组织部起草并以省委办公厅、省政府办公厅名义印发《关于认真做好第十一届村（社区）“两委”换届工作的实施意见》，注重从本村致富能手、外出务工经商返乡人员、本乡本土大学毕业生、退役军人、农民专业合作经济组织负责人、村医村教等青年群体中物色、培养和选拔村（居）“两委”人选。贵州省税务局与省财政厅、省人力资源和社会保障厅等联合下发《关于进一步支持和促进重点群体就业创业有关税收政策的通知》，按国家规定的最高上限扣减税费，积极支持重点群体就业创业；制定税务助力乡村振兴加快农业农村现代化“十条措施”。中国人民银行贵阳中心支行联合多部门制定印发《关于进一步做好创业担保贷款工作促进创业带动就业的补充通知》《关于进一步加大创业担保贷款贴息力度全力支持重点群体就业创业的通知》等文件，不断完善创业担保贷款政策体系，助力青年返乡留乡创业就业。

（二）搭建多样平台，发挥引领作用

立足实际，积极搭建多样青年返乡创业就业平台，切实发挥平台的引领和推动作用。贵州省发改委积极推进新型城镇化开展支持农民工等人员返乡创业试点工作，促进农民工等人员返乡就业创业。在国家发改委等部门的大力支持下，贵州省 3 批 15 个县（市、区）成为“结合新型城镇化开展农民工等人员返乡创业试点”；2020 年，争取中央预算内投资资金 5000 万元，支持黔东南州公共实训基地项目建设，为各类社会群体提供广覆盖、多领域、可持续的职业技能培训平台；大力推动贵安新区、贵阳高新技术产业开发区、遵义市汇川区等 3 个国家双创示范基地建设，为青年劳动者提供更多高标准的就业创业平台。如：贵州省科技厅推进青年创新创业服务平台建设，立项建设 7 家省级众创空间、3 家科技企业孵化器、2 家大学科技园，均已完成项目任务书签订；新增培育建设 3 家新型研发机构。贵州省人力资源和社会保障厅搭建青年创业孵化载体，全省各级已认定创业孵化基地 145

家、创建农民工创业园（点）207家，实现9个市（州）全覆盖。贵州省退役军人事务厅推选优秀青年退役军人参加贵州省退役军人创业创新大赛，推动退役军人投身创业创新实践。共青团贵州省委搭建“乡村振兴·贵青农优”赋能服务平台，培育新型青年农业经理人，资助青年创业。贵州省妇联支持社区引进、培育适合妇女就业的企业入驻，建立黔灵女家政小屋等，引导妇女创办小卖部、小餐馆、小电商，据不完全统计，建立锦绣坊136个、家政公司（小屋）65个，组织招聘活动1080场，帮助6.6万名妇女就业创业。

（三）优化公共服务，突出政府引导

强化政府部门“放管服”改革，进一步健全返乡创业公共服务体系。一是全面推进登记便利化改革。扎实抓好企业开办“一网通办”，健全“网上申请、网上受理、网上审核、实名认证、电子归档”企业电子化办理模式，将企业开办平均时间压缩在3个工作日内，为农民工返乡创办企业提供方便快捷服务。二是持续推动各项行政许可证制度改革。落实取消工业产品生产许可证发证检验、后置现场审查、到期延续免实地核查“绿色通道”等简化审批程序措施，压减许可办理时限。同时，积极支持配合成立返乡农民工创业服务中心，对农民工创办企业开展“一站式”综合政务服务，形成更加便民高效的办理体系。三是加快基层就业创业服务平台建设。截至2020年底，贵州易地扶贫安置点建立就业创业服务中心（指导站、服务窗口）771个，乡镇基层就业和社会保障服务平台实现全覆盖，政务服务事项“一窗受理、一次办成”模式全面推广。在疫情防控期间，进一步探索实施“个人不见面”承诺制办理公共就业服务事项新模式，运用公共就业服务信息化平台推行“网上办、掌上办”，为包括农民工群体在内的各类群体提供高效、便捷的服务。四是开展双创示范基地、创业孵化示范基地、农民工创业示范（园）点、小型微型企业创业创新基地建设，为返乡农民工等创业人员提供低成本、全要素创业服务。

（四）提升知识技能，培育高素质队伍

贵州针对应届毕业大学生、返乡青年农民工、农村剩余劳动力、返乡入乡创业青年、留乡青年农民、安置点妇女等，开展各类技能培训，有效提升返乡留乡创业就业青年队伍的知识技能。贵州省工业和信息化厅深入实施中小企业星光培训工程，与高校合作举办“专精特新班”“成长班”“领军人才班”，对中小企业服务机构从业人员、企业基层工作人员、应届毕业大学生、返乡青年农民工、农村剩余劳动力等各类创业人员开展培训。2019年共培训15000人，安排资金1795万元；2020年安排资金2260万元，实施培训项目101个，累计培训18008人次，其中“9+3”经济落后县的培训项目19个，培训3675人次[①]。贵州省人力资源和社会保障厅实施职业技能提升行动创业培训“马兰花计划”，扩大青年创业培训规模，2021年1~8月，青年参加创业培训2.65万人次[②]。贵州省农业农村厅对有发展潜力和带头示范作用的返乡入乡青年创业人员开展创业能力提升培训，依托大中型企业、知名村落、大中专院校等力量建设农村创业孵化实训基地，为返乡入乡创业青年提供职业技能培训基础平台支撑。贵州省农业农村厅围绕农村电商、农业新型经营主体、市场营销及品牌建设、农业生产技术推广、病虫害防控等内容，培育高素质青年农民。贵州省妇联结合市场所需和妇女所能，在安置点开展锦绣计划、巾帼家政、电子商务、持家能力等培训，创建“乡村振兴巾帼基地”，在易地搬迁安置点新建“妇女之家”，扶持巾帼就业车间等。

（五）推进青年就业服务和创业实践

在青年就业服务和创业实践上，贵州集中力量安排大量经费，用于院校毕业生求职创业补贴、一村一名大学生农村青年提升学历项目、“三支一

---

① 相关数据来自贵州省工业和信息化厅提供的材料。

② 相关数据来自贵州省人力资源和社会保障厅提供的材料。

扶”计划、贵州省万名大学生志愿服务西部计划基层项目等，推进返乡留乡青年更好更快地创业就业。2021 年，贵州省财政厅下达中央就业补助资金 21.22 亿元，统筹用于各地青年就业见习、院校毕业生求职创业补贴、高校毕业生一次性创业补贴等支出。其中，省一级支出一定经费用于省属院校毕业生求职创业补贴、一村一名大学生农村青年提升学历项目、补助各地开发的公益性岗位和“三支一扶”计划。另外，还安排省人社厅就业有关工作经费 642.7 万元，用于支持就业专项工作和“三支一扶”招募专项工作[①]；在共青团贵州省委的部门预算中安排“西部计划专项资金”1.77 亿元，用于实施“贵州省万名大学生志愿服务西部计划基层项目”，吸引优秀青年志愿服务基层；安排“青年创新就业创业专项经费”186.79 万元，用于支持青年创新创业[②]。贵州省人力资源和社会保障厅针对重点群体分类开展专项帮扶，2021 年上半年扶持实现就业 8007 人，全省发放自主创业补贴 2763.75 万元、扶持 5575 人，全省发放创业场所租赁补贴 7967.13 万元、扶持 10056 人次[③]。贵州省总工会开展了“春风行动”“新春走基层”“工会送岗位，就业暖人心”“护工就业行动”等系列培训招聘活动，帮助农民工群体返乡留乡创业就业。共青团贵州省委为实施好春晖行动，通过风筝计划、乡村振兴智库建设，动员外出务工乡友、各类社会人才、高校大学生返乡来黔就业创业；开展青年志愿服务行动；实施万名大学生志愿服务西部计划基层项目，近两年共招募选拔派遣 16500 名志愿者到岗服务；开展大学生“三下乡”“返家乡”社会实践活动等。贵州省妇联 2021 年大力实施“乡村振兴巾帼行动”“科技创新巾帼行动”，持续推进“新市民·追梦桥”工程，帮助农村女青年创业就业。贵州省残联完善残疾青年就业服务体系，2020 年统计数据显示，贵州已就业残疾青年 71178 人，就业率为 38.65%[④]。

① 相关数据来自贵州省财政厅提供的材料。

② 相关数据来自共青团贵州省委提供的材料。

③ 相关数据来自贵州省人力资源和社会保障厅提供的材料。

④ 相关数据来自贵州省总工会提供的材料。

（六）强化要素保障，满足青年创业需求

在用地难方面，贵州省自然资源厅主要通过完善土地支持政策，保障返乡农民工创业场地供给。一是积极引导返乡创业产业在县域范围内统筹布局。研究制定县乡、乡镇国土空间规划和村庄规划编制技术指南，统筹安排产业园、创业园用地布局；印发《关于保障农村村民住宅建设合理用地加强过渡期村庄规划管理的意见》，保障农村新产业新业态、乡村文旅设施等乡村振兴用地需求，为农民工返乡创业提供空间保障。二是保障返乡企业产业的新增建设用地。加强对市、县两级自然资源主管部门关于保障和规范一、二、三产业融合发展用地的指导，引导农村产业统筹布局，盘活农村存量建设用地，拓展集体建设用地使用途径，优化用地审批和规划许可流程，保障一、二、三产业融合发展用地，促进农民工返乡创业发展。三是用好土地支持政策，保障返乡创业企业用地供给。在符合规划的前提下，农民工返乡创业可通过厂房加层、厂区改造、内部用地整理等途径提高土地利用效率；推行长期租赁、先租后让、租让结合、弹性年期出让的方式，做好返乡创业企业发展用地供应保障；鼓励返乡人员以入股、合作、租赁等形式使用农村集体土地发展农业产业，支持返乡下乡人员依托自有和闲置农房院落发展农家乐。

在资金紧方面，贵州省地方金融监管局、贵州省人社厅主要通过加强金融服务，解决返乡农民工创业融资需求。一是实施“农村信用工程”解决融资难问题。以推广农户小额信用贷款为抓手，扎实推动信用农户、信用村组、信用乡镇、信用县市建设，进行常态化、动态化管理。二是降低创业融资门槛。连续将服务中小微企业情况、普惠金融服务情况、降低企业融资成本情况纳入银行机构支持实体经济发展考核指标，引导银行机构、担保机构降低中小微企业、民营企业、创业者的融资成本，不断提升金融服务可获得性，增强产品创新引导的精准性；通过创新金融产品、丰富服务手段，不断加大支农支小信贷投入，突出支持重点，降低创业融资门槛。三是融资担保业务稳中有升，创新担保方式、拓宽企业融资渠道。截至 2021 年 5 月末，贵州共有融资担保公司 191 家，在保户数 29. 9 万户，在保余额 762. 7 亿元。

其中小微企业在保户数 1.9 万户，在保余额 219.3 亿元、占比 28.8%[①]。四是强化创业担保贷款支持。贵州省人社厅联合省财政、人行贵阳中心支行转发《财政部　人力资源社会保障部　中国人民银行关于进一步加大创业担保贷款贴息力度全力支持重点群体就业创业的通知》，通过增加贷款额度、降低门槛、简化流程等措施，进一步加大创业担保贷款对返乡农民工等重点群体创业支持力度，符合条件的农民工个人最高可申请 20 万元的创业担保贷款，政府给予部分贴息补贴。

三　贵州青年返乡就业创业面临的困难挑战

从贵州青年返乡就业创业的整体情况来看，青年自身发展以及相关的政策体系都或多或少存在短板，如青年返乡留乡的自信心缺乏、学识阅历限制、资金技术难题等，都不同程度地制约着青年返乡留乡发展，同时，新冠肺炎疫情对乡村的人才振兴和产业振兴也带来深刻影响。

（一）青年自身发展面临的困境

首先是缺失返乡留乡就业创业的自信心。贵州青年外出务工人数占全省青年人数的绝大部分。随着经济社会发展、消费水平的逐渐提高，青年生活压力越来越大，受房贷、车贷以及家庭拖累，他们大多缺乏返乡留乡就业创业的勇气和决心，普遍认为外出务工工资高且失业风险较低，返乡留乡就业创业就面临工资待遇低、创业失败背负债务的高风险。其次是缺乏返乡留乡就业创业的学识阅历。如前所述，2020 年，贵州 15 岁及以上人口的平均受教育年限为 8.75 年，还达不到 9 年义务教育水平，文盲率仍有 6.68%。贵州青年受教育水平总体不高，就业创业的学识、技能和阅历远远不足以支撑他们成功返乡留乡，或偶有成功返乡留乡就业创业成功的案例，也不足以形

---

① 《支持农民工返乡创业　助力贵州乡村振兴-中国贵州》，贵州省人民政府网站，https://www.guizhou.gov.cn/ztzl/jyta/blfw/szxta/2021n/202112/t20211210_71997984.html。

成稳定队伍以带动贵州乡村发展。最后是贵州青年还缺少返乡留乡创业的资金、技术。资金、技术问题是创业的首要问题，没有资金、技术就谈不上成功创业。对于返乡留乡的青年群体来说，他们大多数家庭情况一般，拿不出太多或根本没有创业资金，创业资金大多依赖银行贷款，虽然有一系列支持其贷款的政策措施出台，但他们仍要考虑创业失败、独自承担债务的风险。在技术难题上，返乡留乡青年创业一般涉及的都是农产品买卖和加工或是种养殖等，传统认知导致他们大多一知半解就积极投入，认为完全没有必要或很少必要深入学习，也因此往往创业未半就以失败告终。而外出务工青年等想返乡留乡创业，在技术获得和提升上更是一大难题，他们外出务工进工厂只能干着相对固定且单一的工作，没有机会或很少有机会能真正学到一项技能，这一部分人大多成家并有小孩，想返乡留乡的愿望极其强烈，但面临着资金、技术的双重难题。

（二）就业创业“供求”信息不对称

贵州青年返乡留乡就业创业的“供求”信息是不对称不匹配的，存在“供小于求”、“求无处发”或“求难确定”等问题。如贵州初步建立起来的退役军人基础电子台账，因缺乏大数据信息化综合对接管理平台，在综合统筹全省青年退役军人个性化职业技能培训和精准推荐就业问题上，就存在信息不对称的“堵点”“痛点”“难点”。而在青年表达就业创业需求信息的问题上，仅靠县级以上人社部门采集、收集，真正能全面掌握乡村青年就业创业需求的乡镇一级反而很少参与，导致很多乡村青年返乡留乡就业创业需求无法获得满足。创业青年也面临不了解贷款政策的情况，创业担保贷款政策的宣传推介力度不足，政策的宣传渠道局限于金融系统内，这使有信贷需求的青年创业者难以了解相关政策；反过来，面对广大青年创业者，银行难以逐个调查了解，而有贷款需求的青年创业者也难以与能够办理相关业务的银行对接，客户贷款需求和银行掌握的信息也不对称。调研中还发现，乡村青年大多返乡留乡愿望强烈，却因“无业可就”“无业敢创”而不得不外出务工，若返乡留乡能够顺利就业或成功创业且工资待遇相差不多，那便没有青年会远离家乡在外漂泊。

（三）乡村普遍存在“留不住人”难题

乡村振兴面临的最大共性问题就是乡村人才问题。一是农业农村现状“留不住”青年人才。农村人口基础教育水平较低、生活设施条件总体较差，加之农业高投入、低盈利、长周期、风险不确定等行业特性，大部分受过较高水平教育的青壮年，随着进步的“阶梯”越高，离农业农村越远，不愿意回归农村、服务“三农”。二是农业农村领域缺少青年人才成长的平台。“三农”事业发展体系庞大而复杂，农村人口普遍对现代农业产业体系、生产体系、经营体系认知不足，造成当前农业农村领域缺乏人才成长的基础、缺少人才成长的平台，难以培育发展乡村人才。三是培养与使用“两张皮”难以达成“人尽其才”最大效应。农业农村人才培训培养的针对性、适用性、有效性严重不足，驻村人才“归队归位、专职专用”还不托底，基层青年人才待遇、职称、职级等晋升通道还存在堵点，难以做到“人尽其才”，一定程度上“浪费”了人才资源。

（四）新冠肺炎疫情阻碍青年创业就业

新冠肺炎疫情深刻影响了全国乃至全球的经济社会发展，对贵州巩固拓展脱贫攻坚成果、全面推进乡村振兴同样带来了巨大影响。一是疫情导致各行各业发展缓慢或停滞，许多个体户、微小企业生存困难甚至倒闭，极大地打击了青年返乡留乡就业创业的自信心，同时本地企业生存困难也影响了就近就业的青年劳动力，部分在乡青年会选择外出务工，间接影响有返乡留乡意愿的青年打消念头。二是长期外出或计划外出务工的青年因疫情影响不能正常返岗和就业，滞留在乡，也无法及时就近找到合适的工作，他们就更加想要远离家乡、挪出“穷窝”。三是部分劳动密集型产业由于缩小用工规模等因素，导致青年在家滞留或出现青年回流，这部分青年滞留、回流家乡后一般难以接受相对较低的本地工资收入，会出现一些尝试创业的青年，却大部分局限在餐饮行业，而餐饮行业是受新冠肺炎疫情影响较大的行业之一，他们大多以失败告终。

四 进一步促进贵州青年返乡就业创业的对策建议

总的看来，贵州青年返乡就业创业还需政府层面进一步干预，针对青年自身发展困难、就业创业政策支持、资金技术保障以及就业创业供需市场对接方面，政府应进一步扮演好引导、协调、统筹的角色。

（一）给予新生代农民工就业创业更多关注

对新生代农民工的就业创业要给予更多关注，新生代农民工由于文化程度低、缺乏一技之长，只能选择保安员、服务员、保洁员、快递员、家政服务员、建筑工人、流动商贩等职位，他们面临更多社会融入困境，更易遭遇边缘化风险。他们是最想返乡留乡的人群，他们大多上有老、下有小，都是迫于生存压力而离乡，要多倾听其声音和需求，针对其返乡留乡就业创业发展需求，特别是技能短板，加大教育培训力度，出台更加有针对性的政策和服务，最大限度地吸引他们返乡留乡、为乡村振兴做出贡献。

（二）积极出台贯穿全程的就业创业扶持政策

青年返乡留乡就业创业最怕变成“无头苍蝇”，有想法有干劲有激情，也要让他们有依靠。各级政府在青年创业初创阶段、成长壮大阶段、创业成熟阶段都应制定有针对性的配套扶持政策、资金支持政策或相关的咨询服务政策等，尤其要加大对青年创业初创阶段、成长壮大阶段的指导、培训力度，保证他们在困难时求告有门，政府提供帮助时有据可依。强化创业孵化体制建设，在有条件的县（市、区）打造至少 1 个创业孵化阵地，充分发挥创业孵化阵地的巨大作用，打造返乡留乡青年就业创业孵化基地、就业创业教育培训基地和就业创业示范基地。用好贵州乡村创客大赛等创业创新展示平台，鼓励有条件的市州广泛建立常态化的创新创造展示平台，为有想法有激情的创业青年提供展示的机会。建立返乡留乡青年承训机构目录，形成标准化、规范化的培训模式，发挥“政企沟通联络机制”的优势，广泛开展“订单式、定向式、定岗式”培训，打通“返乡留乡人员—技能培训—自主创业、企业用工”的衔接渠道，实现培训结业即就业创业。

（三）促进就业创业市场供需信息有效对接

保持返乡留乡就业创业供需信息畅通对鼓励青年返乡留乡尤为重要，政府应及时搭建企业岗位信息与返乡留乡就业创业需求之间的沟通交流平台，实现就业岗位与返乡留乡青年适时推荐、无缝对接。同时，还应将有就业创业需求的返乡留乡青年文化水平、技能等级、专业特长、就业意愿与岗位需求进行匹配，筛选出匹配度高的岗位或最适合的行业方向，进行精准推送，做到人岗相适，有效推动青年返乡留乡。

（四）以乡村产业振兴吸引青年人才返乡留乡

乡村振兴当前最大的短板就是产业和人才，只有千方百计为乡村振兴产业谋发展，青年人才才能在乡村振兴中占有一席之地，反之也只有吸引青年人才返乡留乡发展才能促进产业集聚乡村兴旺，因此需要在产业发展和人才培养上双管齐下。在推动产业发展上，一是根据乡村振兴形势任务变化要求，在政策、资金、项目扶持方面向乡村倾斜，有效提升贵州乡村基础设施建设水平。如以打造乡村振兴示范村为抓手，先提升一部分乡村基础设施，通过发挥带动示范作用，分批完成全省乡村基础设施建设提升工程。二是分级分类壮大村集体经济或乡村私营企业，基于贵州乡村资源禀赋特点开发特色产业，全力以产业带动就业，以就业吸引青年人才回乡。在乡村人才培养上，一是推动修订完善现有的农业农村人才培养激励政策机制，在改善待遇、职称职级评定、职业技能鉴定、评优评先等方面谋创新求突破、向乡村一线倾斜，为农村青年人才创造良好的外部发展环境条件，促进基层青年人才队伍建设良性发展。二是开拓创新，为青年人才打造成长平台。坚持问题导向，统筹好资源禀赋、产业基础、市场需求，积极探索优化“企业联盟+

合作社（家庭农场）联盟+农户”“龙头企业+合作社+农户”等组织方式，深入推进农村综合改革、试点示范，努力为基层青年人才创造更多的发展机会、搭建更大的施展才能舞台。三是推动青年人才培养、使用的有机结合。依托高素质农民培训，以及各级农业职业院校、农业广播学校，重点开展农民的专业生产技能、专业服务能力、经营管理能力等基础性、普惠性全员培训，尽力做到“应培尽培、按需培训”。同时，推动以基层农技队伍、示范带头人队伍等为代表的青年人才归队归位、专职专用。充分发挥他们数量多、专业精、技能强、从事农业时间长等优势，促进科技强农支农作用落地生根、开花结果，推动实现人才培养与使用的有机结合，达成“人尽其才”。

（五）进一步发挥大众创业万众创新联席会议统筹作用

一是加强部门联动，建立部门之间、部门与地方之间的高效协同机制，提升创业扶持政策的精准度和有效性。组织举办形式多样的创业大赛、创业活动，通过示范带动，掀起农民工返乡创业风潮，形成政府激励创业、社会支持创业、劳动者勇于创业，助推乡村振兴的新机制。二是加快推进国土空间规划，科学布局全省生态、农业、城镇空间，充分考虑建设项目用地需求，统筹衔接农民工返乡创业企业发展规划。三是聚焦乡村振兴和农业现代化发展，加大金融支持力度，做好“三农”产业融资服务工作。进一步健全完善农村金融服务体系，加快推进政府性融资担保体系建设，引导金融机构创新开发符合返乡农民工就业创业的金融产品和服务，积极支持农民工返乡就业创业。四是深入推进简政放权，进一步激发市场主体活力。以“照后减证”为重点，持续深入“证照分离”改革。持续深化商事制度改革，优化完善企业开办“一网通办”平台，不断提升用户体验和便利度。五是健全覆盖全民、贯穿全程、辐射全域、便捷高效的全方位就业创业服务体系，持续输送就业创业保障政策，提高就业创业服务标准化、智慧化、便民化水平，构建更加和谐的劳动关系，进一步优化农民工返乡就业创业环境。

B.14

乡村振兴战略背景下贵州青年助力农业现代化对策研究

刘国强*

摘　要： 当前，贵州上下正紧紧围绕“四新”主攻“四化”，奋力在新时代西部大开发上闯出一条新路。实现巩固拓展脱贫攻坚成果同乡村振兴有效衔接，推动现代农业高质量发展已成为贵州省一项重要的政治任务。青年作为党和国家事业的建设者和接班人，在这一过程中扮演着重要角色，发挥着促进农业农村现代化生力军和突击队的重要作用。本报告总结了贵州青年积极投身脱贫攻坚的生动实践，分析了当前贵州青年助力农业现代化面临的三方面问题，并从组织引领、提供保障、引育人才、参与治理、氛围营造等五个方面提出相关对策建议，以期为贵州省实现农业现代化提供强大青春动力。

关键词： 乡村振兴　农业现代化　贵州青年

青年是国家和民族的未来，全面实现乡村振兴，需要一代代人的接续奋斗，青年人的作用至关重要。当前的贵州，正努力在乡村振兴上开新局，广大青年以责无旁贷的担当参与其中，发挥着越来越大的作用，为贵州农业农村现代化发展贡献着不竭的青春力量。

---

* 刘国强，贵州省社会科学院智库工作处工作人员，研究方向：公共管理。

一　乡村振兴战略对农业现代化提出的新要求

中国农业现代化的提出最早可以追溯到周恩来总理在一届全国人大第一次会议的政府工作报告，“如果我们不建设起强大的现代化的工业、现代化的农业、现代化的交通运输业和现代化的国防，我们就不能摆脱落后和贫穷，我们的革命就不能达到目的”。这就是四个现代化的最初表述，由此可见，农业现代化具有安邦定本的基础作用，经过几十年的努力，我国农业发生了天翻地覆的变化，几十年的发展中，农业现代化的内涵和外延也经历了不断的演化。

实施乡村振兴战略，是党的十九大做出的重大战略决策，是关系全面建设社会主义现代化国家的全局性、历史性任务，是新时代“三农”工作的总抓手。习近平总书记在党的十九大报告中指出：“要坚持农业农村优先发展，按照产业兴旺、生态宜居、乡风文明、治理有效、生活富裕的总要求，建立健全城乡融合发展体制机制和政策体系，加快推进农业农村现代化。”2021 年 11 月 12 日，《国务院关于印发“十四五”推进农业农村现代化规划的通知》（国发〔2021〕25 号）发布，集中反映了新时期农业农村发展的最新要求。“十四五”时期推进农业农村现代化要聚焦“三个提升、三个建设、一个衔接”共七个方面的重点任务，即提升粮食等重要农产品供给保障水平、提升农业质量效益和竞争力、提升产业链供应链现代化水平，建设宜居宜业、绿色美丽、文明和谐乡村，巩固拓展脱贫攻坚成果，使其与全面推进乡村振兴有效衔接。在乡村振兴战略深入实施的背景下，在全面开启农业农村现代化的新征程中，系统总结贵州青年助力脱贫攻坚经验，准确理解和把握新时代农业现代化内涵，思考如何更好地发挥青年在推进乡村振兴、实现农业现代化过程中的作用具有重要意义。

二　党的十八大以来贵州农业现代化取得的成就

党的十八大以来，以习近平同志为核心的党中央高度重视“三农”工作，坚持把“三农”问题当作全党工作的重中之重来抓，不断加大强农、惠农、富农政策力度，持续深化农村管理体制改革，稳步实施乡村振兴战略，脱贫攻坚取得举世公认的成效，农业农村发展取得了历史性成就、实现了历史性变革。在这一伟大历史进程中，贵州始终坚持以习近平新时代中国特色社会主义思想为指导，坚决贯彻落实党中央、国务院关于“三农”工作的决策部署与总体安排，深入推进农业供给侧结构性改革，农业产业革命助推农业农村发生根本性变革，脱贫攻坚取得历史性胜利，全省农业农村经济保持了较快增长的良好势头，农业现代化进程加快推进。

（一）独特的自然与生态条件，为农业现代化发展奠定基础

贵州全境处于云贵高原东斜坡地带，乌蒙山、苗岭、大娄山、武陵山构成贵州地貌的基本骨架。全省地势西高东低，自中部向北、东、南三面倾斜，平均海拔 1100 米左右。境内地貌分高原山地、丘陵和盆地三种基本类型，其中高原山地和丘陵占 92.5%，素有“八山一水一分田”之说。贵州省第三次全国国土调查主要数据公报显示，全省共有耕地 5208.93 万亩，林地 16815.16 万亩。第七次人口普查显示，贵州省常住人口 3856.21 万人，其中乡村常住人口 1806.62 万人，占比 46.8%。贵州属于亚热带温湿季风气候区，降雨丰富、雨热同季，在秋收作物生长期（4~9 月）太阳辐射较多，全省耕地均位于年降水量 800mm 以上地区，水热条件总体上利于农业生产。特定的地理位置和复杂的地形地貌，使贵州的气候和生态条件丰富多样，立体农业特征明显，农业生产具有较强的地域性和区域性，总体上适宜整体综合开发和现代山地特色高效农业发展。

（二）农业经济保持较快增长，主要指标增速位居全国前列

党的十八大以来，贵州农业经济持续较快增长，农业农村实现跨越式发展。2021 年全省农业增加值达到 2877.74 亿元，是 2012 年（891.91 亿元）的 3.23 倍，按可比价计算，10 年间年均增长 6.6%，高于同期全国增速（4.1%）2.5 个百分点，农业增加值增速连续多年位居全国前列。贵州省农业增加值占地区生产总值的比重由 2012 年的 13.0%，增加到 2021 年的 14.7%，在贵州经济增速连续 10 年位居全国前三的情况下，农业增加值占比仍然提高了 1.7 个百分点。农业增加值占全国的比重由 2012 年的 1.8%，增加到 2021 年的 3.3%，提高了 1.5 个百分点。农村居民人均可支配收入由 2012 年的 4753 元增加到 2021 年的 12856 元，年均实际增长 9.3%，增速连续 10 年高于全国水平，农村居民人均可支配收入由 2012 年的只相当于全国水平的 60%，提高到 2021 年的 67.9%。城乡居民收入比由 2012 年的 3.9 缩小到 2021 年的 3.1，城乡居民收入差距进一步缩小①（见表 1）。

表 1　党的十八大以来贵州省农业主要指标与全国对比

年份	贵州省		全国		贵州省					全国	
	农业增加值（亿元）	增速（%）	农业增加值（亿元）	增速（%）	农村居民人均可支配收入（元）	增速（%）	城镇居民人均可支配收入（元）	增速（%）	城乡居民收入比（%）	农村居民人均可支配收入（元）	增速（%）
2012	891.91	8.6	50581	4.5	4753	11.5	18701	10.4	3.9	7917	10.7
2013	1031.70	5.8	54692	4.0	5434	12.4	20667	7.4	3.8	8896	9.3
2014	1316.08	6.5	57472	4.2	6671	10.3	22548	7.0	3.4	10489	9.2
2015	1712.65	6.4	59853	4.0	7387	10.5	24580	7.4	3.3	11422	7.5
2016	1959.93	5.9	62451	3.5	8090	8.3	26743	7.2	3.3	12363	6.2
2017	2139.97	6.2	64660	4.1	8869	8.9	29080	7.5	3.3	13432	7.3

① 资料来源：《中国统计年鉴》（2012~2021）、《贵州统计年鉴》（2012~2021），国家统计局、贵州省统计局官方网站。

续表

年份	贵州省		全国		贵州省					全国	
	农业增加值（亿元）	增速（%）	农业增加值（亿元）	增速（%）	农村居民人均可支配收入（元）	增速（%）	城镇居民人均可支配收入（元）	增速（%）	城乡居民收入比（%）	农村居民人均可支配收入（元）	增速（%）
2018	2272.97	6.7	67559	3.6	9716	8.1	31592	6.5	3.3	14617	6.6
2019	2408.03	5.7	73577	3.2	10756	7.9	34404	6.6	3.2	16021	6.2
2020	2675.59	6.3	81104	3.1	11642	4.9	36096	2.5	3.1	17132	3.8
2021	2877.74	7.7	86775	7.1	12856	10.4	39211	8.6	3.1	18931	9.7

注：农村居民人均可支配收入 2013 年及以前为农民人均纯收入。

资料来源：2020 年及以前数据来自历年《中国统计年鉴》与《贵州统计年鉴》，2021 年数据来自国家统计局官方网站与《贵州统计月报（2021 年 12 月份）》。

（三）特色优势产业加快发展，农业生产能力得到显著增强

党的十八大以来，贵州在牢牢守住粮食安全底线的情况下，深入开展农业供给侧结构性改革，强力推进农业结构调整，聚力发展现代山地特色高效农业，特别是 2018 年开展的振兴农村经济产业革命，彻底调动了农业生产的“八要素”，农业特色优势产业的规模、产量、产值实现显著提升，彻底改变了贵州农业过去“什么都有，什么都不成规模”的历史。“十三五”时期，贵州省农业生产能力得到显著提升，粮食总产量保持在 1000 万吨以上，蔬菜、水果、茶叶、中药材产量比 2015 年增长 60%以上。单位耕地种植业产值达到 4098 元/亩，第一产业从业人员人均农业总产值达到 4.05 万元/人，分别比 2015 年增长 58.2%、69.5%。多项优势产业规模进入全国前列，茶叶、辣椒、李子、刺梨、蓝莓种植面积分别达到 700 万亩、545 万亩、263.5 万亩、200 万亩和 19.3 万亩，规模均居全国第一；猕猴桃、薏仁、太子参等产业规模进入全国前三；蔬菜、食用菌、火龙果等产业规模进入全国第一梯队。①

① 资料来源：2021 年 10 月 28 日贵州省政府新闻发布会。

（四）农业接二连三融合发展，质量效益和竞争力不断提升

一、二、三产融合发展是现代农业的显著特征和重要发展动力，党的十八大以来，贵州省农村产业进一步融合发展，农产品深加工和生态特色食品产业快速发展，规模以上农产品加工企业达到 1217 家，实现农产品加工业总产值 6669 亿元，农产品加工转化率达到 50%以上，平均每年提升 1 个百分点。共创建国家级现代农业产业园 5 个、农业绿色发展先行区 3 个、农村产业融合发展示范园 13 个、特色产业集群 1 个、产业强镇 29 个。农业产业化国家级、省级重点龙头企业分别达到 35 家和 903 家，通过实施"龙头企业+合作社+农户"的组织方式，依托龙头企业、合作社、家庭农场等多种新型农业生产经营主体，增强利益链接机制，农民通过土地流转、务工收入、入股分红等多种形式分享产业发展红利。农业全产业链发展，实现了农产品附加值的不断提高，推动了农业质量效益和竞争力的持续提升。

（五）农业基础设施持续完善，农业科技支撑实现大幅跃升

现代农业的发展离不开农业科技的加持，农业科技的发展促使农业基础设施持续完善，这为农业高质量发展提供了先决条件。贵州省科技厅数据显示，2016 年以来，全省投入支持经费 8.9 亿元，实施省级涉农科技项目 1343 项，通过开展关键技术研究攻关和科技成果转化示范，在种业创新、农产品精深加工、农业机械化智能化等方面取得新进展，有力助推了现代农业发展。实施高标准基本农田和耕地提质改造等工程建设，截至 2020 年，全省累计建成高标准基本农田 1677 万亩。加快推进山地农业机械化，逐步优化农机具配置结构，全年农机总动力达到 3001 万千瓦，比 2012 年增长 42.5%，主要农作物耕种收综合机械化率达到 41.2%。坝区成为农业科技发展的示范样板和集中体现，全省坝区平均复种指数达到 200%以上，单位耕地产值达 8550 元/亩，主要农作物保险覆盖率达到 61.5%。①

---

① 资料来源：《贵州日报》2021 年 5 月 12 日报道。

（六）农业绿色发展稳步推进，生态优势不断实现产业转化

贵州良好的生态环境、得天独厚的先天资源优势，为农业绿色发展奠定了坚实基础。党的十八大以来，贵州坚定不移地走农业绿色发展之路，持续推进产业生态化、生态产业化，按照“一控两减三基本”的总体要求，实施农业面源污染综合防治，在农业产业实现大发展的前提下，化学农药使用量实现零增长。探索推广“以采代防、采防结合”“以草治草、以草抑草”“以虫治虫、以菌治虫”等一系列绿色生产技术，助力绿色农业发展。2021年，贵州农产品质量安全抽检合格率99.9%，累计认证绿色食品、农产品地理标志数量分别达到407个、151个。目前，全省共有绿色食品生产企业275家，86个农产品质检机构通过“双认证”，平均认证参数达110项。绿色，已成为贵州现代农业发展最亮丽的底色①。

三　贵州青年积极投身脱贫攻坚，助力农业现代化实践总结

党的十八大以来，广大贵州青年坚持以习近平新时代中国特色社会主义思想为指导，深入学习贯彻落实党中央和贵州省委关于脱贫攻坚战略决策部署，积极响应党的号召，紧紧围绕中心、服务大局，以实施“青春建功大扶贫”行动为主线，奋力投身决战决胜脱贫攻坚伟大实践，在全省按时高质量打赢脱贫攻坚战、助力农业现代化过程中奉献了青年力量，彰显了青春担当。

（一）坚持组织引领，各级团干部充分发挥带头表率作用

共青团是党的助手和后备军，在全省决战脱贫攻坚、奋力摆脱千年绝对贫困标签的伟大进程中，全省各级团组织充分发扬“党有号召、团有行动”

① 资料来源：贵州省政府新闻发布会，2021年11月23日。

的优良传统，各级团干部发挥青年的生力军和突击队作用，以实际行动引领广大青年投身脱贫攻坚，在担当中磨炼，在实践中成长，勇做时代主题的参与者、奋进者、开拓者和奉献者，全程参与并亲身见证了困扰贵州千百年的绝对贫困问题得到历史性解决，为贵州省按时高质量打赢脱贫攻坚战贡献了青春的力量。“90后”青年宋冰硕士研究生毕业后没有选择留在条件更好的城市，而是通过选调来到威宁县石门乡泉发村担任党支部书记，肩负起带领全体村民脱贫致富的重任，她满怀抱负，充满拼劲，通过既扶志又扶智的工作思路，彻底扭转贫困群众长期以来形成的“等靠要”思想，强化村党支部的引领作用，探索建立“党支部+公司+合作社+基地+农户”的产业发展模式，推动农业产业发展，带领全村老百姓拔除穷根，实现致富；六盘水市人民医院团委书记杨畅，被组织选派到盘州市鸡场坪镇塘子边村任第一书记后，一刻不停歇，用一个多月时间遍访全村群众，即使是伤病未痊愈，也依然坚守在脱贫攻坚第一线，得到群众的广泛肯定，被村民亲切地称为“背包书记”。以上只是全省优秀青年团干部的杰出代表，像他们这样的优秀青年还有很多，据不完全统计，党的十八大以来，全省各级团组织共选派485名团干部到141个贫困村进行定点帮扶，组织1877名团干部开展结对帮扶工作，通过组织开展产业扶贫、农村人居环境综合治理、易地扶贫搬迁等工作，累计服务贫困群众1.5万人次，全省团干部以实际行动发挥了脱贫攻坚生力军的带头作用①。

（二）多方积极动员，青年返乡创业就业，带动农村经济发展

农业的现代化从某种意义上来说就是农民的现代化，没有现代化的农民就没有现代化的农业，而外出人员回村创业兴乡是贵州省农业现代化中的一股不可或缺的重要力量。发端于2004年的春晖行动，该名称取自唐代诗人孟郊《游子吟》中的诗句，谁言寸草心，报得三春晖，旨在“弘扬中华文明·反哺故土亲人”，充分发挥“亲情、乡情、友情”的情感纽带作用和传

① 资料来源：《共青团贵州省委工作总结》。

统美德的感召力，激发赤子情怀，感召游子返乡创业就业，回报桑梓，共同促进家乡经济发展和社会进步，改变家乡贫困落后面貌。黄思锦就是其中的优秀代表之一，出生于1988年的他，在大学毕业后，毅然选择回到农村家乡，投身于农业产业中，从绿化苗木种植开始，一步步向养殖发展，经过市场调查分析，选中当地养鹅产业，通过精心打造创业团队，最终创业成功，将平坝灰鹅产业做大做强，成为当地农村青年致富带头人，被评为贵州省"优秀春晖使者"，他的公司还荣获了当地农业产业化经营重点龙头企业等多项荣誉称号。在贵州的农村大地上，当初曾经因贫穷而外出务工的青年们，现在正陆续因乡村振兴而返乡创业，他们通过政府扶持政策和农技培训，因地制宜地发展各种富民产业，推动了农业农村现代化发展。党的十八大以来，通过"春晖亲缘招商"发展春晖扶贫产业项目161个，建立各类产业园区300余个。截至2021年底，全省建立新时代春晖社1900多个，礼聘春晖使者近6万名。

"广阔天地，大有可为"，当前的贵州农村是充满希望的田野，是干事创业的舞台。新起点，新使命，贵州正以更加积极、开放的姿态迎接全国各地的优秀人才发展现代农业，让农村也成为高端人才聚集地，充分发挥人才在促进农业现代化发展中的引擎作用。"90后"香港青年梁安莉在气候高寒的"贵州屋脊"韭菜坪种下一片花海，产品畅销省内外，给曾是深度贫困的中井村持续稳定脱贫致富带来了更多希望。当前，来自省内外的"职业农民"正在贵州大地上辛勤耕耘，这些带着新观念、新技术、新品种和启动资金来到贵州的农村实用人才，正成为一股新兴力量，为贵州省农业现代化注入新的活力。

（三）开展志愿服务，万名青年志愿者默默贡献在乡村基层

全省青年大力弘扬"奉献、友爱、互助、进步"的青年志愿者精神，广大团员青年积极参加各种形式的脱贫攻坚志愿服务活动，为农业农村发展贡献了志愿服务力量。全省累计组织1000余支大学生团队、5万余名志愿者，参加暑期社会实践活动，赴农村开展理论宣传宣讲、科技支农帮扶等脱

贫攻坚志愿服务。累计组织派遣近两万名大学生志愿者到全省乡镇脱贫攻坚一线开展1~3年志愿服务活动，主要开展“三支一扶”、远程教育等脱贫攻坚服务工作。2019年启动实施“贵州省万名大学生志愿服务基层”项目，组织派遣大学生志愿者近万人，基本实现全省乡镇团委、易扶点志愿者全覆盖，为广大农村决战决胜脱贫攻坚、助力乡村治理现代化提供了有力的人力支持。

（四）坚持“志智双扶”，千方百计激发农民发展内生动力

欲先扶其贫，必先扶其志，导致贫困的固然有外部生产条件恶劣等客观原因，但归根结底还是内生动力不足的深层次内因起更加关键的作用。坚持扶贫“志智双扶”，充分激活调动贫困人口的“志”“智”内因，将外部“输血”式扶贫转化为内部“造血”式脱贫，激发贫困人口内生动力。通过“青年志愿者脱贫攻坚夜校”组织扫盲继续教育、职业技能培训、方针政策宣讲等教学培训，坚定贫困群众脱贫信心，激发内生动力，增强脱贫技能。全省累计建成夜校300余所，礼聘教师3000余人，培训群众36万人次。开展春晖感恩教育和“我与家乡共发展”活动1.3万余场，教育引领广大青少年和农村群众感党恩、听党话、跟党走，助力“志智双扶”。

科技人才是推动农业现代化，振兴农村经济的重要智力支撑。科技特派员制度把科技创新形成的强大发展动能扩散到农村田间地头，助力农业农村现代化，帮助农民脱贫致富。“十三五”时期，贵州每年选派千余名科技特派员深入基层开展指导帮扶，其中，青年占了相当比例，他们主动破解农业生产难题，组织开展技能培训，积极推广先进农业科学技术，有效推动农村产业的发展，为贵州农业现代化发展注入源源不断的智力资源。

（五）树立青年典型，充分发挥青年带头人的示范引领作用

榜样的力量是无穷的，为充分发挥青年致富典型的示范引领作用，近年来，先后组织100余名脱贫攻坚青年先锋讲习员，奔赴全省各贫困县区、青年务工集中地和部分省属高校，开展了100多场脱贫攻坚青年先锋大讲习，

现场听众 1 万余人，数十万人通过网络等新媒体实时收看，产生了广泛影响，在青年群众心底埋下了投身火热事业的种子。加强农村青年致富带头人协会建设，提高培育服务质量，在领办农民专业合作社、推动农村产业革命等方面发挥青年突击队的示范引领作用。多名青年同志入选“贵州脱贫攻坚群英谱”，贵州省农村青年致富带头人陆永江获第十一届“全国农村青年致富带头人标兵”（全国共 10 名），詹兴超等 5 人入选第十一届“全国农村青年致富带头人”，在首届“全国乡村振兴青年先锋”的表彰中，贵州省鸿发生态农业科技有限责任公司的杨安仁荣获标兵称号（全国共 10 名），杨杜娟等 10 名青年入选全国乡村振兴青年先锋。通过大力宣传典型事迹，营造学习先进典型、投身脱贫攻坚的浓厚氛围。

四　贵州青年助力农业现代化面临的主要问题

纵然全省青年在决胜脱贫攻坚、助力农业现代化发展过程中发挥了重要作用，但同时也应看到与新时期乡村振兴、农业农村全面实现现代化战略要求相比，贵州青年在助力农业现代化方面还面临着一些困难和问题。

（一）贵州青年投身农业现代化的合力还没有形成

一是组织引领作用还有待进一步提高，将全省青年牢牢拧成一股绳投入乡村振兴的局面还没有形成。二是部分青年对乡村振兴战略的重大意义缺乏全面深入的了解，对农村的认识有些甚至仍停留在过去贫穷落后的刻板印象上，主动参与农业现代化的动力不足、热情不高。三是缺乏青年参与助力农业现代化系统政策的统合，相关部门都制定有鼓励青年人才参与乡村振兴的政策和措施，但未能全面打通，形成完整的、一揽子支持青年参与农业农村现代化的制度体系。

（二）农村发展现状与青年乐居兴业需求存在差距

一是农村基础设施和基本公共服务与城市相比还存在较大差距，尤其是基础教育和医疗，无法为青年人才长期发展解决后顾之忧，影响青年投身农村建设积极性。二是农村创业支持体系还不够完善，融资、要素保障、保险等配套支持措施的便利度还不足。三是青年参与农村基层社会治理渠道不够通畅，青年在农村发展的渠道较为狭窄，成长空间有限。

（三）农村青年人才规模与结构不能满足发展需要

一是针对性强的青年农村人才培养计划和具体措施还有待加强，农村人才外引和内培的力度均无法满足农业农村现代化的人才需求。二是与其他行业青年人才相比，青年农村实用人才的相关待遇不具有优势，不足以吸引优秀青年人才落地。三是农村实用人才的年龄结构不尽合理，有些地方甚至面临着青黄不接的情况。

五　新时期更好发挥青年作用助力农业现代化的建议

与老一代农业从业者相比，青年群体是伴随着我国改革开放成长起来的，具备较高的文化知识水平、更强的市场竞争意识和更先进的经营管理理念，在农业农村现代化发展的过程中，更能发挥出强有力的助推作用。为使青年在推进乡村振兴、实现农业现代化过程中的作用发挥得更加充分，提出如下建议。

（一）强化组织引领，汇聚农业农村发展磅礴青春力量

共青团组织在新时期做好“三农”工作的关键，无疑是更加充分发挥青年在推动农业现代化进程中的作用。贵州共青团要充分发挥组织优势，认真落实党中央、贵州省委决策部署，切实把团结引领广大青年推动农业现代化作为一项重要工作。一是坚持党的全面领导，发挥团组织的引领作用。全省各级团组织要立足党的助手和后备军的职能定位，继续发扬优良传统，积极引导青年主动投身乡村振兴，发挥团组织的引领带动作用。二是充分发挥贵州省中长期青年发展规划联席会议制度的作用。及时学习宣传中央、省委

关于乡村振兴、农业农村现代化决策精神，研究部署共青团助力乡村振兴工作，以深入实施“青春助力乡村振兴”专项行动为总抓手，整合现有机构、人员、项目、资金等，调动全省各条战线的青年力量，形成全省青年参与农业农村发展合力。三是强化统筹协调，为乡村振兴提供坚强组织保障。制定针对性与可操作性兼具的具体行动方案，细化各项工作措施，层层压实工作责任，严格监督落实，切实提高执行力，为青春助力农业农村现代化提供坚强的组织保障。

（二）完善各项服务，为青年创业兴乡提供全方位保障

农业发展、乡村振兴的一个重要标志，就是年轻人愿意回归农村、服务农村，为此，要抓好系列配套工作，为青年创业兴乡提供全面保障。一是完善农业产业扶持政策。摸清本地青年人才储备和回乡意愿，有针对性地进行组织动员，全面落实各类人才扶持、支持农业发展、产业创新等优惠政策，让更多青年人才愿意来、留得住、干得好。二是完善农村基础设施和基本公共服务。加快农村水、电、路、气、网等基础设施建设，改善农村医疗和教育，尤其是提高学前教育和义务教育质量，解决青年人才在农村发展面临的实际困难，使他们在农村干得安心、顺心。三是完善青年创业金融服务。开设返乡创业青年担保贷款“绿色通道”，在控制好金融风险的前提下，努力优化创业担保贷款办理流程、担保方式和还款期限。拓展社会融资途径，通过引进社会资本合资、入股的方式解决创业发展融资困难的问题。完善农业保险制度，为返乡创业青年提供差异化农业保险服务。四是拓宽土地流转途径。让愿意从事农业生产的青年实现规模经营，在提高收入水平的同时实现闲置土地资源的有效耕种。

（三）坚持引育并举，为农业现代化储备充足人才资源

一是明确人才培养路径，创新人才队伍培养模式。从农业产业、农村治理和农业农村服务三个领域，依托农村青年创业致富带头人协会、青年企业家协会、青农协等团属协会，统筹团内外资源，进一步加大“三支”农村

青年人才队伍培养力度，有效服务农业农村的发展需要。二是激发青年返乡动能，畅通青年参与平台。广泛吸引大学生返乡为乡村振兴增加活力，开展省内高校结对县区活动，组织大学生走进农村。结合“黔归人才计划”，面向全国高等院校的贵州籍学子，大力开展人才招募活动。组织发动广大贵州籍的大学生，利用寒暑假到生源地开展社会实践活动。三是与省内高校合作，开展农业农村人才定向培养、定向就业计划。在高校招生、专业设置、课程教学中加入乡村振兴、农业农村现代化等相关内容，定向培养专业人才。继续深化“青年志愿者脱贫攻坚夜校”等平台，依托信息化建设放大培育效应，破解农村青年人才培育难题。

（四）拓宽参与路径，让青年在治理中与乡村共同成长

党的十九届四中全会明确提出“社会治理共同体”概念，对于广大有志于投身农业农村事业的青年来说，要让他们意识到自己是乡村社会治理共同体的重要成员，与乡村同发展、共成长。一是积极发展农村青年党员，培养优秀农村青年成为村级后备力量。举荐优秀乡村振兴青年人才充实到农村党员队伍中，并重点推荐团干部作为村级组织主职干部的后备力量，支持返乡大学生、青年致富带头人等参与村民委员会选举，使他们能够直接参与到村级事务决策和管理监督当中，实现成长有通道、发展有盼头。二是吸纳优秀农村青年成为团干部。做好政治吸纳工作，选拔乡村振兴志愿者、社会组织骨干、创业典型等各领域优秀青年人才到团组织当中担任团干部，通过建立团干部领办乡村振兴重点项目制度，为青年提供参与农村基层治理、实现自我价值的机会。三是积极引导农村青年成为乡村治理志愿者。广泛组织农村青年参与植树种草、污染治理、水资源保护、垃圾分类等社会实践活动，使他们通过力所能及的志愿服务活动助力乡村振兴。

（五）加强舆论宣传，营造青年投身农村发展的浓厚氛围

注重营造全省青年投身农村发展的浓厚氛围，全方位推进基层青年思想引领和教育培训。一是加强与《人民日报》、新华社、中央电视台、《中国

青年报》、《贵州日报》、贵州电视台等省级以上主流媒体合作，加大宣传力度，创新宣传方式，全方位、多层次立体式报道贵州青年投身乡村振兴的生动实践和重要成效。展现新时代乡村新风貌和乡村振兴战略新机遇。挖掘乡村振兴中青年在创新创业、社会治理、志愿服务、文化传承等领域的典型，展现他们的责任担当与价值发挥。二是充分发挥团属宣传阵地作用，深入学习宣传脱贫攻坚方针政策和先进事迹。依托官方微博、微信、抖音、快手等网络媒体平台宣传，充分发挥农村致富带头人的带动作用、乡村振兴青年典型的引导作用、乡贤回归农村从事农业的感召作用，培养青年“热爱农业、愿去农村”的思想观念。三是以乡情乡愁为纽带，通过联合相关新闻媒体打造涉农栏目、编创涉农文化产品等使青年人能够直观地感受到贵州农业现代化发展、美丽乡村建设不断推进、农村公共文化建设全面加强、乡村治理向现代化迈进等变化，不断增强农村这片“热土”的吸引力，营造青年投身农业现代化的浓厚氛围。

现代农业，离不开现代化的人才。广阔的农村，尤其需要更多有专业能力的知识青年，挑起乡村振兴和农业现代化的重担。时代赋予了当代青年强农兴农的责任，我们相信未来会有更多知识青年，回到农村的广阔天地，充分利用自己掌握的知识，助力乡村振兴，努力改变家乡面貌，为贵州农业现代化贡献青春、智慧和力量！

参考文献：

《中共中央　国务院关于实现巩固拓展脱贫攻坚成果同乡村振兴有效衔接的意见》，2020 年 12 月 16 日。

《国务院关于印发“十四五”推进农业农村现代化规划的通知》（国发〔2021〕25 号），2021 年 11 月 12 日。

《国务院关于支持贵州在新时代西部大开发上闯新路的意见》（国发〔2022〕2 号），2022 年 1 月 18 日。

中共贵州省委办公厅：《贵州省中长期青年发展规划（2019—2025 年）》，2019。

徐海星：《为农业高质量发展赋能——贵州加快推进农业现代化进程》，《农民日报》2021 年 8 月 28 日。

李炳军：《加快农业现代化推动农业高质量发展　为在乡村振兴上开新局提供有力支撑》，《贵州日报》2021 年 5 月 13 日。

胡鑫：《乡村振兴战略人才支撑体系建设研究》，吉林大学博士学位论文，2021。

李蓉：《乡村振兴视阈下农村青年电商创业研究》，《山东人力资源和社会保障》2022 年第 Z1 期。

涂妍：《为谱写新时代贵州乡村振兴新篇章贡献青春力量》，《贵州日报》2018 年 6 月 5 日。

熊春文、陈家碧：《青年农民研究：背景、议题与展望》，《青年研究》2021 年第 1 期。

B.15 高质量新型城镇化下贵州青年发展的环境与对策

陈其荣*

摘　要： 实现新型城镇化高质量发展，青年群体是贡献的重要力量。打造良好的青年群体发展环境不仅是提升区域创新能力的重要条件，也是检视现代化城市助力青年群体成长的重要举措。本报告解读了新型城镇化高质量发展背景下贵州青年的空间分布特征和发展环境，分析了贵州青年发展存在的问题，认为高质量新型城镇化将为青年发展提供住房、就业、就医、上学、社保、晋升等全过程多方面的环境和机会，并围绕青年健康成长提出了对策建议。

关键词： 新型城镇化　贵州青年　高质量发展

习近平总书记强调，“当代中国青年是与新时代同向同行、共同前进的一代，青年是国家的希望，是事业的未来，是国家战略力量的源头活水。”① 青年在城市留得下、住得好、过得好，是新型城镇化高质量发展的重要内容。数据显示，我国城市人口中青年群体规模持续扩大，促进青年群体发展是提高城市人口发展质量的重要引擎、推进城市经济结构转型的重要支柱、实现内涵式增长的必然要求。新型城镇化发展加速了城镇交通、供水、供

* 陈其荣，贵州省社会科学院城市经济研究所助理研究员，研究方向：城市经济学、区域发展管理。

① 习近平：《2021 年 9 月 27 日在中央人才工作会议上的讲话》，http：//www. news. cn/politics/leaders/2021-09/28/c_ 1127914411. htm，2021 年 9 月 28 日。

电、通信等公用基础设施建设，带动了房地产、建材、餐饮、金融服务等相关产业发展，也为青年群体发展提供了必要的物质环境和发展机会。

高质量新型城镇化必然加速青年群体的空间集聚与分化，城市青年群体集聚度明显高于小城镇，青年集聚于城市有利于获得成长通道和提升职业技能。据清华大学研究调查发现：近六成的新一代青年希望未来能够继续在城市发展，计划留在城市的新生代农民工所占比重明显高于老一代，并且新一代青年逐渐成为“城镇”里的主要就业群体，有强烈的愿望融入城市、为城市发展贡献力量①。本报告分析了贵州新一代青年发展的就业、住房、社保等环境现状和存在的问题，并提出对策建议，借以通过加快贵州青年发展助力新型城镇化高质量发展。

一　研究进展

青年群体是国家现代化的强大动力，关注青年群体的发展一直是中国共产党的优良传统②。习近平总书记指出现阶段我国青年发展存在担纲机会少、成长通道窄、生活压力大等问题，在薪酬待遇、住房保障、子女入学、职业技能提升等多方面存在不少的实际困难③。现实发展环境一定程度上阻碍了青年的成长，弱化了青年的教育参与和经济参与，令其不能发挥其自身的潜在能力和优势。在青年社会服务、自我价值实现形式和路径方面开展有益探索，突破青年单链条式的发展、科层制式的组织形式，为当代青年将外部网络化、市场化和全球化的挑战变为机遇，提供了新的社会诉求和多元化的实践逻辑支撑④。《国际青年发展指数报告（2021）》

① 清华大学社会学系与中国青少年发展基金会联合组成的“新生代农民工研究课题组”调研数据。

② 林炜：《百年来共青团青年工作的发展逻辑与经验启示》，《北京科技大学学报》（社会科学版）2022 年第 1 期，第 24~32 页。

③ 习近平 2021 年 9 月 27 日在中央人才工作会议上的讲话。

④ 申辰煜：《新时代共青团引领青年发展的境遇与理路》，《山东青年政治学院学报》2022 年第 1 期，第 46~51 页。

认为青年发展与经济发展具有强关联性、与人类发展指数具有高度的同频性[①]。

然而，青年发展很大部分取决于政府等公共部门对青年发展的人为干预，政策精细化分工往往反映青年发展过程的多样化、基本性和高质量的诉求，只有通过青年自身的内发性动力和外在环境的刺激动力，才能更为系统、更大力度上支持和促进青年的发展[②][③]。青年发展环境优化与社会发展环境具有内在的根本性关联，重视青年发展的公共政策、实施项目、评价等，是走向高质量均衡、保证社会和人的整体均衡、实现环境公平和质量提升的双重表现[④]。在高质量统领的新型城镇化中，城镇规划、机制创新、制度改革、空间优化、资源配置、经济文化和社会文明等对青年群体发展产生了不同的职能定位，对青年群体在参与组织建设、自我成长、发挥社会职能方面影响深远。近年来，青年群体在创业[⑤]、就业[⑥]、居住[⑦]、人口迁移[⑧]、就地城镇化[⑨]等选择机会上拥有更多的自主权，并且在青年发展的外部性、学习能动性和城市认同感上表现突出，仍需要从政策、教育、家庭和自身共

---

① “国际青年发展指数”联合课题组：《国际青年发展指数报告（2021）》，《中国青年研究》2021 年第 12 期，第 4~14 页。

② 沈杰：《中国青年高质量发展：从理念进阶到指标建构》，《北京青年研究》2021 年第 1 期，第 5~12 页。

③ 林楠：《我国青年政策的回顾、现状与展望》，《青年学报》2021 年第 4 期，第 45~51 页。

④ 任园：《高质量均衡：青年发展理念的新趋向》，《当代青年研究》2021 年第 5 期，第 109~115 页。

⑤ 赵迪、李贺：《新型城镇化背景下的农村青年创业培植研究》，《农学学报》2017 年第 12 期，第 127~136 页。

⑥ 张登国、王骥洲：《新型城镇化与青年农民工就业的机遇与挑战》，《中国青年研究》2017 年第 2 期，第 16~21+33 页。

⑦ 方长春：《青年准市民的居住城镇化：政策趋向与可能的困境》，《中国青年研究》2017 年第 2 期，第 10~15 页。

⑧ 赵莉、鲁文静：《新型城镇化背景下返乡女性青年农民工小城镇迁移状况研究》，《中国青年研究》2014 年第 7 期，第 67~73 页。

⑨ 《共青团组织有效服务新型城镇化进程中的农村青年市民化问题研究》，《中国梦与当代青少年发展研究报告——第九届中国青少年发展论坛（2013）优秀论文集》，2013，第 387~394 页。

同发力以提升整体适应性[1]。

青年作为城市建设的中坚力量，是城市发展的活力源泉，城市在为青年提供众多发展选择机会的同时，也为青年创造了参与城镇化建设、管理和成长的必要环境。然而城市物价上涨、房价高企、生活教育成本攀升、失业风险增大等诸多因素，无形中增加了青年发展的压力、焦虑，制约了城镇化促进青年发展的良性机制形成。新型城镇化一直强调重点促进有能力的青年在城镇稳定就业，有序实现市民化，以新生代农业转移人口为重点的青年发展需充分考虑青年群体中不同阶层的利益和诉求，城市的就业服务、技能培训、公共服务和社会保障的覆盖面、高质量供给等良好政策机制，都是贯彻以人为核心的城镇化的具体化，为青年群体的创业、就业提供了新的路径，体现了“城市对青年友好，青年在城市更有为”的发展理念。因此，本报告认为青年发展环境是理论与实践相互促进的共同体，借此塑造青年友好型成长型省份在调适要求和现实指向中的整体性、过程性和延展性，希望通过分类划定实现底线均衡和高位优质均衡，探索贵州青年发展的多样化、特色化发展道路。

二　贵州青年空间迁移演变

实现现代化必须坚持人口现代化的核心基础，把握农业转移人口市民化的空间迁移和现状表征，青年劳动力从乡村向城镇的转移，推进了新型城镇化建设中产业结构、就业方式、人居环境、公共服务、社会保障的变化。2020 年贵州省常住人口城镇化率为 53.15%，值得注意的是，14~35 岁乡村青年常住人口占比下降了近 2 个百分点，青年人口向城镇集聚趋势明显增强。

一是人户分离从“外流为主”转为“内外兼顾”。城镇人口大幅度增加

---

① 石宇宁：《新型城镇化对西部民族地区青少年社会适应的影响研究》，西南民族大学硕士学位论文，2020。

的背后是大量青年群体的空间迁移，2020 年全省常住人口中人户分离 1169.48 万人（其中 15~34 岁人户分离人口 470.75 万人），省内占比 90.2%，其中市辖区占比为 19.95%，非市辖区占比为 80.05%，非市辖区人口转移成为主力。2020 年全省户籍人口中外出人口为 845 万人，比 2010 年增加了 127 万人，10 年增量同比下降了 35.1 万人，迁移方向出现向外流动趋势下降。

二是城镇人口集聚从“中心城市”转为“大中城市与小城镇协调”。省外人口流入规模扩大，2020 年外省流入人口约为 114 万人，比 2010 年增加了 38 万人。随着大城市和都市圈的快速发展，城市核心吸引力和人口吸附能力持续增大，空间集聚中贵阳市和遵义市吸纳流动人口占全省近半壁江山（47.33%），毕节市占比 10.87%，安顺市占比仅为 4.99%，大城市、核心城区和重点县成为人口的重要载体，如贵阳市南明区、云岩区分别承载了全省流动人口的 5.89%、5.86%，毗邻中心城市的县域流动人口总量高于其他县域，如黔西、水城、惠水和龙里等流动人口明显较多。

三是城镇新增人口从“经济型”转向“市民型”。2017 年以前贵州动态监测抽样调查显示城镇流动人口平均年龄为 36 岁以下，以男性青壮年为主，受教育程度和家庭收入比较低，人口流动具有典型的经济型流动特性。现阶段，高质量导向下贵州新型城镇化发展面临“既要转型，又要加速，还要提质”的多重任务，2020 年贵州省内、省外人户分离人口同比 2010 年分别增加 668.2 万人、38.32 万人，2020 年贵州流动人口中 15~34 岁流动人口占比为 47.47%，青年群体成为主力军，且该年龄段的青年群体在城市住房、就业、教育、医疗、社保等方面具有较大的市场需求，如能在城市就业、增强城市融入能力和获得市民权益机会等，形成了典型的“市民化流动”。

四是青年人口流动从“长期化”转向“自主性”。第六次人口普查数据显示贵州“六年以上”的流动人口占比高达 28.49%，成为主要群体；第七次人口普查数据显示贵州流动人口离开户籍地的时间以“半年至二年”居多，占比为 40.14%，新时期青年人口流动主要受城镇就业机会、公共服务、文化娱乐等吸引，人口流动的周期短期化，流动更加具有自主性。2020年全省人户分离人口中15~34岁的人口共有470.75万人，女性流动性高于男性流动性，以工作或举家搬迁为主；在跨省流动人口中男性流动比女性流动大，工作、务工、经商或举家迁移等成为重要原因。

三 贵州青年发展的环境现状

（一）就业现状

就业环境是青年在城镇实现全面融入的根基，就业是青年发展能动性的重要表征。

一是青年见习有序推进。贵州省人社部门联合省内八家单位，从地方产业发展和青年见习需要，积极推进各类开发企业、产业园区企业、行业龙头企业、国有大中型企业、优秀民营企业等吸纳青年见习，并推行专人指导机制，着力从知识、技术、技能含量和业务内容上提升青年的实践能力。2019~2021年累计组织4.5万名青年参加见习，坚持建设与管理并举，在岗位推选、吸纳能力、见习收获上取得新成效，发挥引领示范带动作用。与此同时，贵州也加强见习基地动态管理，24家省级就业见习示范基地通过复审，为青年提供了稳定的、可持续的、成效好的工作机会。

二是青年启航计划成效卓著。贵州对“16~35岁有劳动能力、就业愿望的失业一年以上的青年，重点是建档立卡贫困、易地扶贫搬迁、城乡低保、零就业等四类失业青年及残疾失业青年”开展了指导和摸排登记，2019年度帮扶17811人实现就业创业，就业创业率为71.3%。同时，贵州积极推行导师制，截至2019年12月底已组建“启航导师”队伍586人，累计帮助16654名长期失业青年实现就业。此外，加大对贫困家庭子女、高校毕业生、农村转移劳动力、城镇登记失业人员的培训力度，2020~2021年16~35岁青年群体分别开展技能培训35.07万人次、25.33万人次。

三是大力推进农民工返乡就业创业。持续优化青年返乡就业创业环境和支持政策，出台创业担保贷款扶持、设立自主创业补贴、创业场所租赁补贴等政策。符合申请条件的返乡创业农民工可申请不超过 20 万元的 3 年期创业担保贷款、部分贴息。对首次创业的小微企业或从事个体经营和 12 个农业特色优势产业领办创办、主体培育、产业链延伸等领域的高校毕业生采取创业一次性补贴及场地租赁费用减免。截至 2021 年底，全省共创建农民工创业园和创业点 332 个，共入驻企业 7617 家，带动就业创业 18.49 万人，选树优秀示范园 4 个、示范点 53 个。2021 年全省发放高校毕业生自主创业补贴 79.50 万元、创业场所租赁补贴 538.82 万元。

四是积极促进高校毕业生就业。近年来，随着高校毕业生的规模持续扩大，人社部门加大力度在政策供给、服务保障、平台支撑、困难帮扶等方面全力促进高校毕业生就业创业。贵州省高校毕业生总量和增量年年攀升，高校毕业生对高质量就业的诉求更强，高校毕业生就业形势依然严峻。贵州积极落实并推进“公共就业服务进校园”活动，推动公共政策宣讲、招聘服务、就业指导、创业服务、职业培训、困难帮扶等就业服务向前延伸，促进毕业生及早实现就业，着力破解“就业难”与“招人难”的结构性矛盾。截至 2022 年 1 月底，全省促进 7.57 万名未就业的毕业生实现就业，发放毕业生求职创业补贴 1.42 亿元，惠及 14.19 万人。

（二）住房现状

青年的住房需求主要集中在新就业大学毕业生和青年农民工，“贵漂”“蜗居”“蚁族”等特征在贵州住房环境中仍然突出。目前，贵州城市青年住房的类型主要分为经济适用房、自住商品房、廉租房、人才公寓与市场化租赁，青年除了有自有住房或借住亲友家之外，居住大多以市场化租赁为主、人才公寓和廉租房为补充。其中，市场化租赁的房屋性质多样化，多为私有产权、房龄较长、面积较小、质量不高、环境不好，加上城市青年群体的工作收入不高、工作性质多样、不稳定性仍旧存在，绝大部分城市青年仍以合租的形式解决住房问题。部分企业积极利用产业园区配套建设用地建设宿舍型保障性租赁住房，如吉利、京东在满足本单位职工居住需求的同时，用好剩余房源以满足周边员工的居住需求。

随着近年来贵州城镇化进程加快，青年居住存在多样化、分异化等典型特征，在以“强省会”行动为重要抓手的新型城镇化建设中，大力增加保障性租赁住房供给，积极推进新市民、青年人实现城市安居，加快构建城市人才公寓、单位过渡房、住房补贴等多元供给体系。“十三五”期间，贵州省城镇保障性安居工程完成投资 3770.66 亿元，全省累计分配公租房 75.42 万套，分配率高达 95.33%，2017~2021 年累计发放城镇住房保障家庭租赁补贴 28.11 万户，其中贵阳市“十三五”时期建设公租房 10 万套，已建成投用 9.6 万套。整体来看，贵州省持续推进住房保障建设，加快形成多主体供给、多渠道保障和租购并举的住房供给体系，但是住房保障的建设进程相对城镇化人口增长的速度还是比较慢，城市保障住房小区的配套社会、基本公共服务和社会保障等还未实现与市民同等权益，部分小区设计了青年俱乐部、健身房、篮球场、共享厨房等生活配套设施，但住房供给与城市青年需求、支付能力匹配度不高，不利于青年的发展。

（三）教育现状

贵州一直贯彻教育强省的理念，近年来贵州的基础教育、职业教育、高等教育等均取得了较大的成就，基本形成了有活力、有动力、公平开放包容的教育体系，快速提升了全省教育现代化水平。整体看来，贵州教育资源总量不高，但在人均教育资源水平提升上取得了较大进步，基本形成了集完备的基础、高教和职教于一体的教育体系。2020 年拥有普通高中 471 所、中等职业学校 184 所、研究生培养单位 10 个、普通高等学校 75 所、中学 2491 所，教育体系的完善为全省青年提供了多元化的教育渠道，也为贵州城镇化发展提供了创新的动力和活力。同时，贵州青年受教育程度稳步提升，2020 年贵州常住人口中每 10 万人口拥有大学文化、高中文化、初中文化水平的人数分别达 10952 人、9951 人、30464 人，拥有小学文化程度的人口下降了 9452 人。

贵州持续强化人才招引。近年来，贵州积极发挥人才博览会平台的媒介作用，在招引高层次人才、特殊人才、学科高精尖人才、行业领军型人才等人才政策上的优势突出，自 2012 年开始相继出台了科教兴黔等 50 余个人才“招引用留”等配套措施和方案，创新性形成了“1+3+N”的人才政策体系。全省高校教师中拥有博士学位者 6090 人，相比 2015 年实现了翻番，“双师双能型”教师 12810 人。持续推进全省重点人才突破工程，大力推进“长江学者奖励计划”，青年科技人才、科技拔尖人才、创新群体、优秀科技青年、中青年学科带头人和特色创新群体对全省经济社会的支撑作用逐步凸显。

（四）社会保障

社会保障是民生的“晴雨表”，城市青年市民化面临着教育、就业、职业技能提升、创业、社交、婚恋、生育、住房、健康和养老等全生命周期的保障，保障青年的社会发展权益是青年市民化的重中之重，是阻断城市青年市民化的后顾忧虑的关键。贵州基本形成了社会保险、社会救助和社会福利等三大基础性保障系统，建构了基本养老、基本医疗、最低生活保障“三位一体”的保障框架，社会保险待遇水平稳步提高。城镇青年参与社会保险的覆盖面逐步拓宽，在职青年中大多参与“五险一金”保险制度建设，其中城镇青年中国家机关工作人员、企事业单位工作人员、专业技术人员、办事及相关人员、社会组织工作者的社会保险参与度明显高于农业工作人员、服务业工作人员、物流业工作人员、技术工人和私营企业员工①。

社会保险参与面持续加大，2020 年贵州省城镇职工基本养老保险、城乡居民基本养老保险、失业保险和工伤保险参保人数分别达到 713.98 万人、1904.49 万人、297.93 万人和 463.78 万人，同比上年实现了稳步增长，社会保险参与实现扩面提质。城镇职工住房保障中公积金缴存与提取实现了稳步增长，2020 年新开户单位 8005 家，实缴职工 269.30 万人，缴存总额同比上年增加 18.43%；累计发放个人住房贷款 82.24 万笔 2057.84 亿元，支

---

① 邓智平、赵道静：《广州青年社会保障状况研究》，载涂敏霞主编《广州青年报告（2019）》，社会科学文献出版社，2019。

持职工建、购房 812 万平方米，发放异地贷款 3844 笔 135727.3 万元，回收项目贷款 1058 万元，支持保障性住房建设贷款余额 4180 万元，城镇青年利用公积金保障住房的状况有待改善。

目前，贵州城镇化发展质量滞后于全国，城镇基本公共服务资源整体还处于全国中下游水平；区域信息网络发展水平显著落后；科技创新水平在全国处于末尾，与东部发达地区差距较大；人均收入和就业水平仍处于全国末端，市县三级联席响应机制还不完善，青年就业、教育、住房、婚恋等相关问题仍较多，加快建成青年友好型成长型省份需要解决的督查考核机制、常态联席机制等问题仍突出。[①] 因此，在进入城镇化高质量发展阶段，急需注重青年的可持续发展。

四　贵州青年发展存在的问题

（一）就业环境待优化

一是参与见习积极性不高。见习计划常被误认为就业的后备选择，在就业理念上还未实现社会认同，毕业生经验缺乏与岗位能力需求之间还有差距。同时，岗位特殊性导致就业见习不能接触关键核心和高技术含量岗位，企业和就业青年在见习计划上的积极性不高，加上工作权益保障不健全，无形中给青年见习带来了一定的影响。

二是领航计划带动能力较弱。长期失业劳动力就业愿望和创业就业能力普遍较低，就业的主动性不强；基层公共就业服务力量薄弱，专业化的职业指导人才匮乏，服务能力不足。

三是青年返乡创业人员存在融资难、人才缺、技术短、服务弱、产品流通受阻等难题，特别是青年返乡创业的农民工群体，缺平台、产业链流通最

① 《贵州省加快建设青年友好型成长型省份　纵深推进中长期青年发展规划》，《中国共青团》2021 年第 24 期，第 66~67 页。

后一公里不通是关键。

四是高校毕业生就业存在结构性矛盾。高质量就业岗位供给不足，企业提供的就业岗位与就业需求之间存在不平衡。高校毕业生希望进入体制内的观念强烈，传统观念、社会舆论、疫情冲击等影响至深，加上市场环境的不确定性增加导致毕业生创业成功率下降，创业的积极性不高。

（二）住房保障待强化

一是区域性中心城市、重点城市的商品房价高于青年承受力，城市青年自购房的压力较大。二是城市廉租房和经济适用房的制度适用范围覆盖面过小，建设缓慢，存在资金不足和筹资渠道不稳定等困境。三是贵阳住房供给存在对象不清晰、定价不合理、定位不明确等问题，城市住房供给量和需求量的对冲加重了城市青年住房的结构性矛盾。四是部分人才公寓配建位置较远，存在交通不便、距离青年群体上班地点较远、通勤时间长、通勤成本高等特点。五是青年群体的就业和居住多是职住分离，产业园区、集团企业、高新科技城等还未形成职住一体的状态。

（三）教育体系改革待深化

一是贵州高质量的教育资源还较少，青年对技能提升、素质教育、兴趣爱好等自我需求强烈，全省现有的双一流学科、高峰学科、高原学科、创新学科和重点产业继续教育等总量规模还比较少，不能满足青年的需求。二是教育成本的虚高阻碍了青年群体持续健康发展，由于市场高质量教育供给数量少、疫情影响使得线上教育成本虚高，青年群体在自我提升方面承担的教育成本压力较大，影响了青年市民化的稳健性。三是贵州青年群体的职业教育培训多采取向外合作，如与北上广深等教育资源集中的高校合办临时主题培训班，高成本的教育培训在一定程度上阻碍了青年的发展。

（四）社会保障政策体系不完善

一是社会保障待遇水平整体不高，针对青年群体的特定社会保障体系尚未完全形成，不同的生活环境、成长经历和工作内容，导致不同年龄段的青年对社会保障的认识存在分化，中等职业学生和大学生对社会保障的理解深度不够，自由就业者、企业家和行业领袖等群体对社会保障的重视程度不深。二是政策体系不完善，专门服务青年群体的社会保障管理机构缺位，保障体系衔接机制不畅，特别是教育、卫生、健康、住房、就业等多部门参与的保障事务容易形成多头管理、衔接不畅的困难，不利于青年在城镇化进程中向上反映发展困难及诉求。三是青年群体市民化的急迫需求尚不能得到及时解决，青年市民化过程中全方位保障的社会保障体系尚未形成，特别是在就业创业、社会融入、婚恋交友、身心健康等问题上更加突出，社会保障还不能完全满足青年快速成才的需求。

五 贵州青年高质量发展的对策建议

（一）优化青年就业环境

一是扩大见习规模和优化服务。进一步扩大见习岗位募集规模，加大部门协同和资源统筹，募集更多管理、技术、科研岗位，更好地对接高校毕业生等青年群体所学所长。持续优化见习服务，推进服务模式创新，加快就业见习信息的细化，推动就业见习进校园、进社区，灵活举办见习招募活动和洽谈会，强化思想引导，加强就业见习政策宣传、活动体验、宣讲、选树典型等，增强青年参加就业见习的积极性。

二是持续实施领航计划。继续扎实开展青年就业创业，开展实践指导，提升就业能力，扶持自主创业，实施托底帮扶，建立健全就业创业的全过程帮扶机制，全方位提升面向失业青年的就业服务水平，分类推进并着力提高失业青年就业创业的积极性、主动性，帮助失业青年实现更高质量就业。

三是加强青年返乡创业政策宣传。加强青年返乡创业政策宣传，提高支持政策在青年群体中的知晓度和认同感，积极开展青年返乡创业政策宣传、解读和咨询，加强青年返乡创业环境的调研和诉求分析，系统收集、分类整理、差异化推进，提升政策有效性，切实助力青年返乡创业，积极为创业者提供金融、财税、技术和市场支持，个性化推出组合政策，扶持返乡青年创业，提高政策与青年就业创业的协同性、有效性和契合性。

四是加强高校毕业生就业引导和帮助。构建政府、高校、社会一体化的政策宣讲机制，提高高校毕业生到小微企业、民营企业和社会组织的就业积极性，鼓励企业和组织探索就业一次性补贴制度，提高学生和企业的积极性。积极提高高校毕业生创业补贴和奖励，针对创业企业发展现状进行分类补贴，增强高校毕业生创业的抗压能力。强化高等院校学科和专业开设指导，注重高等学校学生的职业生涯规划引导，提升就业的有效性。

（二）强化城市青年住房保障

一是加强城市青年住房保障研究。城市青年住房保障关系城市化发展质量的高低，也是决定城市经济社会和谐稳定的决定性因素，建议国家和各地加快推进城市青年住房保障的政策研究，在城市存量改造和增量开发中配建一定比例的青年人才公寓，将城市青年的住房保障纳入地方经济社会发展的“刚性”约束，解决想留下、能留下的青年住房需求。

二是完善现有住房政策体系。现有城市青年住房政策在覆盖面、供给质量、需求匹配上还存在较大短板，需体系化和针对性制定全省城市青年住房保障政策，针对高尖端人才、特殊人才、普通青年、特殊青年等实施分类住房供给，完善城市青年住房保障的政策有效性。

三是加强城市青年住房保障的政策宣传。加强城市青年住房保障制度、购房制度、租房制度宣传推广和宣讲，鼓励城市青年参与住房保障政策制定、信息反馈、监测评估和优化完善等全过程管理，降低青年在市民化过程中的排斥效应。

（三）持续完善青年教育体系和营造良好环境

一是持续完善贵州青年教育体系，推进教育普及化、均等化、体系化，破解青年群体阶层的固化思维。推进贵州基础教育、高等教育和职业教育平衡供需改革，促进教育发展实现均衡化，强化职业教育体系的政策保障、社会引导和就业支持，规范化、体系化、常态化推进青年参与职业技能提升和素质教育培训。

二是整合省内资源，立足贵州产业发展基础，整合高等院校、专业学科和行业协会等资源，继续推进产业导师发展制度，鼓励青年参与产业发展，形成结对关系，参与经验积累、信息收集和学习协助，提升贵州产教研一体化发展水平，提升青年市民化过程的自我融入能力。

三是实施“外联内强”计划，加大力度推进省外、国外优质高等资源入驻贵州，开展与贵州学校、园区、工厂、企业、政府等多形式的合作教育模式，为贵州青年发展需求提供“点单式”“菜单式”的教育供给。

（四）加快完善城镇青年社会保障政策体系

一是加快完善城镇青年群体的社会保障政策体系，系统梳理、充分调研城镇青年发展社会保障多维度内容，精准研判城镇青年群体发展的趋势，精细化分类青年发展的不同需求，出台分年龄段群体的发展保障政策。

二是加强对城镇青年社会保障工作的领导责任意识，设立集教育、卫生、健康、住房、就业等于一体的青年政策研究部门和机构，强化青年发展环境的包容性、多样性营造，构建完善的城镇青年社会保障体系。

三是积极发挥地方共青团组织的统筹领导作用，加强与城镇青年群体的沟通交流，加强社会保障政策的宣传推广，扩大城镇社会保障体系在青年群体中的覆盖面，强化服务意识，提高服务能力，夯实青年群体在市民化过程的全面融入基础。

参考文献：

林炜：《百年来共青团青年工作的发展逻辑与经验启示》，《北京科技大学学报》（社会科学版）2022 年第 1 期。

申辰煜：《新时代共青团引领青年发展的境遇与理路》，《山东青年政治学院学报》2022 年第 1 期。

“国际青年发展指数”联合课题组：《国际青年发展指数报告（2021）》，《中国青年研究》2021 年第 12 期。

沈杰：《中国青年高质量发展：从理念进阶到指标建构》，《北京青年研究》2021 年第 1 期。

林楠：《我国青年政策的回顾、现状与展望》，《青年学报》2021 年第 4 期。

任园：《高质量均衡：青年发展理念的新趋向》，《当代青年研究》2021 年第 5 期。

赵迪、李贺：《新型城镇化背景下的农村青年创业培植研究》，《农学学报》2017 年第 12 期。

张登国、王骥洲：《新型城镇化与青年农民工就业的机遇与挑战》，《中国青年研究》2017 年第 2 期。

方长春：《青年准市民的居住城镇化：政策趋向与可能的困境》，《中国青年研究》2017 年第 2 期。

赵莉、鲁文静：《新型城镇化背景下返乡女性青年农民工小城镇迁移状况研究》，《中国青年研究》2014 年第 7 期。

《共青团组织有效服务新型城镇化进程中的农村青年市民化问题研究》，《中国梦与当代青少年发展研究报告——第九届中国青少年发展论坛（2013）优秀论文集》，2013。

石宇宁：《新型城镇化对西部民族地区青少年社会适应的影响研究》，西南民族大学硕士学位论文，2020。

邓智平、赵道静：《广州青年社会保障状况研究》，载涂敏霞主编《广州青年报告（2019）》，社会科学文献出版社，2019。

《贵州省加快建设青年友好型成长型省份　纵深推进中长期青年发展规划》，《中国共青团》2021 年第 24 期。

地区发展报告

Regional Reports

B.16

贵阳贵安青年发展报告

谷 骞 裴莹蕾 蔡 云*

摘 要： 贵阳是贵州省会城市，贵安新区是第八个国家级新区，其促进青年发展之举措与成效将成为贵州省之表率。党的十八大以来，贵阳贵安青年发展的政策体系日渐完善，青年持续向上向善，不断投入社会发展。尽管贵阳贵安青年发展在总体上呈现较好趋势，但依旧存在一些值得关注和解决的问题，例如青年发展的指标监测体系有待进一步完善；政府部门未成合力之局面仍然存在。对此，应当进一步完善青年发展的指标监测体系，切实掌握青年发展动向；聚焦大数据数字产业化和产业数字化，形成政府合力，促使青年政策有的放矢，助推青年高质量发展。

关键词： 青年政策 指标监测 贵阳贵安

* 谷骞，法学博士，贵州财经大学法学院副教授，研究方向：行政法学、诉讼法学；裴莹蕾，共青团贵阳市委书记；蔡云，共青团贵阳市委三级调研员。

促进青年更好成长、更快发展，是国家的基础性、战略性工程。加快社会主义现代化建设，青年是生力军。近年来，贵阳市经济增速名列全国省会城市前茅，连续四次蝉联全国文明城市，连续八次蝉联全国双拥模范城市。[①] 随之而来，贵阳、贵安新区的青年发展蒸蒸日上。青年的高质量发展不仅关乎青年群体的生活质量和精神面貌，也关系社会主义现代化强国如期建成。这既符合青年对美好生活的追求，也是党和国家在新时期对青年工作提出的新目标和新要求，同时也是做好青年工作的根本出发点。

一　政策体系与发展现状

贵阳贵安青年各方面发展比较均衡，这得益于贵阳贵安日益完善的地方政策体系。贵阳市委、市政府在落实党中央、国务院、省委、省政府有关青年发展的法律、政策、路线、方针下，结合贵阳贵安实际情况，出台系列规范性文件，形成完备的有利于青年发展的政策体系，推动贵阳贵安青年有为发展。

（一）政策体系

贵阳贵安有关青年发展的政策体系可以分为两个层次，一是贯彻落实上位法的执行性规范性文件体系比较全面，切实做到有法可依、科学立法；二是转变政府职能，建设服务型政府，营造良好发展环境，主要表现是制定符合贵阳贵安实际情况的人才“强省会”行动系列政策。

1. 有法可依、科学立法：执行性规范性文件体系比较全面

贵阳市委、市政府紧跟党中央、国务院、贵州省委、省政府的步伐，于2020年5月发布《贵阳市中长期青年发展规划（2020—2025年）》，明确

① 《贵阳市2022年政府工作报告》，http：//jyj.guiyang.gov.cn/newsite/xwzx/gzdt/202202/t20220221_72633714.html，最后访问日期：2022年2月26日。

了贵阳贵安中长期青年发展的总体规划布局。对关涉青年发展的重要权益，制定规范性文件予以保护。例如，贵阳市政府根据《中华人民共和国社会保险法》《国务院关于建立城镇职工基本医疗保险制度的决定》及省有关规定，结合贵阳市实际，制定《贵阳市城镇职工基本医疗保险办法》和《城镇职工生育保险实施办法》。

2. 转变政府职能，营造良好发展环境：制定人才“强省会”行动政策

深谙青年人才对城市发展的推动作用，2021 年 4 月，贵阳市委、市政府转变政府职能，制定出台人才“强省会”行动政策，周密部署贵阳贵安人才政策，形成了有实施细则、有配套目录的政策体系，推动贵阳贵安青年有为发展。

第一，分行业分层次认定人才。古语有言：“设官分职，选贤任能，得其人则有益于国家，非其才则贻患于黎庶，此以不可不知也。”[①] 当下社会主义市场经济繁荣发展，需要各行各业与岗位相匹配的人才。对此，贵阳市制定并更新贵阳贵安重点发展产业目录与人才分类认定目录，分行业分层次认定人才，向符合条件的人才发放“贵阳人才服务绿卡”，提供相应的优惠政策和便利服务。

第二，打造人才创新创业平台。创新创业人才是带动实体经济高质量发展的动力源泉、中坚力量。[②] 习近平总书记指出：“拥有一大批创新型青年人才，是国家创新活力之所在，也是科技发展希望之所在。”青年人才朝气蓬勃、思想解放、富有改革创新精神，是推动经济社会发展、科技创新的主力军和突击队。对此，市委、市政府积极打造人才创新创业平台，提供科研经费、工作场所，鼓励支持青年人才创新创业。例如，贵阳市发改委出台《贵阳贵安国家（省）工程研究中心支持暂行实施细则》、贵阳市工信局出台《贵阳贵安支持创建制造业创新中心等创新平台实施细则（试行）》、贵阳市科技局出台《贵阳市院士工作站管理办法（试行）》，贵阳市委人才办

---

① 参见《旧唐书·食货志上》。

② 杨武：《深化创新创业赋能实体经济高质量发展》，《人民论坛》2021 年第 Z1 期，第 60 页。

出台《贵阳市专家工作站评选管理暂行办法》。

第三，完善配套细则支持发展。贵阳贵安人才政策体系在分行业分层次认定人才的基础上，完善平台建设实施细则、引才用才配套实施细则、人才服务措施配套实施细则，优化人才服务环境，为青年人才创新创业打开“绿色通道”。贵阳市人社局出台包括《贵阳贵安重点产业企业引才薪酬补贴实施细则》在内的11个实施细则，助力贵阳贵安人才“强省会”行动，例如《贵阳贵安重点产业人才需求目录编制办法》《贵阳贵安支持企业活动揽才实施细则》《贵阳贵安新引进人才安家费发放实施细则》《支持企业柔性引才薪酬补助实施细则》《贵阳贵安人才分类认定办法（试行）》《贵阳贵安人才购房补贴实施细则》《贵阳贵安人才配偶就业服务实施细则》等规范。贵阳市教育局出台《贵阳贵安人才子女就学服务实施细则》等人才服务措施配套细则。

第四，完善贵阳贵安金融政策。贵阳市政府为进一步规范政府的宏观调控，积极转变政府职能，建设服务型政府。例如贵阳市金融办出台《贵阳市政策性食用贷款风险补偿资金池管理办法》《贵阳市贵安新区关于促进股权投资基金高质量发展的若干政策措施》《贵阳贵安推动企业上市倍增行动计划（2021—2025）》等政策，促进贵阳贵安金融市场健康、高质量发展，从而为贵阳贵安青年创新创业打造良好的金融市场环境。

（二）发展现状

《贵阳市中长期青年发展规划（2020—2025年）》确定了青年思想道德教育、青年教育、青年健康、青年婚恋、青年就业创业、青年文化、青年社会融入与社会参与、青少年合法权益的维护、预防青少年违法犯罪、青年社会保障等10个发展领域41项具体发展措施。实践中，贵阳市机关团体聚焦青年发展需求，推出由青少年理想信念教育行动、服务青年助推“三高”战略行动、“青青贵阳”网络平台提升行动、青年助推乡村振兴行动、贵阳“Y+青年之家”150+行动、“青年志愿服务+”行动等六项专项行动组成的特色工程,[①] 贵阳贵安青年发展情况持续向好。

1. 以引领青年为责，引导青年持续向上向善

一是强化思想引领，夯实理论根基。贵阳市委、市政府以引领青年为责，引导青年持续向上向善。据统计，共青团贵阳市委书记班子积极加入“青年讲师团”，面向基层开展党史宣讲 5 场，覆盖基层团员青年 500 余人次。组建“党史学习教育贵阳共青团市级宣讲团”，开展“四史”及习近平新时代中国特色社会主义思想宣讲 17 场，覆盖青年 1700 余人次。组织“青年大学习”网上主题团课学习 30 期，“红领巾爱学习”网上主题队课 30 期，覆盖青年团员 110 万余人次、少先队员 160 万余人次。利用团属微信公众号——“青青贵阳”开设党史学习专栏，开展“‘四史’宣传教育网络知识竞答活动”，关注人数 18.6 万余人，参与答题 1.46 万余人；举办“青春心向党·城市 live 秀”贵阳新兴青年城市街头巡演活动，累计话题阅读量 52.2 万，视频播放量 24.7 万。[②]

二是优化教育资源，发挥引领作用。截至 2021 年底，全市义务教育巩固率达 97.35%，高等教育毛入学率达到 67.02%以上。鼓励青年开展文化创作生产活动，创作一批能凸显城市特征、彰显历史底蕴的文化精品。全市辖区内公共图书馆、文化馆、博物馆已达 24 个，11 个公共图书馆持证青年读者人数达 77724 人。建成贵阳市少年儿童图书馆新馆，进一步完善青少年文化活动场地；加强市级青少年活动中心建设，开展“蓓蕾杯”少年儿童歌手、钢琴、舞蹈、足球等比赛，为丰富青少年阅历、提升青少年自信创造了优良条件，青年文化素养进一步提升。[③]

三是开展预青工作，提升法治意识。贵阳市法院报告显示，2016~2020 年未成年人犯罪时有发生，罪名主要集中于盗窃罪、抢劫罪、故意伤害罪、

---

① 参见《贵阳市发布首个中长期青年发展规划：到 2025 年建成具有贵阳特色的青年发展政策体系和更加完善的工作机制》，http://rsj.guiyang.gov.cn/rzxzx/gzdt/yw/202010/t20201019_64241634.html，最后访问日期：2022 年 2 月 26 日。

② 《共青团贵阳市委 2021 年工作总结》，2022 年 3 月 4 日，赴共青团贵阳市委调研获得。

③ 《贵阳市中长期青年发展规划（2020—2025 年）统计监测指标体系（试行）》。

聚众斗殴罪、强奸罪、寻衅滋事罪几种，犯罪暴力特征明显，低文化层次现象突出，共同犯罪占 1/3。在性别构成方面，男性占绝对比例。虽然如此，犯罪人数总体呈下降趋势。[①] 贵阳市、贵安新区在“6·26”国际禁毒日、“12·1”世界艾滋病日等重要时间节点，通过演讲比赛、知识竞答、法治宣讲进社区、进校园等方式，开展防艾禁毒、防性侵、防校园欺凌、防电信网络诈骗等普法教育，进一步提高未成年人法治意识，从源头上预防和减少青少年违法犯罪。2021 年上半年，共开展法治宣传教育 518 场，覆盖学校 300 余所，参与师生 10 万余人次，辐射带动青少年群体 30 余万人学法守法，青年合法权益获得切实维护。[②]

2. 以凝聚青年为纲，带领青年投身社会发展

一是以驿站建设为切入点，助推青年创业就业。青年群体充分就业创业是青年群体融入社会的最佳表征，亦是体现青年发展活力的有力指标。市委、市政府制定出台《贵阳贵安人才“强省会”行动若干政策措施》及 29 个配套实施细则，完善青年就业创业政策体系。贵阳市承办第九届贵州人才博览会，通过线上人才博览平台发布岗位 2180 个，收到简历 29263 份。深入推进人才小镇、高级人才公寓、青年人才公寓、“筑梦驿站”安居工程建设，累计建成高级人才公寓 929 套、青年人才公寓 3140 套、“筑梦驿站” 2 个，为吸引青年人才到贵阳就业创业提供良好物质条件。贵州青年就业创业大数据指数报告显示，贵州省青年就业呈稳步上升趋势，贵州省对外省青年的就业吸引力持续加强，但本土青年人才的流失比较严重。贵阳在就业环境、机会等方面比其他市（州）有优势，就业指数高，吸引力度大，活跃程度高。此外，贵阳作为贵州省会城市，其创业吸引度亦长期高于其他市（州）。在资本吸引度、科技创新度、创业贡献度方面，贵阳都稳居各市

① 贵阳市中长期青年发展规划联席会议办公室：《贵阳市中长期青年发展规划联席会议第二次全体会议资料汇编（成员单位）》，2021 年 11 月，第 57~59 页。

② 贵州省中长期青年发展规划联席会议办公室：《贵州省中长期青年发展规划联席会议第三次全体会议资料汇编（市州）》，2021 年 9 月，第 8 页。

（州）前列。①

二是以青年之家为依托，引导青年参与社会治理。2021 年，贵阳贵安新区推进“青春建功强省会”系列活动，支持推进青年社会组织参与社会治理项目，涉及河流生态治理、外来务工子女心理健康、普法宣传、流动儿童的成长、毒品预防及艾滋病防治、青少年违法犯罪预防等领域。这些活动有方案、有执行、有第三方团队评估、有赛后总结，形成了活动的良好闭环，为带动青年积极参与社会事务创造了有利平台，彰显贵阳贵安青年新生力量积极向上的精神风貌。此外，贵阳市组织“青春心向党·城市 live 秀”新兴青年街头巡演活动，为青年发展提供条件，丰富了青年生活，提升了其社会融入度。

3. 以服务青年为本，帮助青年解决急难愁盼问题

贵阳市委、市政府以服务青年为本，在青年身心健康、婚恋、维权和社会保障方面积极作为，帮助青年解决急难愁盼问题。

一是关注青年健康，多措并举促其阳光成长。贵阳包括贵安新区严格落实国家体育与健康课程标准，中小学体育与健康课程开课率达到 100%，学生每天体育锻炼不少于 1 小时。全市现有国家级青少年体育俱乐部 13 个、国家级青少年户外营地 1 个、省级青少年体育俱乐部 12 个、省级青少年户外营地 4 个，为青少年锻造健康体魄提供了良好物质基础。据贵阳市体育局统计，全市 14~19 岁青少年的体质合格率达 88.5%。据贵阳市教育局统计，全市中学、高校、职业学校合计 444 所，配备心理健康教育教师（或心理咨询师）的学校达 377 所，占比 84.9%。② 此外，贵阳市卫生健康局通过举办讲座、健康巡讲进校园、人口动态监测等方式开展青年性教育、婚前保健、生育知识宣传，反响较好。青年的生活方式更加积极向上。

二是聚焦青年困难，落实青少年社会保障。贵阳市建成未成年人救助保护中心，设置床位 50 张，配齐图书室、心理辅导室等服务设施，动态管理

---

① 《贵州青年就业发展大数据指数报告》《贵州青年创业发展大数据指数报告》，由贵州团省委提供。

② 参见《贵阳市中长期青年发展规划（2020-2025 年）统计监测指标体系（试行）》汇总数据。

流浪未成年人。加大对困难青年和困难在校学生的保障力度，对城乡低保对象中的在校学生，在领取低保金基础上按照当地城乡低保标准的15%～30%，增发特殊困难补助金。推进特困人员救助供养工作。根据省民政厅、省财政厅相关文件要求，将特困人员救助供养覆盖的未成年人年龄从16周岁延长至18周岁。特困供养人员基本生活标准按城市低保标准的1.6倍提高。精准实施临时救助政策，强化预警数据互联互通。贵阳市印发《贵阳市民政局　贵阳市残疾人联合会关于开展规范残疾人两项补贴审核发放管理、落实动态监测和资格认定申请“跨省通办”相关工作的通知》，健全完善残疾人动态预警监测机制，安排残疾青年助学补助及创业就业扶持经费470万元，积极支持残疾青年受教育工作；安排残疾青年托养补助经费200万元，帮助完善残疾青年相关托养服务。

三是倡导简约适度的婚俗礼仪，弘扬婚育优良风尚。贵阳市各区（市、县）民政局婚姻登记处在做好基本登记服务的同时，鼓励结婚登记当事人自愿签订《贵州省文明和谐婚姻家庭建设自愿承诺书》，积极倡导简约适度的婚俗礼仪，围绕婚事新办、婚事俭办、勤俭节约等移风易俗内容，强化婚育新风宣传引导，推动广大青年男女树立正确的婚姻观、生育观、家庭观，弘扬婚育优良风尚。依托“青年之家”“青春有约·在筑青年人才联谊会”等服务阵地搭建青年线上线下交流平台，开展健康的青年交友交流活动。截至2021年12月底，全市结婚登记3.24万对、离婚登记1.43万对，① 青年婚恋行为更加文明、理性。总而言之，贵阳贵安青年的婚恋、社会保障状况总体向好。

二　问题与不足

尽管贵阳贵安青年发展在总体上呈现较好趋势，但依旧存在一些值得关

① 贵阳市民政局：《贵阳市2021年12月份民政事业统计月报分析》，http：//mzj.guiyang.gov.cn/zfxxgk/fdzdgknr/tjxx/zxfb/202201/t20220125_72410915.html，最后访问日期：2022年2月26日。

注和解决的问题。具体表现在青年发展的指标监测体系有待进一步完善，政府部门未形成合力之局面仍然存在。

（一）青年发展的指标监测体系有待进一步完善

当前，贵阳贵安正在对青年发展状况试行指标监测，指标体系涵盖青年基本情况、青年思想道德教育、青年教育、青年健康、青年婚恋、青年就业创业、青年文化、青年社会融入与社会参与、青少年合法权益维护、预防青年违法犯罪、青年社会保障十一大领域。每一领域具有若干监测指标，有的领域指标项目较为丰富，监测内容较为全面，个别领域指标项目和监测内容略显单薄（见图1）。具体而言，青年能否顺利就业创业是衡量青年是否真正融入社会、立足于社会的标准。青年在思想道德建设、教育、文化、健康等领域的发展可为青年顺利就业创业奠定基础。而青年婚恋、社会融入与社会参与、合法权益维护、预防青年违法犯罪、青年社会保障往往是青年就业创业的伴随结果。因此，青年就业创业领域的发展状况是监测青年发展的重要指标。

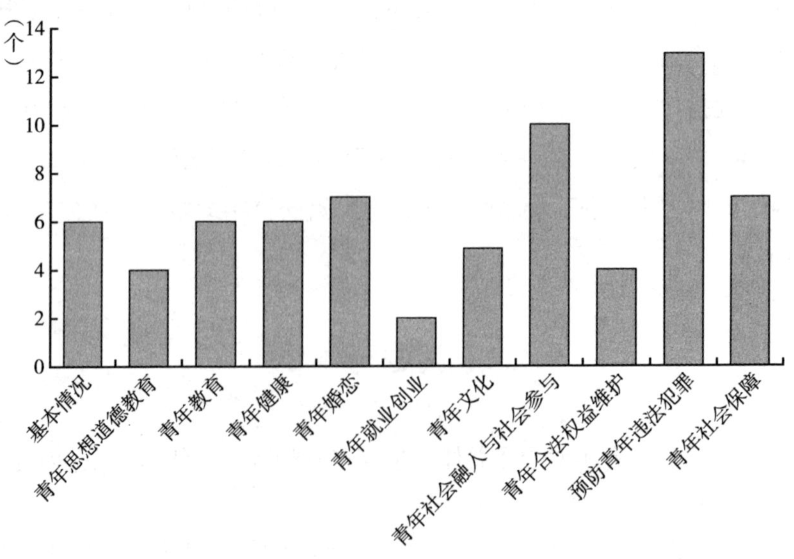

图1　青年发展各领域监测指标数目

（二）政府部门未形成合力之局面仍然存在

青少年合法权益发展的第一层进路是政府部门对青少年基础权益的保障。其实，政府部门对于青年发展所承担的基础保障职责不限于青年合法权益，而且对青年整体发展都具有保障职责。青年发展所涉权益涵盖各行各业，需要诸多政府部门推动数据共享，需要各方齐心协力、共同研判青年发展政策。截至 2022 年 2 月 15 日，《贵阳市中长期青年发展规划（2020—2025 年）》统计监测指标体系（试行）填报的数据中，有 11 个具体指标的数据暂时没有统计（见表 1）。虽然贵阳贵安在青年发展的十一大目标方面均取得了较大成绩，但有些领域的具体指标数据统计尚不全面，深入系统监测青年发展状况工作尚未成合力，不利于出台系统精准的青年发展政策，进而会影响贵阳贵安青年的高质量成长发展。

表 1　数据空白的青年发展指标清单

指标涵盖领域	统计监测指标
青年婚恋	适龄青年(男 22~35 周岁　女 20~35 周岁)登记结婚对数(含男女均是青年以及男女一方是青年)
	青年(35 周岁以下)登记结婚对数(含男女均是青年以及男女一方是青年)
青年就业创业	新增市场主体数量(企业法人或负责人年龄在 35 周岁及以下)
青年文化	青年人才人数
	青年书刊文件外借册(或次)
预防青年违法犯罪	未成年人数
	刑事案件数
	青年作案
	吸毒案件数
	青年作案
青年社会保障	残疾青年人数

三　对策建议

贵阳贵安的青年成长发展，有助于贵阳贵安的政治、经济、文化事业的发展迈上一个新台阶。对此，建议从以下方面着手促进贵阳贵安青年实现高质量发展。

（一）进一步完善青年发展的指标监测体系，切实掌握青年发展动向

指标体系是由若干个反映社会现象总体数量特征的相对独立又相互联系的统计指标所组成的有机整体。指标的设计与选取是指标体系的核心之一。一般而言，具有较高信度和效度的指标应当符合独立性原则、完备性原则和可测性原则。对于青年发展状况的评估可综合采用客观指标、主观指标与相关指标。其中客观指标是对青年发展状况的既成事实及其数量表现的一种真实记录，它描述的是“青年”发展现状。这种客观指标可较多采用。主观指标是青年对自身生存状态的感受及对自身发展的期望与评价，是评估者或第三方的印象评分，一般可通过调查问卷与访谈获取。相关指标是一些与青年发展直接相关的因素与变量，可以通过社会调查统计、二手资料查阅等方式收集。

指标是对监测内容的抽象与概括，也是操作的方向与步骤。只有按照指标进行操作，才能完整构建指标体系。同时，建议适当完善统计监测项目的相关指标，例如在青年就业创业方面。这便需要政府各部门的通力合作，也需要共青团在青年发展过程中继续发挥凝聚作用。

（二）聚焦大数据数字产业化和产业数字化，促使青年政策有的放矢

2022 年 3 月 5 日，国务院总理李克强在作政府工作报告时指出：“促进数字经济发展。加强数字中国建设整体布局。建设数字信息基础设施，推进 5G 规模化应用，促进产业数字化转型，发展智慧城市、数字乡村。加快发展工业互联网，培育壮大集成电路、人工智能等数字产业，提升关键软硬件技术创新和供给能力。完善数字经济治理，释放数据要素潜力，更好赋能经济发展、丰富人民生活。”近年来，贵州省深入实施大数据战略行动，颁布

《贵州省大数据安全保障条例》《贵州省政府数据共享开放条例》等系列条例规定，大力推动数字产业化、产业数字化，深入实施“万企融合”“百企引领”，为数字产业化、产业数字化奠定坚实基础。“十三五”以来，贵阳市、贵安新区围绕国家大数据综合试验区核心区建设，以“万企融合”行动为抓手，激发实体企业与大数据融合发展动力，全面促进大数据与一、二、三产业深度融合，实现产业数字化转型升级，并在2022年政府工作报告中提出“深入实施以大数据为引领的创新驱动发展战略，加快推进国家大数据综合试验区核心区建设，聚焦‘一硬一软’，紧扣数据中心、智能终端、数据应用三个千亿级产业集群，加快数字产业化、产业数字化，以数字经济赋能实体经济转型升级”“到2026年，新增制造业人才10万以上、大数据人才10万以上”的目标。可见，未来贵阳贵安青年发展中，以大数据产业为背景、协同发展数字产业化和产业数字化，已成为有利选择。

依托贵阳贵安现有大数据产业发展优势，协同发展数字产业化和产业数字化，开发形成自有的数据指标研判体系。同时，贵阳贵安各级政府职能部门形成数据互通共享，及时掌握了解贵阳贵安青年的需求及发展问题所在，做出客观的分析研判，为青年权益维护、青年人才队伍建设、青年社会保障等提供依据，并结合实际情况制定出台青年发展政策，助力经济社会发展，将成为贵阳贵安青年高质量发展的一个重要抓手。

B.17
遵义市青年发展报告

周 欢* 李 勇**

摘 要： 党的十八大以来，遵义市认真贯彻《贵州省中长期青年发展规划（2019-2025年）》，始终坚持把青年作为党和人民事业发展的生力军，高度重视青年、关怀青年、信任青年，不仅为青年成长营造良好氛围，为青年发展创造优越条件，还在青年的健康与生活、教育与文化、就业与创业、家庭与社会等方面制定实施了一系列促进青年发展的政策措施，为广大青年发展指明了正确成长道路。全市青年身心健康发展水平不断提升，文化自信更加坚定，就业创业热情得以激发，获得感、融入感明显增强，不断成长为整个社会力量中最积极、最有生气的中坚力量。

关键词： 青年发展 就业创业 遵义市青年

青年健康成长过程是一个非常复杂的过程，家庭、学校、社会等环境均是影响其发展的重要因素。习近平总书记曾经指出："家庭是人生的第一个课堂，父母是孩子的第一任老师，有什么样的家教，就有什么样的人。"① 落后的家庭教育观念会造成青年缺乏自信甚至性情暴躁，或是生活自理能力差、社会适应性差等不良习性。青年在进入社会、独立以前大部分时间是在

* 周欢，贵州省社会科学院经济研究所助理研究员，研究方向：农业经济、城乡融合发展、产业经济。

** 李勇，共青团遵义市委青年发展与社会联络部负责人。

① 徐国亮：《深入学习习近平家风家教重要论述》，《红旗文稿》2019年第9期，第29页。

学校中度过，学生时期是青年步入社会的“实习期”，学校教育对青少年的健康成长起主导作用。良好的师生关系和同学情谊有利于青年学生树立正确的价值观和自信心[①]，有利于激发学生自身责任感的形成与发展，培养出乐观、自信、积极进取的良好品质[②]，有利于青年人格的发展及其社交技巧的锻炼。随着经济社会快速发展，新一代青年价值观面临着现代文化与传统文化的冲突、网络社会文化与现实社会文化的冲突、参差不齐的西方文化之间的冲突，青年学生尚未能很好分辨，这导致部分青年思想和价值观受到冲击，对青年正确价值观的形成造成影响。

遵义市历来高度重视青年发展事业，面对影响青年成长和发展的各种难题，结合青年发展工作中存在的社会环境需进一步优化、落实青年规划责任意识有待加强、政策支持保障不够、工作实施机制缺乏创新、工作实效有待提高等不足之处，从青年的健康与生活、教育与文化、就业与创业、家庭与社会等方面入手制定实施了一系列促进青年发展的政策措施，并取得了一定成效，为广大青年指明了正确成长道路，创造了良好成长环境。

一　遵义青年发展重点推进内容及取得的成就

（一）健康与生活

一是加强青年理想信念教育，促进青年心理健康发展。通过学校与遵义会议纪念馆、四渡赤水纪念馆等爱国主义教育基地合作共建，利用老村干、老党员等乡贤榜样先进事迹全方位、分层次培育“小小红色宣讲员”，通过举办“长征故事进校园”“新时代好少年”“扣好人生第一粒扣子”等弘扬红色文化的主题教育活动，宣讲“红色文化”、寻访“红色足迹”、过好

① 韦光彬：《同学关系对初中生心理健康的影响：横断与纵向研究》，贵州师范大学硕士学位论文，2020，第7~8页。

② 张国华、戴必兵、雷雳：《初中生病理性互联网使用的发展及其与自尊的关系：同学关系的调节效应》，《心理学报》2013年第12期，第1345~1354页。

“红色纪念日”、唱好“红色歌曲”、读好“红色书籍”、写好“红色感言”，掀起“传承红色基因”热潮，引领广大青年在活动中学习感悟、共同成长，不仅进一步提升了学生的语言表达能力和普通话水平，更增强了师生的爱国热情和民族自豪感。同时结合具体实际，成立了心理危机干预专家组、心理救援医疗队和心理援助热线队，积极开展紧急心理危机干预和心理疏导工作；并设置心理健康热线，分别在遵义市精神病专科医院、遵义市红花岗区精神病专科医院设置热线电话，提供 24 小时热线咨询服务，认真做好线上咨询问题及处理结果记录；与遵义市广播电视台、《遵义晚报》等媒体合作，录制和刊载相关心理访谈、讲座、微视频和科普文章 100 多期，向广大青年普及心理健康知识。

二是引导青年开展体育锻炼，促进青年身体健康发展。通过加强学校体育工作，发挥学校体育考核评价体系的导向作用，以及建设更多适应青年特点的体育设施和场所，方便青年就近参加健身运动。同时鼓励和支持青年体育类社会组织发展，加大政府购买服务力度，为青年参与体育运动创造更好条件，组织开展了“全民健身，众志成城战胜疫情”居家健身视频挑战赛、迎新易地扶贫搬迁体育趣味联赛、校园足球训练营、“迈步新征程　领跑醉遵义”公益活动、脱贫攻坚“打赢歼灭战、同步奔小康”全民健身线上公益徒步活动、“追梦新长征·跑遍新遵义”公益活动、2020 年“四渡赤水出奇兵·长征精神铸金牌”划船重走长征路线下活动等全民健身系列活动，以及编排发布宅家体育锻炼视频，举办第二届运动会暨《国家体育锻炼标准》达标赛，积极鼓励青年加强体育锻炼、拥有健康体魄，有效降低青年职业病的发生率。

三是持续完善青年营养监测，提升青年体质健康水平。通过建立健全青少年营养监测评价制度，对重点区域、重点青少年群体实施营养干预，自 2012 年春季学期开始，在集中连片特困地区农村义务教育学校全面启动实施学生营养改善计划，并在非集中连片地区逐步启动地方试点，并于 2017 年春季学期实现营养改善计划对农村义务教育学校全覆盖。同时，为改善农村青年及儿童营养健康状况，仅 2020 年就下达了营养改善计划补助资金 51341.53 万元，切实提高了学生营养水平。

（二）教育与文化

一是坚定青年文化自信。青年是人生成长与发展的关键阶段，其世界观、人生观和价值观正处于可塑与定型的交叉点上，亟须坚定文化自信，为其成长与发展提供持续动力、指明正确方向。遵义市注重思想引领，遵义网信办指导遵义网开设《新时代好少年》《我们的节日》等专题专栏，深入开展共产主义、中国特色社会主义和“中国梦”学习宣传教育活动，同时通过开展“巾帼心向党　奋进新时代”“最美逆行者”“弘扬国家情　礼赞新时代”等宣讲活动，承办“致敬典型·送奖到家”（遵义站）活动，邀请全国最美抗疫家庭、全国巾帼建功标兵现场宣讲，引导青年听党话、跟党走、感党恩。并组织优秀代表到遵义会议纪念馆、大学城等地宣讲十九届五中全会精神，共话未来发展，坚定青年的文化自信。

二是全面落实教育优先发展战略。首先是从顶层设计入手，“十三五”期间，市委、市政府多次以市委全会、市委常委会等高规格会议研究教育工作，编制完成《遵义市中心城区教育布局规划（2015—2030 年）》《遵义市中心城区基础教育发展提升三年行动计划（2018—2020 年）》《遵义市城乡义务教育学校布局专项规划（2019—2023 年）》等。其次是大幅增加教育投资，“十三五”期间，遵义市一般公共预算教育经费达 669 亿元，比“十二五”时期增长 64%，占全市一般公共预算支出的 20%。同时，全面落实建档立卡农村贫困家庭学生资助政策，不让一个孩子因家庭经济困难而失学，为农村建档立卡贫困学生全面开通“绿色通道”，保障农村贫困学生无障碍入学就读。指导特殊教育学校进行线上授课和辅导，分配下达了 2020 年特殊教育中央补助资金 340 万元到 14 所特殊教育学校。2020 年春季学期下达各级各类资助资金 5.0573 亿元。①

三是强化青年社会实践。社会实践是青年学生熟悉社会、参与社会发展的重要途径，遵义市通过推进全国知名校外教育营地建设、创建特色学校、

① 数据由遵义市教育局提供。

规范有序开展研学实践教育活动等有力措施，不断强化青年学生的社会实践。仅 2019 年，完成青少年示范性综合实践基地项目 14 个，设计了“伟大转折·传奇遵义”多彩研学实践教育精品线路，为国内外青少年学生研学旅行提供了遵义独特的资源保障。同时，创建全国校园足球特色学校 11 所、市级阳光体育示范学校 45 所、艺术教育特色学校 25 所、科技特色学校 38 所、劳动教育示范学校 15 所；建设创客人工智能中心 3 个、创客教室 72 间。2018~2021 年，共培育、遴选 100 个市级研学实践教育基地和 200 个县级研学实践教育基地，打造了 10 条研学旅行精品线路，约 90%的中小学校开展了研学实践教育活动、社会实践活动，约有 20%的学校利用夏令营、冬令营、贫困生特长生资助或其他集体旅行机会开展过走出省门、国门的研学旅行，2021 年全市研学实践教育基地服务市内中小学研学实践活动 6 万人次。[①]

四是促进青年终身学习。遵义市不断创新人才培养模式，选派了 141 名职校骨干教师赴上海参加艺术技能培训，探索构建了灵活开放的青年终身教育培训体系。通过在遵义职院、遵义医专全力扩招“四类人员”，开展“四类人员”[②] 继续教育，搭建了青年终身教育“立交桥”。并联合多部门共同出台政策促进青年终身学习，下发《遵义市中等职业学校 2020 年德育工作要点》，全面落实立德树人根本任务，遴选建设中职德育品牌学校 4 所，同时加强德育管理人员、思想政治课专任教师、班主任三支队伍建设，促进全市中等职业学校德育工作整体水平不断提升，联合市人力资源和社会保障局共同印发《职业院校（技工院校）使用人社部门资金开展补贴性职业培训有关工作的通知》，提高青年技能水平。

（三）就业与创业

一是落实就业创业帮扶机制。切实贯彻落实《遵义市人民政府关于做好当前和今后一个时期促进就业工作的通知》（遵府发〔2019〕8 号），印

① 数据由遵义市教育局提供。

② “四类人员”，即退役军人、下岗失业人员、农民工、新型职业农民。

发了《遵义市人力资源和社会保障局关于加强创业服务推进大众创业工作的通知》（遵市人社通〔2019〕25号）、《遵义市人力资源和社会保障局关于做好2020年创业服务推进大众创业工作的通知》（遵市人社通〔2020〕17号），使各项政策真正落实到位，鼓励引导劳动者创业就业。同时开展“青惠贷”“青扶贷”项目支持青年创业。2019年，遵义市人社部门落实各项创业补贴2704.9万元，惠及13448人；发放创业担保贷款38452.04万元，扶持3119人，带动就业9548人。2020年1~9月，遵义市共落实创业补贴2951.6万元，惠及11617人；2020年1~10月共发放创业担保贷款51600.7万元，扶持创业3741人，带动就业11289人。①

二是推进金融服务入基层、进校园。以宣传金融知识、促进青年创业、服务经济建设为抓手，开展送金融服务入基层、进校园活动，加大政策宣传力度，零距离向青年讲解金融知识，推动青年增强风险防范意识，同时以青年创业论坛等方式加强创业指导服务，帮助青年积极创业。依托金融机构建立健全创业金融服务站，组织举办技能培训和相关帮扶活动，为青年创业者提供便利化、专业化、多功能的创业金融服务，加大对青年创新创业的支持力度。广泛开展舆论引导，通过媒体宣传、政策宣讲等方式，在全社会积极倡导鼓励创新、宽容失败的创新创业文化，大力营造鼓励青年创新、支持青年创业的良好环境。

三是开展创业就业培训及活动。先后举办了8届“青春遵义　激情创业”创业大赛，开展创业指导专题服务活动、创业讲师大赛、创业训练营、创业沙龙等系列活动，利用报刊、电视、政务网站、政务微信、宣传手册等大力宣传扶持创业的有关政策，传播创业文化，鼓励创业、创业光荣的舆论氛围日益浓厚。成立了遵义市创业培训教研室，出台了《创业培训管理实施细则》，强化师资培养，针对以高校毕业生、返乡农民工等为重点的城乡劳动者和小微企业老板等群体，大力开展SIYB和网络创业培训。2019年，全市开展创业培训8734人，其中网络创业培训3053人，SIYB创业培训

① 数据由遵义市人力资源和社会保障局提供。

5516人，创业就业率63.9%。2020年1~9月，全市开展线上线下创业培训6387人。[①]

（四）家庭与社会

一是营造良好的家庭氛围。利用家长学校、机关道德讲堂、职工之家持续开展家庭教育“七进”[②] 活动，普及家庭教育知识，举办各类家庭教育活动500余场次，有效地提高了家长的科学教育水平。同时通过开展寻找各类“最美家庭”、“家书传家风”征集展示、“幸福家”家庭家教家风宣传教育活动，塑造好家风，带动好民风，多载体推进好家风建设，评选全国“最美战疫家庭”2个，贵州“最美战疫家庭”3个，“最美绿色生态家庭”2个，多封家书入选省妇联“最美家书”。[③] 此外，率先在全省搭建“三驾马车”[④] 助力“遵义模式”家庭教育，建立的家庭教育指导中心师院中心被全国妇联、教育部评为首批“全国家庭教育创新实践基地”，全省唯一一个获编办批复的市家庭教育学院在遵义市师范学院挂牌开展工作，撬动了大量高校专业人才参与服务，开展教学、科研、学历教育、家长培训等工作，共同拉动家庭教育大发展。并通过对家庭教育示范点进行中期评审，对家庭教育专项课题进行立项和结题评审，研学并举进一步助推家庭教育科学水平的提升。

二是引导正确婚恋观、家庭观。遵义市总工会、共青团、妇联等群团组织和其他社会团体共同参与和引导青年培育正确的婚恋观与家庭观。工会充分发挥组织作用，不仅为适龄青年群体搭建一批诚信度较高的青年交友信息平台，例如2021年8月15日，习水县总工会联合习酒公司工会等部门举办“爱在红城、工会有约”单身职工联谊会，来自习水县各基层工会的200余名单身职工参加活动，还积极组织开展单身职工联谊会，充分发挥工会

① 数据由遵义市金融团工委提供。

② 家庭教育“七进”活动：家庭教育活动进学校、社区、家庭、机关、企业、农村和网络。

③ 数据由遵义市妇联提供。

④ “三驾马车”，即市家庭教育指导中心、市家庭教育学院、市家庭教育学会。

“娘家人”的桥梁纽带作用，通过搭建一个真实、安全的婚恋交友平台，将关心关爱广大职工队伍落到实处，帮助单身职工解决交友难、婚恋难的问题。同时为让新婚夫妇树立正确的恋爱观、婚姻观和家庭观，引导每一对夫妻共同经营好婚姻、维护好家庭，增强其家庭责任感和社会责任感，2019年5月20日遵义市“婚姻驾照”答题系统上线运行，这在全国是首创。并且通过下发文件等形式倡导集体婚礼等文明节俭的婚庆礼仪，例如遵义市播州区发布了《提倡婚事新办树文明新风倡议书》，遵义市桐梓县在新人领证时发放《抵制滥办酒席、低俗“婚闹”树立文明新风倡议书》，并签订《抵制低俗婚闹承诺书》。

三是推动青年社会融入。近年来，遵义市港澳台海外统战工作构建起多层次、多类别、多样化联络联谊新格局，增强了青年的国家认同、民族认同和文化认同，帮助青年在多元文化背景下形成对“一国两制”的正确认知、对祖国文化的认同，并通过加强不同青年群体的交流，推动青年参与社会。据不完全统计，截至2021年底，赴遵开展交流联谊青少年团组18批次900余人，组团走出去开展交流活动的青少年团组4批次100余人，通过网络平台开展华裔青少年网上夏令营交流联谊活动2批次150余人，与香港3所学校缔结姊妹学校、与台湾10所高等学校建立合作关系。同时，以本地农业特色优势产业企业、各产业园区企业、国有大中型企业、优秀民营企业为重点，建立一批见习基地，发掘优质见习岗位，将离校两年内未就业且有就业见习意愿的高校毕业生及时纳入就业见习范围，2019年组织近1200名大学生参加了就业见习，2020年1~10月组织就业见习1912人。[①] 通过交流和见习活动，让青年认识到自己代表着祖国最年轻的力量，认识到自己是将来建设祖国的栋梁，实现青年的成长与中国梦的实现同频共振。

二　当前青年发展工作中存在的不足

一是青年意识形态工作方法有待创新。青年阶段是人的价值观、世

① 数据由遵义市人力资源和社会保障局提供。

界观和人生观形成的重要时期，青年阶段的意识形态教育关乎文化自信、国家命运。当前青年的意识形态教育特别是学校意识形态教育缺乏时代性和针对性，仍然沿用传统的教育理念、教育思维，引导也多为灌输式的、平面式的，形式比较单一，难以激发青年的积极性，同时有关青年意识形态工作的经验总结较少，对存在问题的反思和总结更加缺乏。

二是相关机构之间联动衔接机制有欠缺。青年发展工作是一项长期的、艰巨的任务，是一项需要全社会共同关注、共同努力的系统工程，政策执行效果很大程度上取决于执行主体价值取向的一致性以及主体间的协同合作，然而执行主体之间缺乏有效的衔接协调机制，往往呈现各自为政的状态，要么事无巨细兼顾，要么顾此失彼，存在漏洞和空缺，容易造成执行成本浪费而目标偏离的情况。

三是青年健康政策执行有差距。青年健康政策大多执行标准笼统、弹性过大，造成政策的标准化程度不高，容易出现政策执行部门架空政策或敷衍政策的情况。再加上我国青年发展政策权威性不够，大多以通知、条例、意见、规定等形式发布，在政策实施过程中其法律效力和政策权威性明显不足，导致政策不能产生较好的约束作用，且造成青年缺乏对健康及发展理念的认知、对国家已出台的青年发展政策措施的了解不足的情况。① 同时，正确婚恋观、计划生育和优生优育政策宣讲效果有待加强，加上婚姻管理工作相对薄弱，边远乡镇的农村仍然存在早婚早育现象。

四是青少年权益保护的多元治理结构尚未形成。现阶段，青少年权益保护工作基本以政府部门和司法机关为主，共青团、妇联等群团组织参与其中，而一般社会组织和企业、个人参与青少年权益保护的空间不多，参与度不高，导致政府与社团组织、企业和公民共同推动青少年维权工作的多元治理结构还未形成。

---

① 赵霞、孙宏艳、张旭东、邓希泉：《〈中长期青年发展规划（2016—2025年）〉实施以来我国青年健康政策与工作进展分析》，《中国青年研究》2020年第12期，第38~47页。

三　对策建议

一是坚持思想引领，创新意识形态工作形式。在信息化高速发展的今天，可以通过互联网拓展网络阵地，以互联网作为了解青年的新渠道、联系青年的新桥梁来开展工作，通过线上+线下齐抓共管，创新青年意识形态教育方式。同时注重网络和社会舆论引导，通过主流意识形态引导舆论，对热点问题和突发事件及时准确地通过政府网站和政务微博、微信公众号等渠道发布信息，抢占网络舆论的先机[①]。

二是坚持青年为本，切实尊重青年主体地位。首先是党委和政府要从根本上重视青年发展工作，想青年之所想，急青年之所急，及时制定和完善支持服务政策，为青年的身心健康、事业发展和生活幸福提供良好环境和条件[②]，推动青年全面发展、全面进步。其次是教育部门要实时关注青年思想动向，把握青年新时代思想的新特点和新变化，关注青年的时代需求，从解决青年最关心、最现实的问题入手，努力将每一项与青年发展息息相关的工作做实做好。同时积极引导形成良好家庭氛围，对原有错误的家庭教育方式进行更正完善，充分发挥家庭在青年成长中的灯塔和港湾作用。

三是从问题导向出发，突破工作困境。习近平总书记指出："要有强烈的问题意识，以重大问题为导向，抓住关键问题进一步研究思考，着力推动解决我国发展面临的一系列突出矛盾和问题。"[③] 相关部门要直面青年发展工作中存在的突出问题，切忌回避和无视，要从当前青年发展工作中存在的问题出发，思考工作切入点，明确目前哪些做得还不够好，破解青年发展工作中的困境和难题，有效、持续地推进青年工作。

---

① 刘宇、张博轩：《浅析新形势下国内高校对青年意识形态工作方向的把握》，载首届意识形态与舆论研究高峰论坛编《首届意识形态与舆论研究高峰论坛论文集 2018 年》，第 25~38 页。

② 《中国教育报》评论员：《尊重青年主体地位　焕发创造热情》，《中国教育报》2012 年 5 月 17 日，第 1 版。

③ 新华社：《中共中央关于全面深化改革若干重大问题的决定》，中央政府门户网站，2013 年 11 月 15 日，http：//www. gov. cn/jrzg/2013-11/15content_ 2528179. htm。

四是加强相关部门的协作，共同促进青年发展。青年发展工作是一项需要全社会共同关注、共同努力的系统工程，各部门要加强联动协调，多方配合、协同施策，避免各自为政，共同为青年发展营造良好环境。例如体育部门在制定青年体育活动促进计划时，不仅要同教育部门、宣传部门共同探讨，也要与民政部门、住建部门、财政部门等相关部门共同谋划，才能顺利快速推进项目实施和落成，也才能制定出更加完善的服务政策。

B.18
六盘水市青年发展报告

李 高　袁志翔　张 婵*

摘　要： 六盘水市始终高度重视青年工作，全市上下紧扣《贵州省中长期青年发展规划（2019—2025年）》中的各项要求，狠抓落实，全市各项青年工作积极展开、稳妥推进，成效显著。总体来看，六盘水市青年工作在青年思想政治引领、共青团改革攻坚、青年创新创业、青年联动助力疫情防控等方面成绩突出，贡献了最美青春、智慧力量。但是，六盘水市青年工作在取得成绩的同时，在青年思想引领、基层少数团干部能力提升、服务青年创新创业等方面仍存在一些不足。本报告提出了三个方面的对策建议，助力六盘水市青年工作在“十四五”期间高质量发展。

关键词： 青年发展　高质量发展　六盘水青年

2013年5月4日，习近平总书记在同各界优秀青年代表座谈时指出：“历史和现实都告诉我们，青年一代有理想、有担当，国家就有前途，民族就有希望，实现我们的发展目标就有源源不断的强大力量。”党的十八大以来，以习近平同志为核心的党中央站在确保党和人民事业薪火相传的战略高度，亲切关怀青年成长成才，为做好新时代青年工作指明了前进方向。① 近

* 李高，贵州省社会科学院社会研究所助理研究员，研究方向：应用社会学；袁志翔，共青团六盘水市委副书记；张婵，共青团六盘水市委青年发展部部长。

① 《让青春在奉献中焕发绚丽光彩——习近平总书记关于青年工作重要论述综述》，《人民日报》2021年5月4日，第1版。

年来，六盘水全市上下高度重视青年工作，紧扣《贵州省中长期青年发展规划（2019—2025年）》，真抓实干，扎实推进，成绩突出。

一　六盘水青年发展基本现状与显著成效

（一）切实强化思想政治引领，青年思想积极健康向上

一是以学习教育为引领，青年思想发展自信心满满。六盘水各级团组织切实履行引领凝聚青年的职责使命，通过专题辅导、网上主题团课、主题宣讲等形式持续学习贯彻党的十九大和十九届历次全会精神以及习近平总书记关于青年工作的重要思想。深入基层开展党的十九大精神宣讲活动104场，覆盖青年20476人。依托“青年讲师团”开展“牢记嘱托　感恩奋进”、“绽放战疫青春　坚定制度自信”及党史学习教育等主题宣讲340余次，覆盖青少年群体22万余人。二是以舆论宣传为引领，青年思想发展正能量蓬勃。深刻认识意识形态工作的极端重要性，严格落实意识形态责任制。切实发挥好共青团对青年的思想引领工作，在“双微一网”积极发声，弘扬社会正能量。用青少年喜闻乐见的形式开展宣传，发起“青视觉·靓菜园”话题榜、“青春光盘”抖音话题挑战赛等评比活动，浏览量达200万余次，推出“凉都青电商”微博话题，浏览量达200万余次。制作《万疆》MV、“三线”主题微党课、“小凉粉”推介官等视频20余个，深受青年欢迎。全面加强团属新媒体平台的建设和管理，构建清朗网络空间，“凉都青年”微信公众号粉丝数达13.6万余人。积极加强共青团工作宣传报道，相关信息被省市以上媒体转载400余篇。三是以主题活动为引领，青年发展在“知行合一”中稳步向前。在“五四”“六一”“10·13”“12·9”等重要时间节点，积极开展“奋斗的青春最美丽”主题访谈、“争做新时代好队员”系列主题活动、六盘水共青团“请党放心，强国有我”——“十位先锋传薪火、百名委员办实事、千个支部学讲话、万名队员诵献词”行动、纪念“12·9”学生爱国运动文艺汇演等系列活动，社会反响热烈。举办庆祝改

革开放 40 年暨六盘水市建市 40 年青少年文艺汇演，引导青年感党恩、听党话、跟党走。同时，大力弘扬中华民族优秀传统文化，广泛开展了“开笔礼”“成人礼”“集体婚礼”等活动，在人生的三个重要阶段用优秀传统文化的形式和内涵来教育引导青年。四是以强化典型为引领，青年在模范带动下发展势头喜人。在青年典型的选树宣传上下功夫，2017 年以来，市级共开展两红两优表彰 5 次，共表彰集体（个人）577 个，六盘水市获得省级以上两红两优表彰的集体（个人）75 个。六盘水青年杨波同志获得第二十五届“中国青年五四奖章”。此外，2018 年以来市级共开展青马工程培训 4 期，培训学员 314 人。培训期间，开展了六盘水共青团“青春长征”主题实践活动、“青春向党·奋斗强国”等主题活动。

（二）共青团改革攻坚蹄疾步稳，青年发展组织保障有力

一是团的基层组织建设持续加强，基层青年发展工作不断夯实。全面贯彻落实新时代党的建设总要求和新时代党的组织路线，不断加强党建带团建工作。制定印发了《六盘水共青团提升基层建设实施方案（试行）》，规范建立全市各级团组织共 4521 个，按照“能建则建、不能则兼”的工作原则，实现全市 1151 个村（居、社区）团组织全覆盖。严格团员“入口关”，规范发展团员程序，从源头上确保发展团员质量，全市共有共青团员 107309 名（2022 年 3 月数据），已全部录入“智慧团建”系统。持续选优配强团干部，市、县两级团的领导机关干部和领导班子整体配备率、在岗率均达到 90%以上。二是团教协作工作机制不断完善，学校青年发展工作得到切实改进。六盘水市“学社衔接率”达 98.5%，“升学衔接率”达 99.7%。市、县两级教育团工委均已全部成立。联合市委教育工委、市教育局举办覆盖全市的中学团市委书记专题培训班，实现学校共青团培训全覆盖。市内 2 所高校均出台共青团改革实施方案，“班团一体化”建设全面落实，大力推进学校共青团改革向纵深发展。六盘水市学生联合会正在积极筹建。三是产业链团建不断健全完善，产业青年发展工作扎实创新推进。成立农村青年致富带头人协会团工委、金融团工委、创业园区团工委 11 个，成

立产业链团支部258个，建立非公团建点708个，依托新阵地组建3个联镇团委、51个联村团委，以大学生、外出务工青年为载体成立19个驻外团工委。

（三）全面贯彻“大数据”战略，青年创新创业有声有色

紧紧围绕“大数据”战略，大力引导和支持青年创新创业。一是青年创新创业氛围越来越浓厚。在全国“双创周”、国际“扶贫日”等时间节点，开展青年创新创业政策宣传活动；春节期间组织开展六盘水籍在外就读大学生春晖座谈会，引导高校成立了创客联盟，强化大学生创业意识；号召大学生投身电商创业、助推家乡电商发展；积极号召返乡农民工回乡创业，开展40余场“圆爱工程——千场农民工宣讲”活动，覆盖6000余名青年。二是青年创新创业服务质效不断提高。举办2016新季创客首届青年创业大赛、首届六盘水市电商创业大赛，组建创业导师团队，促进9个项目入驻孵化器、2个项目获得了风险投资；持续开展青联委员带岗位进校园活动，毕业季为高校学生提供了493个就业岗位；积极与信合联社开展“青扶贷”工作，累计发放“青扶贷”贷款1218笔，发放贷款10013万元；开展电商培训477人、农村青年技能培训730人、创业培训520人。

（四）充分发挥生力军作用，青年联动助力疫情防控

自新冠肺炎疫情突袭而至，六盘水广大青年团员在六盘水团市委的充分动员与积极组织下，积极投身疫情防控。六盘水团市委先后转发各类疫情防控宣传信息、春耕备耕和复工复产相关信息200余条，推送疫情防控原创推文35篇，累计阅读10万余人次。疫情期间，六盘水全市共招募了青年突击队员1489名，共组建了青年突击队107支，他们分别参与了服务点值守、入户宣传等工作，排查覆盖20余万人次。疫情期间，六盘水市广泛动员全市共青团干部、青联委员、社会组织代表捐款捐物，募集一次性口罩7600余个、手套15000余双，捐款43万余元。落实结对帮扶任务，“一对一”完成对21名一线医务人员及家属的关怀慰问。开展“青扶贷”助力小微企

业复工复产，组织青年志愿者为企业发放防护用品，开展科学播种、病虫害防治等方面农技指导，为开展常态化疫情防控贡献青春力量。

二　六盘水市青年发展中的问题分析

（一）青年思想引领力度有待加大

青年是民族的未来、是国家的希望，青年思想的发展与引领必将对民族、国家的未来产生巨大的影响。近年来，尽管六盘水青年思想引领工作取得了多方面的积极成效，但是，也存在一些不足。例如，部分青年仍然缺乏人生目标，对于生活没有自己的观点和主见，“佛系青年”“高冷青年”的现象依旧存在；部分青年对生活缺乏感受、对生活缺乏具体的规划，在生活中常有“无力感”“无趣感”。因此，为了进一步提升六盘水市青年的人生观价值观，加强对青年思想的引领必不可少。这些都说明，当前基层青年思想引领工作还需加强。

（二）基层少数团干部能力有待提升

众所周知，县级以下的青年团组织，团干部基本上都是兼职多于专职，特别是到村居一级，团干部几乎都为兼职。因此，他们对团的工作缺乏系统的学习和理论基础，整体专业化程度不高、专业化水平也不够。特别是乡镇、村居的团干部，往往是人手少但是事情杂而多，正所谓“上面千条线，下面一根针”，平常工作忙如陀螺，四处转不停，常苦于分身乏术，而又无可奈何。也正因为各种工作牵扯，其精力根本不够用，更遑论乡镇、村居的青年团工作。当然，也有相当部分的基层团干部，并没有把共青团工作作为一项事业来看待，而是把团的工作当作个人履历的一部分，把共青团工作作为个人发展的跳板，不愿意花心思、放精力在打基础和谋长远上。也有的基层团干部觉得青年团工作就如养老院的工作，做一天和尚撞一天钟，心态佛系，不求有功、但求无过，等等。

（三）服务青年创新创业有待加强

首先是在青年创新创业的扶持政策上，整合力度不够，协同力较弱，鼓励性政策措施落实不到位。有些政策针对性不强，难以对青年创新创业形成全方位实质性扶持。其次是创业资金缺乏。巧妇难为无米之炊，许多有志创业的青年人由于得不到有效的资金支持，被迫放弃了自己的创业理想，改投他路。再次是创业指导缺乏。青年踏上社会的时间较短，创新创业的经验不足，所创办企业往往缺乏科学的经营定位。有的对预期收益过于乐观，盲目扩张投资规模，导致资金周转困难，新的业务难以正常开展。有的规章制度不健全，执行力较差，致使内部管理较乱。

三 六盘水市青年高质量发展的对策建议

（一）切实强化青年思想引领

切实强化青年思想引领，积极帮助广大青年树立正确的世界观、人生观、价值观，积极帮助广大青年在不确定的社会中寻找到自身恰切的位置，进而最大可能地实现自身的价值。诚然，青年思想引领工作的顺利展开和积极效果的取得，首先在方式方法上要与时俱进、积极创新，空洞的说教、填鸭式的灌输等方式必须及时修正或者调整，甚至适当地摒除，今日今时，青年思想引领工作一定是突出时代青年特色的，即应当具有鲜明的时代特色和时代青年特点。这既不是一成不变的老黄历，也不是墨守成规的秘制药方，更不是老和尚口中念念有词的黄卷经书。当今，对于青年的思想引领，应当是紧密结合当代青年的思想特点、生活实际，从青年中来，到青年中去，无论是讲大道理，还是说小故事，都能够既喜闻乐见，又入脑入心，欢乐可以在一时，但影响能够达终身。比如“团团”的动漫作品，描绘日常生活中，时代青年应该怎样去践行大道理，就是很好的例证。青年思想引领工作不仅仅是一个工作，更是一个关乎青年、关乎国家和民族命运的良心工程，值得每一个关心青年工作的人去思考之、践行之。

（二）大力加强基层团组织建设

团干部是共青团工作的核心力量，基层共青团工作设计得再好，也要通过团干部的具体实践去完成。当前，基层团组织、基层团干部很多处于尴尬境地，特别是基层团干部很多是兼职身份，手头上事情多而杂，开展团组织的工作分身乏术、精力不够。实际上他们中很多是年轻有为、敢想敢做的，他们有活力也有担当，但是苦于兼职身份，时间精力也都很有限，因此，很多时候都无暇顾及，也无可奈何。其实，他们都是凝聚党的青年群众基础最可敬的人，也是发展和巩固党的青年事业最可依靠的人。因此，我们应当着力打造一支政治上过硬、工作上敬业、作风上扎实、纪律上严格的基层团干部队伍，为共青团事业发展提供坚强保证。而为了实现这一目标，一方面需要基层团干部自身的工作热情和工作努力，另一方面更需要建立严管厚爱的基层团干部制度化体系。二者相得益彰，则事业事半功倍。此外，还应当从实践、场地、经费等方面对基层共青团工作予以大力支持，才能更好地积极强化基层团组织的建设，使之越来越有活力，团结更多的青年才俊，更好地服务于社会主义建设。

（三）着力提升青年创新创业服务水平

一要积极拓宽青年创新创业宣传渠道。要不断加大青年创新创业的宣传力度，要大力弘扬企业家精神，积极树立崇尚创新创业的价值导向，让创新创业氛围越来越浓厚。二要多渠道激发青年创新创业活力。要不断加大创新创业培训力度，要积极为“大众创新、万众创业”提供针对性、个性化辅导，要切实引导广大青年积极投身创新创业的伟大事业。三要切实加强青年创新创业实践锻炼。要积极整合校地资源，要结合地方资源禀赋，积极建立青年创新创业实践基地，要积极引进、培养青年创新型人才和创业型人才，为六盘水在“十四五”期间经济社会高质量发展贡献磅礴的青年智慧和力量。

参考文献

宋迪、张兰、孔盘龙、唐平：《书写建设幸福六盘水新篇章》，《六盘水日报》2022年2月26日，第1版。

程朝华：《共青团六盘水市委打造“三个品牌”为青年办好事实事》，《六盘水日报》2021年10月15日，第2版。

宋铝：《六盘水市关工委到水城区关工委农村青年创业就业基地开展工作调研》，《晚晴》2021年第6期。

郑洁：《小善举汇聚大文明——六盘水吹响志愿服务“集结号”》，《当代贵州》2021年第19期。

《六盘水市关工委2017年农村青年科技培训班开班》，《晚晴》2017年第10期。

《围绕青年挖潜能　助推业务促团建——农行六盘水分行共青团建设经验交流摘编》，《贵州农村金融》2004年第7期。

B.19
安顺市青年发展报告

王向南*

摘　要： 安顺市高度重视青年工作，贵州省中长期青年发展规划联席会议第二次全体会议召开以来，安顺市出台了《安顺市贯彻落实〈贵州省中长期青年发展规划（2019—2025年）〉实施方案》，扎实推进各项工作有序开展。具体表现为：青年思想道德建设得到加强，教育平台更加广阔，健康服务水平持续提升，青年婚姻观得到引导，婚恋平台增多，助力乡村振兴有效推进，合法权益得到有力维护，青年创新创业得到扶持，贫困青年的社会帮扶力度持续加大。但是，仍存在青年发展政策保障有待加强、思想引领工作有待提升、就业压力较大、适婚青年婚恋意愿较低等问题。本报告针对以上问题提出了聚焦重点制定青年发展政策规划、强化青年思想政治教育、结合实际抓好青年就业工作，整体联动为青年提供婚恋平台等相关对策建议。

关键词： 青年发展　高质量发展　安顺市

为深入学习贯彻习近平总书记对青年工作的重要论述，落实贵州省委关于青年发展工作的部署要求和省中长期青年发展规划联席会议精神，本报告在对安顺市青年发展情况进行调研的基础上，对青年发展现状和成效进行归纳，对问题进行分析，并提出对策建议。

* 王向南，贵州省社会科学院法律研究所助理研究员，研究方向：理论法学。

一　安顺市青年发展现状

安顺市 2019 年印发《安顺市落实〈贵州省中长期青年发展规划（2019—2025 年）〉近期工作要点》，2021 年印发《安顺市贯彻落实〈贵州省中长期青年发展规划（2019—2025 年）〉实施方案》，安顺市聚焦青年思想道德建设等 8 个方面，以及青年马克思主义者培养工程等四大重点工程，压紧压实工作责任，量化细化工作措施，青年发展工作取得了较好的成效。

（一）青年思想道德建设得到加强

一是安顺市将青年教育纳入党史学习教育和庆祝建党 100 周年相关工作中统一安排、统一部署、统一抓落实。全市上下深入开展“青年党员进社区”“青春向党·奋斗强国”“扣好人生第一粒扣子”“青春长征”“网上祭英烈”“牢记殷切嘱托、忠诚干净担当、喜迎建党百年”专题教育等主题活动 3000 余场次，覆盖青年 100 余万人次，进一步引导全市广大青年学史明理、学史增信、学史崇德、学史力行，听党话、跟党走、感党恩。二是持续实施青年马克思主义者培养工程。以培养基础扎实、信念坚定的中国特色社会主义事业合格建设者和可靠接班人为目标，通过理论学习和实践锻炼，不断提高优秀青年用经典涵养正气、淬炼思想、升华境界、指导实践的水平。2019 年以来，举办 25 期青年马克思主义者培训班，培训学员 1000 余名；开展全覆盖干部调研，发现、储备 256 名优秀副县级干部和 702 名正科级干部；加强与广州的沟通对接，就互派干部跟岗挂职达成初步意向，并对选派干部赴广州开展跟岗锻炼提出建议方案。

（二）青年拥有更广阔的培养教育平台

安顺市举办“职业教育科技创新大赛”、“青少年机甲大师挑战赛”、“青创杯”第八届广州青年创新创业大赛（安顺专项赛区）等活动，为青年创新创效搭建竞赛平台；将青年人才引进、培养列入《安顺市“十四五”人才发展规划》，制定《安顺市优秀中青年专业技术人才选拔管理办法》，组织开展“青春·汇智安顺”——安顺青年精英圆桌会议等，不断强化青年人才工作；持续推进义务教育均衡发展，19737 名随迁子女已全部入学就读，争取到中央预算内资金 6417 万元支持安顺市 9 个义务教育学校校舍基础设施建设；联合共青团广州市委开展 2021 年暑假“云上课业辅导”活动，为安顺市 100 名 6~15 岁青少年开展“一对一”课业辅导。

（三）青年健康服务水平持续提升

围绕青年营养和体质、心理健康三个重点，安顺市全面实施农村学生营养改善计划，落实营养改善计划资金共计 20255.14 万元，推动营养改善计划向“规范、科学、精细、营养”的方向提升；把增强学生体质和促进学生健康纳入学校总体发展规划，根据《国家学生体质健康标准》，2020 年安顺市学生体质健康平均达标率达 89.59%；依托心理咨询中心、维权工作站等社会载体，常态化为青少年提供心理咨询辅导，为中高考学子组织开展考前心理讲座 20 余次，覆盖考生 4000 余人次。强化实施青年学生“推套防艾”工程，建立健全学校艾滋病疫情通报制度和定期会商机制，全覆盖开设性健康教育课程和禁毒宣传，除在校教育外，通过组织“千名志愿者进万家”活动，为广大青少年开展形式多样、内容丰富的禁毒知识宣传；开展关爱青少年眼健康公益活动，宣传保护眼睛的相关知识，并为 167 名近视学生免费配眼镜。

（四）青年婚姻观得到引导

安顺市全面落实结婚登记制度，严控早婚行为，举办婚姻家庭教育公益讲座进学校、乡村、社区活动，引导广大青年男女学习家风家教、婚姻关系、优生优育、亲子关系、矛盾调处等相关知识，树立正确的婚姻观和家庭观，增强家庭责任感和社会责任感；深化“平台+活动+服务”三位一体工作机制，全面服务青年婚恋交友工作，组织开展“青春友约·倾心共遇”

"青春心向党·缘定在瀑乡""传承长征精神，见证甜蜜爱情，助推产业兴旺""青春移动心向党·随缘移动在安顺"等线下青年职工联谊活动5场次，780余人参加，以及"鹊桥会""团团帮你找对象""青春无悔·有缘相会"等线上联谊活动，共计发布信息15条，阅读总量达17230余次，切实为广大青年搭建"线上线下交流平台"。

（五）青年助力乡村振兴有效推进

实现易地扶贫搬迁帮扶点群团组织全覆盖，充分发挥群团组织优势，在广泛服务安置点青年的同时，积极引导青年参与社区治理。启动实施"青春建功乡村振兴"行动，积极推动青年在乡村产业、人才、文化、生态、组织振兴中发挥生力军和突击队作用，紧盯产业振兴，以"领头雁·向黔进"行动为支撑，以县（区）农村青年致富带头人协会为支点，持续培育创业能力强、技能水平高、带动作用大的农村青年致富带头人共计485人；围绕宜居乡村创建，组建乡村人居环境整治青年突击队47支957人，开展活动241余场，参与23万余人次；开办青年乡村振兴夜校16所，围绕"使用普通话、农业产业技能培训、参与乡村精神文明建设、助力乡村青年人才成长"4项基本任务，累计开课244次，受益2.6万余人次；持续开展"共青团与人大代表、政协委员面对面"活动，不断引领青年有序参与政治生活和社会公共事务。

（六）青少年合法权益得到有力维护

一是安顺市持续优化青少年成长环境，制定《安顺市侵害未成年人案件强制报告工作联席会议制度》，严厉打击拐卖、性侵害、遗弃、虐待等侵害未成年人合法权益的违法犯罪行为，并通过加强队伍建设、创新工作方式、营造良好氛围、推进圆桌审判、适用社区矫正、加强舆论宣传等方式，充分保障未成年人合法权益。开展非法使用童工违法行为监督检查621户次，完成劳动用工书面年审169户，未发现用工单位存在非法使用童工情况；积极参与"平安安顺"建设，深化青少年维权岗、青少年零犯罪零受害村（社区）等平安创建活动，“双零”社区创建首批确定创建省级试点单位1个、市级试点单位2个。二是青少年普法教育工作扎实推进。安顺市进一步健全完善青少年法治宣传教育体系，建立青少年法制实践教育基地、青少年模拟法庭等法治宣传基地，深入开展“送法进校园”“青春普法益起来”等系列法治宣传教育活动，发放宣传手册3000余份，采取微信公众平台、抖音等新媒体平台发布典型案例的方式延伸法律宣传手臂，对中小学生进行法律启蒙和法律常识教育，全面提高青少年法律素质，预防青少年违法犯罪。

（七）青年创新创业得到大力扶持

依托安顺市各级公共就业服务平台，进一步完善创业指导中心服务功能和创业专家指导团队及创业项目库建设。2021年以来，全市高校毕业生新增创业264户，带动就业638人，对符合条件的高校毕业生创业人员累计发放创业担保贷款11笔185万元。启动“2021大中城市联合招聘高校毕业生春季专场活动”，举办高校毕业生线上线下招聘会121场，达成就业意向4958人。深入实施“扬帆计划”“返家乡”等行动，提供社会实践岗位107个，大学生实习见习岗位133个。加强与长三角和珠三角等经济发达地区的劳务合作，转移劳动力就业34.42万人。围绕农村电商培训、灰鹅养殖培训等内容，举办乡村振兴青年培训班49次4682人次。积极做好农村青年创业就业金融扶持服务工作，创建农村青年创业金融服务站13个，累计为农村创业青年提供金融信息咨询共计1000余人次，累计向农村大学生、创业青年、青年妇女投放贷款22余亿元。

（八）困境青年的社会帮扶力度持续加大

安顺市积极落实帮扶措施，为3671名困难家庭高校和中职学校毕业生建立台账清单，推动困难家庭毕业生就业。2020年，安顺市困难家庭高校和中职学校毕业生917人，指导就业788人，就业率85.9%；建立从学前到高校的学生资助全覆盖体系，确保家庭经济困难学生按政策获得资助，2021

年春季学期完成资助 22.76 万人次 1.47 亿元；加强对特殊困难未成年人的关爱救助，发放孤儿基本生活保障费 577.76 万元，落实“福彩圆梦·孤儿助学”工程，通过中央福彩公益金 129 万元资助年满 18 岁仍在高校就读的孤儿完成学业；持续深化“希望工程”品牌，开展“中国茅台·国之栋梁”“习酒·我的大学”等助学活动，帮助安顺市 780 名学子“圆梦大学”，资助资金 390 万元；以春节、六一儿童节等时间节点为契机，整合资源开展特殊困难儿童关心关爱志愿服务活动，帮助慰问特殊困难儿童 800 余名。

二 安顺市青年发展工作中存在的问题

安顺市青年发展工作取得了较好的成绩，但仍存在青年发展政策保障有待加强、思想引领工作有待提升、青年就业压力较大、适婚年龄青年婚恋意愿较低等问题。

（一）青年发展政策保障有待加强

青年发展工作在相关政策的指导下取得了较好的成效，青年发展工作具有重要意义，应当有更高层级政策文件出台。目前，安顺市没有以党委、政府名义出台专门的青年发展规划，“十四五”规划未设置青年发展专门章节，党委、政府报告中未出现青年发展工作内容，青年发展规划未被纳入政府民生实事项目，青年发展的政策保障工作有待加强。各部门之间、部门与县（区）之间的工作衔接还需持续加强，对青年发展工作的宣传力度仍需持续加大。

（二）青年思想引领工作有待提升

青年处于思想活跃的阶段，要加大思想引导力度，筑牢思想之基、补齐“精神之钙”。安顺市开展了青年学党史专题教育活动，开展了青年马克思主义者培养工程，在一定程度上开展了青年思想领域工作，学党史专题教育集中安排在建党 100 周年，青年马克思主义者培养工程主要对象是“256 名优秀副县级干部和702名正科级干部”，青年思想教育工作的开展是针对特定时间阶段和特定对象的，系统性、普遍性的思想教育工作存在不足。

（三）青年就业压力较大

安顺市政府虽然聚焦“六保”“六稳”，特别是在稳就业、保市场方面做了大量的部署安排，但目前青年的就业形势依旧严峻。一方面，新冠肺炎疫情仍未结束，就业情况受到影响；另一方面，教育部最新数据显示我国高校毕业生人数创历史新高，就业压力进一步加大，青年群体面临着岗位不足、求职难等问题。

（四）适婚青年婚恋观仍需引导

随着社会的转型，青年的婚恋观受到传统观念和现代生活方式的双重影响，多元婚恋观日益形成，不婚主义、不孕主义、闪恋闪婚现象日益增多。调查结果显示，安顺市2020年男性初婚年龄平均为30.5岁，女性初婚年龄平均为28.2岁，安顺青年晚婚晚育现象日益多见，安顺市为青年提供的婚恋价值观引导和打造的婚恋平台远不能满足现实需求。

三　促进安顺市青年工作高质量发展的对策建议

青年是社会发展的希望和未来，青年工作的高质量发展对于安顺市政治、经济、文化等方方面面实现高质量发展意义重大。我们应围绕青年成长成才和发展需要，结合青年成长的规律和特点，紧扣青年发展的工作目标，补齐青年发展工作短板，着力推动青年工作全面发展。

（一）聚焦重点，制定青年发展政策规划

安顺市应当以《安顺市贯彻落实〈贵州省中长期青年发展规划（2019—2025年）〉实施方案》为基础，充分发挥市级青年发展规划的战略引领作用，不断完善青年发展政策保障体系，围绕教育、创业、社保、婚

姻、个人发展等多个方面，进一步出台支持青年发展的相关政策，如以安顺市党委、政府名义出台专门的青年发展规划，党委、政府报告中体现青年发展工作内容，将青年发展规划纳入政府民生实事项目等方式为青年发展工作做出政策上的指导。各部门依据政策意见、结合职能职责，列出重点任务和工程清单，研究具体工作举措，在工作中相互配合，在促进青年发展上下功夫，全面推动青年发展工作落实落细。要充分利用各类媒体对青年发展规划的内容、配套政策等进行宣传，确保青年发展规划在青年群体中的知晓度、传播度越来越高。

（二）强化青年思想政治教育

在青年思想政治教育中，要加强关于马克思列宁主义、毛泽东思想、邓小平理论、“三个代表”重要思想、科学发展观、习近平新时代中国特色社会主义思想的学习教育，特别是对习近平新时代中国特色社会主义思想和《习近平谈治国理政》（第一、二、三卷）中的新理念、新思想、新战略进行深入学习教育；要进一步加强青年干部的“四史”教育，以及关于我国基本国情、贵州省省情、安顺市市情的教育。把思想价值引领贯穿青年教育教学全过程各环节，坚持学校、家庭、社会共同参与、相互配合，切实发展青年德育和思想政治教育工作的整体合力，以培养基础扎实、信念坚定的中国特色社会主义事业合格建设者和可靠接班人为目标，通过理论学习和实践锻炼，不断提高青年用经典涵养正气、淬炼思想、升华境界、指导实践的能力。

开展送图书下乡、送图书进校园、流动图书服务等服务，鼓励青年多读书、读好书，培养青年终身阅读习惯。抓好法治教育，深入学校、社区、农村开展法治宣传教育活动。以《未成年人保护法》《预防未成年人犯罪法》《禁毒法》等法律法规为重点，突出法制宣传，增强青年法制意识、增强法治观念，不断提高其法律素质。

（三）结合实际，抓好青年就业工作

切实尊重青年主体地位，把乡村振兴、生态文明工作与青年工作紧密结

合，切实为广大青年创造就业机会。实施就业友好工程。“线上+线下”齐发力，共建就业新模式。通过公众号、人事人才网等平台发布岗位信息，常态化为青年群体提供可选择岗位；定期举办大中城市联合招聘高校毕业生春季、秋季专场活动，以及人社局局长进校园等系列专题招聘活动，集中为高校毕业生提供就业岗位；通过线上招聘会、直播带岗、职业指导直播课等方式多渠道做好就业服务；依托各地优势农业产业中的龙头企业、合作社等开展短平快农业种养殖培训，开展高质量职业技能培训，为青年就业提供技能支撑。

（四）整体联动，为青年提供婚恋平台

要进一步强化积极婚恋观念的引导，提倡积极、文明、健康的婚恋观，引导青年人理性看待婚恋中的矛盾和问题，消除对于婚姻的恐惧心理。倡导和推广优秀的中式婚礼文化，增强婚姻的仪式感、神圣感，提倡文明节俭的现代婚礼，减轻青年人因为结婚和婚礼带来的经济压力。建立和规范婚恋交友平台，规范管理婚恋服务市场，为大龄未婚青年提供优质的婚恋服务。支持开展健康的青年婚恋交友活动，在目前已有的婚恋平台基础上，通过开展更多的线上线下联谊活动，为青年拓宽交友渠道、提供更多相亲交友机遇。积极开展婚姻家庭教育公益讲座，引导广大青年男女学习家风家教、婚姻关系、优生优育、亲子关系、矛盾调处等相关知识，推动广大青年男女树立正确的婚姻观和家庭观，增强家庭责任感和社会责任感。

B.20
毕节市青年发展报告

邹　雪*

摘　要：　毕节市高度重视青年工作，贵州省中长期青年发展规划联席会议第二次全体会议召开以来，毕节市出台了《毕节市贯彻落实〈贵州省中长期青年发展规划（2019—2025年）〉实施方案》，扎实推进各项工作的开展。在此背景下，本报告在调查2021年毕节市青年发展状况后，发现毕节青年的成长和发展总体呈现较好趋势，具体表现为：对国家有高度认同感和归属感；身心健康状况良好；对教育环境和学习方式多元化选择满意度高；婚恋观趋于多元化和自主化；在职青年对当前工作满意度较高；文化消费水平有待提升；社会责任感较强，参与公共事务和社会活动意愿较高。基于调查结果，本报告从思想道德、身心健康、教育学习、婚恋和就业等方面提出建议，以支持毕节青年高质量发展。

关键词：　思想道德　婚恋　就业　毕节青年

青年[①]群体是国家建设的主力军，青年兴则民族兴，青年强则国家强，做好青年工作不仅符合青年群体对美好生活的向往和追求，而且与党和国家的宏伟规划息息相关。贵州省中长期青年发展规划联席会议第二次全体会议召开以来，毕节市出台了《毕节市贯彻落实〈贵州省中长期青年发展规划

---

* 邹雪，贵州省社会科学院传媒与舆情研究所研究实习员，研究方向：传播学。

① 若无特别说明，本报告所指的青年，年龄范围参考《中长期青年发展规划（2016－2025年）》，为14~35周岁。

（2019—2025 年）〉实施方案》，青年工作进展顺利，取得了阶段性成效。一是通过开办新时代农民（市民）讲习所和青年乡村振兴夜校、制定完善《青年马克思主义者培养工程实施方案》、举办青年马克思主义者培训班、深入开展“青年大学习”网上主题团课和主题教育实践活动等，在抓思想教育方面取得良好成效。二是通过开展大型招聘活动、签约建成实训基地、做好“毕节青创”平台建设等，在抓就业引导方面取得良好成效。三是通过创建国家级足球特色学校、省级体育传统学校、青少年训练基地学校、举办市第二届青少年运动会等，在抓健康管理方面取得良好成效。四是通过积极引导社会参与保护未成年人工作、提高法治和安全防范意识、开展法律法规宣传教育、完善监测预防机制等，在抓法治保障方面取得良好成效。总的来看，毕节市通过抓思想教育、就业引导、健康管理和法制保障，引领、教育、服务、聚集青年，为青年提供了良好的成长和发展环境。

一　毕节市青年发展的基本现状

2021 年，毕节市户籍青年人口总数为 353.88 万人，占总人口的 37.04%，城市户籍人口平均年龄 33.93 岁。在共青团毕节市委员会的大力支持下，贵州省社会科学院“贵州青年发展报告”课题组对毕节市青年在思想道德、身心健康、教育学习、婚恋、就业、文化消费、社会融入与社会参与、发展政策与社会保障等方面进行调查，了解到毕节青年的学习、工作和生活的基本情况。

（一）对中国特色社会主义制度充满自信，对国家有高度认同感和归属感

青年的思想道德不仅关乎青年个人的成长和发展，更影响国家和民族的前途与命运。调查发现，毕节青年普遍对作为中国人有较强的身份认同感和归属感。在对“我为自己是中国人感到骄傲和自豪”这一问题的回答中，有 95.55%的青年表示“完全认同”（90.86%）或“比较认同”（4.69%）。

在“我能够完整表述社会主义核心价值观的内容”这一题中，91.33%选择了“非常符合”（70.83%）或“比较符合”（20.50%）。在被问到是否“认可并积极践行社会主义核心价值观的内容”时，93.63%的青年表示“完全认同”（77.21%）或“比较认同”（16.42%）。

毕节青年普遍重视满足个人情感需求，并对目前的生活环境表示肯定。80.17%的毕节青年对于“自己过得开心最重要”这一描述表示“非常认同”或“比较认同”。在“我对毕节的发展充满信心和期待”这一题中，近九成毕节青年选择了“非常符合”（57.88%）或“比较符合”（31.47%）。74.9%的青年认同自己现在很幸福，71.12%的青年认为自己有很好的成长和发展环境。此外，超八成毕节青年对目前的社会保障（包括教育培训、就业创业、医疗卫生和社会福利等）非常满意。这说明，随着我国综合国力日益提升、经济社会高质量发展及可持续发展，毕节青年普遍对国家和居住城市有较强的归属感和认同感。

自我评价方面，如表1所示，毕节青年普遍认为自己具备独立性、上进心、责任心和恒心毅力等优良品质，其中，超六成毕节青年认为自己有“很强”或“较强”的奉献精神和集体荣誉感。

表1　毕节青年自我评价状况

单位：%

题目	很强(很好)	较强(较好)	一般	较弱(较差)	很弱(很差)
独立性	29.83	34.52	30.86	3.30	1.49
上进心	23.18	35.65	36.56	3.13	1.48
责任心	34.95	42.69	19.92	1.31	1.13
恒心毅力	23.14	33.61	36.53	4.95	1.77
社交能力	16.65	25.39	44.55	10.22	3.18
学习能力	14.50	28.37	49.49	5.75	1.90
实践能力	17.48	31.62	44.05	5.27	1.58
奉献精神	25.14	38.03	32.71	2.72	1.40
集体荣誉感	33.85	38.38	24.12	2.11	1.54

此外，毕节青年的幸福观呈现多元化特征，“家庭幸福”（84.72%）、“心情愉快”（82.28%）和“事业成功”（72.7%）被视为生活幸福的主要标准，这说明毕节青年不仅追求个人生活品质，也重视通过发展事业为社会做出贡献。

（二）身心健康基本情况良好，升学就业压力相对较大

本研究以身心健康状况自我感知、压力感知、压力源状况评估和消极应对行为状况评估作为指标，调查了解毕节青年身心健康状况。

在身心健康基本状况方面，由表2可知，在亚健康常见的生理表现中，出现“视力下降或眼睛不适”（51.72%）和“心理压抑，情绪低落”（44.54%）的毕节青年较多，其次是“腰背颈等酸痛”（43.24%）和“失眠”（42.41%）。出现“便秘或消化不良”和“肠胃不适”的青年人数占比都小于40%，这说明，毕节青年虽然存在一定的生理亚健康问题，但基本情况良好。

表2　毕节青年对于“您的身体是否会出现下列症状?”一题的回答情况

单位：%

题目	经常出现	偶尔出现	很少出现	从未出现	说不清
便秘或消化不良	8.41	26.82	35.79	21.76	7.22
肠胃不适	10.23	27.49	34.88	21.81	5.59
感冒	7.17	34.34	45.81	8.52	4.17
腰背颈等酸痛	14.23	29.01	32.26	19.62	4.88
视力下降或眼睛不适	20.91	30.81	25.53	18.01	4.75
心理压抑,情绪低落	13.38	31.16	31.96	18.23	5.28
失眠	13.80	28.61	32.06	21.07	4.47

进一步以年龄为自变量、七种亚健康生理表现为因变量进行交叉分析发现，如图1所示，随着年龄的增长，毕节青年出现“肠胃不适”、“腰背颈等酸痛”和“失眠”的比例逐渐提升。

压力感知方面，半数以上毕节青年表示压力“一般”，但还有37.22%

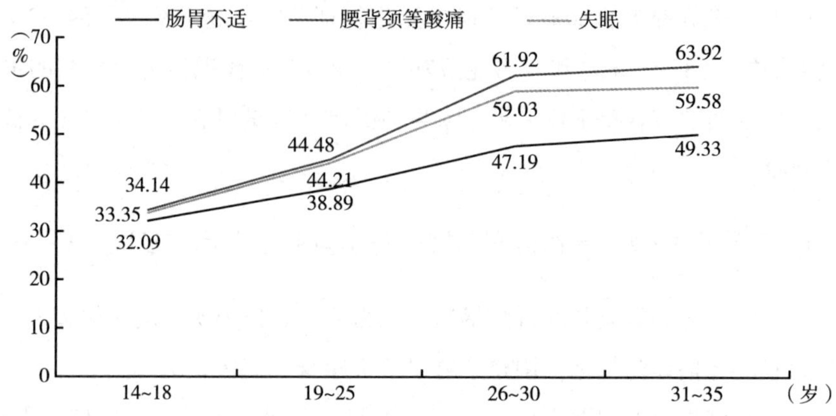

图1　不同年龄段青年出现“肠胃不适”“腰背颈等酸痛”和“失眠”的比例

认为压力“非常大”（11.47%）或“比较大”（25.75%）。并且，年龄越大，感到压力“非常大”的比例也逐渐提升，14~25岁青年的这一比例为5.47%，26~35岁青年中，比例提升至31.30%。调查显示，毕节青年的压力主要来源于“升学”（52.46%）、“就业”（38.61%）与“工作”（33.36%），以及“家庭”（36.59%）。需要说明的是，还有相当一部分青年在填答问卷时将养育孩子相关的家庭问题归入“其他”。通过交叉分析可知，在读学生的主要压力源是“升学”（70.43%），在职青年的主要压力源是“收入开销”（58.62%）和“工作”（51.27%），即将毕业或待业求职青年的主要压力源则是“就业”（79.21%）。

在回答“遇到困难或问题时，您更倾向于如何解决?”这一题时，半数以上毕节青年选择了“自己独自面对”，39.42%选择“向他人倾诉或寻求帮助”。然而，随着年龄的增大，选择“向他人倾诉或寻求帮助”的青年比例逐渐下降，按年龄由小到大排序，4个年龄区间的这一比例分别为45.49%、39.49%、26.4%和23%，这与青年群体在不同年龄段的主要任务和心理需求息息相关。另外，通过交叉分析压力感知和消极应对行为状况发现，如图2所示，与选择“向他人倾诉或寻求帮助”的青年相较，选择“自己独自面对”的青年更容易感到压力“非常大”或“比较大”。

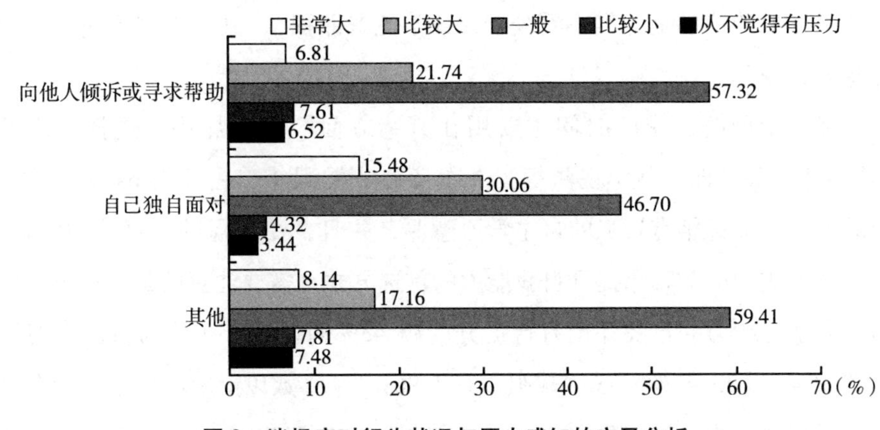

图 2　消极应对行为状况与压力感知的交叉分析

（三）对教育环境和学习方式多元化选择满意度高，自主学习意愿强

习近平总书记指出，教育是国之大计、党之大计。自《中长期青年发展规划（2016—2025 年）》实施以来，毕节市以保障青年受教育权利为目标，促进青年得到持续健康发展，推进基本公共教育服务均等化，大力促进教育公平。截至 2021 年底，学前教育毛入学率 91. 35%，九年义务教育巩固率 95. 16%，高中阶段毛入学率达 91. 07%。

调查结果显示，毕节青年受教育程度较高。2021 年毕节在职青年和即将毕业或待业求职的青年，教育水平呈现“中间大、两头小”的橄榄形结构。在职青年学历以本科为主，占比达 61. 62%，其次为高等专科（含高职、高专、高技）（19. 39%）、中等专科（含中专、中职、中技）（10. 56%）；即将毕业或待业求职的青年学历则以中等专科（含中专、中职、中技）（42. 53%）和本科（39. 97%）为主。

在学历教育选择和自主学习多元化发展的背景下，随着职场竞争的加剧，多数毕节青年倾向于通过培训或自主学习提升学历或个人能力。调查结果显示，60. 57%的求职青年有继续提升学历的想法和计划，在职青年中，这一比例达到 67. 58%。此外，在提升自我的途径选择上，在职青年和求职青年最主要的选择是“网上看公开课或学免费课程”，其次为“通过自主阅读提升自我”。

在“上网时，您的时间主要用在哪些方面”这一题中，选择“学习（看科普、公开课、教学视频等）”的青年人数最多，占比为64.92%。可以看到，毕节青年有较强的自主学习意愿，并且，受新冠肺炎疫情的影响，线上学习成为毕节青年提升自我能力的首选方式。需要注意的是，毕节青年对个人学习能力的自我评价有待提升，57.43%的在职青年认为自己学习能力“很强”（23.47%）或“较强”（33.96%），半数以上求职青年认为自己的学习能力“很强”（17.36%）或“较强”（36.74%），而在在读学生群体中，这一比例仅为39.13%。

（四）婚恋观趋于多元化和自主化，单身未婚青年比例较高

调查结果显示，适婚年龄段内毕节青年单身未婚比例较高。由表3可知，在19~35岁这一年龄范围内，单身未婚青年占比为57.82%，其中，19~25岁这一年龄段的青年单身未婚比例最高，为74.40%。31~35岁青年已婚率最高，达到87.5%。这说明，毕节青年结婚时间比较晚，多数选择在25岁后结婚成家。

表3　19~35岁毕节青年婚姻状态

单位：%

年龄	单身，未婚	恋爱中，未婚	已婚	离异	再婚	其他
19~25岁	74.40	22.25	1.42	0.14	0.04	1.74
26~30岁	33.84	17.00	46.59	2.12	0.15	0.30
31~35岁	3.67	0.75	87.50	4.58	2.08	1.42
总计	57.82	17.90	21.19	1.13	0.42	1.55

18周岁及以上的毕节单身未婚青年中，11.2%认为“脱单”找对象“很难”。从不同年龄段来看，总体而言，年龄越大，认为脱单“很难”和

“比较难”的人数占比越大。27.88%的青年在“对您而言，‘脱单’困难吗?”这一题中，选择了“难不难不重要，我喜欢单身”。

表 4　18 周岁及以上的单身未婚青年回答“对您而言，‘脱单’困难吗?”一题的情况

单位：%

年龄	很难	比较难	一般	不难	难不难不重要，我喜欢单身	小计
19~25 岁	9.88	9.79	36.52	15.17	28.63	93.14
26~30 岁	27.80	18.83	23.32	13.45	16.59	5.73
31~35 岁	36.36	9.09	22.73	9.09	22.73	1.13
总计	11.20	10.30	35.61	15.01	27.88	100

进一步调查发现，单身未婚青年的脱单困难原因在性别上存在较明显的差异。31.59%的男性单身未婚青年认为，脱单困难的原因是“我性格比较内向，不善于交往”，25.78%的认为原因在于“社交圈子小，身边没有合适的”，还有 24.03%的认为“我觉得自己本身条件一般”；而大部分女性单身未婚青年认为原因是“社交圈子小，身边没有合适的”（40.71%）。择偶时，毕节单身未婚青年主要考虑的途径是“顺其自然，等待缘分”（43.49%），极少数青年选择“他人介绍或相亲”（1.77%）和“主动在网上通过交友、游戏、社交软件寻找”（1.21%），说明青年群体主动社交的意愿不强。

择偶时，毕节青年考虑的主要因素是道德品质、性格脾气、个人能力和身体健康状况。这表明毕节青年择偶注重现实因素，追求生活品质。此外，通过调查非单身青年如何认识现有的恋爱或结婚对象后发现，35.65%是原来的同学、朋友，17.96%是经同事或朋友介绍，9.97%是在一个单位或系统上班。

毕节青年在婚恋观上表现出较强的自主性。在“结不结婚是个人选择，不应该受到任何人的干涉”这一题中，71.24%的毕节青年表示“非常认同”（37.69%）或“比较认同”（33.55%）。六成以上青年表示不太认同或完全不认同婚前性行为，75.94%表示不太认同或完全不认同未婚先孕。在

“我会因为年龄的增长降低择偶标准”这一题中，59.87%选择了“不太符合”（35.41%）和“完全不符合”（24.46%）。

生育状况方面，90.93%的19~25岁青年暂未生育，而在31~35岁这一年龄区间，这一比例仅为5.92%，这一年龄段的青年育有一个、两个和三个孩子的占比分别为20.17%、53.75%和15%。由此可见，“二孩”是多数31~35岁毕节青年目前的生育状态。

家庭关系上，80.6%的毕节青年表示与父母亲关系“非常好”（46.77%）或“比较好”（33.83%），77.82%考虑过父母年老后如何照顾的问题，其中，40.34%表示“觉得是一个沉重的负担”。相对而言，愿意在婚后与父母同住的人数更多。

（五）在职青年对当前工作满意度较高，求职青年多考虑现实因素

调查结果显示，80.89%的在职青年对目前的工作“非常满意”（30.69%）或“比较满意”（50.20%）。对于在职青年来说，他们曾经求职时获取求职信息的主要途径是“当地相关部门提供的招聘信息”（42.40%）。参加工作以来，他们遇到的最大困难体现在“增加经济收入”（30.06%）和“一边上班一边继续提升自己”（20.31%）上。收入水平方面，六成在职青年月固定收入在3501~6000元。

对于目前即将毕业或待业求职中的青年来说，获取求职信息的途径主要是“网络求职App或公众号推送的信息”（57.34%）。多数青年认为求职渠道有待拓展，在“您觉得自己获取求职信息渠道多不多?”这一题中，70.39%的求职青年选择了“一般”（54.78%）和比较少（15.61%）。

选择工作时，如图3所示，毕节青年看重的主要因素是薪资待遇（73.39%）、个人发展前景（57.18%）和工作环境（53.10%）。

从目前的工作状态来看，无论是在读学生、在职青年，还是求职中的青年，薪资待遇都是他们看重的最主要因素，这说明毕节青年在择业就业时更多考虑现实因素，具有较明显的功利化取向。在“择业就业时，下列对您影响最大的3个因素是?”这一题中，55.96%选择了个人能力，其次是所学

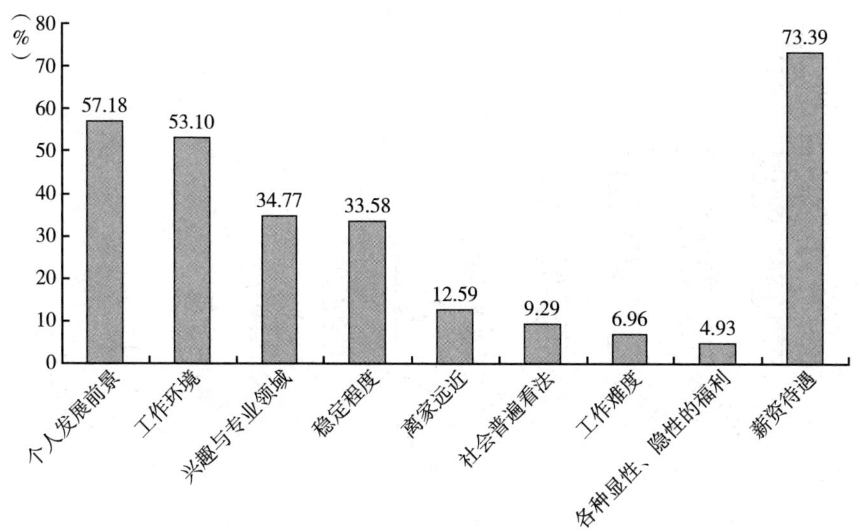

图 3　毕节青年对于选择工作时最重要的三个因素的回答状况

专业（52.61%）和工作经验（51.33%）。身高相貌和籍贯等先天客观因素之于毕节青年找工作的影响力有限。

（六）文化消费水平有待提升，休闲娱乐活动形式较少

文化消费方面，毕节青年文化消费支出占日常花销比例较小，在“您的日常花销主要用在哪些方面?”一题中，如图 4 所示，81.64%的青年选择了“食品支出”，其次是“衣物装扮”（50.83%）和“交通出行”（50.72%），文化消费仅占比 16.70%。进一步分析发现，14~25 岁青年的日常花销主要集中于食品支出和衣物装扮，而 26~35 岁青年的主要开销是食品支出、交通出行和人情往来。

研究结果显示，毕节青年的文化娱乐活动少，但存在增加消费以提升生活品质的意愿。在“我在各项文化活动上的消费高”这一题中，73.10%表示“不太符合”（43.36%）或“完全不符合”（29.74%）。在“我工作之外的娱乐活动非常多”这一题中，59.08%的青年表示“不太符合”（42.41%）或“完全不符合”（16.67%）。但 47.7%的青年表示“会花钱提升生活品质”。

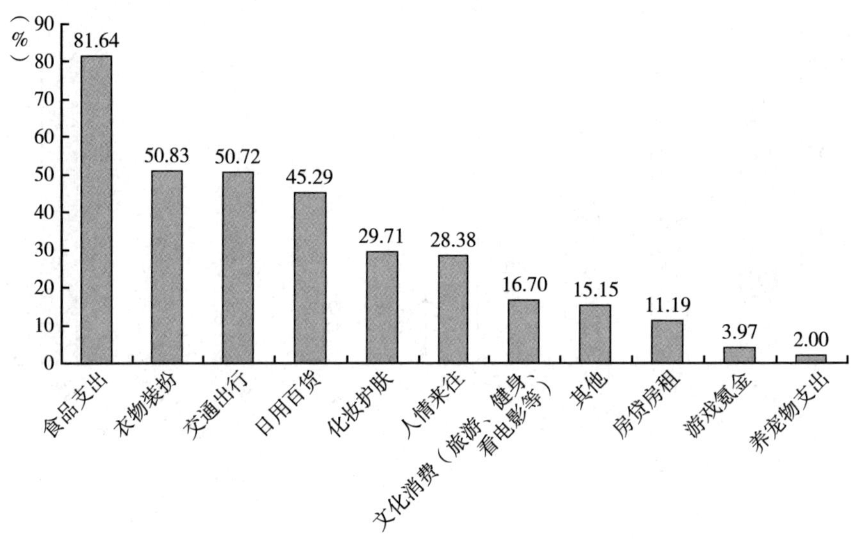

图 4 毕节青年对于日常花销主要用在哪些方面的回答

在"我经常入不敷出"这一题中，23.64%的青年表示"非常符合"（9.54%）或"比较符合"（14.10%）。通过与年龄进行交叉分析发现，26~35 岁年龄区间的青年中，感到入不敷出的人数占比明显多于 14~25 岁青年，结合上述生育状况和压力状况分析，造成这一现象的原因可能在于 26~35 岁青年还需负担养育孩子和人情往来等开销。

调查还发现，毕节青年闲暇时社交的频率较低，在"平常休闲时间您是否经常与同事或朋友在一起（如一起吃饭、聊天、逛街、娱乐等)?"这一题中，29.59%的青年选择了"每月两三次"，44.2%选择"几个月一次或更少"。

（七）社会责任感较强，参与公共事务和社会活动意愿较高

多数毕节青年热心志愿服务，对时事政治、国内国际大事关注度较高，对公共事务和社会活动的参与意愿度高，社会责任感较强，且超半数毕节青年认为自己具备参与公共事务决策的能力。在"我关心国家大事和社会热点新闻"这一题中，78.29%选择了"非常符合"（40.81%）或"比较符

合”（37.48%）。46.32%的毕节青年会在网上就时事政治发表见解。在“如果有机会，我愿意参与各类社会活动”一题中，90.85%选择了“非常符合”（63.25%）或“比较符合”（27.60%）。当被问到对于“若政府的某项政策或制度需要提意见，我会积极参与”的看法时，87.59%选择了“非常符合”（58.69%）或“比较符合”（28.90%）。在“我有能力参与公共事务的决策”这一题中，选择“非常认同”和“比较认同”的比例为56.33%。

调查显示，59.09%的毕节青年曾参与志愿服务，其中，48.22%曾参与疫情防控志愿工作。超九成的青年肯定了我国的疫情防控措施。在“即使受疫情等影响，我仍然对中国未来经济高质量发展有信心”一题中，94.77%选择了“非常认同”（87.33%）或“比较认同”（7.44%）。这说明，虽然新冠肺炎疫情对全世界的生产和生活秩序造成了不同程度的影响，但在我国有效的疫情防控举措下，大多数毕节青年仍然高度认同我国防疫取得的成绩，并对我国未来经济高质量发展表现出较强信心。

二　促进毕节市青年高质量发展的建议

尽管毕节青年的成长和发展总体上呈现较好趋势，但也存在一些问题，包括：存在个体化价值取向，青年发展相关宣传工作的力度有待加强；学习升学、就业工作压力有待科学疏导；适龄青年婚恋意愿低，婚恋观有待正确引导；择业就业存在功利化取向，求职信息渠道有待拓展；文化消费水平较低，休闲娱乐活动形式有待丰富；青年社会交往不足，社会融入水平有待提升。

纵深推进《贵州省中长期青年发展规划（2019—2025年）》实施，大力建设“青年友好型成长型城市”，需从青年工作的整体布局着手，构建促进青年成长和发展的完整体系和机制。通过横向和纵向的数据对比，并结合目前毕节青年群体的调查研究状况及待解决的问题，本报告提出如下建议，为开展青年工作提供参考。

（一）强化理想信念教育，做好青年思想引领工作

习近平总书记指出，青年的理想信念“是一个国家发展活力的重要体现，也是一个国家核心竞争力的重要因素”[①]，“理想指引人生方向，信念决定事业成败。没有理想信念，就会导致精神上‘缺钙’”[②]。关注青年思想动态、做好青年的思想引领，是培育担当民族复兴大任的时代新人的重要途径。

加强对青年的理想信念教育，一是要加大宣传力度，创新宣传形式。内容上，要高举中国特色社会主义伟大旗帜，以实现中国梦为时代主题，把加强社会主义核心价值观教育作为关键任务，注重实践与榜样示范作用的有机统一，[③] 引导青年在思想和行动上与党中央保持一致。要正确引导青年树立个人利益和集体利益辩证统一的整体观、奋发图强奉献社会的人生观。形式上，首先，各级各类媒体可以充分利用新媒体平台创新青年思想政治教育话语，在新媒体技术带来的开放、平等空间内创设互动型话语模式，依托不同形式的对话和交流，使青年群体从被动的接收者向话语制造者、主动传播者转化。[④] 其次，可以通过转变话语氛围、关注主体实际需求，提升青年思想政治教育话语体系的适应性和吸引力。立足于青年群体在年龄和教育水平上的层次性、喜好领域的特殊性，打造适合在青年群体中传播的主流话语。一方面，继续深入开展课堂讲习、现场讲习、云上讲习和空中讲习“四类讲习”，不断创新形式做好各类主题教育实践活动；另一方面，可构建连点成线、以线带面的全方位立体宣传格局，营造良好的社会风气，实现潜移默化

① 中共中央文献研究室：《习近平关于青少年和共青团工作论述摘编》，中央文献出版社，2017。

② 中共中央文献研究室：《习近平关于青少年和共青团工作论述摘编》，中央文献出版社，2017。

③ 陈树文、林柏成：《新时代做好大学生社会责任感培养工作的四个维度——以习近平的青年思想政治教育工作理论为指导》，《思想理论教育导刊》2018 年第 2 期。

④ 侯勇、纪维维：《新媒体视域下青年思想政治教育的话语困境》，《中国青年社会科学》2017 年第 2 期。

的宣传效果。二是要从实际出发，有针对性地做好青年思想引领工作。在动态跟踪和科学检测青年群体思想状况的基础上，把思想政治教育工作与他们的实际困难相结合。例如，针对待业或即将毕业的求职青年，可以重点关注他们在搜集求职信息、参与笔试面试、与用人单位签约等一系列求职过程中的思想困境和实际困难，为其提供就业咨询指导和心理疏导，营造青年成长和发展的良好环境，切实提升青年的获得感和幸福感。

（二）关注心理压力疏导，注重培养提升学生学习能力

针对在校青年学生，首先，建议逐步缩小地区间的教育资源差距，科学配置教育资源，增强其均衡性，切实提高教育质量；建议逐步实现中等职业教育免除学杂费，对家庭经济困难学生免除普通高中学杂费，实施国家经济落后地区定向招生专项计划，完善救助体系和资助体系。其次，建议教学授课过程中注重培养学生的学习能力，全面系统认识并遵循提升学生学习能力、提升用脑水平、发挥感官系统功能、全面整合思维方式的机制机理，营造以学习者为中心的生态环境。① 最后，建议加强对学生学习备考压力的疏导，关注青年心理健康问题。建设校内、社区专业咨询指导站点，加强对在校生、备考生的压力疏导和心理健康体系建设，发展更具针对性、实用性、科学性的校园心理健康教育，探索具有趣味性的心理健康科普方式。

针对非在校青年，一方面，要加强对专业人才队伍的培养，重视青年职业能力培训和岗位培训，提升其工作能力水平；另一方面，要基于不同年龄层次青年的实际需求，提供线上线下形式多样的公益性培训、咨询指导和文化讲座等，满足青年在业余时间的学习需求和求知欲。

（三）搭建交友平台，引导青年树立正确的婚恋观

婚恋是青年生活的重要课题，做好青年婚恋观引导工作，对于青年个人发展、家庭幸福和社会稳定都有着重要意义。

---

① 时龙：《当代教育的主题和归宿：提升学生学习能力》，《中国教育学刊》2016 年第 10 期。

基于调查研究结果，首先，建议关注适龄青年的社交需求，搭建交友平台。社区、政府相关部门、企业等形成多方联动机制，广泛联动开展健康向上的联谊活动，扩大青年活动范围，增加单身未婚青年交友择偶的机会。另外，建议充分利用多媒体资源，发挥网络阵地作用，在筛选、核实真实情况的基础上提供线上交友交流信息，使网络成为不同地区不同职业青年群体相遇的互动空间。其次，建议宣传倡导科学的婚恋观，从婚恋观引导的主要内容、舆论环境、方法途径、效果评估与调整等几个方面着手加强青年婚恋观教育，增强引导力、针对性和有效性。[①] 一方面，可以依托社区居委会、社工服务站点等，提供青年婚恋、家庭服务等方面的情绪辅导、咨询辅导和社会支持；另一方面，可在微信公众号、官方微博、官方视频账号上发布涉及青年婚恋内容的趣味科普文章、读者来信、真实故事解读等图文、视频内容，引导青年树立正确的婚恋观。

（四）畅通求职渠道，为青年就业工作保驾护航

就业是最大的民生，青年就业是实现“两个一百年”奋斗目标、实现中华民族伟大复兴中国梦的基石，解决青年就业问题对实现中华民族伟大复兴的中国梦具有重要意义。

立足毕节市实际支持青年高质量就业，首先，建议集聚多种资源，提供符合青年群体需求的高质量就业岗位。一方面，继续落实“织金县青创联盟项目”“赫章县青年‘返乡·归巢’社会融入实践”等青年发展项目助力青年就业；另一方面，可通过与全市中小微企业、相关部门、社会机构等协调、对接岗位需求，开发更多符合青年群体需求的高质量就业岗位，最大限度实现人岗匹配。其次，建议集聚多种手段，拓宽青年的求职信息渠道。一方面，创新方式创造更多求职信息渠道，例如，除了在微信公众号发布招聘信息外，还可以充分利用抖音、微博等新媒体平台，以及线下宣讲、专场招聘活动等

① 左红梅、杨方、李亿：《大学生婚恋观异化的伦理审视及其引导》，《学校党建与思想教育》2015年第1期。

形式，开展就业创业政策宣讲、招聘信息动态更新、实习兼职信息发布等；另一方面，通过进校宣讲、街道宣传、网络发布、张贴公告等多种形式让青年了解这些渠道。再次，建议注重宣传引导，倡导青年形成科学的就业创业理念。一要科学疏导，助力青年转变功利化的择业观。倡导青年不盲目追求高薪工作，科学考量自身职业发展规划与工作岗位的匹配度，并从自我提升与社会长远发展的角度出发择业就业。二要顺势而为，积极适应可能出现的新形势。面对大小变化、新情况，求职青年应适当调整求职目标，积极储备专业知识和工作技能，做好创业就业的充足准备。最后，建议增强就业服务的针对性和指导性，通过就业帮扶专项行动着力做好困难帮扶，对求职青年、失业青年开展实践引导、职业培训、分类指导和跟踪帮扶，为青年就业赋能。

（五）打造多元文娱平台，满足青年文化消费需求

文化涉及青年发展的方方面面，文化消费则是他们为满足自身精神文化需求而对各类精神文化类产品和服务进行消费的行为。[①]《中长期青年发展规划（2016—2025 年）》明确将“青年文化活动更加丰富，青年对提升国家文化软实力贡献率显著提高”定为发展目标。

要丰富青年的文化活动，首先，建议大力发展文化事业，保障低文化消费青年的文化需求。加强对图书馆、文化馆、博物馆等公共文化服务设施的规划，完善公共文化服务设施建设体系，提高文化服务效能，真正发挥公共文化服务设施的文化服务作用。其次，建议打造多元化休闲娱乐平台，丰富休闲文化产品供给体系，满足不同年龄段青年群体的文化消费需求。在了解摸清青年具体文化需求的基础之上，从规划、制度、政策、具体举措上将休闲文化产业健康发展落到实处，满足青年群体放松、娱乐和学习的需求，引导青年在高层次的精神文化价值追求中积极生活、感悟人生价值。最后，建议倡导培育积极向上的文化消费理念。引导青年分清高雅文化和低俗文化，

① 王玉玲、范永立、洪建设：《小镇青年消费文化特点研究——以文化产业领域为切入点》，《中国青年研究》2019 年第 6 期。

分清娱乐性文化消费和发展性文化消费，通过大力倡导积极向上的文化消费理念、组织开展相关文化娱乐活动、宣传培养高雅情趣的意义价值，引导青年深入了解学习优秀文化的重要性，使之在重视提升文化修养的同时，形成更基础、更广泛、更深厚的文化自信。

（六）积极开展促进社会融入相关服务，引导青年有序参与

毕节市青年工作第二次联席会议以来，毕节市先后获得“织金县青创联盟项目”“金沙县青年酱酒产业人才培育计划”“黔西县搬迁青少年城市融入计划”和“赫章县青年‘返乡·归巢’社会融入实践”4个省级青年发展示范项目，涵盖青年创业就业、青年社会融入、社会参与等领域，直接受益7500余人。

进一步提升青年社会融入与参与水平，一方面，建议拓宽青年社会参与渠道，建立青年有序社会参与的良好机制。从社区、学校和工作单位切入，以志愿服务、专项行动等为依托，鼓励“宅男宅女”们走出家门，积极参与社会活动，在广阔天地中贡献青春力量、实现人生价值。随着互联网与政治的关系变得日益重要，以互联网为代表的新媒体的使用对作为“互联网原住民”的青年一代的政治信任影响深刻，因此，建议青年通过互联网拓展社会参与的领域与渠道，引导他们通过互联网链接志趣相投的同龄人组成自组织，为自己的利益需求和意愿表达做出努力。① 另一方面，建议引导青年有序参与协商民主，引导青年参与构建共建共治共享社会治理格局。保障青年的知情权、参与权、表达权、监督权，依托互联网平台，将青年相关的发展政策、发展规划、落实举措有效传递给青年群体，并及时回应青年的意见建议。同时，引导青年在适当渠道正确表达意见建议，给予青年更多的政治参与机会，在公共政策制定和公共事务决策过程中，科学、依法、有序引导青年参与国家和社会公共事务。

---

① 时昱、沈德赛：《当代中国青年社会参与现状、问题与路径分析》，《中国青年研究》2018年第5期。

B.21
铜仁市青年发展报告

李高　丁锐*

摘　要： 铜仁市高度重视青年工作，贵州省中长期青年发展规划联席会议第二次全体会议召开以来，铜仁市出台了《铜仁市贯彻落实〈贵州省中长期青年发展规划（2019—2025年）〉实施方案》，扎实推进各项工作的开展。本报告对铜仁市2021年青年工作情况进行了深入调研，发现铜仁市在青年思想政治引领、青年生力军和突击队作用彰显、青年成长发展政策环境优化、共青团政治性先进性群众性强化等方面，都取得了显著成效。同时，铜仁青年工作在基层团组织建设、青年服务引导、青年志愿服务等方面仍有值得提升之处，本文最后提出了六个方面的对策建议。

关键词： 青年发展　高质量发展　铜仁青年

习近平总书记在“七一”重要讲话中指出，“新时代的中国青年要以实现中华民族伟大复兴为己任，增强做中国人的志气、骨气、底气，不负时代，不负韶华，不负党和人民的殷切期望！”① 习近平总书记的讲话高屋建瓴，为新时代青年工作指明了方向、提出了遵循。长期以来，铜仁青年工作在中共铜仁市委和共青团贵州省委的正确领导下，深入贯彻落实习近平总书记关于青年工作的重要论述，牢牢把握青年工作“三个根本性问题”和

* 李高，贵州省社会科学院社会研究所助理研究员，研究方向：应用社会学；丁锐，共青团铜仁市委统战联络部负责人。

① 习近平：《在庆祝中国共产党成立100周年大会上的讲话》，《求是》2021年第14期，第14页。

“三项职责”，严格按照中共铜仁市委“五个坚持”的要求，在共青团铜仁市委的积极带领下，团结全市青年，紧扣各项目标任务，围绕中心、服务大局，扎实履职尽责、深化改革攻坚，不断保持和增强青年的政治性、先进性、群众性，同时，着力彰显共青团党的助手和后备军作用，积极提升共青团的组织力、引领力、服务力和大局贡献度。

一 铜仁青年工作基本现状与积极成效

（一）青年思想政治引领实效性显著提升

以习近平新时代中国特色社会主义思想为指导，狠抓青少年思想引领和政治引领工作。一是青年大学习如火如荼展开，提升了青年理论修养。推出“青年大学习”网上主题团课 13 季，2000 万余人次团员、青年在线参与学习。举办铜仁共青团学习贯彻党的十八届六中全会、党的十九大和十九届历次全会精神宣讲活动 1000 余场次，覆盖青年等 150 余万人次。成立市县两级“青年讲师团”队伍，推进青年讲师“六进”主题宣讲 300 余场次，打通青年理论武装工作“最后一公里”。二是主题实践教育活动深入开展，坚定了青年理想信念。开展“喜迎建党百年·百名青年讲党史”“讲好革命故事，传承红色基因”等学习宣讲活动 2000 余场次。抓住“五四”等重要时间节点，组织开展了“五四精神·传承有我”“传承红色基因·勇担时代使命——‘青春长征’主题团日活动”等系列主题实践活动 500 余场，覆盖青少年 60 余万人次。三是典型示范带动效果明显，升华了青年思想境界。开展“两红两优”、“三优”、青年五四奖章、优秀春晖使者推选工作，选树青年榜样 1900 余人，评选、表扬先进个人 1200 余名和先进集体 200 余个，在青年中形成比学赶超、见贤思齐的浓厚氛围。四是意识形态工作责任制压紧压实，夯实了青年思想的根底。强化青年网上思想引领，推动网络新媒体宣传提质增效，唱响牢记嘱托、感恩奋进的铜仁青春主旋律。网络文明志愿者达 2.3 万余人，发展骨干网评人员 500 余人。“铜青声”连续五年在全省共青团微信矩阵中位居第一方阵，获评2019年全省“争做新时代贵州好网民”工程推进表现突出单位。2018年，全省共青团宣传思想工作现场会在铜仁召开。五是青年马克思主义者培养工程顺利实施。持续举办市级青年马克思主义者暨团干部培训班，在高校举办青年马克思主义者培训班，为党育人，让党的事业薪火相传。

（二）青年生力军和突击队作用充分彰显

一是广大青年志愿服务行动日益深化，青年志愿者活动越来越实。招募选派3000余名大学生西部计划志愿者深入基层一线开展志愿服务，遴选360名优秀大学生西部计划志愿者到村工作。之前建成的青年志愿者脱贫攻坚夜校32所，已全部转型升级为乡村振兴夜校。累计开展技能培训、惠民政策、家教家风等培训2460课时，培训群众4.9万人次。牵头设立铜仁市志愿服务保障基金，组建青年志愿者服务队180支，组织2000余名青年志愿者圆满完成了“旅游两会”“数博会”“长征论坛”“水博会”等大型赛会活动的志愿服务工作。组织1200余名专项志愿者参与“青清河”保护河湖志愿服务行动，开展巡河次数670次，推动解决河流问题116个。二是希望工程深入实施，困境青年读书之路越来越宽。共募集希望工程物资及资金7582.66万元，帮扶贫困学生13563名，建成希望图书室135个，实施学校配套项目109个，开展希望工程系列活动2000余场次。承办了“姚基金希望小学篮球季”省级集训及联赛（2019年承办了全国集训及联赛），争取到社会各界资金480.95万元。在易地扶贫搬迁社区面向青年实施“希望工程·陪伴行动”项目，覆盖14310名青年。三是在坚决打好疫情防控阻击战中，青年发挥的作用彰显。开展战“疫”青年守护行动，动员各行业青年2144名组建青年突击队174支，发放慰问金及物资57.76万元，招募疫情防控志愿者4174名，累计上岗志愿者2883名。铜仁市火车站疫情防控志愿服务站入选第六批全国学雷锋活动示范点。四是易地搬迁后续扶持工作稳步推进。纵深推进“新市民·追梦桥”工程，共创“四安家园”，选派279名大学生西部计划志愿者常驻安置点，在安置点建设青年之家56个、社区少工委48个、希望小课堂61个、“追梦”书屋61所、12355青年服务站15个、春晖社63个、春晖感恩教育基地24个，成立青年志愿服务队191支、青年突击队74支、青年专项工作队32支。整合投入1100余万元项目资金及物资，助推安置点建设。

（三）青年成长发展政策环境不断优化

坚持以青年为中心，维护青年普遍性利益诉求，让青年有更多获得感、幸福感、安全感。一是《贵州省中长期青年发展规划（2019—2025年）》得到积极贯彻落实，青年发展有了坚实的政策保障。及时建立了铜仁市、县两级中长期青年发展规划联席会议制度，制定出台了《铜仁市贯彻落实〈贵州省中长期青年发展规划（2019—2025年）〉实施方案》，推动本市中长期青年发展规划落地落实。二是青年就业创业热情高涨，创业就业得到积极推进。区县已实现农村青年致富带头人协会全覆盖。对接开展“千校万岗”校园招聘会和校园“双选会”，实施“领头雁·向黔进”行动。大力实施“青扶贷”项目，全市发放“青扶贷”贷款共6000余万元。依托“多彩贵州·创在乡土”青年志愿者夜校等平台提供就业服务，每年帮扶200余名中职院校（技工学校）毕业生实现就业。三是青年成长成才环境日益优化，青年成长成才服务贴心周到。举办“青春杯”篮球赛、“七夕”交友等活动，吸引广大青年参与。开展“大调研大走访大结对”工作，深入走访、座谈“外卖小哥”“美发小哥”“快递小哥”等群体40余次，听取青年心声，解决青年实际问题。礼聘10名“12355”青年综合服务平台心理健康咨询导师，建立了“12355”青年综合服务平台专家库，为青年提供法律咨询和心理咨询服务。

（四）共青团政治性、先进性、群众性切实强化

坚持问题导向，勇于自我革新，做到正本清源、名副其实。一是共青团改革整体推进，共青团自身建设日益完善。聚焦共青团改革难点痛点，敢于担当、迎难而上、锐意创新，改革工作取得实质性突破。市县两级均出台改

革方案并按照《团章》和改革有关要求召开了团代会。统筹推动中学共青团、青企协等配套改革，建立了“一心双环”中学团学组织格局，按期完成了市青联、市青企协、市青摄协改革换届工作。铜仁 10 个区县被团中央确定为第二轮改革试点地区，成为全省唯一、全国三个整市推进改革的地区。二是青年团注重强基固本大抓基层建设，基层青年团组织日益建强。在全省率先完成市县两级团委和 30% 乡镇团委换届。全面消除传统领域组织、非公企业、“两新”组织等各领域团组织空白。创新建立 100 所试点示范学校，在市属高校成立了学联，高校“班团一体化”建设全部完成，实现市县两级教育团工委全覆盖。抓好共青团“一专一站两联”建设，成立了市级专门委员会，建立县域团代表联络站 10 个。

二 铜仁青年发展中的问题分析

（一）基层团组织建设有待进一步加强

当前共青团组织建设存在两方面的短板：一是基层团干部的工作积极性还不够，特别是，在开展青年活动方面，基层团组织的活动显得比较单一，与广大基层青年朋友的有效沟通还较为欠缺；二是基层团组织的工作经费还缺乏必要的保障，基层团组织专职团干部也相对缺乏，团干部流动性较大。

（二）青年服务引导工作有待进一步提升

青年朝气蓬勃，如八九点钟的太阳，最容易受新生事物的影响，也最容易接受各种新生事物。但是也正因为如此，青年群体发生了重大的变化：一是青年群体越来越体现出多元化的特点。他们的生活观日趋多元化，生活方式和生活态度更是日益多元化，乃至“空巢”青年、“佛系”青年、“躺平”青年、“三和大神”等现象出现。二是青年亚文化盛行。在互联网文化席卷而来的时代，文化多元共生得到空前的强化。青年群体聚集于各大网络社区，如豆瓣、知乎、小红书等网络社区，且在去中心化、自组织中渐渐形成亚文化。网文、动漫、短视频等成为青年亚文化传播的最有力量的助推器，其表现形式更呈现出多样的后现代风格。[①]三是青年个性化追求特征鲜明。青年具有鲜明的平等意识与快乐取向。这往往更多地以个性作为追求和崇尚的目标，在团队观念和协作能力方面有待加强。[②]

（三）青年志愿服务工作有待进一步探索

在推动青年志愿服务工作上面临的主要问题，是面对广大青年高涨的志愿热情，社会却无法提供充足的工作项目，而社会层面服务能力不足是关键短板。究其原因，大致有如下两个方面：一是从青年志愿者组织来看，经费还比较短缺，政策保障、机构保障等比较缺乏，制约了青年服务能力的提升。二是从青年志愿者的“娘家”——共青团组织来看，工作覆盖面还需进一步扩大，特别是当前对于体制外青年群体的有效覆盖并不够，亟须积极扩大青年志愿服务的有效覆盖面。

三　铜仁青年高质量发展的对策建议

（一）全面加强共青团政治建设

一是全面加强团的领导机关党的建设。始终把党的政治建设摆在首位，坚持将学懂弄通做实习近平新时代中国特色社会主义思想作为首要政治任务和核心业务，使党的集中统一领导在团内得到更加坚决有效的贯彻。二是严格落实意识形态工作责任制。全面查找意识形态工作风险盲区，主动推进全市各级团属微博、抖音、快手等网络平台“僵尸号”清理，使全市各级团

① 《当代青年群体的多元面貌》，https://new.qq.com/omn/20210425/20210425A09VM600.html。

② 樊泽民：《价值多元时代的当代青年群体特征》，http://theory.people.com.cn/n/2015/1202/c40531-27880970.html。

干部守土有责、守土尽责的意识和能力得到有效提升。

（二）聚焦青年思想政治引领

一是突出主题，加强正面宣传引导。聚焦学习宣传贯彻习近平新时代中国特色社会主义思想，深入实施“青年大学习”，开展各类主题宣传教育活动，进一步增强理论武装工作传播力。二是形成为党育人完整链条。推动党、团育人链条相衔接，在坚持党建带团建的基础上，推动构建共青团员阶梯式成长激励体系。探索建立干部教育培训工作联席会议制度，推进全市干部教育资源共建共用共享，强化市县两级团校、青少年活动中心建设。三是加强网上共青团建设。推动互联网+共青团工作深度融合。持续壮大四支队伍（专业新媒体骨干队伍、网络文明志愿者、骨干网评员、网络青年“大V”）建设，推出更多青年喜闻乐见的好产品，弘扬网上主旋律。

（三）竭诚服务青年成长发展

一是推动《铜仁市贯彻落实〈贵州省中长期青年发展规划（2019—2025年）〉实施方案》深入实施。完善、健全中长期青年发展规划联席会议机制，着力推进“青年发展型友好型城市”建设，出台一批普惠性青年发展政策，使铜仁青年发展的政策环境和外部条件日益优化。二是着力提升服务意识和服务能力。带领全市各级团组织围绕青年在学业就业、身心健康、婚恋交友等方面的现实困难，持续开展春晖行动、大学生就业实习、“四点半课堂”等项目，深化“希望工程”“志愿服务”“青年文明号”“青年突击队”等传统品牌建设。三是积极做好预防青年违法犯罪工作。加强德育教育、自护教育、法制教育，让青年进一步懂法、守法，远离危害。运营好“12355”青年综合服务平台，做实做好“共青团与人大代表、政协委员面对面”活动，认真做好青年利益表达工作，让青年有序政治参与得到加强。

（四）全面加强和改进团的建设

一是体制机制改革不断深入。健全机关联系基层、干部联系青年制度，探索形成基层联片挂点、高校结对联系、直接联系重点企业、就近就便参与社区治理等常态化工作机制。改革机关运行机制，在工作决策、信号传递、项目推进、资源整合等方面探索形成行之有效的扁平化、项目化机制。二是巩固强化基层组织建设。高效推进整市县域共青团基层组织改革试点工作，通过改革创新团干部选用、团组织设置和运行、团员教育管理、领导保障等方面的体制机制，总结提炼一批在全国可复制、可推广的制度成果。三是团校改革取得实质性进展。以“党建带团建、党校带团校”为工作指引，在全市85%以上的中学建立团校，并逐步实现团校应建尽建，实现基层团干部培训全覆盖。

（五）彰显生力军和突击队作用

一是进一步推进“党团社”一体化建设。坚持“党建引领、团建凝聚、春晖助力”的工作原则，落实“党委领导、团委主导、乡村主抓、群众参与、社会协同”的工作机制，充分发挥春晖行动社会动员机制作用。二是引导青年助力经济高质量发展。持续深化青年文明号、青年突击队、青年岗位能手等品牌工作，带动广大青年焕发创新热情、投身创业实践、立足岗位创优，到乡村振兴主战场建功立业。三是深化志愿服务参与社会建设。丰富志愿服务项目和服务内容，主动对接社会资源，积极打造枢纽型志愿服务平台，推动团办青年社团逐步实现实体化运转。

（六）抓长抓实，全面从严治团

一是优化团干部队伍。推进“选人用人育人”一体化，进一步落实和规范团干部协管工作，多渠道优化乡村两级团干部队伍结构，打造“专、挂、兼”相结合的团干部队伍。二是持续推动团组织标准化建设与规范化运行。严格落实团组织任期届满应按期换届选举制度，推动县、乡、村三级团组织100%换届。着力推进新兴领域组织覆盖和工作覆盖，及时整顿软弱涣散基层团组织。三是改革团员先进性评价机制。坚持把政治标准放在首位，将入团标准与团员评价相衔接、指标统一性和群体差异性相结合、定性判断与定量评估相结合，分领域进行先进性评价。

参考文献

《铜仁日报》评论员：《青春之光闪耀抗疫一线》，《铜仁日报》2021 年 8 月 13 日，第 1 版。

代晓明：《浅析“五有阳光青年”德育培养的路径——以铜仁幼儿师范高等专科学校为例》，《山西青年》2018 年第 24 期。

张莉、葛艳霞：《“五有阳光青年”载体下女大学生“三观”教育的调查报告——以铜仁幼儿师范高等专科学校的问卷调查为例》，《教师》2018 年第 5 期。

张莉：《“五有阳光青年”载体下女大学生三观教育研究——以铜仁幼儿师专为例》，《青春岁月》2017 年第 19 期。

徐敏：《锐意进取　奋勇拼搏》，《铜仁日报》2012 年 7 月 11 日，第 3 版。

《铜仁日报》评论员：《谱写更加辉煌灿烂的青春乐章》，《铜仁日报》2012 年 7 月 5 日，第 1 版。

B.22

黔东南苗族侗族自治州青年发展报告*

王 娜 吴玉露**

摘 要： 在全面建设社会主义现代化国家新征程新开始之际，黔东南苗族侗族自治州青年迈向了高质量发展阶段，青年群体在政治认同、发展信心、思想觉悟、文化水平、文明素养、身心健康、社会融入与社会参与、婚恋自主、青年就业、青年社会组织发展等方面都有了显著提升和改善。但同时黔东南州青年发展也面临就业形势严峻、青年交流频率有待提升、青年文化消费呈娱乐化倾向、青年工作开展难以形成合力等问题。因此，黔东南苗族侗族自治州青年工作应该采取更为精准的措施，促进青年高质量发展。

关键词： 青年发展 高质量发展 黔东南州

习近平总书记指出，“青年工作，抓住的是当下，传承的是根脉，面向的是未来，攸关党和国家的前途和命运。各级党委要关注关心青少年成长，为他们成长成才、施展才华创造良好条件[①]”，青年工作是党和国家工作的重要组成部分，推动青年发展，在党和国家大局中始终处于重要战略地位。“十四五”开局之际，黔东南苗族侗族自治州（以下简称黔东南州）已初步

---

* 本报告基于贵州省团委和黔东南州团委提供的材料撰写。

** 王娜，贵州省社会科学院文化研究所助理研究员，研究方向：民族文化和区域地理；吴玉露，黔东南州团委青年发展部部长。

① 2018 年 7 月 2 日，习近平总书记在同团中央新一届领导班子成员集体谈话时提出。

形成具有黔东南特色的青年发展政策体系和工作机制，广大青年在决胜全面建成小康社会伟大实践中发挥了生力军和突击队作用，青年思想政治素养和全面发展水平有了明显提升，青年发展工作更加充满活力，黔东南青年正在昂首迈向“十四五”新征程中成长为志存高远、德才并重、情理兼修、勇于开拓、堪当实现中华民族伟大复兴中国梦历史重任的有生力量。

一　黔东南州青年发展现状

2019 年 7 月，黔东南州委、州政府印发了《黔东南州贯彻落实〈贵州省中长期青年发展规划（2019—2025 年）〉工作方案》，从思想道德、教育、健康等 10 个领域提出了青年发展的具体工作任务，针对每一发展领域面临的突出问题提出了具有针对性的工作措施，明确了到 2025 年前黔东南青年发展的重要目标。黔东南青年正在不断成长为有理想、有本领、有担当的青年，担起建设富裕、美丽、幸福、现代化黔东南的重任。

（一）青年的政治认同和发展信心稳步提升

党的十八大以来，黔东南举全州之力、集帮扶之智、聚全民之心决战贫困，终结了千百年来的绝对贫困历史性问题，谱写了中国减贫奇迹的黔东南精彩篇章。2021 年，在常态化疫情防控的同时，黔东南州地区生产总值增长 5%，经济社会发展保持总体平稳、稳中提质的态势。当代黔东南青年告别了贫困，青年发展的环境条件优化，青年的政治认同和民族认同稳步提升，青年的发展空间更加广阔。

（二）青年群体思想道德水平有所提高

近年来，黔东南州加强对青年党员、青年教师、“青年讲师团”、团代表群体的党史学习教育、理想信念教育、爱国主义教育和民族团结教育，深入学习习近平总书记关于青年工作的重要论述，用习近平新时代中国特色社会主义思想武装广大青年。通过举办青年马克思主义者培训班、青年团干部培训班，开展党史学习进企业、进学校、进村（社区）活动，青年群体思想觉悟、文化水平、文明素养有了极大提高。

（三）青年身心健康水平持续提升

2021 年，在全州 16 个县（市）250 个监测点开展 16~69 岁居民健康素养监测，从基本健康知识技能和理念、健康生活方式与行为、基本技能 3 个方面倡导健康生活方式，增强安全自护和互助能力，持续提升青年健康素养水平。出台《健康促进学校建设三年攻坚行动实施方案》，通过健康促进学校建设，大力普及健康知识与技能，引导青年形成健康生活方式。通过健康教育进乡村，为困境人口及重点人群开展健康知识讲座 7359 次，覆盖 15.56 万人次。通过健康教育进家庭、进学校活动，加强健康教育阵地建设，实现健康教育宣传栏全覆盖，青少年身心健康水平持续提升。

（四）青年社会融入与社会参与积极性显著提高

黔东南州设有州爱心义工联合会、州普济爱心公益联合会、州飞鸿公益联合会等志愿服务组织 39 个。疫情期间发动参与防控志愿者 113123 人次，其中，各村居（社区）自发参与志愿者 26207 人，全州 30 余家各级社会志愿服务组织在抗击新冠肺炎疫情战场上积极作为，为坚决打赢疫情防控的人民战争、总体战、阻击战发挥了重要作用。在村（居）委的号召和带动下，农村青年积极参与到新农村建设中，广泛宣传乡村振兴战略和强农惠农富农政策，“农村天地广阔、青年大有可为”的思想认识已基本树立，农村青年的社会意识、责任意识、规则意识、集体意识和主人翁意识显著提高。扎实推进易地扶贫搬迁安置点青少年“希望工程·陪伴行动”希望小课堂，促进安置点青少年更好地融入社区生活，截至目前累计服务儿童青少年 2000 余人次。

（五）青年婚恋观趋于健康和多元化

黔东南州有 12 个县（市）设有婚姻辅导室，在天柱、镇远等 7 个县探索开展了婚前教育、婚姻辅导工作。党的十八大以来，大众传媒广泛传播正面的婚恋观念，鲜明抵制负面的婚恋观念，在全社会引导树立文明、健康、理性的婚恋观，黔东南青年对情感生活的尊重意识、诚信意识和责任意识都有了显著提升。自全州各级婚姻登记窗口严格落实 30 天离婚冷静期制度以来，青年群体草率离婚、冲动离婚现象有所缓解。2021 年 1~8 月，黔东南州共有 17182 对新人登记结婚，同比下降 7.3%；3675 对夫妻离婚，同比下降 43%；离婚冷静期制度实施后，1480 对“有可能不会离”的夫妻向婚姻登记机关撤回离婚登记申请，该制度有力地促进了婚姻家庭的和谐健康发展。

（六）青年人才蓄水池不断扩大

黔东南州通过实施“青年工作者素质提升工程”“青春吸引力工程”“农村青年致富带头人培育工程”，不断加强西部计划志愿者队伍建设、青年企业家人才队伍建设、职业青年人才队伍建设，不断抓牢“春晖使者”礼聘工作，黔东南州实现了人才大汇聚，带动更多社会优秀人才、外出务工乡友、高校大学生“三类人群”返乡就业、创业、投资。目前，在平台实名登记外出青年 59699 人，建成新时代春晖社 136 所、社员 2988 人，成功回引返乡就业 15672 人、创业 972 人、项目 35 个。青年人才队伍建设为实现“以人为核心的新型城镇化”和“‘强州府’五年行动”目标提供了源源不断的内生动力。

（七）青年社会组织健康有序发展

一是形成了完善的社区志愿者服务站点，充分利用平台提升青年志愿组织和志愿者社会参与水平。目前，成立州级社区服务指导中心 1 个，社区服务中心 151 个，社区服务站 2641 个，社区综合服务设施共计 2793 个。依托新时代文明实践站（所）和社工志愿服务站在社区设立的社区志愿服务站有 1230 个，覆盖率达 44%。二是开展关爱青年协会培育工作，如黔东南州心理健康教育协会持续开展“12355 轻松备考 · 大型中高考学生心理减压”

活动，活动覆盖全州 30 多所学校，直接参与活动达 7000 余人，受益者上万人次。三是以“人才日”“国际社工日”宣传周为依托，充分利用报刊、广播、电视、网络等媒体，广泛宣传社会工作在参与公共服务和社会治理中的积极作用，提高公众对社会工作的认识。将凯里市彩虹社工服务中心建成青少年事务社会工作标准化示范单位，承接“社工黔行”“三社联动”“三区计划”等社会工作服务项目，推动青少年事务社会工作专业人才队伍建设，全面参与基层社区社会工作。

二 黔东南州青年工作新成效

黔东南州委、州政府历来高度重视青年发展工作，全州按照立足新发展阶段、贯彻新发展理念、构建新发展格局和围绕“四新”主攻“四化”、推动经济社会高质量发展的要求，牢固树立“青年优先发展”理念，紧紧围绕目标任务，坚持重点突出，狠抓难点突破，推动青年发展工作取得新的成效。

（一）建立州县两级规划联席会议机制

2019 年 7 月，州委、州政府印发《黔东南州贯彻落实〈贵州省中长期青年发展规划（2019—2025 年）〉工作方案》（以下简称《方案》），州内 16 个县市陆续印发了关于贯彻落实《贵州省中长期青年发展规划（2019—2025 年）》（以下简称《规划》）工作方案。为推动《方案》和《规划》落地落实，有效开展黔东南青年工作，州县两级中长期青年发展规划第一次、第二次、第三次联席会议已全部召开，各联席会议成员单位依据任务分解，结合本单位、本领域工作实际，分别制定了实施方案。建立联席会议制度以来，各项重点任务有序推进，取得了明显成效。

（二）实施项目化推进机制

黔东南州连续两年积极申报省级青年发展示范项目 5 个：凯里市蓝房子图书馆项目、麻江县阳光帮扶计划项目、施秉县农村青年直播带货电商创业项目、榕江县搭建东西部青年双向交流平台项目、锦屏县易地扶贫搬迁安置区预防青少年违法犯罪示范创建项目。通过示范项目的以点带面推进，初步形成了以项目管理的方式推动《方案》实施的机制。

（三）把握青年高质量发展的关键领域和重点内容

明确青年思想道德、教育、健康、婚恋、就业创业、文化、社会融入与社会参与、青少年权益保护与违法犯罪预防、青年发展政策与社会保障等10个领域38项重点任务，具体落实到各县市、各部门的自身职责和年度工作任务，逐项加以推进，着力提升青年发展工作的整体水平。

（四）加快形成青年工作高质量发展的浓厚氛围

在传统工作方式的基础上，黔东南州各县市、各部门围绕服务高质量发展，更加注重内容和互动形式的创新，着力宣传党和国家关于青年发展工作的重大战略部署，宣传《规划》的重要内容和重点工作，让青年听得到党委、政府的声音，听得进党委、政府的声音，真正往心里走、往深里走、往实里走。

三　黔东南州青年发展中的问题分析

尽管黔东南青年发展在总体上呈现不断向好的趋势，但仍然存在一些值得关注和解决的问题。充分认识这些问题，有助于采取更为精准和有效的措施加以应对和处理。

（一）就业创业这一青年发展痛点问题长期存在

一是受新冠肺炎疫情影响，2021年就业形势较之往年更为严峻，各企业主要通过“云招聘”“云面试”等方式开展招聘工作，网络平台、自媒体等成为大学生获取就业信息以及参与面试的主要渠道，这对大学生获取信息、线上面试等求职技能提出了新的挑战与要求。二是引进外来青年人才的数量逐年增加，但在如何用好留住青年人才、如何培育本土青年上发力不够。三是青年人的创业想法不再局限于过去的传统行业，电商、服务业及一些新兴产业更吸引青年群体，但在营造有利于青年群体创业的社会环境、落实政策扶持、与时俱进提升青年群体的创新创业能力方面还有着较大的发展空间。

（二）青年交流频率有待提升

在网络世界虚拟社交的冲击下，“躺平”文化、“佛系”文化等消极思潮层出不穷，直接影响了青年群体的就业观、婚恋观、社交观，造成青年交友圈狭窄、社交频率下降，但人是社会性的，需要面对面交流、认识朋友、分享情感，文化互动有不可替代的价值。如何打破青年群体的社交瓶颈、丰富青年群体的社会活动、增加跨文化交流频率是亟待解决的青年发展问题。

（三）青年文化消费呈娱乐化倾向

网络文化质量参差不齐，虚拟世界充斥着大量垃圾文化产品，青年群体极易受到网络负面文化的影响。一些网络文化产品的生产者为了迎合青年需要，通过片面解读历史、恶搞文化经典、戏说英雄人物等无厘头方式来吸引青年消费，实质上是只追求经济利益而忽视社会效益。青年在这样的文化消费过程中，缺乏足够的判断力，容易被潜移默化地灌输历史虚无主义、极端个人主义、享乐主义等错误思想，造成其人生观、价值观的扭曲。同时，当前对青年进行思想教育和价值引领的手段创新力度不够，缺乏对网络平台的有效监管，在利用网络平台开展价值观引导上缺乏行之有效的办法，社会主流价值观的影响力还有待提升。

（四）青年工作开展存在一些薄弱环节和突出问题

一是思想认识不够到位的问题，相当一部分部门从观念上仍旧倾向于将青年发展规划视为共青团的部门规划，对中央关于青年发展要求的战略部署、对青年是黔东南州发展的重要战略性资源的认识还不够到位。二是了解需求不够深入的问题。没有深入研究青年成长的新特点新规律，对青年在就业创业、住房、婚恋等方面的急切需求研究得不够，特别是在移动互联网时代引领青年树立正确的价值观方面的有效措施不多，导致发动和组织青年参与“四新四化”建设、服务推动经济社会高质量发展还远远不够。三是政策措施不够完备的问题，认真结合工作实际谋划得少，创造性完成政策转化和推出的支持项目较少，聚焦解决青年“急难愁盼”问题的政策、措施不够完备，部分青年发展政策没有突出青年的特定需求。四是要素保障不够有力的问题，有的成员单位项目支撑不足，特别是支持青年优先全面发展的政策、资金投入不够，导致青年发展工作受到不同程度的影响。

四　促进黔东南州青年高质量发展的建议

“十四五”时期是黔东南州青年迈向高质量发展的关键时期，促进青年高质量发展要从青年发展中存在的问题入手，构建一个促进青年发展的完整政策、机制和工作体系。要从理想观念、政策措施、环境队伍层面建构系统，形成合力，才能共同促进和支持青年高质量发展。

（一）加强青年思想道德建设，用习近平新时代中国特色社会主义思想铸魂育人

一方面要强化青年理想信念教育，培育和践行社会主义核心价值观。大力弘扬“敢闯新路、敢于突破、敢于胜利”的新时代黔东南精神，以培养担当民族复兴大任的新时代青年为着眼点，引导青年勤学、修德、明辨、笃实，爱国、励志、求真、力行，让社会主义核心价值观内化为青年的坚定信念，外化为青年的自觉行动。另一方面要广泛开展各类主题教育实践活动，强化网络思想引领，实施青年网络文明发展工程。加大网络宣传队伍建设培训力度，通过主题活动、线上学习等形式广泛开展网络宣传教育，深入推进“阳光跟帖”行动，引导广大青年依法、文明、理性上网，争当“中国好网民”。

（二）持续强化青年教育，为青年成长成才拓展空间

青年人才的教育培养，是一项系统工程，要大力实施“教育兴州”战略，科学配置教育资源，强化社会实践教育，促进青年终身学习，培育青年人才队伍。倡导青年家庭树立良好的家教家风，全面提升家庭教育水准，形成建设学习型家庭的良好社会氛围。大力发展青年继续教育，面向青年提供创业、创新等专业技术公益课程，加强青年职业技能培养，培育和弘扬工匠精神，全面加强青年技能人才队伍建设。

（三）为青年创造发展发力的机会，积极发挥青年生力军和突击队作用

聚焦全省围绕“四新”主攻“四化”的战略部署，紧贴经济社会发展需要，引导青年积极投身乡村振兴、发展农村电商、保护生态环境、促进民族团结等实践活动，做三大战略的参与者、推进者和贡献者。激励青年在各行各业中发挥积极性和创造性，提高青年责任心和使命感，拓展青年工作的领域和空间，形成发展新动力。深入推进“多彩贵州 · 创在乡土”行动，充分发挥青年企业家、青年科技工作者、农村青年致富带头人、大学生村官、返乡创业青年等群体作用，为提升贫困群体基本素质、改善贫困地区区域发展环境、促进经济社会发展提供资金、人才、技术、管理等方面的支持。

（四）强化组织领导，进一步加强青年发展制度机制建设

青年发展工作覆盖面宽、涉及领域广，坚持和加强党的全面领导，是做好新时代青年工作的根本保证，是解决青年发展难题、促进青年更好发展的关键所在。一是强化思想认识，切实增强主体意识和主责意识，进一步消除“青年发展工作就是共青团工作”的片面理解，杜绝“以点代面”的工作方法，站到全州青年发展工作的高度上，积极作为、主动担当，确保各项任务具体到岗、责任到人、落实有效，做到共同研究青年问题、协调青年政策、

落实青年项目。二是加强协调联动调度，持续完善党委领导、政府主责、共青团协调、各方齐抓共管青少年事务的协调机制，发挥好市、县两级青年工作联席会议机制作用，推动青年发展工作有力有序。三是加强资源要素保障。围绕推动青年发展工作，全力做好各类要素的保障，加大政府购买青年事务力度，充分发挥青年志愿者、社会组织和共青团承接社会服务作用，真正让《方案》举措惠及青年、服务青年、凝聚青年。四是强化检查考核问效，“党委领导、政府主责、共青团协调、各方齐抓共管”的服务青年发展机制已经被纳入了省委大督查和目标绩效考核。州、县（市）两级要切实发挥考核的“指挥棒”作用，以考核问效倒逼《规划》《方案》重点任务有力有效落实。联席会议办公室（团州委）要注重跟踪指导，发挥团属新媒体矩阵优势，及时总结、宣传、推广各县（市）、各部门工作中的好经验、好做法，发出黔东南新时代青年工作最强音，营造全州关心关注青年发展的良好氛围。

B.23
黔南布依族苗族自治州青年发展报告

蒋凌霄　吴云川　叶浪英*

摘　要： 黔南州高度重视青年工作，出台了《黔南州贯彻落实〈贵州省中长期青年发展规划（2019—2025年）〉实施方案》，扎实推进青年发展工作。在此背景下，本报告在全面了解黔南青年发展状况的基础上发现，黔南青年的成长和发展总体呈现较好趋势，同时也存在一些问题。具体表现为：青年发展保障工作更加有力，青年中华民族共同体意识进一步提升，青年志愿服务制度化常态化落地生根，青年身心健康全面发展，文化自信的根基得到夯实，青年就业创业环境不断优化；青年发展未形成合力，青年发展保障经费不足，青年群体凝聚和思想政治引领工作做得还不够，组织动员青年紧扣“四区一高地”、围绕“四新”主攻“四化”的载体还不够具体，抓手还不够有力。基于此，本报告从以下四个方面提出建议：加强统筹协调，形成推动“青年友好型成长型城市”建设的强大合力；多渠道筹集资金，保障青年发展经费投入；持续深化思想教育，打牢广大青年听党话跟党走的思想根基；全面提升履职能力，围绕中心服务大局建功立业。

关键词： 成长型城市　友好型城市　黔南州青年

---

* 蒋凌霄，贵州省社会科学院助理研究员，贵州师范大学历史与政治学院博士研究生，研究方向：基层治理与政治学理论；吴云川，共青团黔南州四级调研员、办公室主任；叶浪英，黔南民族师范学院副教授，研究方向：写作教学与研究、高校青年发展研究。

习近平总书记指出："青年是整个社会力量中最积极、最有生气的力量，国家的希望在青年，民族的未来在青年。"[①] 党的十八大以来，黔南布依族苗族自治州（以下简称黔南州）认真贯彻习近平总书记关于青年工作的重要论述，深入贯彻实施《贵州省中长期青年发展规划（2019—2025年）》（以下简称《规划》），将推进"青年成长型友好型城市"创建纳入中国共产党黔南布依族苗族自治州第十二次代表大会上的报告和2022年州政府工作报告，把青年发展工作作为全州一项基础性、战略性工程，促进黔南青年健康成长和全面发展。全州青年发展政策体系和工作机制更加完善，广大青年思想政治素养和全面发展水平明显提升，获得感、幸福感、安全感明显增强，不断成长为志存高远、德才并重、情理兼修、勇于开拓、堪当实现中华民族伟大复兴中国梦历史重任的有生力量。

一 黔南州青年发展的现状

2021年，黔南州户籍青年人口总数为135.75万人，占总人口数的31.69%。在共青团黔南州委员会的大力支持下，贵州省社会科学院"贵州青年发展报告"课题组针对黔南州青年发展政策、青年中华民族共同体意识、青年志愿服务、青年教育、青年文化、青年就业等开展全面调研，以了解青年发展的现状。

（一）建立健全青年发展政策体系和工作机制，青年发展保障工作更加有力

为了促进黔南青年健康成长和全面发展，深入贯彻实施《贵州省中长期青年发展规划（2019—2025年）》，组织引领广大黔南青年聚焦"开新局、走前列、作贡献"，在建设"五个新黔南[②]"上建功立业，黔南州不断

① 习近平：《在纪念五四运动100周年大会上的讲话》，https：//www.ccps.gov.cn/xxsxk/zyls/201906/t20190604_ 132081.shtml。

② "五个新黔南"：奋力在做大做强实体经济上再开新局，建设产业坚实的富强新黔南；奋力在改革创新人才汇聚上再开新局，建设开放包容的活力新黔南；奋力在增创生态文明优势上再开新局，建设山清水秀的绿色新黔南；奋力在全面增进民生福祉上再开新局，建设殷实康乐的幸福新黔南；奋力在提升党建引领基层社会治理水平上再开新局，建设安定团结的和谐新黔南。

建立健全青年发展的政策体系和工作机制。

一是建立健全青年工作机制。黔南州建立了青年发展工作联席会议制度，下设办公室在团州委，具体承担协调、督促职责，并要求县（市）同步建立相关机制，及时回应青年关切，切实解决事关青年利益的热点难点问题。

二是建立完善青年发展政策。黔南州中长期青年发展工作联席会议印发了《黔南州贯彻落实〈贵州省中长期青年发展规划（2019—2025年）〉实施方案》，确定了青年思想道德教育、青年教育、青年健康、青年婚恋、青年就业创业、青年文化、青年社会融入与社会参与、青少年合法权益的维护、预防青少年违法犯罪、青年社会保障等十大领域青年发展目标，并提出建设青年马克思主义者培养工程、青年社会主义核心价值观培养工程、青年身心健康提升工程、青年就业见习和创新创业扶持工程、青年文化精品工程、青年网络文明发展工程、青年志愿者队伍建设工程、青年民族团结进步促进工程、港澳台青年交流工程、青少年事务社会工作专业人才队伍建设工程等十大重点工程，积极回应黔南青年成长成才和全面发展的最迫切最现实最直接需求。

三是保障青年发展经费投入。为保障青年发展经费，将方案实施所需经费纳入财政预算，同时动员社会力量，多渠道筹集资金，支持青年发展。从黔南州团委本级决算财政拨款经费来看，从2014年的150.48万元增加到2020年的769.37万元①，青年发展保障经费稳中有升，有力地助推黔南青年发展成长。

（二）打造民族地区创新发展先行示范区，青年中华民族共同体意识进一步提升

黔南州是贵州三个少数民族自治州之一，是集民族地区、贫困山区于一体的布依族苗族自治州，是贵州省建设民族团结进步繁荣发展示范区的重点区域，共有布依、苗、水、壮、侗、瑶、毛南等35个少数民族，截至2020

① 团州委：《中国共产主义青年团贵州省黔南州委员会2020年度部门决算及“三公”经费决算公开说明》，黔南州人民政府门户网站，http://www.qiannan.gov.cn/ztzl/rdzt/qnzczzjxxgk/qnzczzjxxgk_bmyjs/zggczyqntqnbyzmzzzzwyh_5826347/。

年户籍人口总数 429.38 万人，少数民族人口占比 60.08%[①]，是少数民族重要聚居区。党的十八大以来，黔南州以铸牢中华民族共同体意识为主线，推动青年参与新时代党的民族工作高质量发展，取得了可喜的成绩。

一是推动创建全国民族团结进步示范州，巩固和发展平等、团结、互助、和谐社会主义民族关系。民族团结是推动民族地区发展进步的基石。创建全国民族团结进步示范州，有利于凝聚各族群众的智慧和力量，巩固和发展平等、团结、互助、和谐社会主义民族关系，铸牢中华民族共同体意识。2013 年 11 月 8 日，中共黔南州委、黔南州人民政府印发《关于建设黔南民族团结进步繁荣发展示范区的实施意见》，拉开了黔南州全国民族团结进步示范州创建的序幕。黔南州通过实施十大示范工程，即“经济后发赶超、民生改善保障、推进扶贫攻坚、民族文化繁荣、民族教育振兴、生态文明建设、民族干部培养、民族法制建设、民族工作创新、民族关系和谐十大示范工程”，实现自治州经济社会发展新跨越、民族团结进步事业新跨越、繁荣稳定开放创新新跨越。自 2013 年开展民族团结进步示范州创建活动以来，黔南州尤其重视青年参与全国民族团结进步示范州创建，为青年成长成才、全面发展创造良好的外部环境。例如，在民族青年干部培养方面，提出培养 100 名少数民族硕士人才，并每年选派 20 名少数民族专业技术人才到省内外高等院校和科研院所学习培训；在民族地区教育基础设施方面，提出要抓好示范性高中建设，到 2015 年全州每个县（市）要有一所省级二类示范性普通高中，有 1 所以上进入省级一类示范性高中，力争有 1 所进入全国示范性高中；在民族地区职业教育建设方面，加快黔南民族卫生学校、技工学校等中等职业学校教育基础能力建设，支持黔南职业技能培训中心及基地建设。到 2015 年基本普及高中阶段教育。加大职业教育投入，加强县（市）中等职业技术学校建设，每个县（市）要办好 1 所规范的中等职业技术学校。2018 年 12 月 29 日，国家民委（民委发〔2018〕142 号）命名黔南布

---

① 黔南州政府办：《黔南布依族苗族自治州州情简介》，http：//www. qiannan. gov. cn/zjqn/qnzgk/202111/t20211112_ 71645690. html。

依族苗族自治州为“全国民族团结进步创建示范州”[①]。在全国民族团结进步示范州创建过程中，黔南青年自觉履行守护民族团结生命线的政治责任，进一步强化了对伟大祖国的认同、对中华民族的认同、对中华文化的认同、对中国共产党的认同、对中国特色社会主义的认同，民族团结进步的价值理念在青年群体中得到广泛弘扬，各民族平等、团结、互助、和谐社会主义民族关系进一步巩固和发展。

二是创建青年民族团结进步促进工程，铸牢青年中华民族共同体意识。打造铸牢中华民族共同体意识进校园试点，组织“中华文化进校园”“民族文化进校园”“五个认同进校园”、民族常识和民族法律法规政策宣传教育活动，宣传中华民族形成发展历史，增进中华文化认同，增强各族青年学生的中华民族共同体意识。建立基地开展共同体意识教育教研活动和课题研究。在中共黔南州委党校、黔南民族师范学院等高等院校挂牌建立“黔南州铸牢中华民族共同体意识理论研究基地”，高标准高质量抓好传达学习、宣传宣讲和专题研究。举办全州大学生“铸牢中华民族共同体意识”主题征文和演讲比赛，进一步加强对我国统一多民族国家的基本国情和马克思主义国家观、民族观、宗教观、历史观、文化观的宣传教育和认识，增强各族青年学生“五个认同”，铸牢中华民族共同体意识。

（三）深入开展青年志愿服务，青年志愿服务制度化常态化落地生根

志愿服务是社会文明程度的重要标志，是新形势下精神文明建设的有力抓手。推进志愿服务制度化，是党中央的一项重大决策[②]。黔南州紧紧抓住培育和践行社会主义核心价值观这个根本任务，在组织建设、队伍建设、项目建设等方面取得了良好成效，推动志愿服务制度化常态化。

一是推进青年志愿服务制度化常态化。在组织建设和队伍建设方面，截

---

① 监督检查司：《国家民委关于命名黔南布依族苗族自治州为“全国民族团结进步创建示范州”的决定》，中华人民共和国国家民族事务委员会，https：//www.neac.gov.cn/seac/xxgk/201812/1130979.shtml。

② 《推进志愿服务制度化、常态化》，《光明日报》2014年4月23日，第7版。

至2021年末，黔南州所属12县（市）完成县级志愿服务类、创业就业类、文艺体育类团属青年社会组织建设46个，并在团属青年社会组织网上信息平台进行规范登记，登记志愿者32550人。在项目建设方面，围绕“四新”主攻“四化”，积极引导志愿者开展政策宣讲、夕阳关爱、生态环保、法律援助、城市融入等志愿服务活动100余场。组建疫情防控应急志愿服务队12支，全州共招募储备疫情防控应急志愿者686名。2021年获贵州省第三届志愿服务项目大赛金奖1项、银奖4项。黔南青年志愿服务队、龙里县青年志愿服务队获贵州省抗击新冠肺炎疫情“优秀志愿服务组织”称号，贵定县盘江镇人民政府工作人员张嘉琪被授予“全国优秀共青团员”称号。

二是推进慈善捐赠与志愿服务融合发展。充分发挥慈善捐赠的资金优势，利用慈善捐赠的资金优势推动志愿服务项目落地生根。2021年，全年争取习酒、茅台等公益助学金560万元，资助低收入家庭学子1120名；申报获批“希望小学”资助项目资金70万元；积极参与贵州“希望工程升级版”募捐，为贵州希望实验学校筹集资金8万元；积极争取东西部协作公益资源，在龙里县、独山县易地扶贫搬迁安置点实施“希望工程·唯爱微心愿”关爱计划项目，100名易扶点困境儿童获得价值2万元“微心愿”。有效整合志愿者资源，推进志愿服务项目常态化。全州新增“希望工程·陪伴计划”项目点28个，开展各类爱心陪伴活动200余场，服务青少年1万余人次；成立“黔南州青少年管乐团”“黔南州少儿合唱团”，面向易地扶贫搬迁安置点及困难家庭青少年开设公益课48节，服务青少年2000余人次；在6所易地扶贫搬迁安置区小学实施贵州乡村少年绘画艺术公益项目。

三是推进志愿服务助力乡村振兴。建立助力乡村振兴的志愿者队伍，建立“乡村干部+驻村工作队员+致富能手+西部计划志愿者”师资库，截至2021年年末，入库教师682人，登记学员6000余人，转型升级全州116所青年乡村振兴夜校，累计开展教学2500余课时。选派13名优秀团干扎根基层，统筹调配460名西部计划志愿者服务乡村振兴基层一线。实施助力乡村振兴的项目建设：深入安置点开展关爱农村青少年活动3场、农村青少年普法宣传教育示范活动2场、早婚早育控辍保学教育示范活动1场；召开在黔南金融机构团青组织座谈会，推荐 10 个乡村创新创业项目参加全国、广州青创大赛，组织 150 名易地扶贫搬迁青年参加 3 期“多彩贵州·创在乡土”技能培训；持续实施“新市民·追梦桥”工程。

（四）坚持教育优先发展地位不动摇，青年身心健康全面发展

党的十八大以来，黔南州教育坚持“优先发展，育人为本，改革创新，促进公平，提高质量”的工作方针，努力办好人民满意的教育，建设特色教育强州，全州教育事业教育总量不断做大、教育质量不断做强。总的来看，随着黔南经济社会的发展，全州教育经费支出稳步提升，普通中学、中等职业教育发展稳定，普通高校教育发展迅速，详见表 1。具体说来，受教育程度人口与 2010 年第六次全国人口普查相比，每 10 万人中，拥有大学文化程度的由 4367 人上升为 10400 人；拥有高中文化程度的由 7095 人上升为 8947 人；拥有初中文化程度的由 31217 人下降为 30363 人；拥有小学文化程度的由 39490 人下降为 33432 人。与 2010 年第六次全国人口普查相比，全州常住人口中，15 岁及以上人口的平均受教育年限由 7.46 年提高至 8.55 年。文盲人口减少 47466 人，文盲率由 8.89%下降为 6.87%，下降 2.02 个百分点①。

表 1　黔南州青年教育发展情况

年度	教育支出			普通中学(含普通初中、高中)				
	经费(亿元)	占 GDP 比重(%)	占公共财政支出比重(%)	所	招生数(人)	在校学生数(人)	毕业生数(人)	教职工数(人)
2012	39.9	7.48	19.97	242	87529	249552	81768	16438
2013	44.7	6.9	19.5	233	87290	250670	78809	16471
2014	53.1	6.6	20.1	229	82367	248037	80054	17268
2015	64.4	7.1	20.8	215	78616	241352	81250	16560
2016	72.84	7.1	22.2	240	76864	233256	82587	17668

① 黔南州统计局：《黔南州第七次全国人口普查公报（第五号）》，黔南州人民政府门户网站，http：//www.qiannan.gov.cn/zwgk/zfxxgkml/zpfl/tjxx/tjgb/202105/t20210526_68268256.html。

续表

年度	教育支出			普通中学(含普通初中、高中)				
	经费(亿元)	占GDP比重(%)	占公共财政支出比重(%)	所	招生数(人)	在校学生数(人)	毕业生数(人)	教职工数(人)
2017	77.4	6.7	20.5	176	76494	228351	78653	17985
2018	83.74	6.4	20.1	163	77136	229041	76784	18193
2019	86.53	5.7	20.1	165	76497	229188	76309	18407
2020	90.73	5.9	20.6	162	77884	229926	76283	19001

年度	中等职业教育					普通高校				
	所	招生数(人)	在校学生数(人)	毕业生数(人)	教职工数(人)	所	招生数(人)	在校学生数(人)	毕业生数(人)	教职工数(人)
2012	18	23125	33006	6779	1451	4	8156	22379	6085	1476
2013	16	21743	41335	6444	1569	4	8656	24863	7123	1940
2014	14	21951	48346	8532	1778	5	9330	27098	5313	2186
2015	18	25144	61989	10549	2117	5	11438	33135	7271	2303
2016	17	24420	63371	19056	1887	5	21082	47373	11024	2541
2017	17	24109	71002	19498	2073	7	16098	42770	9213	2955
2018	17	20294	61430	18418	1748	7	17646	45481	12929	3276
2019	18	16489	55622	19427	1702	8	25312	61941	13751	3902
2020	18	21142	55888	19492	1764	11	38023	105446	22934	5660

资料来源：黔南州统计局：《黔南州国民经济和社会发展统计公报》，2012～2020。

一是推进教育工作体系建设，健全完善“八大工作体系”。即“德育和素质教育体系、教育教学质量提升体系、高校服务地方发展评价体系、民办教育优质健康发展体系、教师队伍建设工作体系、教育督导工作体系、学校安全风险防控体系、坚持和完善党对教育工作全面领导制度体系”，为建设高质量教育体系立柱架梁，推进教育治理体系和治理能力现代化。

二是推进普通高中教育示范提质发展。都匀一中、长顺民中、三都民中成功“升类升示”，实现“县县有省级示范性高中”和“一类示范性高中”

零的突破，2020 年，高考一本上线率、二本以上上线率均超过全省平均水平、排全省第 3 位。

三是扎实推动职业教育和高等教育发展。研究制定《黔南州职业教育改革发展富民兴州行动计划》，深化产教融合、校企合作，开展订单培养，“粤菜师傅”培养基地正式落户黔南民族职业技术学院。在全州中职学校全面实施“普职融通”培养模式，成功举办全州职业技能大赛，惠水县中等职业学校、罗甸县中等职业学校成功通过省级示范性中职学校复评。出台十条有针对性的措施支持黔南师院发展，成立全州职教联盟，支持黔南民族职业技术学院争创“双高”学校，支持黔南民族医学高等专科学校建设基层农村卫生健康人才基地。黔南民族师范学院获批为第十批国家级专业技术人员继续教育基地，有 1 个专业、4 项课程、1 个师资团队成功通过省级一流大学重点项目验收。

四是支持民办教育优质健康发展。出台《黔南州鼓励和促进民办教育优质健康发展的实施意见》，研究印发《黔南州民办学校评审专家委员会工作规程》《黔南州民办学校筹设审批服务工作方案》《黔南州民办学校正式设立审批服务工作方案》《黔南州民办普通高中阶段年度办学情况督导评估办法》等新标准，推行行政许可标准化建设，完成全州民办学校年检工作，2020 年审批筹设民办学校 4 所，正式设立 6 所，变更审批 4 所，推进民办教育优质健康发展。

五是注重身心健康全面发展。加强中小学生“五项管理（作业、睡眠、手机、读物、体质）”，促进孩子健康成长、全面发展。深入开展阳光体育运动，成功举办黔南州第一届校园田径运动会，圆满承办 2020 年全国青少年校园足球夏令营第四营区活动，全州 34 所学校荣获全国校园足球、篮球、排球特色学校称号，都匀市成为全国青少年校园足球试点县（市/区），长顺县成为全省首个开展游泳运动的试点县。按照《关于进一步加强中小学（幼儿园）家校共育工作的意见》（黔南教发〔2020〕9 号）要求抓实抓好各项工作，建立健全家校共育工作机制。深入贯彻落实《中共中央国务院关于全面加强新时代大中小学劳动教育的意见》，在广大师生中广泛宣传辛勤劳动、诚实劳动和创造性劳动的典型人物和事迹，引导学生培养劳动意识，尊崇劳动精神。构建中小学生心理健康服务保障体系。切实关注学生心理健康，加强心理疏导，疫情期间落实“六个一”，做好师生心理健康教育。

（五）引导青年传承和弘扬中华优秀传统文化、社会主义先进文化，文化自信的根基得到夯实

一是深入推进旅游公共设施与公共图书馆、文化馆、乡镇综合文化站等公共文化设施相融合，为青年开展文化活动创造良好的外部环境。截至2020年末，全州拥有艺术表演团体185个，公共图书馆13个，博物馆（纪念馆）12个，群众艺术馆、文化馆13个。年末广播节目综合人口覆盖率95.9%，电视节目综合人口覆盖率97.5%①。

二是引导青年积极参与优秀民族文化传承，构筑各民族共有精神家园。黔南州以加快创建铸牢中华民族共同体意识模范州为契机，深入挖掘黔南优秀传统文化、民族文化、社会主义先进文化，引领青年参与到传统文化、民族文化、社会主义先进文化的传承中来。

三是抓好民族节庆品牌培塑，传承发展民族节庆文化，丰富各族青年精神文化生活。黔南民族文化丰富多彩，通过举办各类节庆活动引领青年加入，提升黔南青年文化自信。比如民族习俗有斗牛赛马、吹芦笙、踩铜鼓、赛龙舟、玩龙灯等；民族节日有布依族的“三月三”“六月六”“更建节”（小年节），苗族的“四月八”、吃新节、苗年，水族的端节、“卯节”“敬霞节”，毛南族的火把节，瑶族的“盘王节”，等等。深入实施“好花红”文化品牌战略，推动黔南青年做文化品牌的传承者与践行者。挖掘“好花红”文化品牌特色和内涵，实施文化惠民工程、民族民间文化传承发展工程和黔南文献集成编纂工程，加快水书申报世界记忆遗产名录，推进国家长征文化公园（黔南段）建设，推动民族文化与红色文化、茶文化、三线文

① 数据来源：《黔南州2020年国民经济和社会发展统计公报》。

化、影视文化融合发展，扶持一批“好花红”品牌矩阵文化企业，建设一批文化创意基地，创作一批文艺作品，开展一批精准推广宣传，全面提升“好花红”文化品牌整体凝聚力、影响力，将“好花红”打造成为享誉全国的文化品牌。争取获评省级名录项目 120 处、国家级非遗名录项目 16 处，水书成为贵州第一项世界记忆遗产。打造优秀民族文艺精品力作，提升黔南青年文化自信。党的十八大以来，黔南州着力打造优秀民族文艺精品力作，形成了一批文艺精品力作，如“幸福进万家——文化精品乡村行”成为国家公共文化示范项目，电影《近距离击杀》获中宣部“五个一工程”奖、《山那边有匹马》获中国电影金鸡奖提名奖、《聪明的甲金》获中国动漫金猴奖提名奖，《绕家大歌》荣获第九届世界合唱比赛金奖、布依族歌舞剧《刺藜花红》获全国少数民族戏剧会演最高奖、苗族舞蹈《跺月亮》获荷花奖二等奖、水族舞剧《木楼古歌》被遴选晋京展演，音舞诗画《你的眼睛能看多远》参加贵州省第七届少数民族文艺会演并获得剧目金奖，黔南民族文化品牌实力不断提升。

四是大力弘扬中华优秀传统文化、革命文化、社会主义先进文化，积极引导青年学生树立正确的社会主义核心价值观。大力推进民族文化进校园，进一步完善学校德育体系。民族文化进校园是民族文化教育与优秀民间文化传承、弘扬的重要形式，有利于培养青年学生正确的价值观和基本的价值共识，为传承民族传统文化奠定良好的基石。黔南州人民政府办公室发布了关于大力推进民族文化进校园三年行动（2018—2020 年）的通知，提出“从 2018 年到 2020 年，全州重点扶持 100 所民族民间文化项目学校，评选 100 名民族民间文化教育名师①”，推进手工技艺类、美术类、民俗类、舞蹈类、戏剧类、音乐类、体育竞技类 8 大类 41 项重点项目，推动优秀传统文化走进校园、进入课堂融入校园生活，让学生感受民族文化魅力，切实增强青少年学生民族文化意识、文化自尊、文化自信和文化自觉，促进民族团结。认

---

① 黔南州教育局：《黔南州人民政府办公室关于大力推进民族文化进校园三年行动（2018—2020 年）工作的通知》，黔南州人民政府网站 http://www.qiannan.gov.cn/zwgk/zfxxgkml/zdlyxxgk/jyxx/jcjy/202109/t20210927_70586851.html。

真组织开展青年马克思主义者培养工程，不断加强青年政治引领，着力为党培养和输送青年政治骨干。组建青年讲师团队伍，以“青马工程”为主抓手，依托各地各类教育阵地，借助“‘青年大学习’集中学、团干部示范带动学、‘青年讲师团’专题学、网上引领灵活学、具体工作贯彻学”等多种形式，持续引导广大团员青年深入学习习近平新时代中国特色社会主义思想，全力抓好爱党爱国和制度自信教育，切实增强对广大青少年的政治引领、价值引领、舆论引领。2021 年，全州共举办青年马克思主义者培训班 18 期 1360 人，其中州级举办 2 次 240 人、县级 16 期 1120 人。

（六）加强青年就业创业服务，青年就业创业环境不断优化

就业是最大的民生。黔南围绕服务好青年就业创业这条主线，不断拓展促进青年创业就业的形式和内容，为青年成长成才提供更宽、更好的平台支持。

一是推动落实完善促进青年就业创业的平台体系建设。2014 年 1 月，成立了全省首个市级青年创业就业中心——黔南州青年创业就业服务中心，为推动全州青年创业就业服务工作系统化、专业化、常态化打下良好基础。推进农村青年致富带头人协会组织建设。积极发挥黔南青年致富带头人“领头雁”作用，州、县成立农村青年致富带头人协会 13 个，吸纳会员 800 余人。指导设立黔南州农村青年致富带头人协会党支部，并完成二星党支部创建。依托会员公司（合作社）建成“产学研”基地 30 个，开展种养殖技术示范培训 3100 人次。推行“订单式”培训服务，运行“高素质农民”培训项目 4 个，培育实用技能人才 400 人。促进创办农产品加工公司 110 家，建成“黔南健康餐桌”“三都智慧农业”等电子商务平台，选树全国“乡村振兴青年先锋”标兵 1 名。

杨安仁，男，布依族，1992 年 3 月生。2010 年始，杨安仁开始辛勤奔波于山林间，与油桐为伴，通过不懈努力，杨安仁将一座座荒山变绿，实现 3 万亩基地建设，6 万亩基地待开发的规模。2020 年国家林草局批复建设 15 万亩国家油桐生物产业基地。基地建设从贵州扩建到重

庆、四川、湖南等地，杨安仁带动了少数民族地区近4000人就业，带动2000余农户致富，直接安置就业人数1000余人，年度工资总额1003万元。其中安排农村劳动力就业800余人，户均增收4.43万元。曾荣获第十二届梁希林业科学技术奖科技进步二等奖，获国家科技成果库成果2项、发明专利7项，被评为“全国农村创新创业优秀带头人”“贵州省优秀农村青年致富带头人”“全国乡村振兴青年先锋”标兵等称号。

二是引导和鼓励高校毕业生多渠道就业。深入实施高校毕业生就业创业促进计划，为符合条件的大学生提供创业指导和服务。扶持创建州级高校毕业生就业见习基地，组织开展高校毕业生就业见习和创业培训。继续开展高校毕业生离校未就业实名制登记工作、基层服务人员管理工作。实施高校毕业生基层成长计划，加强对就业困难和长期失业高校毕业生的就业援助。

三是促进创业带动就业。因地制宜及时出台创业扶持政策实施方案，全面兑现一次性自主创业补贴、创业场所租赁补贴等各类补贴。组织开展创业讲座、创业沙龙、创业创新大赛等活动，加强创业服务，加大创业担保贷款支持力度。积极整合资源，大力扶持高校毕业生、退役军人、返乡农民工等各类群体以自主创业带动就业。

二　促进黔南州青年高质量发展的建议

尽管黔南青年发展的总体态势良好，但对照黔南州青年高质量发展的要求，仍有一些差距和不足，主要表现在四个方面：青年工作千头万绪，涉及政府各个职能部门，在工作中仍有各自为政的现象，尚未形成推动青年工作发展的合力；青年发展工作保障经费不足，服务青年发展能力受到制约；青年群体凝聚和思想政治引领做得还不够；组织动员青年紧扣“四区一高地”、围绕“四新”主攻“四化”的载体还不够具体，抓手还不够有力。

为更好推进《规划》实施，大力建设“青年友好型成长型城市”，需要从开创百姓富、生态美的多彩贵州新未来，建设“五个新黔南”的战略高度谋划黔南州青年发展工作，建立健全青年发展政策体系和工作机制。本报告结合目前黔南州青年发展工作的实际情况及待解决的问题，从四个方面提出如下建议，为推动黔南州青年发展工作提供参考。

（一）加强统筹协调，形成推动“青年友好型成长型城市”建设的强大合力

共青团是党联系青年的纽带和桥梁，要充分调动和发挥青年的积极性和创造性，要充分发挥好团州委在青年发展工作中的“统筹指导、协调服务”作用，形成推动“青年友好型成长型城市”建设的强大合力。

一是要坚持“青年优先发展”的理念，形成党委领导、政府主责、共青团协调、各方齐抓共管的工作格局。要推动州直各部门、县级以上党委和政府建立青年工作联席会议机制，保障青年发展政策措施落到实处。要坚持“青年优先发展”理念，促进青年发展规划与相关领域专项规划、专项政策相协调，将《规划》涉及的十个领域、十项重点工程嵌入各领域专项规划及政策中去。建立健全落实青年发展规划工作责任制，州直各部门、县市要结合职责逐项细化任务分工，落实施工图、时间表和责任人，加强监督考核，强化责任落实。建立规划实施情况监测评估机制，引导规划落到实处。

二是要深入开展调研访谈，了解黔南青年发展的需求。州团委及各级团青组织应当充分发挥桥梁和纽带作用，深入党政事业机关、学校、企业、农村开展调研访谈，了解黔南青年发展现状、需求及对黔南青年发展工作的建议，通过立法推动、政策协调、社会倡导、个案帮扶，切实维护黔南青年的发展权益。

三是要发挥青年工作联席会议平台作用，促进信息互通、资源共享、政策集成，提升黔南青年发展工作的整体性、协同性、科学性。要在信息互通上出新招，拓展联络员会议、专题会议等功能，抓好“智慧团建”系统和“青年云”平台建设，及时了解青年发展工作的推进程度；要在资源共享上出新意，积极探索州直各部门、县（市）在青年发展政策、资金、场地设

施等领域资源共享的方式方法和经验，提高资源的利用效率；要在政策集成上出新绩，州直各部门、县（市）要围绕《规划》的落地实施，在专项规划和政策的顶层设计、具体举措上做好衔接，制定青年发展的“一揽子”解决方案。

四是要以重点项目为抓手，明确《规划》实施的着力点和落脚点，推动形成全社会关心支持青年发展的良好氛围。围绕《规划》设计的十项重点工程，推动团委、组织、教育、文体、人社、公安、司法、民宗委、外事等部门形成合力，共同规划，共同建设。

（二）多渠道筹集资金，保障青年发展经费投入

经费是开展青年发展工作的保障。共青团黔南州委及各级共青团组织作为青年发展工作的主管部门，存在保障经费普遍不足的问题，要从完善经费的制度化安排、动员社会力量拓展经费的来源渠道、提高经费的使用效率[①]等方面入手，确保青年发展经费的投入力度，促进青年的全面发展。

一是进一步完善青年发展经费的制度化安排。《规划》强调：“根据本地实际和财力状况将实施青年规划所需经费纳入同级财政预算。”尽管从黔南州团委公布的部门决算数据来看，近年黔南州团委的财政预算收入增长幅度较大，但不足以支撑《规划》明确的青年发展工作的经费支出。可参考其他省份的做法，按照所辖地区青少年人口数，以每人每年不少于1元的标准划拨青少年事业发展专项经费，纳入同级财政预算，并随经济社会发展相应增加；乡镇（街道）团组织工作经费每年不少于2万元；企事业单位等基层团组织的工作经费，按不少于本单位青年职工工资总数的2%标准列入单位年度预算，由本单位予以保障；非公有制企业参照执行。

二是动员社会力量拓展经费的来源渠道。找准青年工作与社会的结合点，寻求社会资助与支持。充分利用州团委所属事业单位黔南民族青少年活动中心及各县（市）青少年活动中心的平台优势，通过举办青少年活动获

① 刘俊彦、马懿：《共青团经费来源及其现状研究》，《中国青年研究》2014年第4期。

取资金上的支持；尝试建立州团委基金会，瞄准社会需求与青年工作的结合点，发挥基金会撬动社会资助与资源的作用，摆脱青年发展工作缺少资金、缺乏资源的局面。认真落实“希望工程·陪伴行动”、爱心助学等希望工程重点项目。组织推动贵州希望工程升级版，积极在“贵青筹”互联网筹资平台申报新时代希望工程公益项目，动员社会各界参与希望工程爱心捐赠。

三是严格财政专项资金的使用，完善青年发展经费绩效评价体系。从制度设计上，出台青年事业发展专项资金管理办法，严格财政专项资金的管理，做到专款专用，切实有效发挥财政资金的效益。从绩效评价上，对资金管理使用等实行量化考核，通过案卷研究、资料收集、座谈交流和问卷调查等手段取得基础数据和资金使用绩效情况，综合评价绩效目标实现程度。

（三）持续深化思想教育，打牢广大青年听党话跟党走的思想根基

青年是祖国的未来，承载着民族的希望。青年群体思想道德的发展情况，关系着中华民族的整体素养，关系着国家的发展前景与民族的命运。因此，要持续深化思想教育，引导广大青年把正确的道德认知、自觉的道德养成、积极的道德实践紧密结合起来①，打牢广大青年听党话、跟党走的思想根基。

一是强化理论武装，培养正确的道德认知。坚持以习近平新时代中国特色社会主义思想武装头脑，深入开展共产主义、中国特色社会主义和中国梦学习宣传教育活动，在青年中培育和践行社会主义核心价值观。结合共青团工作和青年实际，组织发动全州团员青年积极参与团中央组织的“青年大学习”，组织举办青年马克思主义者培养工程、青年社会主义核心价值观培养工程、青年民族团结进步促进工程，不断提升青年思想道德教育的深度、广度。

二是守好意识形态阵地，自觉地进行道德养成。要持续深化社会主义核心价值观、中华民族传统美德的宣传引导，营造良好的家风家教，着力选树优秀青年先进典型进行重点宣传，发挥榜样的引领作用。加强对“黔南亮

---

① 习近平：《习近平同各界优秀青年代表座谈时的讲话》，中国共产党新闻网，http：//cpc.people.com.cn/n/2013/0505/c64094-21367227-4.html。

青春”微信公众号等团属宣传阵地的管理，配合宣传、网信等部门严防宗教极端思想、亚文化、非主流意识形态、不良社会思潮在青年群体中蔓延渗透。

三是抓好主题教育，积极投身崇德向善的道德实践。良好道德的养成关键在于实践，重在行动，贵在坚持。依托志愿服务信息平台，提质打造黔南炫彩青年志愿服务品牌，融入新时代文明实践，围绕政策宣传、法治宣教、敬老助老、保护生态、乡村振兴、法律维权、城市治理七个志愿服务主题开展活动，不断扩大活动影响力和覆盖面；围绕党的二十大、建团100周年等谋划系列活动，常态化开展主题党日、主题团日、党史团史学习活动。教育引导各领域团员青年积极参与岗位建功活动，分层分类开展“我为群众办实事”“我为青年做件事”实践。

（四）全面提升履职能力，围绕中心、服务大局、建功立业

贵州省委十二届九次全会提出，要坚持围绕“四新”主攻“四化”①，坚决把脱贫攻坚成果巩固住、拓展好，在新征程上不断推动高质量发展取得新成就。《国务院关于支持贵州在新时代西部大开发上闯新路的意见》（国发〔2022〕2号）对贵州的战略定位是“四区一高地”②。青年群体要结合国发〔2022〕2号对贵州的战略定位，聚焦“四新”“四化”建设需求，全面提升履职能力，围绕中心、服务大局、建功立业。

一是青年群体要结合“四区一高地”战略定位，聚焦“四新”“四化”建设需求，不断提升自己的综合素质和能力。新时代召唤堪当大任的新青年，黔南州青年要将自身的发展融入贵州高质量发展的需求中去，不断提升自身的综合素质和能力，在新型工业化、新型城镇化、农业现代化、旅游产业化等领域贡献自己的智慧和能力，用责任、担当诠释青春意义。

---

① 围绕“四新”主攻“四化”：把在新时代西部大开发上闯新路、在乡村振兴上开新局、在实施数字经济战略上抢新机、在生态文明建设上出新绩作为主目标，把新型工业化、新型城镇化、农业现代化、旅游产业化作为主抓手。

② “四区一高地”：西部大开发综合改革示范区、巩固拓展脱贫攻坚成果样板区、内陆开放型经济新高地、数字经济发展创新区、生态文明建设先行区。

二是提升团委服务青年发展的能力。认真落实《黔南州贯彻落实〈贵州省中长期青年发展规划（2019—2025年）〉实施方案》，将《规划》实施情况列入各县（市）党政工作高质量发展考核，研究制定“青年友好型成长型城市”建设评价指标。深入开展青年马克思主义者培养工程，积极组织团干部参加团中央、团省委及各部门举办的干部培训班。围绕智慧团建、学社衔接、团员发展、团费收缴、“三会两制一课”、青年之家等工作内容，为基层团干部提供专业培训，提升其履职能力。

三是围绕“四新”服务“四化”。围绕“四化”领域重点非公企业，以党建带团建，建立建强非公企业团组织；通过开展“青年文明号”“青年安全生产示范岗”“青年岗位能手”“青年突击队”等创建活动，引导动员团员青年在项目建设、创新攻关等方面发挥生力军作用。搭建“政金企”团组织交流平台，整合资源服务“四化”企业、项目和产业链发展。加大对重点青年群体的职业技能和创业能力培训的力度，为全州“四化”发展不断培养专业技术人才。大力实施“春晖行动·风筝计划”。加大对黔南籍社会优秀人才、外出务工乡友、高校大学生“三类人群”联系服务与就业岗位的匹配力度，确保到2022年末在库人才达到8万名以上，完善黔南“春晖·乡村振兴智库”运行体系，不断为“四化”发展聚集人才。持续抓好大学生西部计划志愿者服务乡村振兴工作。通过农村青年致富带头人协会，开展线上+线下培训交流、项目推介、产品对接等活动，培养聚集一批农村产业发展青年人才。

参考文献

国务院：《国务院关于支持贵州在新时代西部大开发上闯新路的意见》，中华人民共和国中央人民政府网，http：//www. gov. cn/zhengce/zhengceku/2022 - 01/26/content _ 5670527. htm。

《中共贵州省委十二届十次全会在贵阳举行》，贵州省人民政府网，http：//www. guizhou. gov. cn/home/tt/202112/t20211202_ 71904048. html。

B.24

黔西南布依族苗族自治州青年发展报告

胡月军*

摘　要： 黔西南布依族苗族自治州高度重视全国全省青年规划落实工作，集中体现在：政治引领加强青年思想道德建设、教育立州带动青年教育发展、“四维服务”保障青年健康成长、用心贴心服务青年幸福婚恋、多措并举推动青年就业创业、文旅兴州提升青年文化自信、服务大局强化青年社会融入参与、筑牢防线优化青年成长环境、群策群力预防青少年违法犯罪、社会保障夯实青年工作基础。当前，黔西南布依族苗族自治州青年发展面临的突出困难与问题主要体现在：落实青年发展规划有待形成合力、农村青年男性择偶难。对此，本报告建议通过每年项目化开展“服务青年十大实事”，促进黔西南布依族苗族自治州青年高质量发展，为实现“十四五”规划和2035年远景目标贡献青春力量。

关键词： 青年发展　高质量发展　黔西南州青年

黔西南布依族苗族自治州（以下简称黔西南州）统计局统计数据显示，2020年黔西南州常住人口301.51万人，其中14~35周岁人口89.38万人，占比29.64%。分年龄阶段看，14~17周岁人口19.05万人，占比6.32%；18~28周岁人口40.72万人，占比13.51%；29~35周岁人口29.61万人，

* 胡月军，法学博士，贵州省社会科学院法律研究所副所长、副研究员，研究方向：法学。

占比9.82%。分性别看，14~35周岁男性人口45.47万人，占比15.08%；14~35周岁女性人口43.91万人，占比14.56%。

一　黔西南州青年发展基本情况

黔西南州高度重视青年工作，深入贯彻落实《贵州省中长期青年发展规划（2019—2025年）》的工作要求，针对十个方面具体内容，由州领导牵头，组织全州44家成员单位建立联席会议机制，组织召开专题会议审议通过《黔西南州中长期青年发展规划联席会议议事规则》《黔西南州中长期青年发展规划（2020—2025年）》《黔西南州落实〈贵州省中长期青年发展规划（2019—2025年）〉近期工作要点》，下发《黔西南州贯彻〈贵州省中长期青年发展规划（2019—2025年）〉实施方案》，统筹各成员单位按季度上报本部门工作开展情况，黔西南州青年发展工作取得了显著成效。

（一）政治引领，加强青年思想道德建设

一是“四堂课”扎实推动青少年党史学习教育走深走实。通过校园学习课，利用“国旗下学党史”“课堂上学党史”两条路径，抓好党史教育进课堂；通过阵地现场课，发挥爱国主义教育基地、革命烈士陵园等红色革命基地阵地作用；通过组织青少年开展“青春长征”“清明祭英烈”“重温入团誓词”等系列活动，让红色基因和革命薪火代代传承；通过网络辅助课，组织青少年线上学习党史，上好“开学第一课”；通过实践活动课，开展“童心向党”“新时代好少年”等青少年学党史宣传宣讲活动，广泛组织开展以青少年为主体、社会协作参与的服务青少年系列活动。

二是信念塑造，实施思想引领提升行动。在庆祝建党百年之际，贯彻落实《中共中央关于全面加强新时代少先队工作的意见》，开展多种主题队会活动2000余场。贯彻落实《关于加强新时代党建带工建带团建带妇建工作的实施方案》，通过智慧团建系统，对团支部加强团员思想政治教育和自我教育，强化团员意识。通过创建青年文明号、青年文明岗，深化“黔西南

青年之声”“青马工程”“青年大学习”等活动的开展，持之以恒抓好团干部队伍建设，提升青年能力素质，引导青年形成正确认知。

（二）教育立州，带动青年教育发展

一是“学校+”模式提高育人质量。整合共青团黔西南州委、公安、司法、教育、人社部门及先进社会力量深入学校开展各种教育、培训、实践活动，邀请学生和家长共同参与主题为法治、科技、道德等内容的成长教育活动。

二是多元共建强化终身学习。创建省级社区教育试点单位5家，省级“优秀成人继续教育院校（培训机构）”4所，获国家级终身学习品牌项目7个，依托黔西南州广播电视大学为青年继续教育、文凭提升搭建优质平台。举办涉及护士、税务系统、旅游创客等部门的“岗位大练兵、业务大比武”职业技能大赛。开办“乡村振兴夜校”，培训青年带头人。引导青年在工作上学习、在群众中学习，树牢终身学习理念。

三是全力培育青年人才。由黔西南州人才工作领导小组牵头制定《黔西南州筑梦青年人才培养计划（试行）》，对教育人才、医疗卫生人才、工程技术人才、科技人才、社科文艺人才、技能人才制定培养计划，建立人才资源库，将有能力的青年纳入“筑梦青年人才培养计划”管理。

（三）“四维服务”，保障青年健康成长

一是保障营养健康。黔西南财政、教育、团委、卫健等部门形成合力，在全州学校食堂（伙房）坚持“公益性、非营利性”原则，2021年下达义务教育阶段营养改善计划专项资金3.62亿元，确保青少年从“吃得上”“吃得饱”转向“吃得好”“吃得营养”。

二是增强体育锻炼。黔西南州发改、住建、自然资源、文化、体育等部门联合建设社区智能驿站项目、社区健身路径、农体工程器材补充维护更新项目。鼓励全州各类青少年走下网络、走出办公室、走出寝室、走向丰富多彩的运动。各县市结合本地区特点建设运动场所，其中兴义市综合体育馆占

地面积 30.4 万平方米。

三是促进心理健康。建立健全中小学生心理健康"12355""三合三预"心理问题解决渠道，学校、家庭、社会三方共同合作，参与日常教育预防、心理危机预警、心理健康干预、心理健康校正等。宣传引导青年处理压力、平衡心理、塑造健康向上的生活，指导心理健康教育工作，开展形式多样、内容丰富的心理健康教育活动。

四是增强安全意识。由黔西南安监部门牵头，在全州各地设置安全集中宣传点。到学校、青年企业、社区等地张贴宣传标语、发放防灾减灾宣传资料及宣传物品，制作播放防灾减灾公益广告，不断宣传应急知识，全面提升青年应急知识及应急处置能力。

（四）用心、贴心服务青年幸福婚恋

一是以丰富活动促进青春交友。组织青年开展"青春牵手·爱心同行""青年联谊交友会""花 young 联盟"等青春交友活动，为城镇适龄青年群体搭建婚恋交友平台。

二是家庭引导，构建幸福婚姻。黔西南各县市和有关州直部门，通过开展"颂党恩传家风"、集体婚礼等活动，增强青年婚恋观、家庭观教育，倡导文明节俭婚庆仪式。选树孝老爱亲、尊老爱幼、"五好家庭"等典范，在乡镇（街道）及村（社区）开展婚姻家庭正能量传播，推动和谐婚姻家庭建设。

三是科学保障，确保优生优育。黔西南州委、州政府与深圳华大基因共同打造集"健康教育+基因筛查+精准干预+科学随访+社会保险"于一体的无创 286 种基因疾病筛查检测技术，在黔西南州共完成 588057 份检测样本，样本和数据均安全存储于国家基因库，卫生经济学费效比 1∶4.4，为全州节约经费约 1.35 亿元，是西部唯一基因检测全覆盖地区。

（五）多措并举，推动青年就业创业

一是搭建平台拓途径。黔西南州委组织部、州人社等部门积极组织全州

各部门参加第九届贵州人才博览会，通过线上线下两种途径，为青年人才开辟绿色通道，办理发放“黔西南州优秀人才服务卡”，给引进的高层次人才发放一次性购房和生活补贴，为各类青年人才提供子女入学、就医、创业、出行等保障服务。

二是提供岗位促就业。由黔西南州组织人社部门牵头，统计全州各级各部门发布各类高层次和急需紧缺人才需求 2112 个，积极开展人才寻访工作，加强“百千万人才引进计划”引进和申报力度，组织开展“以才荐才”活动、推荐青年人才 154 人，制定加快高校毕业生集聚专项措施，切实为毕业生提供实践锻炼岗位。

三是服务保障助创业。在全州创建创业孵化示范基地、青创中心，申请建立共青团中央中国创业社区黔西南州站，带动青年创业就业。建成黔西南州多学科多层次的高端科技人才聚集基地。组织青年企业家协会，定时召开银企贷款共商会、会长面对面青年创业分享会、青年创业就业座谈会等为创业青年解决问题，推出“青扶贷”等针对青年金融产品项目。2020 年 9 月至 2021 年 9 月，黔西南州银行业金融机构累计发放青年经营性贷款 45.96 亿元，打造高质量的就业创业环境。

（六）文旅兴州，提升青年文化自信

一是发挥优势，打造文化中心。打造 3290 亩涵盖大剧院、文化艺术学院、博物馆、科技馆、图书馆的兴义文化艺术城，全力打造黔滇桂三省（区）接合部文化中心。

二是百花齐放，推出高质量文艺作品。出版诗集《中国脊梁》，推动《欢乐万峰林》实景剧目打造，助力电影《志愿者》拍摄，短视频《战疫复工菁彩说》《归来·追梦》《追光少年·逐梦金州》《在灿烂的阳光下》等文化艺术作品获得超 100 万点击量，有力提升了全州青年文化自信。

三是挖潜掘新，发扬本土文化。建立和完善优秀青年文化人才选拔培养传承机制，组织苗族服饰省级传承人杨兴琴等 6 人开展非遗扶贫就业工坊品牌建设和传统工艺振兴活动。编排的大型歌舞剧《纳秧花开》获贵州省第

七届少数民族文艺汇演银奖。推出《音乐私享家》《我们的歌》《吃喝玩乐go》《883 帮女郎》广播产品，营造积极向上的青年文化氛围，发挥文化精品在教育和引导青年中的积极作用。

（七）服务大局，强化青年社会融入参与

一是夯实体系，健全基层组织建设。举行州、县示范性集体入团仪式，落实行政村团组织覆盖，建立高校、中职学生会，按要求成立县级团代表联络站，建设乡村学校少年宫项目。青年联合会及各社会组织坚持党的领导，尊重青年主体地位，目前已实现县（市）建立志愿服务类和就业创业类青年社会组织 100%建成目标。自 2019 年以来，每年招录西部计划志愿者（1000 名左右）到基础教育、服务“三农”、医疗卫生、基层青年工作、基层社会管理一线开展工作。

二是参与社区治理，促进青年更好融入。推广借鉴团中央关于共青团参与贵州省易地扶贫搬迁社区治理工作 2 个示范点（安龙县蘑菇小镇、晴隆县阿妹戚托小镇）成功经验，组织青年到全州各易地扶贫搬迁点开展社会工作和志愿服务，为安置社区困难老年人、未成年人、残疾人、“三留守”人员和低收入家庭开展课外辅助、文体培训、生活帮扶、安全教育、关系调适、社区矫正、技能培训、就业援助、人文关怀等服务。配合“两委”开展居民需求和社区资源调查，发动社区青年参与制定、实施社区发展规划和服务项目方案。依托全国志愿服务信息系统，规范招募社区志愿者，围绕疫情防控等重点服务领域开展服务活动。

三是政治启蒙，倾听青年思想与诉求。切实开展好“共青团与人大代表、政协委员面对面”活动，通过送慰问物资、与快递小哥座谈、回应快递小哥诉求等方式，有效促进对青年及青少年合理诉求的回应。

四是加强交流，构建全国青年大团结。由黔西南州委统战部牵头，各有关部门配合，邀请台胞青年两批次 45 人到黔西南州开展交流。成功举办两岸教师论坛“互联网+”活动和黔台经贸合作线上会议。率先在全省挂牌成立港澳台侨交流基地等平台，巩固好 1 所大学、3 所中小学与台北、嘉义、

南投等地学校的友好合作学校关系。狠抓民族法律法规、民族政策教育活动，弘扬社会主义核心价值观，铸牢青年中华民族共同体意识。

（八）筑牢防线，优化青年成长环境

一是健全青少年权益保护机制。黔西南州政法委、公安、司法、教育、团委等部门制定《关于建立侵害未成年人案件强制报告制度的意见（试行）》，坚持以未成年人利益最大化为原则，抓好部门协作配合，实现了公共法律服务站（室）未成年人法律援助全覆盖。治安、网安、禁毒等部门建立健全协调性、指引性、综合性的青少年法治化维权联动机制，加强家庭、学校、社会“三位一体”青少年法治教育网络建设，在黔西南州未出现校园欺凌、校园暴力、校园贷（案）等事件。

二是依法打击侵害青少年合法权益行为。黔西南州治安、刑侦、经侦、禁毒、网安等部门加强联动协作，严厉打击拐卖、性侵、遗弃、虐待等侵害未成年人合法权益的违法犯罪行为，建立健全未成年受害人救助保护工作机制。大力开展系统、科学、针对性强的青少年禁毒预防教育工作，依法惩处涉及青少年的毒品违法犯罪活动。严厉打击涉校违法犯罪活动。刑侦严格对性侵未成年人犯罪有案必查、有罪必惩，依法从重从快从严打击，及时抓捕性侵未成年人的犯罪嫌疑人。

三是优化青少年成长网络环境。黔西南州宣传、政法、公安等部门制定《黔西南州“黔净2021”网络空间清朗工程方案》，加强网络领域综合执法，严厉打击各类涉及青少年的网络违法犯罪。加强涉青年发展的网络舆情巡查。统筹州、县（市）网信部门强化值班值守，发现涉及青年舆情信息时，第一时间转相关单位核实办理，对构成案件的严厉依法打击，对属地有害信息，通过处置机制录入专门系统，通报属地清理处置，保障网络清朗。

（九）群策群力，预防青少年违法犯罪

一是增强宣传，做实法治建设。由黔西南州教育、司法、公安等部门牵

头，通过手机 App、校讯通、微信等，开展国家安全、反诈等主题活动，增强广大群众和民警职工尊法学法守法用法的浓厚氛围。切实加大对在校青少年法治宣传教育工作力度，重点宣传涉及青少年的法律法规，着力培育青少年国家安全意识、守法意识等。

二是加强队伍建设，确保预防青少年违法犯罪扎实推进。把家长、教师、社会工作人员纳入预防青少年违法犯罪的工作队伍，把工作融入各级各类学校教学计划。在大中小学校招募学生组建达 30 万余人注册的志愿者分队，有效扩大“预青”工作覆盖面。

三是打造示范点，带动全域优化成长环境。黔西南州政法、团委等部门牵头，在推进安龙县钢厂等 3 个国家级“双零社区”示范创建点和安龙县打江社区 1 个省级“双零社区”示范创建点建设的同时，将全州 90 个村（社区）纳入州级“青少年零犯罪零受害社区（村）”试点，为青少年营造健康、安全、和谐的成长环境。

（十）以社会保障夯实青年工作基础

一是用心用情加强对残疾青年的关爱扶持。开展残疾毕业大学生就业指导服务。为确保工作顺利开展，每年对残疾毕业大学生通过系统核实，开展一对一服务，推荐其就业。通过入户摸排走访，对符合条件的视力残疾青年开展盲人按摩技能培训。按时为重度残疾青年发放护理补贴。为残疾青年安排合适岗位并使其优先就业，未安排残疾人就业的单位必须按时缴纳一定比例的残疾人就业保障金。

二是健全机制，增强社会救助。依托“新市民·追梦桥”工程，在易地扶贫搬迁新市民社区建成集书香阅读、青年交流、志愿服务等于一体的“希望小课堂”，为新市民青少年提供书籍阅读等服务。让青年在就业、健康、生活等各方面得到系统性保障。全面落实临时救助政策，对遭遇突发事件、意外伤害、重大疾病等导致基本生活陷入困境的青年家庭，及时实施临时救助。

二　黔西南州青年发展工作面临的困难

（一）落实青年发展规划过程中存在的问题

一是青年思想政治引领力有待进一步提升。在当前国际关系动荡不安及欧美西方国家多元文化大冲击形势下，黔西南州结合当前全州青年特点开展入脑入心的思想政治引领工作力度仍需加强。二是服务青年发展工作仍需持续推进。黔西南州部分地区联席会议工作的开展有待走深走实，专项经费匹配比例有待进一步提高，解决全州青年工作生活的急难愁盼工作力度有待持续加大。

（二）农村男性青年择偶难

近年来，黔西南州农村适婚年龄男青年娶妻难现象较为突出，并逐步由个人问题转化为影响乡村振兴的社会问题。当前，黔西南州农村适婚年龄男青年娶妻难的主要原因包括：一是在打工潮背景下，农村青年女性远嫁他乡现象较多，导致本地婚姻市场失衡，适婚青年男多女少的现象日益突出。二是农村结婚费用高，节节攀升。近年来，农村娶亲彩礼钱节节攀升，随行就市，农村结婚费用随之水涨船高。农村彩礼费普遍从原来平均 3 万~5 万元，上涨至目前 6 万~10 万元，有的地方甚至高于 10 万元，给农村结婚家庭带来的经济压力增大，结婚费用与农村家庭收入水平和承受能力严重脱节，导致部分农村家庭男青年结不起婚。三是城市化进程加快后，本地青年女性回嫁意愿较低。随着黔西南州城镇化水平不断提高，较多农村女青年进城务工，城镇与农村生活水平差距较大导致农村女青年普遍选择嫁往城内和外地。

三　促进黔西南州青年高质量发展的对策建议

（一）黔西南州“十四五”时期推动青年规划纵深实施的建议

紧扣贵州省委、黔西南州委“十四五”规划重点，围绕中长期青年发展规划精神，开展州、县（市）两级青年发展“七个行动”，通过每年项目化开展“服务青年十大实事”，以“三提升”“三倍增”工程为抓手，为实现“十四五”规划和2035年远景目标贡献青春力量。

一是提升青年思想引领力。持续深化“黔西南州青年之声”“青马工程”“青年大学习”“青年讲师团”“争章行动”等团属思想引领品牌巩固提升，加强预防青少年违法犯罪的教育引导，在未来五年开展青年思想教育覆盖黔西南州青年总人数80%以上。聚焦黔西南州委“文旅兴州”战略和团省委“希望工程·陪伴行动”转型提升，提升陪伴行动质量，依托“新市民·追梦桥”服务中心，不断深化对青年的思政教育，使广大青年切实感受到党和政府的关心关怀，不断增强获得感、幸福感、安全感，将感党恩、讲团结、爱祖国的政治意识注入青年血脉。

二是推进青年服务工作向纵深发展。实施青年人才资源倍增工程，解决社会对青年人才的需求和服务问题。做好青年人才日常服务，加强对青年人才的组织集聚，持续深化团属品牌活动“青年联谊交友会”“青创沙龙”等，进一步组织集聚全州青年人才。注重对思政人才、科技人才、管理人才的培育服务，在现有基础上扩大3倍以上规模。签订东西部创业就业合作框架协议，双方合作建设乡村振兴青年就业创业见习基地，进一步做好消费助农工作，发挥双方资源优势，提供互惠合作渠道，积极参与消费助农行动。凸显夜校培训教育成效，增加省级创建夜校2家以上，增加县级自建夜校5家以上，打造1家示范夜校，创新夜校品牌。

三是以“项目化”推动青年工作落地见效。着力强化州、县两级青年工作联席会议机制运行，进一步提升规划的政策转化度。扎实推进试点县工作，加强督促指导，支持鼓励兴义市大胆探索、先行先试，以点带面，实施好青年实事项目，服务青年发展需求。继续做大做强已建成的“青创农场”“双龙新青年计划”两个省级青年发展示范项目，建设好义龙大数据产业园青创基地，提炼总结推广经验，以示范项目为牵引全面推进《规划》实施。持续做好团属品牌活动“青年创业就业分享会”。探索组建由高校、创业机构、孵化器负责人组成的黔西南州“导师团队”，探索针对高校在读拟创业学生实行“双导师制”。争取将全州范围内青创服务中心由现有的3家拓展到8家以上，青创企业由325家增加到700家以上。

（二）破解黔西南州农村男性青年婚恋难的建议

一是加强精神文明建设。随着经济社会快速发展，新思想、新观念不断涌现，农村青年的价值取向也日趋多元化，无论男女，在经济上越来越独立，追求自我价值的倾向也越来越明显。因此，要强化农村青年对情感生活的尊重意识、诚信意识和责任意识，引导农村青年树立文明、健康、理性的婚恋观；要发挥大众传媒的社会影响力，广泛传播正面的婚恋观念，鲜明抵制负面的婚恋观念，形成积极健康的舆论导向。

二是建立健全基层民间婚姻公益性组织。各级妇联、共青团和乡镇政府、村（居）委会要积极搭建农村青年男女婚介平台，如成立红娘协会、红白理事会等民间公益性组织，发挥桥梁和纽带作用。通过公益性组织介入，积极宣传《民法典》婚姻法规政策和科学的婚恋观，倡树婚恋新风，逐步引导群众淡化彩礼意识，革除养儿防老的陈旧观念。积极开展适龄青年婚恋介绍工作，利用节假日农村青年男女回家时机，组织开展健康有益的婚介交友活动，为青年男女创造沟通交流的机会。根据实际需要，积极开展形象打造、婚恋沟通等培训，使不善交际的农村男青年逐步提升个人的交际能力和婚恋魅力，提高婚恋成功率。

三是深入推进乡村振兴，缩小城乡差距。农村男青年娶妻难，从表面上看是农村女孩少，但根本原因是城乡差距大，要解决这一问题，还需统筹城乡一体化发展，实现脱贫攻坚和乡村振兴有效衔接，进一步壮大农村集体经济，推动经济发展，提高就业率，促进农民增收致富，从而解决因工作能力弱、经济收入低等造成的农村男青年结婚难这一问题。

四是推进移风易俗，倡导文明婚嫁。黔西南州委、州政府要广泛深入开展治理高价彩礼、推动移风易俗专项行动，努力形成文明婚嫁新风尚。要充分发挥青年党员的带头作用，积极引导家庭成员、直系亲属自觉抵制高价彩礼、反对陈规陋习，切实为群众树立榜样。要支持、鼓励村（居）民委员会、社区组织提供婚恋服务，宣传引导抵制高额彩礼、奢华婚礼。

典型案例报告

Typical Case Reports

B.25

贵州省青年劳动模范和先进工作者情况报告

姚　鹏*

摘　要：　青年是一个国家最具有生气、最为积极的力量，只有青年积极向上，国家才有发展的力量源泉，民族才有无限的未来。对青年群体中的优秀工作者进行表彰，是对其工作成绩的肯定以及激励，能够对每个青年起到示范及引领作用，推动青年群体积极向上、壮大发展。党的十八大以来，全国共举行了两届表彰全国劳动模范和先进工作者大会，贵州省也举行了两届表彰全省劳动模范和先进工作者大会，在全国及贵州省劳动模范和先进工作者大会中，贵州共有52位青年得到表彰，其中2名获得2020年全国劳动模范和先进工作者表彰，3名获得2015年贵州省劳动模范和先进工作者表彰，47名获得2020年贵州省劳动模范和先进工作者表彰。

* 姚鹏，贵州省社会科学院历史研究所助理研究员，研究方向：地理标志。

关键词： 劳动模范　先进工作者　贵州青年

青年向上，国家向前。在整个国家中青年一直是最具有生气、最为积极的力量，只有青年积极向上，国家才有发展的源泉，民族才有无限的未来。习近平总书记在2021年4月考察清华大学时强调“广大青年要肩负历史使命，坚定前进信心，立大志、明大德、成大才、担大任，努力成为堪当民族复兴重任的时代新人，让青春在为祖国、为民族、为人民、为人类的不懈奋斗中绽放绚丽之花”。表彰青年群体中的优秀工作者，是对其工作成绩的肯定以及激励，能够对每个青年起到示范及引领作用，推动青年群体积极向上、壮大发展。辛勤劳动及劳动者的不断创造是全面建设社会主义现代化国家的根基，这里面就包含了阅历深、经验丰富的劳动者，同时还包含着拥有无限活力与创造力的青年。在不同的时代背景之下，每一代人都有着每一个时代所赋予的历史使命，而在不同时代，劳动的内涵在不断地更迭，劳模的判定标准也在不断地进阶，但“爱岗敬业、争创一流，艰苦奋斗、勇于创新，淡泊名利、甘于奉献”的劳模精神始终如一。对于劳模和先进工作者的学习，要着重学习他们身上闪耀的信仰光彩，他们的工作岗位、属性各有不同，但他们身上又有着一个共同点，那就是不畏眼前的迷雾，始终相信“美好的未来”并为之奋斗终生。同时，还要学习他们在平凡工作中实干苦干的拼劲，劳模一定是在相关领域有着一定成就的劳动者，在当前信息化的背景下，知识型、技能型、创新型劳模的比重在不断增加，技能再熟练一点点，科研再创新一点点，铢积寸累，“低洼”就会变成“高地”，推动中国制造向中国创造转变。榜样的力量是无穷的，国家对青年劳动者的表彰，特别是对一线劳动者和基层工作者的认可，有助于引导新时代青年形成正确的劳动观。而青年群体更要加强学习、苦练本领，自觉为建设社会主义现代化国家贡献力量。光荣属于劳动者，幸福属于劳动者。青年群体要自觉与国家富强、民族复兴的伟业同频共振，在劳动中奉献，在劳动中成才，在劳动中受益。

一　贵州省青年获省级以上表彰概况

（一）贵州省劳动模范和先进工作者表彰概况

新中国成立以来，贵州省一共举办了30届（次）劳动模范和先进工作者表彰大会，从历届来看，全省的劳动模范、先进工作者推荐评选和管理服务越来越趋于规范，劳模发挥的模范带头作用越为凸显，会议规模也越发壮大。2015年5月，贵州省人民政府出台了《贵州省劳动模范和先进工作者评选管理服务办法（试行）》（黔府办发〔2015〕21号），更进一步规范了劳动模范、先进工作者的推荐评选和管理服务工作，维护劳模合法权益，鼓励劳模发挥模范带头作用，营造学习劳模、争当劳模、关爱劳模的良好社会氛围。本报告就党的十八大以来，2015年和2020年两届贵州省劳动模范和先进工作者表彰大会的情况进行统计概述，文中的青年判定基于我国《中长期青年发展规划（2016—2025年）》中确定的青年标准，即青年年龄范围是14~35周岁。

1. 2015年贵州省劳动模范和先进工作者表彰大会

2015年4月30日，贵州省2015年庆祝“五一”国际劳动节暨表彰贵州省劳动模范和先进工作者大会在贵阳隆重召开。会议中有494名劳动模范和先进工作者受到表彰，其中劳动模范有325名，占到总数的65.8%，先进工作者有169名，占总数的34.2%。此次表彰坚持面向基层、面向工作一线、面向经济社会发展各条战线、面向社会各个阶层，特别是保证工人、农民工在推荐人选中有较大比重，并提出妇女和少数民族人员应占一定比例。受表彰的一线职工和专业技术人员达到141名，其比例由上届的不少于职工类劳模的55%提高到57%；受表彰的农民工达到28名，比例由上届的不少于农民类劳模的6%提高到25%。在本届劳动模范和先进工作者推荐评选工作中，为确保人选质量，推荐工作严格按照自下而上、逐级推荐、差额评选的方式进行。同年4月28日，2015年庆祝五一国际劳动节暨表彰全国劳动模范和先进工作者大会在北京人民大会堂隆重举行，一共有2968名全国劳动模范（2064名）和全国先进工作者（904名）接受了党中央、国务院表彰，其中就有60名贵州杰出代表被评为全国劳动模范和先进工作者。[①]

在2015年贵州青年劳动模范和先进工作者获表彰方面，有三位青年劳动者被授予了贵州省劳动模范和先进工作者称号，这三位青年劳动者均为一线工人和专业技术人员，分别所属"采矿业"、"电力、燃气及水的生产和供应业"及"交通运输、仓储和邮政业"；在政治面貌上有两位为中共党员，一位为群众；其中两位为少数民族，一位为汉族，且均为男性。从2015年荣获青年劳动模范和先进工作者的数量来看，尽管占贵州省劳动模范和先进工作者总数的比例不高，但获表彰的三位青年劳动模范和先进工作者的年龄均集中在时年24岁到28岁之间，这也侧面反映出贵州在评选劳动模范和先进工作者方面进一步向年轻化倾斜。

2. 2020年贵州省劳动模范和先进工作者表彰大会

2020年12月10日，贵州省劳动模范和先进工作者表彰大会在贵阳召开。会议中有500名劳动模范和先进工作者受到表彰，其中，包括330名劳动模范，占总数的66%，170名先进工作者，占总数的34%，比例与2015年的劳动模范和先进工作者比例基本保持一致。在这500名表彰对象中，高级工及中级以上专业职称的人数达到255名，占到总数的51%，体现了评选注重向一线工人、专业技术人员和科技战线人员倾斜；结合2019年底突发的新冠肺炎疫情，表彰了40名抗击疫情一线的医疗人员，占机关事业单位人选的23.5%，突出推荐抗击疫情中涌现出的先进人物；2020年也是贵州坚决打赢脱贫攻坚战的关键年，表彰中涉及脱贫攻坚人员115名，占总数的23%，体现了注重在脱贫攻坚主战场培育选树典型。同时，此次表彰中对一线工人和专业技术人员人选有较大比例的增加，达到230名，占到总数的46%，较上次表彰大会增长了近20%。此外，农民人选100名，占总数的20%；机关事业单位人选170名，占总数的34%。在学历和职称方面，在此次表彰的500名劳动模范和先进

① 本文资料来源：国务院公报，2015年第14号。

工作者中，享受国务院政府特殊津贴、省政府特殊津贴的有 12 名；大学专科以上学历的有 385 名，占到总数的 77%，其中学士以上学位的有 188 名。本次表彰的人员均为 2015 年以来，在贵州经济、政治、文化、社会、生态文明以及党的建设等方面，特别是在全省实施“三大战略行动”中涌现出来的先进典型，具有广泛的代表性，覆盖了全省各行各业、各条战线，在他们身上集中体现了“团结奋进、拼搏创新、苦干实干、后发赶超”的新时代贵州精神。同年 11 月 24 日，全国劳动模范和先进工作者表彰大会在北京人民大会堂隆重举行，党中央、国务院决定，授予 1689 人全国劳动模范称号，授予 804 人全国先进工作者称号。其中，贵州省 50 人获得表彰，33 人荣获全国劳动模范称号、17 人荣获全国先进工作者称号。

2020 年贵州青年劳动模范和先进工作者获表彰方面，在 2020 年全省劳动模范和先进工作者表彰大会上获表彰的青年有 47 名，占到全省总数的 9.4%，同上一届相比，劳动模范和先进工作者群体中青年所占比例增加了 8.8 个百分点。同时，更为可喜的是在 2020 年全国劳动模范和先进工作者表彰大会上，获表彰的贵州省 50 人中还有 2 名为青年人员。以上数据证明了贵州青年集体茁壮成长所交出的“成绩单”得到全社会的认可和赞扬，这是对全省青年努力奋斗、勤奋工作的最大褒奖，将进一步激励青年继续以昂扬的斗志和旺盛的精力，不松懈、不松劲，为建设社会主义现代化国家做出自己应有的贡献。

（二）贵州青年五四奖章概况

“贵州青年五四奖章”是贵州省人力资源和社会保障厅、共青团贵州省委、贵州省青年联合会授予贵州优秀青年的最高荣誉，旨在树立政治进步、品德高尚、贡献突出的优秀青年典型，反映当代贵州青年的精神品格和价值追求。截至 2021 年底，贵州已进行 21 届次“贵州青年五四奖章”的评选。同时，在国家层面上的“中国青年五四奖章”是共青团中央、中华全国青年联合会授予全国 14~40 周岁（年满 14 周岁、不满 40 周岁）优秀青年的最高荣誉。截至 2021 年底，全国已进行 25 届次“中国青年五四奖章”的评选。本报告就近五届“贵州青年五四奖章”及荣获“中国青年五四奖章”

的贵州青年情况进行统计概述。

2021 年，授予 10 名青年同志第 21 届“贵州青年五四奖章”，授予“山鹰”教练机青年技术保障团队等 5 个青年集体“贵州青年五四奖章集体”称号；同年的第 25 届“中国青年五四奖章”授予名单中，有一位贵州青年在列。2020 年，授予 9 名青年同志第 20 届“贵州青年五四奖章”，授予贵州医科大学附属医院国家紧急医学救援队等 5 个青年集体“贵州青年五四奖章集体”称号，追授一名青年同志第 20 届“贵州青年五四奖章”；在同年的第 24 届“中国青年五四奖章”授予名单中，有一位贵州青年在列。2019 年 4 月 26 日，贵州省第 19 届“贵州青年五四奖章”颁奖仪式暨贵州青少年纪念五四运动 100 周年青春诗会在贵阳举行，授予 8 名青年同志第 19 届“贵州青年五四奖章”，授予赫章县银山社区青年志愿服务队等 5 个集体“贵州青年五四奖章集体”；同年的第 23 届“中国青年五四奖章”授予名单中，有一位贵州青年在列。2018 年，授予 8 名青年同志第 18 届“贵州青年五四奖章”，授予贵州大数据应用展示中心青年先锋队等 5 个青年集体“贵州青年五四奖章集体”称号，追授一名青年同志第 18 届“贵州青年五四奖章”；同年的第 22 届“中国青年五四奖章”授予名单中，有一位贵州青年在列。2017 年，授予 15 名青年同志第 17 届“贵州青年五四奖章”（见图 1、表 1）。

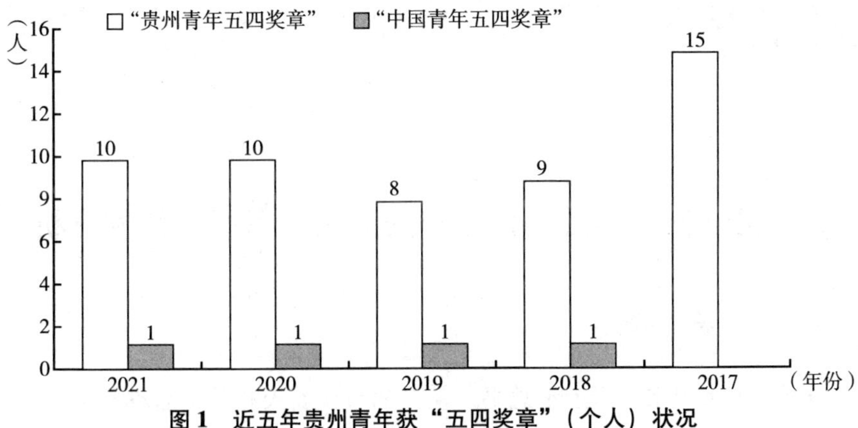

图 1　近五年贵州青年获“五四奖章”（个人）状况

资料来源：根据“贵州共青团”（http://www.gzyouth.cn/home/column/index）中数据，由作者统计整理得到。

表 1　2018~2021 年贵州青年获“五四奖章”（集体）状况

序号	年份	受表彰集体
1	2021	“山鹰”教练机青年技术保障团队
2		贵州省遵义市红花岗区会址消防救援站
3		中建三局一公司安装公司(贵阳)雷神山医院项目青年突击队
4		中共贵州省委办公厅秘书三处脱贫攻坚青年突击队
5		航空工业贵州安大航空锻造有限责任公司技术中心团支部
6	2020	贵州医科大学附属医院国家紧急医学救援队
7		贵州财经大学“花蕾护航·女童保护”团队
8		中建国际投资(贵州)有限公司“黔行先锋”青年突击队
9		满帮集团青年突击队
10		多彩贵州航空有限公司翔云班组
11	2019	赫章县银山社区青年志愿服务队
12		贵州省互联网舆情研究中心(贵州省互联网违法和不良信息举报中心)
13		晴隆县东观街道安置点“阿妹戚托特色小镇”项目部
14		贵州大学精细化工研究开发中心特派员团队
15		“1 家 1”全家福拍摄团
16	2018	贵州大数据应用展示中心青年先锋队
17		安顺市镇宁县简嘎乡喜妹村青年志愿者脱贫攻坚夜校志愿服务队
18		黔南州国税局青工委
19		贵州省轿子山监狱特警队
20		贵州省公安消防总队贵阳市支队云岩区大队三桥南路中队

资料来源：根据“贵州共青团”（http：//www. gzyouth. cn/home/column/index）中数据，由作者统计整理得到。

二　贵州省青年劳动模范和先进工作者群体结构分析

（一）总体情况

党的十八大以来，习近平总书记从党的事业薪火相传、后继有人的战略高度出发，高度重视、亲切关怀青年工作，既着眼党和国家事业全局，又照顾青年工作特点，提出了一系列富有方向性、时代性、开创性的新观点新论断新要求，深刻回答了新时代我们党培养什么样的青年、怎样培养青年，建设什么样的共青团、怎样建设共青团等重大问题，形成了习近平总书记关于青年工作的重要论述。习近平总书记关于青年工作的重要论述，把我们党对青年工作的规律性认识提升到新的高度，为做好新时代党的青年工作指明了前进方向、提供了根本遵循。自党的十八大以来，全国共举行了两届表彰全国劳动模范和先进工作者大会，即2015年庆祝“五一”国际劳动节暨表彰全国劳动模范和先进工作者大会、2020年全国劳动模范和先进工作者表彰大会。同时，贵州省也举行了两届表彰全省劳动模范和先进工作者大会，即贵州省2015年庆祝“五一”国际劳动节暨表彰劳动模范和先进工作者大会、贵州省2020年劳动模范和先进工作者表彰大会。在这两届全国及贵州省的劳动模范和先进工作者表彰大会中，贵州共有52名青年人员得到表彰，其中有2名获得2020年全国劳动模范和先进工作者表彰，3名获得2015年贵州省劳动模范和先进工作者表彰，47名获得2020年贵州省劳动模范和先进工作者表彰（见图2）。

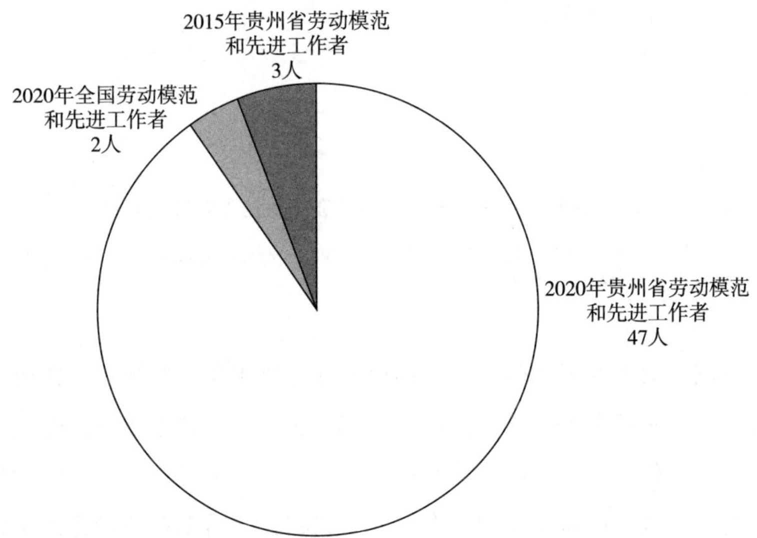

图2　近两届劳动模范和先进工作者大会贵州青年获表彰状况

资料来源：根据“贵州省人民政府”（https：//www.guizhou.gov.cn/）中数据，由作者统计整理得到。

（二）政治面貌构成

青年劳动模范和先进工作者群体的政治面貌构成，一般可分为中共党员、团员和群众三类。基于青年群体的年龄段（14~35 周岁），党员和团员都被视为个人身份变化的象征，其对个人应具备的条件有较高的要求。在 52 名受表彰的贵州青年劳动模范和先进工作者中，中共党员有 35 人，占到总数的 67.3%；共青团员有 2 人，占总数的 3.8%；群众有 15 人，占总数的 28.8%（见图 3）。

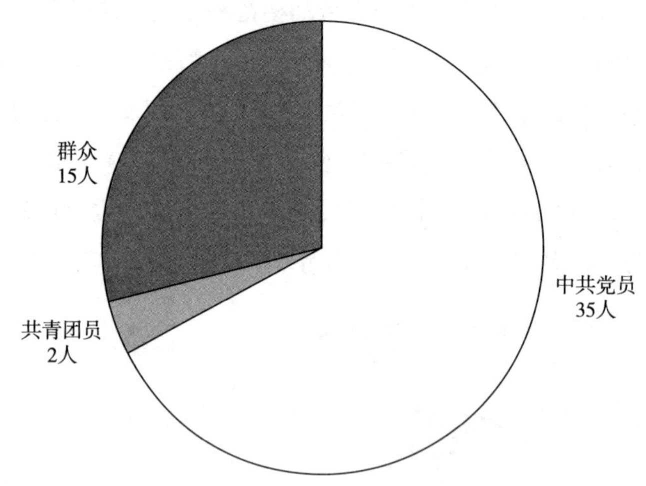

图 3　近两届贵州青年劳动模范和先进工作者政治面貌

资料来源：根据“贵州省人民政府”（https://www.guizhou.gov.cn/）中数据，由作者统计整理得到。

通过图 3 对近两届贵州青年劳动模范和先进工作者政治面貌构成情况进行统计，其基本情况是党员、团员的比例占据了总数的近 2/3，进一步体现了在生产、工作、学习和一切社会活动中，党员、团员起到了一定的带头作用。同时，在政治面貌构成中，有 1/3 的贵州青年劳动模范和先进工作者为一般群众，他们凭借自己辛勤劳动所取得的成果而当选劳模，说明实际劳动成效是评选劳模的重要标准。正如中华全国总工会《劳动模范工作暂行条例》中规定的：“一、劳动模范工作的基本原则和要求，第一条：评选劳动模范的根本标准，必须是在推动生产力发展方面起了显著作用、对社会主义现代化建设事业做出了较大贡献的个人和集体。”

（三）人员构成

在人员构成方面，一般分为一线工人和专业技术人员、农民、机关事业单位工作人员、企业管理人员等几个大类。在52名受表彰为劳动模范和先进工作者的贵州青年人员中，一线工人和专业技术人员有26人，占到总数的50%，农民有9人，占总数的17.3%，机关事业单位工作人员有11人，占总数的21.2%，企业管理人员有6人，占总数的11.5%（见图4）。

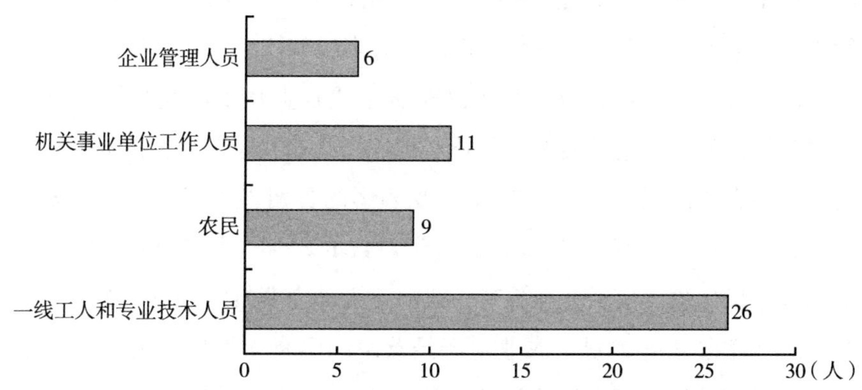

图4　近两届贵州青年劳动模范和先进工作者人员分布状况

资料来源：根据“贵州省人民政府”（https：//www.guizhou.gov.cn/）中数据，由作者统计整理得到。

根据图4的统计，在近两届贵州青年劳动模范和先进工作者中，贵州青年中的一线工人和专业技术人员的比例最高，占到总数的一半，这与贵州在近年来大力推动经济建设的基本指向是保持一致的，这在劳动模范和先进工作者的评选中也有一定的侧重。在人员划分中，一线工人和专业技术人员、农民都是直接面向生产的具体环节，而企业管理人员及机关事业单位工作人员的涵盖面则比较广泛，有主任、厂长、科长、技术员等，其中的绝大多数人员实际并未脱离生产。尽管在评选劳动模范和先进工作者中对受表彰人员进行了一线工人、专业技术人员、企业管理人员等角色划分，但他们在生产、技术、管理上并没有明确的界限，许多管理人员都具备生产成绩与管理成绩，而不少工人也大多有技术上的发明创造或改进成绩。

（四）民族构成

贵州是一个多民族聚居的省份，全省共有56个民族，其中世居民族就有18个。新中国成立以来，在党的民族政策光辉照耀下，贵州省民族团结进步事业蓬勃发展，民族地区经济发展、文化繁荣、民族团结、社会稳定、人民安居乐业，平等、团结、互助、和谐的民族关系不断巩固和发展，民族团结进步事业取得了辉煌的成就。贵州有着多民族团结合作、和睦相处、共同繁荣的社会环境，社会稳定、人民安居乐业是贵州多民族共同努力得来的，贵州经济社会的蓬勃发展离不开全省各民族的共同努力，其中也包含着全省各民族青年的同心协力。在52名受表彰的贵州青年劳动模范和先进工作者中，少数民族青年就有18人，占到总数的35%（见图5），这18名受表彰的少数民族青年有奋斗在生产一线的工人和专业技术人员、农民工，也有机关事业单位工作人员、农业生产经营组织负责人、村“两委”班子成员等。获得劳动模范和先进工作者表彰是对他们辛勤工作所取得成绩的最大肯定，也是对全省各少数民族青年在各自岗位上更为加倍努力奋斗的最大的激励。

（五）性别构成

党的十八大以来，贵州省女性劳动模范和先进工作者在整个劳动模范和先进工作者群体中占比不断增加，在社会经济发展中发挥的作用越来越明显。在52名受表彰的贵州青年劳动模范和先进工作者中，女性青年有10人，占到总数的近20%（见图6）。她们既是普通群众学习的榜样，也是政府和广大群众之间的纽带和桥梁，她们带头积极参加生产劳动，为贵州的经济社会发展做出了重要的贡献。

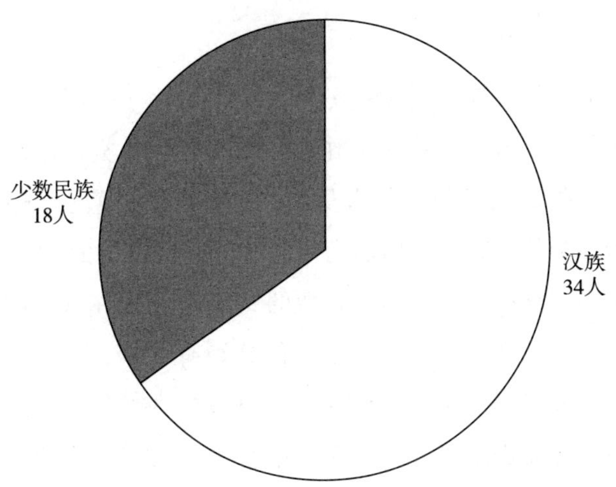

图 5　近两届贵州青年劳动模范和先进工作者民族构成状况

资料来源：根据“贵州省人民政府”（https：//www. guizhou. gov. cn/）中数据，由作者统计整理得到。

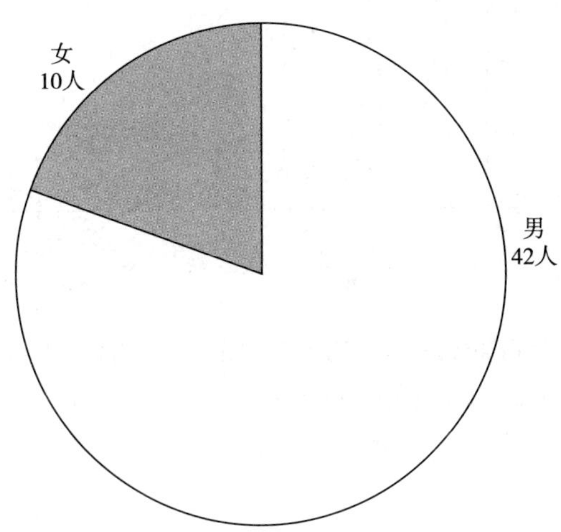

图 6　近两届贵州青年劳动模范和先进工作者性别构成状况

资料来源：根据“贵州省人民政府”（https：//www. guizhou. gov. cn/）中数据，由作者统计整理得到。

（六）地区构成

在地区构成方面，除了全省的6个地级市、3个民族自治州和1个国家级新区外，还包括了省直属单位和中央在黔单位等12类。在52名受表彰劳动模范和先进工作者的贵州青年人员中，毕节市和省直属单位的分别有9人，分别占到总数的17.3%，黔西南州有6人，占总数的11.5%，贵阳市、遵义市和黔东南州均有5人，均占总数的9.6%，铜仁市和黔南州分别有3人，六盘水市、贵安新区、中央在黔单位分别有2人，安顺市1人（见图7）。从以上的数据来看，这与全省各地州行政区域的人口分布是契合的，这也同劳动模范和先进工作者是从劳动群体中产生的评选标准相一致。

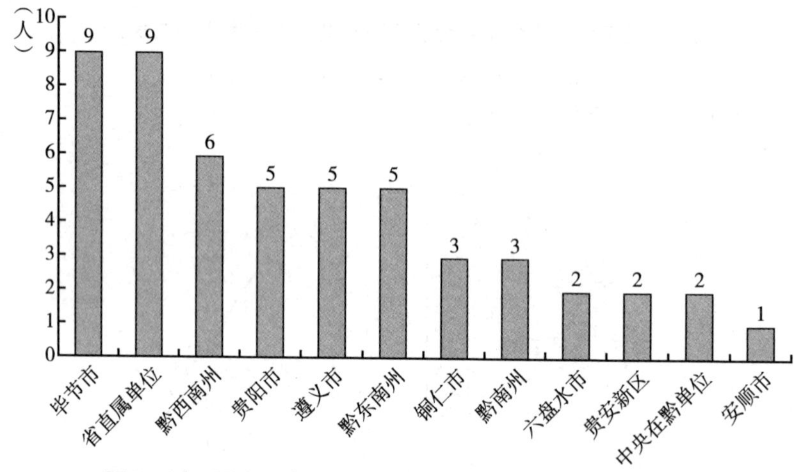

图7 近两届贵州青年劳动模范和先进工作者地区构成状况

资料来源：根据“贵州省人民政府”（https://www.guizhou.gov.cn/）中数据，由作者统计整理得到。

三 贵州省青年劳动模范和先进工作者风采

（一）“生命之树常青 安全之堤永筑”李远伟同志先进事迹

李远伟，男，汉族，出生于1990年3月，河南省商丘市夏邑县人。

2014年加入中国共产党，现任贵州豫能投资有限公司矿山救护大队中队长，2010年2月加入煤矿救援行业。2020年11月24日被中共中央、国务院授予全国劳动模范称号。从事煤矿救援行业的十年中，他怀揣着梦想，用奋斗把最美丽的青春献给了煤矿救援事业，用成就浇筑着亮丽的青春底色。

在李远伟的荣誉档案里，有省级、国家级和国际级别的荣誉共20余项，2019年还有幸被推选为第七届世界军人运动会火炬手。曾获贵州省“应急救援先进个人”“青年岗位能手”“技术能手”“十大金牌员工”“五一劳动奖章”，河南省煤炭系统“十大工匠”，全国“青年岗位能手”、“五一劳动奖章”等诸多称号及荣誉，这些荣誉的取得对他的救援生涯来说是一种压力，更是一种鞭策。

1. 抢险救灾，是他守住了责任

十年来，李远伟先后参与和带领救援小队成功处理矿井水灾、火灾、冒顶、煤与瓦斯突出等重特大事故20余起，抢救遇险、遇难人员150余人，挽回经济损失约2000余万元。他参加的隧道火灾、特别重大自然灾害事故等一系列社会救援，均得到当地政府的充分肯定，为煤矿和当地社会做出了较大突出贡献。

他身先士卒，带领队员不畏艰险，高效救援。2014年10月，在参与一大型煤矿发生的重大煤与瓦斯突出事故抢险救援中，他带领小队深入灾害现场进行侦查救援，灾害现场发现遇险者4名，都存在不同程度的伤情。其中有1名矿工是他的朋友，当时就慌忙喊：“远伟，是我，赶紧先把我抬上去吧，我的腿好像骨折了。”他正准备展开担架实施抢救时，突然，微弱的呻吟声从附近的耙矸机处传来，他用矿灯仔细一看，是1名矿工兄弟被沉重的工字钢压住了胸部，全身都覆满了煤渣，他安慰了朋友一句话后，迅速就让同事一起先抢救了这名重伤者，李远伟当时还被落下“六亲不认”的骂名。但他心里明白“先重后轻”的科学救险原则是前提，生命面前，人人平等。

2. 亮丽的背后，是他无悔的付出

“能为国家争光，我定当鞠躬尽瘁”，他被采访时说道。2016年，他被选拔为加拿大国际矿山救援技能战术大赛的中国选手，也是贵州省唯一1名参加技术员设备操作的选手，在感到兴奋之余，更多感受到的是沉甸甸的压力。为了扬我国威，11个月的集训中，他几乎放弃了所有的正常休息时间，更不要说探亲时间了。训练期间，他每天从早上4点多到晚上10点都在训练场上。他因为超出常人的付出，最终在这次加拿大国际性大赛上勇夺个人第六名的好成绩，并帮助中国代表队获得团体第四名的优异成绩，为中国代表队赢得了荣誉和掌声。

3. 历经磨炼，他不忘救援使命

在从事了十年的救援生涯和高强度训练中，他受伤无数次。自加入矿山应急救援工作以来，他从未忘记“守护矿山安全、呵护矿工生命”这份初心与使命。日常的他踏实敬业，刻苦训练矿山救援技能，研究对煤矿、自然灾害决策指挥等方面的技术，同时，他勤奋钻研矿山救援新装备、新技术。

矿山抢险救援工作中，自身安全是救援成功的前提保证。自身安全离不开先进的技术装备。为更好地掌握新装备的使用方法，李远伟刻苦钻研各种新型救灾设备，特别是个人防护装备。2012年4月，他接触到贵州省矿山救援行业的第一台全进口个人防护装备——德国DRAGE BG4正压氧气呼吸器。这种装备被称为抢险救灾时的“人类第二生命”。然而，用不好同样会造成危害。他吸取之前有人因使用不当而造成的次生事故教训，下定决心“吃透它”。通过查阅网络和书籍、翻译各类相关资料，仔细研究此呼吸器的构造原理，性能、校验、操作方法和故障排查等技术细节。2020年初疫情防控期间，他主动向青基会驰援鄂豫、九三王选关怀基金会共捐助5000余元；积极向所在地方医院和卡点驻守工作人员送去食品；热心帮助所在社区进行挨家挨户排查工作，为抗击疫情做出了积极贡献。

“牢记使命，初心未变”，作为一名共产党员，国家和人民的利益高于一切。李远伟用他的那股精神鼓舞着奋斗在一线的应急救援人，他的青春正焕发出中国青年劳动者为祖国、为人民奉献的绚丽光彩！

（二）“匠心制茶　茶香人生”刘仁军同志先进事迹

刘仁军，男，1990 年 2 月出生，汉族，大专学历，中共党员，高级茶叶评审员、高级茶叶加工工人，现任贵州詹姆斯芬利茶业有限公司质量保证检测员。他先后在 2015 年、2016 年贵州省手工制茶技能大赛青茶（乌龙茶）赛项，2017 年全国茶叶加工职业技能竞赛，2018 年“太极古茶杯”贵州省首届古树茶加工技能大赛中获得一等奖、优秀奖等奖项。荣获“贵州省技术能手”“贵州省十佳优秀技术员”“铜仁市五一劳动奖章”“贵州省五一劳动奖章”“全国五一劳动奖章”等荣誉或称号。2020 年 11 月 24 日被中共中央、国务院授予全国劳动模范称号。

1. 探索生态环保茶产业先行之路

贵州是世界知名的茶叶原生地和优生区，“低纬度、高海拔、寡日照、多云雾、无污染”的生态优势赋予了贵茶“香高馥郁、味醇鲜美、色纯鲜亮”的独特品质。2009 年，在贵州大力发展茶产业的趋势下，他毅然选择了学习茶叶专业。2014 年刘仁军从省外大学毕业返回家乡思南县以后，成为思南县林峰益农种植专业合作社一名茶叶加工工人。工作中，他以匠心精神，致力于精制精品，力求让消费者喝到放心茶、好茶，打造贵州茶“干净”品牌意识，抓住“多彩贵州”绿色生态环境，抓住“桃源铜仁”茶“干净”本质，抓住“明珠思南”茶营养丰富的特征，给“干净”一词赋予绿色、养身、健康、环保含义，建立从茶园到茶杯的追溯系统，对茶园当天的空气质量、农事活动、生产加工、包装销售进行实时监控，让商家从现代传媒中监督企业茶叶生产的全过程，让消费者喝茶喝得放心。

2. 积极投身脱贫攻坚一线

茶产业已成为贵州支柱产业之一，更成为脱贫攻坚的重要富民产业之一。2017 年正值思南县脱贫攻坚冲刺阶段，在广大干部群众的努力下，基层农村生活条件越来越好，但仍面临村集体经济收入低、缺少产业支撑等问题。为了能让家乡群众发展产业，让贫困群众增收致富，刘仁军利用所学专业知识和从事茶产业的成功经验，结合思南县的气候、土壤、空气等环境因素，积极向思南云艾农业发展有限公司建议，采用“公司+基地+农户”的模式，大力发展当地茶产业。从土地流转到采购茶苗、种植再到基地管理，使当地贫困户和村民有了原来家庭的收入+土地流转收入+进入公司务工等收入。该公司还和村里签署了合法的利益联结机制，在用工上优先满足困境人员，使困境家庭实现稳步增收、稳步脱贫。

3. 把贵州茶产业做大做强

中国是茶的故乡、茶文化发祥地、世界最大产茶国，贵州是中国茶叶原产地之一、茶树原产地的核心区域。刘仁军积极向前来考察的国内外知名茶企大力宣传贵州茶的价值和优势，在他的不懈努力下，2018 年 3 月，世界知名茶企——太古集团芬利茶业选择将思南县作为芬利茶业在中国区的总部，并在当地成立贵州詹姆斯芬利茶业有限公司，刘仁军担任公司质量保证检测员。

绿水青山就是金山银山。茶叶，带给贵州的除了产业的振兴外，也真正实现了百姓富、生态美的统一，这张“绿叶”的健康发展，使贵州既有“绿水青山”的颜值，又有“金山银山”的内涵。太古集团芬利公司早在 130 多年前就涉足茶叶贸易，是全球当今最大的茶叶种植企业、茶叶提取物生产商、片茶原料商，其茶叶基地覆盖肯尼亚、印度、斯里兰卡等国，年产片茶 14 万吨以上。刘仁军在担任公司质量保证检测员以来，发挥技术业务能力强的特点，参与标准化管理体系建立，对供应商提供基地、生产线、生产、体系管理等技术服务工作，及时解决茶加工技术难题和优化生产流程，帮助当地茶农和企业减少生产成本，在一定程度上促进贵州茶产业走向标准化、大规模、大市场发展，为贵州从茶叶大省走向茶叶强省做出了积极贡献。

4. 无私奉献传承劳模精神

刘仁军的座右铭是：“无论茶是苦涩还是甘甜，都永远是事业和追求。”如今他的目标就是把贵州茶产业做大，做丰富，做美丽。在他的带动下，种植专业合作社、公司同事充分发扬吃苦、敢挑战、勇担当的精神，极大地提升了企业的凝聚力、向心力和战斗力，推动了当地茶产业的快速发展。劳模的辐射带动作用，吸引每一位职工积极参与到茶产业的技术创新、科技攻关、岗位练兵中来，为企业培养和造就了一支学习能力强、创新能力强、业务素质高的精英团队。人们常说，“授人以鱼，不如授人以渔”。对于刘仁军来说，帮助同事和种植户不仅有“鱼”，也一样有“渔”。这些年来，他每年都要坚持为广大种植户、农民、贫困户讲授茶叶种植、加工技术，毫不吝啬地把自己多年积累的经验、技术传授出去，带动更多的群众致富。在刘仁军的身上，人们理解了“奉献”二字的真正含义，每天最早到企业，最晚回家，用他的汗水和智慧做着光荣而平凡的工作，荣誉和成绩真实记录着他走过的历程，记录着他心系贵州茶产业、奉献一生的一片深情。但是，在成绩面前，他从不自满，他总是把成绩和荣誉作为新的起点，继续向新的更高目标迈进，继续在贵州茶产业这片沃土上释放自己的光和热。

参考文献

习近平：《在知识分子、劳动模范、青年代表座谈会上的讲话》，《人民日报》2016年4月30日，第2版。

《用劳动谱写中国梦的贵州篇章》，《贵州日报》2015年4月30日，第1版。

许邵庭：《建设青年友好型成长型省份　服务广大青年全面优先发展》，《贵州日报》2021年9月24日，第2版。

褚丽：《弘扬劳模精神　引领青年发展》，《盐城工学院学报》（社会科学版）2021年第4期。

B.26
贵州省青年发展示范创建情况报告

才海峰*

摘　要： 中共中央、国务院发布《中长期青年发展规划（2016—2025年）》以来，贵州省坚决贯彻落实规划要求，以青年发展示范创建为开拓青年发展工作的重要路径，提出了建设“青年友好型成长型省份”的新思路。通过不断创新方式方法，在推进清镇市、兴义市国家规划县级试点发展的同时，于2020年、2021年分别在全省9个市州建设2个批次10个类别共38个省级示范项目，覆盖青年达343.9万人。截至目前，贵州省青年发展示范创建工作有序推进，建设情况总体良好，但在规划落实力度、项目实践经验、管理制度和资金投入等方面仍存在一些问题。本报告从提高政治站位、加强部门联动、提高项目创新性和人员的专业性、完善项目评价标准、加大经费投入和扩大青年发展项目影响力等方面提出对策建议。

关键词： 青年发展　清镇市　兴义市

促进青年更好成长、更快发展，是国家的基础性、战略性工程。2017年，中共中央、国务院依据党和国家有关政策法规，按照经济社会发展的总体目标和要求，结合我国青年发展的实际情况印发并开始实施《中长期青年发展规划（2016—2025年）》。贵州省委、省政府高度重视规划实施，共青团贵州省委联合省49家单位和9个市州成立中长期青年发展规划联席会议办公室，

---

* 才海峰，贵州省社会科学院民族研究所助理研究员，研究方向：民族社会学。

于2019~2021年分别召开三次联席会议，聚焦“青年友好型成长型省份建设”，努力探索《中长期青年发展规划（2016—2025年）》实施的有效路径。

2020年12月18日，共青团中央为推动《中长期青年发展规划（2016—2025年）》纵深实施，出台了《关于扩大〈中长期青年发展规划（2016—2025年）〉实施县级试点工作的通知》（中青办通字〔2020〕85号），该通知中明确贵州省清镇市、兴义市为县级试点，试点时间为2020年12月~2021年12月。贵州省以建设清镇市、兴义市两个国家规划县级试点为引领，于2020年、2021年分别在全省9个市州建设2个批次10个类别共38个省级示范项目，覆盖青年达343.9万人，积极实现了为基层赋能、为青年发展造势，一定程度上破解了基层实施《中长期青年发展规划（2016—2025年）》过程中的困境和问题，全面推动贵州省青年工作有序高质开展①。

一　国家规划县级试点建设情况

（一）清镇市创建国家规划县级试点工作成效

2020年12月，清镇市入选全国《中长期青年发展规划（2016—2025年）》试点县（市）。自试点工作开展以来，清镇市认真落实党管青年工作要求，立足高质量发展对青年的现实需求，紧紧围绕团中央“六有”工作要求，扎实推进试点建设工作。

一是加强党的领导，把牢青年工作正确方向。清镇市高度重视青年发展，建立由市委、市政府相关负责同志担任召集人，团市委、教育局、职教城管委会等48家单位为成员的联席会议制度，并将试点建设工作纳入市委、市政府重点工作，将青年发展规划纳入清镇市“十四五”规划和二〇三五年远景目标，形成了“一型两策五区双十”的工作总思路，推动工作取得了阶段性成效。2021年4月，国家中长期青年发展规划中期评估调研组一

① 资料来源：贵州省中长期青年发展规划联席会议第三次全体会议上的汇报。

行赴清镇市调研评估试点建设工作，给予了“有态度、有力度、有格局、有路径、有特色、有亮点，期待清镇为全国创造更好经验”的鼓励。

二是坚持共建共享，构建青年融合联动格局。清镇市深化校地合作，着力打好贵州（清镇）职教城校地融合牌，与贵州交通职业技术学院等职教院校签订协议、备忘录 9 份，涵盖项目 69 个。推进校区与校区联动，引导职业院校积极与各地中小学联动，累计接纳中小学生参观研学 9000 余人次。推进校区与街区联动，推动职业院校为辖区街区孵化青年创业团队 25 个，街区商业团队为院校创业团队提供市场咨询、营销服务 1900 余人次。推进校区与园区联动，采用“引企入校”“引校进企”等模式，支持产业园区企业与职业院校开展深度合作，创造青年创业就业岗位 2000 余个。推进校区与社区联动，引导各青年志愿者协会、学生联合会等社会组织累计为社区群众办实事好事 800 余件。推进校区与山区联动，推动交职院、轻工职院等联合打造了“满天星”三下乡社会实践全国重点团队。

三是提升服务水平，改善青年发展成才环境。着力提升服务青年学习生活水平，打造“清镇青年卡”项目，持卡青年通过参与团组织工作，累计活动积分后可到职业院校享受开放图书馆、体育场馆等基础设施，可到合作商家、商业综合体享受购房、买车等特惠优惠，让更多青年人才愿意留在清镇、服务清镇、扎根清镇。出台《清镇市人才服务绿卡实施细则》，编制《清镇市“十四五”人才发展专项规划》，挂牌成立“清镇市青年发展中心”“贵州乡村振兴青年培训学院”。

四是紧扣中心大局，搭建青年力量展示舞台。紧紧围绕“四新”主攻“四化”和“强省会”五年行动，鼓励引导全市广大团员青年和志愿者积极投身乡村振兴、生态环保、疫情防控、基层治理等中心工作。按照“5461”工作思路，推进枫渔小区国家级社区青春行动试点工作。创新开展“湖城有你”巡河志愿服务等志愿服务项目，2021 年，各类志愿服务累计开展 1.2 万余人次，“您的银发·我的牵挂”志愿服务项目荣获国家级银奖、省级金奖，清镇市西部计划项目办获评全国优秀项目办。积极推进清镇市“梦想青春小镇”短视频直播基地省级示范项目建设，探索创建“1+12+N”青年之家，提升青年荣誉感和组织归属感。“五区联动”“青年之家”等做法被《中国青年报》《农民日报》《贵州日报》等权威媒体刊载。

（二）兴义市创建国家规划县级试点工作成效

2020年12月，兴义市入选全国《中长期青年发展规划（2016—2025年）》试点县（市）。在兴义市委、市政府的坚强领导下，团市委坚持以习近平新时代中国特色社会主义思想为指导，紧扣市委“一五八”工作部署，团结引领全市广大团员青年在推动兴义高质量发展新篇章中贡献青春力量。

一是坚持党管青年原则，优化青年工作推进机制。兴义市利用市（县）换届的契机，调整青年工作推进机制，由州委常委、市委书记担任联席会议第一召集人，每季度召开一次全市规划联席会议，形成推动《规划》实施的强大合力。先后组织召开全市三次中长期青年发展规划联席会议，把青年发展规划和兴义市“十四五”规划的实施紧密结合起来。

二是培育时代新人，加强对青少年的思想政治引领。开展学习宣传习近平总书记“七一”重要讲话精神等活动，覆盖677个团组织，参与活动15.9万余人次，覆盖率100%，开展青少年党史学习教育50余次。开展“弘扬雷锋精神·增辉文明兴义”巡河护河等志愿服务活动，参与人数5000余人次，惠及群众1万余人。利用“青春兴义”等平台推送1000余篇图文和视频，累计阅读量21.3万余人次，关注人数达6.2万余人。引导全市团员青年参与“青年大学习”线上课程，累计学习29期，参学青年15.7万余人次。联合省团校举办“青春闪光”青年培训工程。

三是聚焦主责主业，紧紧围绕中心扎实服务大局。建立青年人才资源库，打造黔西南州首家青年人才驿站，印发《兴义市激励和支持青年就业创业助推经济高质量发展八条政策措施》，搭建人才发展平台载体93个、省州级农民工创业示范点8个、兴义市创业就业示范基地3个。累计发放青年一次性创业补贴13人5.45万元，创业场所租赁补贴236人140余万元。紧扣青年体质提升，建成全民健身中心1个，公共体育馆1个，棒垒球体育公园1个，申报省级优秀体育后备人才基地项目1个。组织健康心理辅导

400余次覆盖1.2万余人。积极争取华大基因支持对所有适龄青年开展基因检测，完成检测样本58.8万份，是西部首个对适龄青年开展基因检测全覆盖的地区。实施“春晖行动·风筝计划”，建成“新时代示范春晖社”1个，目前将1100余人纳入外出务工乡友信息库。

三是打造青创品牌，夯实“兴青”十大工程。打造团属自主品牌服务青年。创建青创农场4个、青创民宿4个。打造“花young联盟”青年交友品牌，2021年举办活动3期，服务240余人次。打造“青年之家”品牌，2021年新增青年之家23个，累计开展志愿服务活动300余次，参与人数8800余人次。打造青春公园品牌，建立青春公园1个。打造“牵手团建”品牌，累计开展活动9期，覆盖青年200余人次。按照“1+10+37+N”工作模式，夯实“兴青”十大工程，推动试点建设工作落地见效，构建阵地坚实、特色突出、覆盖全面的青年工作格局。

二　贵州省级青年发展示范项目的建设情况

贵州省级青年发展示范项目共38项，涵盖维护青少年合法权益、青年就业创业、青年思想道德、青年教育、青年社会融入与社会参与、青年文化、青年社会保障、青年婚恋、青年健康、预防青少年违法犯罪共10个类别，详见表1。

表1　贵州省级青年发展示范建设项目基本情况一览

时间	序号	项目名称	呈报单位	类别
2020年（第一批）	1	“不褪色的青春”——贵阳市未成年人司法社会工作精准帮扶项目	团贵阳市委	维护青少年合法权益
	2	“梦想青春小镇”——清镇市短视频、直播培训孵化基地项目	团贵阳市委	青年就业创业
	3	遵义市青年创新创业培养项目	团遵义市委	青年就业创业
	4	绥阳县青年创新创业项目	团遵义市委	青年就业创业
	5	共青团微团课视频制作项目	团六盘水市委	青年思想道德

续表

时间	序号	项目名称	呈报单位	类别
2020年（第一批）	6	六盘水市青少年国学教育基地（凉都国学馆青少年示范活动中心）项目	团六盘水市委	青年教育
	7	西秀区“星火行动·我与家乡共发展”志愿服务项目	团安顺市委	青年社会融入与社会参与
	8	平坝区乡村振兴青年培训项目	团安顺市委	青年教育
	9	毕节市搬迁青少年城市融入计划项目	团毕节市委	青年社会融入与社会参与
	10	织金县青创联盟项目	团毕节市委	青年就业创业
	11	大龙开发区移民新区青少年社会工作服务项目	团铜仁市委	青年社会融入与社会参与
	12	碧江区“图书漂流”计划项目	团铜仁市委	青年文化
	13	凯里市易地扶贫搬迁安置点“蓝房子”公益图书馆项目	团黔东南州委	青年文化
	14	麻江县阳光帮扶计划项目	团黔东南州委	青年社会保障
	15	青春长征——黔南州青少年思想政治引领系列活动项目	团黔南州委	青年思想道德
	16	黔南州易扶点青少年城市融入试点项目	团黔南州委	青年社会融入与社会参与
	17	兴义市“青创农场”项目	团黔西南州委	青年就业创业
	18	安龙县双龙社区“双龙新青年计划”社会融入与社会参与项目	团黔西南州委	青年社会融入与社会参与
2021年（第二批）	19	青聚长岭——白领青年公益性自组织培育模式探索项目	团贵阳市委	青年社会融入与社会参与
	20	童眼看社区——流动儿童社区参与能力建设项目	团贵阳市委	青年社会保障
	21	易地扶贫搬迁“53°青春育雏计划”项目	团遵义市委	青年社会保障
	22	“缘聚·湄潭”项目	团遵义市委	青年婚恋
	23	“品读青春·书影分享”项目	团遵义市委	青年文化

续表

时间	序号	项目名称	呈报单位	类别
2021年（第二批）	24	“小凉粉”志愿服务队品牌打造项目	团六盘水市委	青年社会融入与社会参与
	25	“你的故事”党史故事讲述会项目	团六盘水市委	青年思想道德
	26	“美好生活，从心出发”青年发展项目	团安顺市委	青年健康
	27	“逐梦路上·你我同行”助推青年就业项目	团安顺市委	青年就业创业
	28	青年“返乡·归巢”社会融入实践项目	团毕节市委	青年社会融入与社会参与
	29	金沙县“乡村振兴·青年酱酒产业人才培育计划”项目	团毕节市委	青年就业创业
	30	“心系祖国　畅想中国——春晖陪伴系列活动”项目	团铜仁市委	青年思想道德
	31	“乡村振兴在线青年担当”搭建平台助力大学生反哺家乡项目	团铜仁市委	青年社会融入与社会参与
	32	搭建东西部青年双向交流平台项目	团黔东南州委	青年就业创业
	33	施秉县农村青年直播带货电商创业项目	团黔东南州委	青年就业创业
	34	锦屏县易地扶贫搬迁安置区预防青少年违法犯罪示范项目	团黔东南州委	预防青少年违法犯罪
	35	黔南州荔波县“文明小市民新生活、新起点、新梦想”活动项目	团黔南州委	青年社会融入与社会参与
	36	黔南州贵定县“5+X”清单化团建项目	团黔南州委	青年社会融入与社会参与
	37	册亨县丫他镇板万村“板万新青年计划”青年创业空间发展项目	团黔西南州委	青年就业创业
	38	兴义市青年创业孵化营项目	团黔西南州委	青年就业创业

（一）第一批省级青年发展示范项目（已完成）

1.“不褪色的青春”——贵阳市未成年人司法社会工作精准帮扶项目

为更好地加强对未成年人的司法保护，该项目开展了以下服务：一是构建合适成年人队伍，招募志愿者30人，开展合适成年人的培训2场，制定服务手册1套，完成贵阳市合适成年人参与询问20人次。二是以“情景教学+体验式学习”为主，开展预防青少年犯罪法治教育20场，并开展未成年人犯罪社会调查10例。三是尝试开展附条件不起诉考察帮教社会工作精准帮扶个案，维护未成年人合法权益。

2.“梦想青春小镇”——清镇市短视频、直播培训孵化基地项目

依托职教城院校，联合各部门和社会专业机构力量，打造“四基地”（即短视频、直播培训、孵化基地，短视频、直播青年创业基地，产品供应链基地，融媒体电商运营人才培训基地），建设“四中心”（即产品中心、运营中心、直播中心、交易中心），举办“一赛一会”（即梦想青春新主播大赛，短视频、直播产业博览会），为青年创业就业搭建平台。2021年7月，“梦想青春小镇”首期公益性短视频培训课在线上开课，来自多个职业院校共200余名青年学生参加了培训。

3.遵义市青年创新创业培养项目

依托“遵义市农村青年致富带头人协会”帮助青年就业创业。2020年9月，共青团遵义市委与协会联合举行共青团助力乡村振兴农特产品首发活动，首批订单总价值为535万元，包括习水的李子干、桐梓的方竹笋等10款优质农产品。协会2020年度的农特产品总订单在3500万元左右，直接受益人数130余人，间接受益人数1500余人。

4.绥阳县青年创新创业项目

绥阳县以青年创新创业园直播间为抓手，扶持农村青年创新创业。直播间由专业的运营公司负责运营，累计开展网络直播带货40余场次，带货内容涵盖20余种农特产品和快消品，累计销售金额120余万元，对带动群众就业、增加群众收入起到良好的示范效应和带动作用。

5. 共青团微团课视频制作项目

共青团六盘水市委重点关注青少年思想道德教育领域，分别以《学习团章，做合格团员》和《弘扬三线精神，奋斗砥砺青春》为主题拍摄时长为6~9分钟的微团课视频2部。依托线上线下平台展播微团课视频，持续在全市广大青少年中广泛开展微团课视频的宣传。

6. 六盘水市青少年国学教育基地项目

2021年，该项目完善基地软件内容，并对硬件设施进行全面维护。目前新装美术展馆1间、音乐鉴赏馆1间、古音乐室1间、搭建服饰展舞台1个。自2020年下半年至今，凉都国学馆组织钟山区多个学校、部门、企业等近万人次开展各类社会实践活动和学习考察活动。

7. 西秀区“星火行动·我与家乡共发展”志愿服务项目

截至2021年4月，西秀区共组织开展志愿服务活动7期，共540余人参加本项目，服务时间累计134天，服务围绕巩固脱贫攻坚成果、“新市民·追梦桥”工程、“乡村振兴”青年行动等内容展开。其间，共核查整理脱贫户资料档案7365份，发现问题2395个，解决问题2229个；入户走访1995户，调研特色产业点25个，切实推动巩固脱贫攻坚成果与乡村振兴有效衔接。

8. 平坝区乡村振兴青年培训项目

平坝区团委联合区农村青年协会制定培训计划，围绕农村电商培训、灰鹅养殖培训等内容举办了4期乡村振兴青年培训班。培训采取集中授课、专题辅导、分组讨论、实操练习、外出观摩等形式，累计培训8天，累计参训人次达百余人。

9. 毕节市搬迁青少年城市融入计划项目

2020年以来，毕节市黔西县依托锦绣街道“新市民·追梦桥”服务中心、“希望小课堂”、青年之家等载体，围绕生活习惯、城市体验、思想引领、兴趣培养、从我做起等方面着力促进青少年更好地实现社会融入。截至2021年4月，黔西县积极开展志愿服务活动10余场，课业辅导2300余人次，服务200余名搬迁青少年，开展其他各类主题活动10余次，直接受益人数 3200 余人，间接受益人数超过 1.67 万人。

10. 织金县青创联盟项目

织金县青创联盟以织金县猫场镇为就业创业孵化基地，为青年就业创业搭建平台。依托本县区各职业技术学校、就业创业带头人、资深金融专家成立青年人才就业创业导师团，对初创企业、新入职人才开展就业创业培训等。截至 2021 年 4 月，完成阵地建设并开展相关活动 2 次，服务 200 余名创业就业青年。

11. 大龙开发区移民新区青少年社会工作服务项目

开发区分行业建立“6+N”支志愿服务队伍，重点打造“政策宣讲、创业就业、法律援助、青春自护、文化文艺、卫生健康”6 支常备志愿服务队伍。截至 2021 年，共有 73 名西部计划志愿者、50 余名企业志愿者、120 余名易扶点青年大学生志愿者、240 多名易扶点群众志愿者到辖区开展志愿服务。开发区目前在“志愿贵州”注册的志愿者达到 2000 余人，志愿服务累计达 1000 余次，受益群众达 2 万余名。

12. 碧江区“图书漂流”计划项目

碧江区“图书漂流”计划项目已建成“图书漂流站”8 个，覆盖全区易地扶贫搬迁安置点 8 个，有各类图书 1.2 万余册，共开展图书分享会交流会、经典朗诵比赛、专题读书日等活动 50 余场次，累计参与青少年 1500 余人次。

13. 凯里市易地扶贫搬迁安置点“蓝房子”公益图书馆项目

2021 年以来，凯里市共完成四个社区阵地建设，通过购买服务的方式，引进彩虹社工服务中心和遇趣教育专业人员入驻“蓝房子”图书馆，常态化提供图书借阅、学习辅导、主题阅读等服务。配备西部计划志愿者 15 人，组织凯里学院团委、黔东南民族职业技术学院团委等 3 所学校团委与安置社区结对开展志愿服务。

14. 麻江县阳光帮扶计划项目

麻江县联合南京农业大学第二十二届研究生支教团贵州分团，自 2020 年 8 月立项以来，积极开展了阳光暑期辅导、阳光成长陪伴、阳光趣味游学、阳光“禾苗”助学、阳光筑梦课堂等活动，各项工作在麻江县和南农大研支团的共同努力下稳步推进，取得了一定成果。

15. 青春长征——黔南州青少年思想政治引领系列活动项目

项目依托黔南州丰富的红色文化资源，在黔南州荔波县、贵定县两个县实施。组织开展集中体验实践活动，进一步推动青少年思想政治引领工作向专业化、标准化、规范化方向发展，着力打造“青春长征”工作品牌，扩大活动覆盖范围，营造全州青少年在实践中继承发扬革命精神的良好氛围。

16. 黔南州易扶点青少年城市融入试点项目

项目选定在黔南州龙里县奋进社区、惠水县明田街道新民社区两个易扶点实施。主要以服务搬迁青少年为切入点，开展家访调研了解移民青少年不同需求，运用“四点半课堂”、希望工程·陪伴计划、“七彩”课堂、兴趣特长班等载体，设计开展感恩教育、童伴成长、城市融入、民族节庆等易扶点青少年主题活动，帮助易扶点青少年尽快融入城市生活。

17. 兴义市“青创农场”项目

兴义市团委发挥共青团组织在引导农村青年投身“三农”发展、培育新型职业农民方面的积极作用，打造“青创农场”品牌，建设了一批具有示范性带头作用的青年农业创业孵化基地，服务农村青年创业就业。依托现代农业示范区、农业产业园等各类园区以及专业市场、农民合作社、农业规模种养基地等平台，以共青团为主导整合全市各类涉农资源，为有志于从事农业领域创业的青年提供政策、金融、培训和渠道等方面的服务支持。目前兴义市已成立并挂牌了4个“青创农场”基地，发展情况较好。

18. 安龙县双龙社区“双龙新青年计划”社会融入与社会参与项目

项目主要服务内容是建立青年社会融入与社会参与服务专业平台与团队，开设青年社会融入与社会参与实践课程，帮助青年实现个人综合能力。目前已开展各类学习活动20余项，设置专业化实践课程20余门，参与活动共计2000余人次。

（二）第二批省级青年发展示范项目（建设中）

19. 青聚长岭——白领青年公益性自组织培育模式探索项目

项目以辖区白领青年为核心服务对象，孵化培育各类青年兴趣小组、青年志愿者队伍、互益型青年自组织和公益型青年自组织。2021 年 9 月项目正式启动，截至 10 月 12 日，共收到 8 家企业报名。观山湖区团委拟联合贵州省金融团工委，举办贵州省金融系统企业共青团建设推进会暨青聚长岭项目推介会。

20. 童眼看社区——流动儿童社区参与能力建设项目

本项目从儿童视角出发，通过影像记录的方式，了解流动儿童及其所生活的社区。通过图片展的形式，倡导社会大众关注和关爱流动儿童，实现儿童的社区参与。2021 年 9 月，分别在清镇、息烽、开阳三个项目点开展了活动，共开设工作坊 10 间，开展服务 10 次，服务 200 余人次。

21. 易地扶贫搬迁“53°青春育雏计划”项目

组建仁怀市“53°青春”青年志愿服务队，利用“四点半课堂”“爱心陪伴行动”等在安置点开展学业辅导，并组织宣传《未成年人保护法》《预防未成年人犯罪法》等。先后分三批组织共 70 余名安置点困难优秀学生赴北京、南京开展红色研学。开展“青商助孤”一对一帮扶活动，帮扶安置点 8 名无人抚养青少年。

22. “缘聚·湄潭”项目

以“青春有约·团‘缘’汇爱”为主题打造青年之家阵地，招募专业红娘 1 名、法律咨询团队 2 人，为广大青年提供免费的婚恋服务及法律咨询。打造“湄潭婚恋”网，在线为青年提供婚恋交友服务。累计开展倡导社会婚恋新风活动 40 余场次。组织开展“等湄潭恋爱的你”线下相亲大会，200 余名党政机关、企事业单位单身青年参与活动，现场成功牵手六对。

23. “品读青春·书影分享”项目

以“@27 悦读有你”为主题，打造余庆县求实书屋青年之家，每月定于 27 日开展读书分享会。截至 2021 年末，“@27 悦读有你”读书分享会已

开展 8 期，在册书友已增加至 60 余人，线下参与人数达 600 余人次，线上线下覆盖人数 5500 余人次。观影活动已开展 4 期，覆盖青少年 100 余人次。

24.“小凉粉”志愿服务队品牌打造项目

项目已完成品牌打造方案、IP 形象设计、“小凉粉”定制服装、“小凉粉”工作站选址建设等工作，现已招募“小凉粉”志愿者 550 余名，共开展各类志愿服务 33 次，关爱留守未成年人和困境未成年人 270 余人，发放宣传手册 1550 余份。

25.“你的故事”党史故事讲述会项目

组织“青年宣讲团”成员开展大型讲述会，目前，已在贵州宏财集团、保基乡、盘州市第二中学等地开展讲述会 3 场，覆盖青少年 300 余人。依托“青春盘州”微信公众号、抖音号，进一步扩大青年发展项目影响力，线上已覆盖 6500 余人次。

26.“美好生活，从心出发”青年发展项目

建立“心灵旅社”，对全校学生进行心理异质情况摸排，针对心理异质学生建立台账，现登记在册人数 10 人，2021 年秋季学期开学以来，已针对心理异质学生开展了 4 次一对一辅导。积极开展“关注学生心理健康 · 做好开学准备”线上宣传活动，阅读量达 742 人次。

27.“逐梦路上 · 你我同行”助推青年就业项目

以青年乡村振兴夜校、“青年之家”、农村青年致富带头人协会为载体，对就业困难、处于就业过渡期青年，针对性地开展技能培训。截至 2021 年 10 月，开展各类培训 4 次，培训覆盖 91 人。

28. 青年“返乡 · 归巢”社会融入实践项目

组织返乡大学生到党政机关、企（事）业单位、社会组织、村（社区）等开展大学生“返家乡”社会实践。举办了赫章县大学生“返家乡”暑期社会实践活动启动仪式暨岗前培训会，总计参加实践活动的大学生 34 人，设置 30 余个岗位。

29. 金沙县“乡村振兴 · 青年酱酒产业人才培育计划”项目

对共青团金沙县委“青春金沙”微信公众号进行改版，开设“金青创”

栏目，发布青年就业创业类信息 20 条。通过与金沙县中等职业学校团校合作，在学校新开设“白酒酿造”专业，积极协助开展招生宣传，目前该专业已新招募学生 90 余人。

30.“心系祖国　畅想中国——春晖陪伴系列活动”项目

印江县紧扣青年思想建设主题，组织 13 名青年志愿者及 13 名事实无人抚养未成年人开展了“与国同庆·与爱童行”集体生日会活动；开展“携手你我，再抗疫情”活动，组织 10 名青年发放新冠病毒防护指南 500 多份，发放口罩 350 多个；动员县域青年参与公益传播活动，共招募青年爱心宣传大使 2000 余人，转发公益链接 5000 余次，为“印江春晖追梦计划”筹款 10 万余元，为印江事实无人抚养未成年人贡献公益力量。

31.“乡村振兴在线青年担当”搭建平台助力大学生反哺家乡项目

2021 年以来，德江县青年志愿者队伍积极践行“尽孝、感恩、反哺、回报”春晖理念和“奉献、友爱、互助、进步”的志愿者精神，组织志愿者近千人次，广泛开展关爱老人、文明行动、支教助学、教育帮扶、文化文艺等志愿服务，帮助搬迁群众稳得住、快融入，实现安居乐业新生活。

32. 搭建东西部青年双向交流平台项目

积极和佛山市南海区团组织沟通协调，认真筹备赴佛山学习交流各项准备事宜。从榕江县农村青年致富带头人协会中挑选有规模、有特色、有潜在市场的会员企业作为共赴佛山交流企业人选，加强对在佛山务工、创业青年的排查，拟定优秀人选作为交流代表，确保交流取得实效，各项工作正在有序推进。

33. 施秉县农村青年直播带货电商创业项目

项目开展以来，完善项目所需硬件设施要求，面向全县 8 个乡镇收集正在直播带货或有意向直播带货人员信息，开展系统培训 1 次、直播带货 1 次。以“农作物秸秆种植平菇技术”为主题，开展农业技能培训课程 1 次，参训学员 40 人。自项目开展以来，受益农户和青年达 500 余人，创造价值 15 万余元。

34. 锦屏县易地扶贫搬迁安置区预防青少年违法犯罪示范项目

制定全面的创建工作任务清单，进一步夯实基础建设，做好易地扶贫搬迁安置点青少年的摸排工作。组建志愿服务队伍，集中普法宣传6次，受益青少年1000余人。开展其他各类宣讲6次，受益青少年500余人，主题团课3次，主题队课4次，希望小课堂4期，专题培训班1次。

35. 黔南州荔波县“文明小市民新生活、新起点、新梦想”活动项目

团荔波县委依托荔波县“新市民·追梦桥”工程品牌，以服务易地移民搬迁青少年为切入点，制定《荔波县搬迁青少年“文明小市民新生活、新起点、新梦想”活动方案》，已组织45名青少年参加第一期“文明小市民”项目活动。

36. 黔南州贵定县“5+X”清单化团建项目

贵定县深化打造“5+X”工作模式，建立青年名册，详细记录全县7286名团员、14~35周岁共97819名青少年基本信息。建立青年之家10个，实现对2048名流动青年、158名流动团员进行全覆盖管理，组织各类志愿活动共计60余次，对全县7286名在册团员开展各类培训和讲座，在全县各行政事业单位挖掘社会实践岗位76个，并组织30名大学生积极参与“返家乡”社会实践活动。建立“青年帮帮帮”志愿服务队137支，开展志愿服务活动100余次，服务群众2000余人次。

37. 册亨县丫他镇板万村“板万新青年计划”青年创业空间发展项目

完成“板万新青年计划”青年创业空间发展项目活动场地建设，项目管理人员已全部落实到位，划拨工作经费1.5万元。结合册亨布依民族文化产品开发，邀请县域优秀企业家到“板万新青年计划”青年创业空间开展青年就业创业分享交流活动，共同探讨民族特色产业开发，目前已开展2期。

38. 兴义市青年创业孵化营项目

团兴义市委联合兴义市万峰林公益协会创建兴义市青年创新创业中心，目前已入驻11家企业、1家公益组织，解决就业152人。中心与贵州省贵阳市劳动技能培训学校联合开展SYB创业培训、IYP企业经营管理提升培

训 10 场次，参加培训创业青年 100 余人次。2021 年 9 月，共青团兴义市委为首批通过前期核验的 4 家“青创民宿”正式授牌，标志着服务青年创业建功文旅产业的新品牌“青创民宿”正式启动。[①]

三 贵州省青年发展示范创建过程中存在的问题及对策

（一）《中长期青年发展规划（2016—2025年）》落实力度需进一步加强，项目推进情况存在差异

青年发展工作与《中长期青年发展规划（2016—2025 年）》的落实不仅仅是某一部门、某一科室、某一个人的工作，是各地方的整体性工作，关乎地方青年的未来。部分市县重视程度不足，县级联席会议机制作用发挥仍不够理想，基层落实《规划》的资源和力量仍然不足，青年优先发展理念不够深入，主动担当作为的积极性还不够，一定程度上影响了项目进度。

第一，提高政治站位，凝聚思想共识。推动各级地方党委和政府不断提高政治站位，充分认识到青年发展工作和省级青年发展示范项目对国家发展和地方建设的重大意义，对持续巩固脱贫攻坚成果与乡村振兴有效衔接的重大作用，对贵州省围绕“四新”主攻“四化”的重要作用，不断加大对青年发展示范项目的重视程度和政策、资金的支持力度。

第二，加强部门联动，打通“最后一公里”。强化省、市、县三级层面的统筹安排，加强各部门之间的协作和联动，进一步打通项目建设中的培训、孵化、资源整合、项目运营、持续发展等各个环节，各涉及责任部门要进一步做好项目服务，发挥合力，确保项目的顺利开展。

（二）项目实践经验不足，对质量存在一定影响

青年发展不是单一方面的发展，而是涵盖“十大方面”的全方位整体

① 资料来源：团贵州省委提供内部资料。

式发展，故而在开展青年发展示范项目上要积极思考，探索项目的合理性、有效性和可持续性。贵州作为西部欠发达省份，其经济社会发展程度相较东部发达地区存在一定差距，对实施项目的方式方法存在一定程度的思维定式，认为青年发展单纯就是提供就业或加强保障，在活动的形式上仍然停留在“开展志愿服务”等表层上，对青年发展涉及的其他方面关注度不够，各区县对于推进青年发展、怎样做好青年发展工作，较东部发达地区而言总体呈现经验不足的状态。在推进示范项目实施的过程中，部分地区仍然处在探索阶段，创新性不够，办法不多，实施手段不强，对项目实施质量存在一定程度的影响。

第一，提高项目创新性。各地区应因地制宜、因势利导，将青年发展工作、青年示范项目作为“十四五”时期的一项重要工作，在探索项目发展方向时应结合地方主要工作任务进行全方位拓展和创新。

第二，提升人员专业性。加强对专业人才队伍的能力建设。整合资源，形成专业性服务队伍，加大培训力度，探索和学习省外优秀经验，进一步推进青年发展工作专业化和社会服务工作职业化。

（三）管理制度不够健全，项目评价标准不完善

部分项目由于是“从0到1”的尝试，在项目顶层设计方面，尤其是管理制度设计上存在制度设计不够健全、不够科学的地方，需要在实践中进行检验并不断完善。

第一，由共青团贵州省委员会牵头，联合地方政府、相关部门和省社科院等第三方研究机构，对全省青年发展示范项目进行全方位调研，制定相对完善的《贵州青年发展示范项目管理办法》，为地方推进项目提供相应支撑。

第二，根据青年发展“十大领域”，制定并出台《贵州省青年发展示范项目准入及评价办法》，在项目准入阶段进行评估，严把质量关，按类别完善项目评价体系，按任务体量确定项目完成指标，完善项目实施过程全跟踪。

（四）项目投入资金不足，结束后缺乏经费保障

通过调查发现，资金不足的现象普遍存在，导致项目可持续发展受到影响。部分项目创新性较强，但同时资金投入要求较高，依靠项目期内贵州团省委拨付的几万元资金，无法完全进行项目全程覆盖和持续推进，少部分项目依靠项目资金仅能完成基础阵地的打造，项目发展前景受到严重制约。

第一，加大经费投入力度。在前期两批青年发展示范项目创建过程中，贵州团省委作为省级部门财政能力有限，提供的项目资金主要用于撬动整个项目的初步实施。实施项目主要服务于当地人民，地方党委和政府应加大重视力度，从地方年度财政经费中配套专项资金，继续推动项目的高质量发展，并对项目进行规范化考核，对优质项目应逐年加大投入力度。

第二，不断扩大项目影响力。进一步增强宣传力度，形成“线上+线下”“传统+新媒体”的全面立体宣传网格，逐步形成全社会共同参与、共同推进项目发展的良好局面。可以“冠名”、共同举办活动或直接引入社会资本的形式，打通“投入—产出”通道，争取外部资金投入。对部分合适的项目，也可进行社会性募捐，募集资金用于项目发展、服务社会、回馈人民。

附　　录

Appendices

B.27
2012~2021年贵州青年工作大事记

谢艳锋*

2012年度大事记

3月18日　中国青年志愿者海外服务计划乌干达项目在贵州启动。

4月14日　共青团贵州省委发起的春晖行动获评全国社会管理创新案例全国共青团系统唯一入选优秀案例。

5月6日　贵州省纪念中国共产主义青年团成立90周年大会在贵阳召开。省委副书记、省长赵克志同志出席并讲话。省委副书记陈敏尔同志主持。

5月　全省第一个文化产业创业园——"贵州青年文化创意产业园"落成。

6月29日　北大附中贵阳为明实验学校"春晖助学计划"启动。

6月　省委组织部、省机构编制委员会办公室、团省委下发《关于加强

---

* 谢艳锋，贵州省社会科学院工业经济研究所助理研究员。

新形势下基层党建带团建工作的实施意见》。

7月3日　举行贵州省春晖行动发展基金会春晖助学发展示范项目助学金发放仪式。

8月4日　2012年“春晖彩虹计划”活动启动。

10月13日　开展“红领巾心向党”主题教育活动。

12月12日　举行贵州省“共青团与人大代表、政协委员面对面”交流座谈会。

2013年度大事记

3月27日　启动“点燃青年激情与自信”——中国特色社会主义主题教育活动。

5月23日　在全省青少年中开展“我的中国梦”主题教育实践活动。

6月3日　举行第十三届“挑战杯”贵州省大学生课外学术科技作品竞赛省级决赛。

6月　团省委、贵州教育厅、省关工委、省少工委联合举办的贵州省“红领巾相约中国梦”启动仪式举行。

11月9~10日　举行2013年首届贵州省创业投资博览会。

12月1日　百万青年创业就业行动——大学生创业就业扶持计划启动。

2014年度大事记

1月11日　贵州省春晖行动获第七届中国地方政府创新奖最高奖项——中国地方政府创新奖优胜奖。

4月16日　省文明办、团省委成立春晖大学堂，启动培育和践行社会主义核心价值观春晖系列活动。

5月4日　贵州省纪念“五四”运动95周年暨各族各界优秀青年代表座谈会召开。

5月11日 全国高校春晖社联盟成立暨大学生践行社会主义核心价值观交流会在贵州师范大学举行。

5月29日 举行2014年“创青春”全省大学生创业大赛终审决赛。

10月17日 春晖行动发展基金会获全国社会扶贫先进集体称号。

10月 出台《关于加强贵州省青少年事务社会工作专业人才队伍建设的意见》。

11月 举办第一期“黔青英才”贵州省大学生骨干培训班。

2015年度大事记

1月15日 春晖行动十周年总结推进会暨第四届春晖行动表彰大会召开。

2月6日 团贵州省十三届四次全会召开，省委常委、省委统战部部长刘晓凯同志出席会议并讲话，副省长陈鸣明同志出席会议。

2月8~9日 “青春范·创业号”——“接在外奋斗的贵州小伙伴回家”活动在贵阳、广州举行。

4月13日 黔青梦工场“创客”孵化器揭牌运营。

5月4日 省委书记赵克志同志在贵州理工学院调研，考察黔青梦工场并与青年代表座谈，省委常委、省委统战部部长刘晓凯，副省长陈鸣明同志陪同调研。当天下午，举行纪念“五四”运动96周年《青春的旗帜》主题活动。省委常委、省委统战部部长刘晓凯，省委常委、省军区司令员王盛槐，省人大常委会副主任张群山，副省长陈鸣明同志出席并接见“青年五四奖章”获得者和优秀团员、团干部代表。

5月11日 省委书记赵克志同志给华中农业大学研究生支教团志愿者回信。

6月4日 省委书记赵克志同志在贵阳会见贵州省出席第七次全国少代会代表。省委常委、省委统战部部长刘晓凯，副省长陈鸣明同志参加会见。

6月16日 贵州金融团工委成立大会暨“银团合作”启动。

8月19日 省委书记陈敏尔同志在贵阳会见中国志愿服务基金会理事长周和平同志一行，省人大常委会副主任张群山、团省委书记涂妍同志陪同会见。

9月17日 省委常委会审议通过了《中共贵州省委关于加强和改进党的群团工作的实施意见》。

9月17日 省委党的群团工作会议召开，省委书记、省长陈敏尔同志出席会议并讲话。

10月28日 团省委“圆爱工程——关爱留守儿童”系列活动启动。

11月26~27日 贵州省青年联合会第十届委员会全体会议和贵州省学生联合会第八次代表大会在贵阳召开。省委书记陈敏尔同志向大会致贺信，中华全国青年联合会、中华全国学生联合会发来贺信。

12月4~5日 中国少年先锋队贵州省第六次代表大会在贵阳召开。

12月18~19日 举行2015年第二届“贵州省创业投资博览会”。

2016年度大事记

1月12日 举行“电商云”杯2015年贵州青年电商创业大赛总决赛暨颁奖仪式。

1月20日 “农村淘宝·贵州青年创业号”城际幸福专列——“接在外奋斗的贵州老乡回家过年”活动启动。

1月21日 共青团贵州省委十三届五次全委（扩大）会议在贵阳召开。省委常委、统战部部长刘晓凯同志出席会议并讲话。

3月7日 举行2016年绿色希望工程“助力绿色贵州建设三年行动计划”植树活动。

3月15~16日 共青团助力脱贫攻坚对接暨农村青年电商培育工作推进会召开，团中央书记处书记徐晓，省委常委、省委统战部部长刘晓凯同志出席会议并讲话。会上，18个省份、20个地市（州）签订了《共青团助力脱贫攻坚对口支援合作框架协议》，进行了对口支援分组座谈对接，建立了东西扶贫协作机制。

5月4日 省委书记、省人大常委会主任陈敏尔同志到清镇职教城调研，并与青年师生、创客代表座谈交流。

5月13日 2016年中国国际电子信息创客大赛暨云上贵州大数据商业模式大赛决赛开启。

5月28日 2016年“创青春”贵州省大学生创业大赛终审决赛开幕。

7月6~7日 由共青团中央、国家质检总局、国家林业局、全国青联、贵州省人民政府共同主办的生态文明贵阳国际论坛“青年·生态·扶贫——‘三变’改革中的青春力量”主题论坛召开。团中央书记处第一书记秦宜智，省委常委、统战部部长刘晓凯，团中央书记处书记徐晓同志出席活动。

7月11日 国内第2家中国青年创业社区落户贵阳。

8月9日 举行贵州产业投资集团战略合作协议签订暨扶贫助学捐赠仪式。

8月10日 举行“传承红色基因·体验国酒文化”茅台学子回家之旅——“茅台集团青创联盟”成立仪式。

8月31日 “多彩贵州·青春绿动——绿色大学城三年行动计划”暨植绿众筹平台发布。

12月20日 省委书记、省人大常委会主任陈敏尔同志到清镇职教城调研，与青年学生交流谈心。

12月22日 贵州省青年企业家协会第八次会员代表大会举行，省委常委、省委统战部部长刘晓凯同志出席会议并讲话。

2017年度大事记

1月12日 贵州省青少年事务社会工作助力脱贫攻坚暨“为了明天”青少年服务项目推进会召开。

2月25~26日 团贵州省十三届六次全委（扩大）会议召开。

3月14日 举办贵州省学习总书记讲话青年马克思主义者培训班。

3月31日 贵州省青联十届二次常委（扩大）会议召开。

4月8日 贵州共青团投身脱贫攻坚推进大会召开。

5月3日 省委书记、省人大常委会主任陈敏尔同志在遵义市播州区平正仡佬乡团结村与青年座谈交流。

5月3日 举行中国青年志愿者海外服务计划贵州援缅甸项目志愿者出征仪式。

5月4日 “学习贯彻省第十二次党代会精神·不忘初心跟党走”全省青年代表座谈会召开。

5月16日 团贵州省十三届七次全委（扩大）会议召开。

5月31日 举行“喜迎党的十九大，我向习爷爷说句心里话”主题党日暨“红领巾与‘大扶贫’‘大数据’‘大生态’动感中队”展示活动，省委常委、统战部部长刘晓凯，省政府副省长陈鸣明同志出席活动。

6月9日 举办“2017年第三届贵州省创新创业投资博览会”暨“海峡两岸（贵州）青年创新创业高峰论坛”。

7月20日 全国“加强驻外团建　助力脱贫攻坚”基层团建创新工作座谈会召开。

7月28日 举行“大扶贫·青年志愿者在行动——贵州省2017年大学生志愿服务西部计划省级培训暨出征仪式”，省委常委、省委统战部部长刘晓凯同志出席并讲话。

7月 贵州省第一家大学生创业示范园区——大健康创业孵化园正式投入运营。

8月18日 团省委建设“青年志愿者脱贫攻坚夜校”助力脱贫攻坚工作揭牌启动暨全省青年志愿者脱贫攻坚夜校部署会召开。

8月24日 中国青年创业社区贵阳站开园。

9月17日 举行2017年贵州省文化创业大赛。

9月24~26日 举办“学习习近平总书记关于青少年工作重要思想”青年马克思主义者主题读书班。省委常委、省委统战部部长刘晓凯同志出席读书班总结会并讲话。

11月8日　举行“牢记嘱托感恩奋进——青春建功新时代”党的十九大精神青年宣讲报告会，成立贵州共青团宣讲团，省委常委、省委统战部部长刘晓凯同志出席并为贵州共青团宣讲团授旗。

12月22~24日　共青团贵州省第十四次代表大会召开。省委书记孙志刚同志出席开幕式并讲话。省委副书记、代省长谌贻琴，省政协主席王富玉，省领导刘晓凯、唐承沛、傅传耀、陈鸣明等同志出席开幕式。

2018年度大事记

2月7日　团省委“青春范·乡愁号”专列免费接在广州奋斗的613名贵州青年回家过年。

3月20日　共青团贵州省第十四届委员会第二次全体（扩大）会议召开。省委常委、省政协主席刘晓凯同志出席并讲话。会议讨论通过《关于〈乡村振兴贵州青年行动方案〉的决议（草案）》。

5月7日　省委书记、省人大常委会主任孙志刚同志给扬州大学研究生支教团志愿者回信。

5月16日　共青团贵州省十四届三次全委（扩大）会暨共青团贵州代表会议召开。

5月17日　举行2018年“习酒·我的大学”圆梦奖学金启动仪式。省政府副省长魏国楠同志出席仪式。

6月15日　2018年“贵州生态日”集中宣传志愿服务活动启动。省政府副省长魏国楠同志出席启动仪式并为贵州省生态环保志愿服务总队授旗。

6月20日　贵州省农村青年致富带头人协会第二次会员代表大会召开。省政府副省长魏国楠同志出席会议并讲话。

7月20日　举行2018年大学生志愿服务西部计划省级培训会开班仪式暨在黔研究生支教团工作交流会。

10月22~24日　团中央书记处第一书记贺军科同志到黔南州调研共青团投身脱贫攻坚及共青团改革工作。

11月6日 贵州省未成年人保护委员会2018年工作会议召开。省政府副省长魏国楠同志出席会议并讲话。

11月20~21日 举行"牢记嘱托 感恩奋进·脱贫攻坚青年先锋大讲习"讲习员培训班暨出征仪式。

12月20日 举行"我与改革开放共成长"——贵州青少年庆祝改革开放40周年主题活动。省政府副省长魏国楠同志出席活动并为脱贫攻坚"冬季充电"青年先锋大讲习讲习员代表颁发证书。

2019年度大事记

1月22日 共青团贵州省第十四届四次全委（扩大）会议召开。省委常委、省委宣传部部长慕德贵同志出席会议并讲话，贵州省人大常委会副主任刘远坤同志出席会议。

3月21日 共青团中央基层建设部副部长曾锐同志到贵州师范大学调研团建工作。

3月23日 举行第34届贵州省青少年科技创新大赛开幕式。

4月3日 全省易地扶贫搬迁安置点文化服务体系建设工作专题会召开。

4月9日 团中央国际联络部部长董霞同志到贵阳市调研中俄孵化器项目。

4月9日 省委副书记、省长谌贻琴同志会见出席中日青年企业家（贵州）经贸交流活动的重要嘉宾。

4月9~10日 举行中日青年企业家（贵州）经贸交流活动。

4月10日 中国青年企业家协会许华平秘书长到中铁文旅集团调研。

4月26日 在贵州民族大学举行"我的青春心向党——贵州省青少年纪念'五四'运动100周年青春诗会"。省人大常委会党组副书记、副主任、省总工会主席袁周，省政协副主席张光奇同志出席。

4月27日 2019年贵州省青少年机器人竞赛开幕。

4月27日 举行“五四运动”一百周年暨“贵州青年新思想学习联盟”南明甲秀学习大会。

5月5日 省委书记、省人大常委会主任孙志刚，省委副书记、省长谌贻琴同志到贵阳调研青年创新创业工作，参观纪念五四运动100周年贵州青年运动图片展，并出席贵州省青年学习习近平总书记在纪念五四运动100周年大会上的重要讲话精神座谈会。省领导慕德贵、赵德明、刘捷、李飞跃、魏国楠、罗宁同志出席相关活动。

5月9日 在贵州理工学院举行《青年志愿者》话剧首演活动。省委常委、省委宣传部部长慕德贵同志出席。

5月23日 举行2019年“习酒·我的大学”逐梦奖学金活动。省人大常委会副主任、秘书长陈鸣明同志出席。

5月30日 贵州省中长期青年发展规划第一次联席会议召开。省委常委、省委宣传部部长、省联席会议第一召集人慕德贵同志出席并讲话。

5月31日 省委书记、省人大常委会主任孙志刚同志给黔西南州晴隆县第六小学六（2）中队少先队员回信。

6月23~24日 共青团中央书记处书记李柯勇同志到遵义出席中越青年发展论坛并开展相关工作调研。

7月5日 贵州省青年联合会十届三次常委（扩大）会议召开。省委常委、省委宣传部部长、省委教育工委书记慕德贵同志出席会议并讲话。

7月10日 “中国茅台·国之栋梁——希望工程圆梦行动2019脱贫攻坚公益计划”新闻发布会暨助学金发放仪式在青海省海北州举行。共青团中央书记处书记傅振邦同志出席。

7月15日 省人民政府副省长卢雍政同志会见澳门青少年学习参访团。

7月22日 贵州省万名大学生志愿服务基层项目千名骨干培训班开班。

7月29日 举行“‘茅台王子·明亮少年’贵州希望工程陪伴行动”公益活动发布会，省人大常委会副主任、秘书长陈鸣明，省政协原副主席、省慈善总会会长陈敏同志出席。

9月29日 共青团贵州省委十四届六次常委（扩大）会召开。

10月10日 省委常委龙长春同志主持召开全省工青妇工作座谈会。

10月26日 办公厅专题调度工青妇围绕中心、服务大局、再创新品牌工作推进情况，研究易地扶贫搬迁安置点打造工青妇联合品牌有关事宜。

11月5~6日 省委常委龙长春同志到黔南州贵定县调研共青团基层组织改革综合试点工作。

11月18~22日 共青团中央书记处常务书记汪鸿雁同志一行到贵州调研青少年宣传思想文化、共青团投身脱贫攻坚及青年志愿服务等工作，与团干部、团员青年、农村青年致富带头人、青年志愿者代表等交流座谈。

12月11日 省委常委龙长春同志主持召开工青妇联合创建品牌工作推进会。

2020年度大事记

1月3日 省委书记孙志刚同志在贵州师范大学为高校师生讲授思想政治理论课。

1月10~11日 “茅台王子·明亮少年”公益活动在河南省郑州市举办。

2月25日 团中央书记处第一书记贺军科同志主持召开部分省（市、区）抗疫工作视频会议，团省委涂妍同志参加。

2月27日 创业中心、青基会、省青联秘书处、省青企协、省农青协联合天安保险、华凯保险，举行为贵州省550家中小企业提供疫情保险捐赠仪式。

4月9日 共青团贵州省十四届五次全委（扩大）会议召开。

4月23日 中国青少年发展基金会党委书记、理事长郭美荐同志到遵义茅台集团对接持续推进“中国茅台·国之栋梁”希望工程圆梦行动项目有关工作。

4月24日 省委常委、省政府常务副省长李再勇同志主持召开专题会议，听取团省委万名大学生志愿服务西部计划基层项目实施情况汇报，研究团省委直属单位改革工作有关事宜。

9月24日 贵州省中长期青年发展规划联席会议第二次全体会议召开。

10月23日 举行“新市民·追梦桥”工程“百日创品牌”工作推进会暨新时代党建带工建带团建带妇建工作启动会。

10月30日 2020年贵州省青年企业家经济创新论坛举行，省人大常委会副主任陈鸣明同志出席。

10月31日 举行2020年“茅台王子·明亮少年”贵州“希望工程·陪伴行动”成长分享活动。

11月10日 省委副书记蓝绍敏同志主持召开希望工程升级版研究开题专题会。

11月19日 省委副书记蓝绍敏同志到团省委调研，实地查看了解省团校、省青少年融媒体公司工作开展情况，与机关干部交流座谈。

11月27日 举办“贵州少先队学习贯彻党的十九届五中全会精神主题队会省级示范活动”。

12月4日 举行贵州省“青清河”保护河湖志愿服务行动2020年度工作总结会暨“12·5巡河”活动。

12月11日 省委政法委副书记李豫贵同志一行到团省委调研未成年人保护工作。

12月25日 省青年联合会第十一届委员会全体会议代表团团长、秘书长会议和省学生联合会第九次代表大会各代表团负责人会议召开。

12月26日 省青年联合会第十一届委员会全体会议、省学生联合会第九次代表大会开幕式举行。省委书记谌贻琴同志致贺信。省委副书记蓝绍敏同志出席并讲话。

12月29日 省委常委、政法委书记时光辉同志在省委主持召开全省早婚早育社会问题专项治理和未成年人保护工作专题会议。

2021年度大事记

2月9日 第一所“贵州青年乡村振兴夜校”挂牌。

3月5日 贵州共青团党史学习教育和“牢记殷切嘱托、忠诚干净担当、喜迎建党百年”专题教育动员部署会召开。

3月18日 省委副书记蓝绍敏同志在省委主持召开工青妇作风建设座谈会。

3月26日 团贵州省十四届六次全会（扩大）会议召开。

5月8日 省委书记、省人大常委会主任谌贻琴同志在贵州大学调研，并为全省高校师生代表讲授思想政治理论课。

5月8日 省委书记、省人大常委会主任谌贻琴，省委常委、省委宣传部部长卢雍政，省委常委、省委秘书长吴强，省政府副省长谭炯同志在贵州大学参加贵州共青团“学党史、强信念、跟党走”主题团日示范活动。

5月18日 省委副书记、省长李炳军同志到贵州民族大学调研，并为高校师生讲授思想政治理论课。

5月23~24日 贵州希望实验学校项目推介会在上海举行。

5月25日 省委常委、省委组织部部长刘捷同志到贵州理工学院调研，并为高校师生讲授思想政治理论课。

5月25日 举行“学党史、强信念、跟党走”贵州青少年庆祝中国共产党成立100周年“青春长征”主题诗会。

5月27日 举办2021年中国国际大数据产业博览会——“青数聚”中国东西部·青年大数据创新创业高峰论坛。

7月4日 举办“贵青杯”——2021年贵州省青少年机甲大师对抗赛决赛。

7月20日 省委常委、省委宣传部部长、省委教育工委书记卢雍政同志到团省委开展“动员社会力量，支持教育高质量发展”专题调研，并主持召开专题座谈会。

7月24日 举行2021年贵州省大学生志愿服务西部计划志愿者出征仪式。

8月26日 贵州扩大县域共青团基层组织改革试点工作视频推进会召开。

9月13日 2021年贵州省高校共青团干部理想信念培训班开班。

9月13日 第十七届“挑战杯”贵州省大学生课外学术科技作品竞赛颁奖仪式举办。

9月14~15日 举行贵州省青少年发展基金会向贞丰教育专项基金捐赠仪式。

9月25日 贵州省中长期青年发展规划联席会议第三次全体会议召开。省委副书记、省中长期青年发展规划联席会议第一召集人蓝绍敏同志出席并讲话。省政府副省长、省中长期青年发展规划联席会议召集人郭锡文同志主持会议。

9月25日 举行贵州共青团“春晖行动·风筝计划”启动仪式暨“绿叶开明书屋”图书捐赠仪式。省委副书记蓝绍敏同志出席并讲话。省政府副省长郭锡文，省政协副主席左定超，中国光华科技基金会党委书记、理事长侯宝森同志出席。

10月12日 举行“请党放心·强国有我”贵州省少先队主题队日示范活动。

10月13日 2021年贵州省青年职业技能大赛开幕。

10月14日 团中央书记处书记傅振邦同志在贵州大学调研贵州希望工程工作，并召开座谈会。

10月15日 举行“中国茅台·国之栋梁——希望工程圆梦行动十年成果交流分享会”及贵州希望工程升级版发布会。省委副书记蓝绍敏同志出席活动并讲话。省政府副省长郭锡文、团中央书记处书记傅振邦同志出席。

10月18~20日 团中央调研组在铜仁市调研整市推进县域共青团基层组织改革试点工作。

10月19日 2021年贵州省大众创业万众创新活动周启动。

10月20日 省委副书记蓝绍敏同志主持召开贵州希望工程升级版专题会议。

12月3日 举行全省“4个10”先进典型发布活动暨全省文明实践志愿服务工作推进会。

12 月 24 日 团省委携手艾利艾智库、中华慈善总会、半月谈新媒体中心、抖音、B 站、阿里巴巴公益基金会、腾讯基金会、杜威中国中心等在北京召开“互联网公益如何更好助力希望工程——结合贵州省希望工程升级版案例”研讨会。

12 月 28 日 省委副秘书长唐仁勇同志到观山湖区朱昌镇窦官村贵州希望实验学校建设点调研希望工程升级版工作，并召开工作座谈会。

B.28
致　谢

本书是在时任中共贵州省委副书记，现贵州省人大常委会党组副书记、副主任蓝绍敏同志的指示下，在《贵州省中长期青年发展规划（2019—2025年）》联席会议办公室指导下，由贵州省社会科学院、共青团贵州省委员会组织，省中长期青年发展规划联席会议成员单位协助共同完成。作为贵州省青年发展研究的第一本蓝皮书，本书对党的十八以来贵州青年工作的成效、《贵州省中长期青年发展规划（2019—2025年）》中青年发展的十大重点领域、贵州在青年发展中的典型做法等进行了详细总结和系统化研究。

本书在编辑和调研过程中，得到了社会各界以及学界专家的大力支持。在设计阶段，充分吸纳了中共贵州省委讲师团原团长谢一研究员、贵州商学院原校长武鸣教授、贵州省发展和改革委员会杨克升研究员等专家的意见和建议。在开展调研阶段，得到了各级共青团组织、各级中学和各大中专院校的大力支持和帮助，尤其是贵州省人大常委会、贵州省直机关工委、贵州省人民检察院、贵州省发展和改革委员会、贵州省教育厅、贵州省民政厅、贵州省司法厅、贵州省人力资源和社会保障厅、贵州省住房和城乡建设厅、贵州省文化和旅游厅、贵州省卫生健康委员会、贵州省市场监督管理局、贵州省统计局、贵州省乡村振兴局（原贵州省扶贫办）、贵州省总工会、贵州省疾控中心等单位以及9个市州共青团组织为编委会提供了大量的数据资料。本书出版过程中得到了王兴骥、王跃斌、罗剑、陈颖、桂芳等的大力协助。对于给予帮助的单位和个人，我们谨此表达最诚挚的谢意！

由于时间仓促，书中疏漏在所难免，欢迎广大读者批评指正。

本书编委会

2022年4月29日

皮 书

智库成果出版与传播平台

✤ 皮书定义 ✤

皮书是对中国与世界发展状况和热点问题进行年度监测，以专业的角度、专家的视野和实证研究方法，针对某一领域或区域现状与发展态势展开分析和预测，具备前沿性、原创性、实证性、连续性、时效性等特点的公开出版物，由一系列权威研究报告组成。

✤ 皮书作者 ✤

皮书系列报告作者以国内外一流研究机构、知名高校等重点智库的研究人员为主，多为相关领域一流专家学者，他们的观点代表了当下学界对中国与世界的现实和未来最高水平的解读与分析。截至 2021 年底，皮书研创机构逾千家，报告作者累计超过 10 万人。

✤ 皮书荣誉 ✤

皮书作为中国社会科学院基础理论研究与应用对策研究融合发展的代表性成果，不仅是哲学社会科学工作者服务中国特色社会主义现代化建设的重要成果，更是助力中国特色新型智库建设、构建中国特色哲学社会科学“三大体系”的重要平台。皮书系列先后被列入“十二五”“十三五”“十四五”时期国家重点出版物出版专项规划项目；2013~2022 年，重点皮书列入中国社会科学院国家哲学社会科学创新工程项目。

皮书网

（网址：www.pishu.cn）

发布皮书研创资讯，传播皮书精彩内容
引领皮书出版潮流，打造皮书服务平台

栏目设置

◆ 关于皮书

何谓皮书、皮书分类、皮书大事记、
皮书荣誉、皮书出版第一人、皮书编辑部

◆ 最新资讯

通知公告、新闻动态、媒体聚焦、
网站专题、视频直播、下载专区

◆ 皮书研创

皮书规范、皮书选题、皮书出版、
皮书研究、研创团队

◆ 皮书评奖评价

指标体系、皮书评价、皮书评奖

◆ 皮书研究院理事会

理事会章程、理事单位、个人理事、高级研究员、理事会秘书处、入会指南

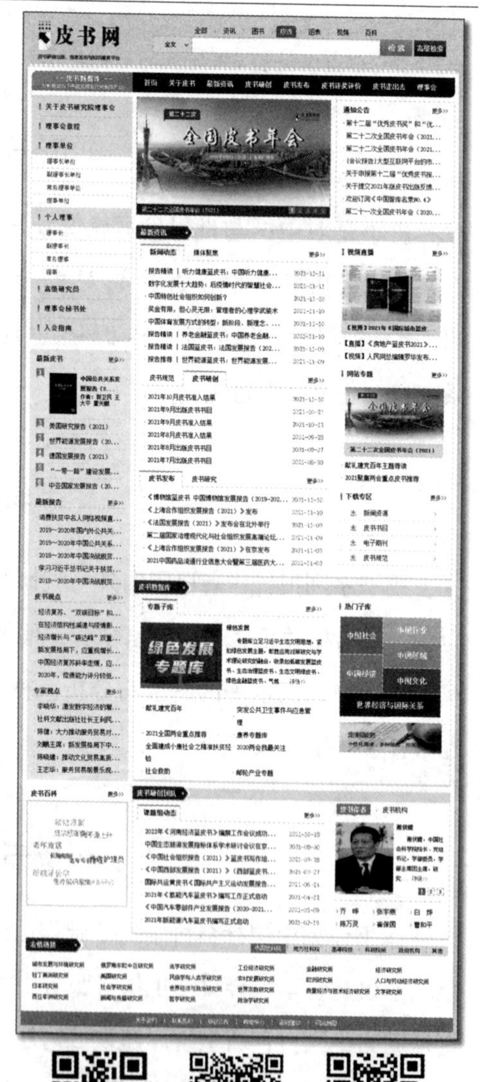

所获荣誉

◆ 2008 年、2011 年、2014 年，皮书网均在全国新闻出版业网站荣誉评选中获得“最具商业价值网站”称号；

◆ 2012 年，获得“出版业网站百强”称号。

网库合一

2014年，皮书网与皮书数据库端口合一，实现资源共享，搭建智库成果融合创新平台。

皮书网

“皮书说”
微信公众号

皮书微博

权威报告 · 连续出版 · 独家资源

皮书数据库

ANNUAL REPORT(YEARBOOK) DATABASE

分析解读当下中国发展变迁的高端智库平台

所获荣誉

- 2020年，入选全国新闻出版深度融合发展创新案例
- 2019年，入选国家新闻出版署数字出版精品遴选推荐计划
- 2016年，入选“十三五”国家重点电子出版物出版规划骨干工程
- 2013年，荣获“中国出版政府奖 · 网络出版物奖”提名奖
- 连续多年荣获中国数字出版博览会“数字出版 · 优秀品牌”奖

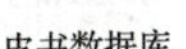
皮书数据库

“社科数托邦”
微信公众号

成为会员

登录网址www.pishu.com.cn访问皮书数据库网站或下载皮书数据库APP，通过手机号码验证或邮箱验证即可成为皮书数据库会员。

会员福利

- 已注册用户购书后可免费获赠100元皮书数据库充值卡。刮开充值卡涂层获取充值密码，登录并进入“会员中心”—“在线充值”—“充值卡充值”，充值成功即可购买和查看数据库内容。
- 会员福利最终解释权归社会科学文献出版社所有。

数据库服务热线：400-008-6695
数据库服务QQ：2475522410
数据库服务邮箱：database@ssap.cn
图书销售热线：010-59367070/7028
图书服务QQ：1265056568
图书服务邮箱：duzhe@ssap.cn

社会科学文献出版社 SOCIAL SCIENCES ACADEMIC PRESS (CHINA) 皮书系列
卡号：453921175245
密码：

S 基本子库
SUB DATABASE

中国社会发展数据库（下设 12 个专题子库）

紧扣人口、政治、外交、法律、教育、医疗卫生、资源环境等 12 个社会发展领域的前沿和热点，全面整合专业著作、智库报告、学术资讯、调研数据等类型资源，帮助用户追踪中国社会发展动态、研究社会发展战略与政策、了解社会热点问题、分析社会发展趋势。

中国经济发展数据库（下设 12 专题子库）

内容涵盖宏观经济、产业经济、工业经济、农业经济、财政金融、房地产经济、城市经济、商业贸易等12个重点经济领域，为把握经济运行态势、洞察经济发展规律、研判经济发展趋势、进行经济调控决策提供参考和依据。

中国行业发展数据库（下设 17 个专题子库）

以中国国民经济行业分类为依据，覆盖金融业、旅游业、交通运输业、能源矿产业、制造业等 100 多个行业，跟踪分析国民经济相关行业市场运行状况和政策导向，汇集行业发展前沿资讯，为投资、从业及各种经济决策提供理论支撑和实践指导。

中国区域发展数据库（下设 4 个专题子库）

对中国特定区域内的经济、社会、文化等领域现状与发展情况进行深度分析和预测，涉及省级行政区、城市群、城市、农村等不同维度，研究层级至县及县以下行政区，为学者研究地方经济社会宏观态势、经验模式、发展案例提供支撑，为地方政府决策提供参考。

中国文化传媒数据库（下设 18 个专题子库）

内容覆盖文化产业、新闻传播、电影娱乐、文学艺术、群众文化、图书情报等 18 个重点研究领域，聚焦文化传媒领域发展前沿、热点话题、行业实践，服务用户的教学科研、文化投资、企业规划等需要。

世界经济与国际关系数据库（下设 6 个专题子库）

整合世界经济、国际政治、世界文化与科技、全球性问题、国际组织与国际法、区域研究 6 大领域研究成果，对世界经济形势、国际形势进行连续性深度分析，对年度热点问题进行专题解读，为研判全球发展趋势提供事实和数据支持。

法律声明